Eva Marsal & Takara Dobashi (Hg.)

Das Spiel als Kulturtechnik des ethischen Lernens

Philosophie und Bildung

herausgegeben von

Prof. Dr. Ekkehard Martens (Hamburg),
Dr. Christian Gefert (Hamburg)
und
Prof. Dr. Volker Steenblock (Bochum)

Band 5

LIT

Eva Marsal & Takara Dobashi (Hg.)

Das Spiel als Kulturtechnik des ethischen Lernens

Pädagogische Hochschule Karlsruhe & Department of Learning Science,
Graduate School of Education, Hiroshima University

LIT

Bibliografische Information Der Deutschen Bibliothek
Die Deutsche Bibliothek verzeichnet diese Publikation in der Deutschen
Nationalbibliografie; detaillierte bibliografische Daten sind im Internet
über http://dnb.ddb.de abrufbar.

ISBN 3-8258-8893-2

© LIT VERLAG Münster   2005
Grevener Str./Fresnostr. 2   48159 Münster
Tel. 0251–62 03 20   Fax 0251–23 19 72
e-Mail: lit@lit-verlag.de   http://www.lit-verlag.de

Für unseren Schweizer Kollegen und Freund, Prof. Dr. Urs Thurnherr,
Leiter des Hodegetischen Instituts der Pädagogischen Hochschule Karlsruhe

Inhalt

Teil 2 Reflexionen zur praktischen Anwendung

Eva Marsal & Takara Dobashi

Einleitung

Mit diesem Sammelband „Das Spiel als Kulturtechnik", den wir in theoretische Hintergründe und Reflexionen zu einer praktischen Anwendung gliedern, wollen wir die Diskussion um das „Spiel" als eine Strategie des ethischen Lernens eröffnen. Im Gegensatz zu anderen Disziplinen wie der Religionspädagogik, der Sozialpädagogik und der klinischen Psychologie ist die Erforschung des Spiels als Medium für den Ethikunterricht zugunsten des Dialogs, vornehmlich des „Sokratischen Dialogs" und des Mediums „Bild" von der Forschung eher vernachlässigt worden. Dieses Forschungsdesiderat wollen wir im Rahmen des internationalen Forschungsprojekts zum deutschen und japanischen Ethikunterricht aufgreifen, das seinen Ausgangspunkt in der Kooperation des Hodegetischen Instituts der Pädagogischen Hochschule Karlsruhe mit dem Department of Learning Science, Graduate School of Education, Hiroshima University hatte. Deutsche und japanische Wissenschaftler sowie praktisch Lehrende konnten für die gemeinsame Forschung gewonnen werden.

Das allgemeine Ziel ist die Weiterentwicklung des Ethikunterrichts. Im Vordergrund stehen hierbei die Förderung von Autonomie und eine entsprechende Urteilsbildung, bei der die Ehrfurcht vor dem eigenen und fremden Leben sowie vor der Natur und der Welt insgesamt zentrale Bedeutung erhält. Dabei nimmt das Spiel eine relevante Rolle als Lernstrategie ein. Dafür spricht zum einen die kulturanthropologische Begründung, die von Johan Huizinga geliefert wurde, der auf die Kultur und damit Moral schaffende Funktion des Spiels hinwies. Zum anderen sprechen auch die Forschungsergebnisse der klinischen und pädagogischen Psychologie, der Sozialpädagogik und der Pädagogik dafür, das Spiel als eine sozial förderliche Lernmethode für den Ethikunterricht zu identifizieren. Diesen Hypothesen wird sowohl im theoretischen als auch im praktischen Teil nachgegangen. Im letzteren wird an Hand von Erfahrungswerten, Studien und Meta-Analysen überprüft, ob sich die günstigen Effekte der Nachbardisziplinen auch auf den Ethikunterricht übertragen lassen.

Neu und kreativ ist der Weg zur Texteröffnung, den Christian Gefert mit dem theatralen Philosophieren entwickelte. Beim theatralen Philosophieren soll die leiblich-kreative Ausdruckskraft spielerisch in das Philosophieren einbezogen, werden, damit die Schüler im Philosophie- und Ethikunterricht nicht „schal Hinterherdenken", sondern mit ihrer ganzen rationalen Ausdruckskraft in das philosophische Denken als „Abenteuer der Erkenntnis" involviert werden. Auf ganz konkreter Ebene reflektiert die Ethiklehrerin und Fachberaterin Karin Hunke ihre langjährige Unterrichtspraxis mit Spielen im Ethikunterricht der Realschule, zeigt Möglichkeiten und Grenzen des Einsatzes von Spielen auf und stellt für die einzelnen Lehrplaneinheiten geeignete Spiele vor. Eine ausgearbeitete Unterrichtseinheit zum Zuhören, das als Voraussetzung ethischen Handelns gilt, präsentiert Petra Korte. Ob sich das „Spielende Lernen" nachweislich auf die Lernmotivation und Effektivität auswirkt, recherchiert Sylvia Meise. Dabei vergleicht sie verschiedene Studien aus den USA und Europa miteinander, vorzugsweise aus Skandinavien oder auch aus Österreich. Mit der „Lupe" betrachtet sie den Modellversuch „Wiener Spielprojekt", den Waltraut Hartmann, Psychologin an der Universität Wien und Leiterin des Charlotte-Bühler-Instituts für praxisorientierte Kleinkindforschung, in der Grundschule zur Förderung von deprivierten Kindern durchgeführt hat. Die positiven Resultate dieses Modellversuchs etablierten das Spiel als bevorzugte Lehrmethode des österreichischen Grundschulplans.

Aufgrund seiner Bedeutsamkeit klassifiziert Peter Köck das „Spielende Lernen" als eine anthropologische Kulturtechnik für den Ethikunterricht. Kritisch prüft er aber zunächst, ob das „Spielende Lernen" nicht ein Widerspruch in sich ist und expliziert dafür den Lernbegriff sowie den Spielbegriff. Der Stellenwert des Spiels wird von ihm unter der Perspektive der Aneignung der moralischen Urteilsfähigkeit und des moralisches Handelns reflektiert. Damit dieser Lernschritt gelingen kann, bietet er Auswahlkriterien zur Eignungsbestimmung der Spiele für den Ethikunterricht an. Dass die Debatte über das spielende Lernen nicht auf die westliche Welt beschränkt ist, sondern auch in der östlichen sehr intensiv geführt wird, zeigt Takara Dobashi in seinem Beitrag zur Didaktik des Spiels in der Grundschule der Zwanziger Jahre in Japan. Viele schulpraktische Beispiele aus dem japanischen Lebensraum illustrieren die gegensätzlichen Argumente der japanischen Erzieher.

Aber nicht nur von außen wird das „spielende" Kind bzw. der „spielende" Jugendliche betrachtet, in der Schuluntersuchung von Eva Marsal und Monika Wilke äußern sich die Kinder einer 4. Grundschulklasse in einem multimethodischen empirischen Design selbst zu der Frage, welche Bedeutung sie dem Spiel zumessen. Die biographischen Auswirkungen des Computerspiels auf Jugendliche erläutert Sandra Reinhardt in ihrer Selbstdarstellung und ihrer Befragung von Betroffenen. Dabei konstatiert sie, dass der Spieler durch die Faszination der visuellen Welt jedes Zeitgefühl verliert. Das reale Leben gerät in den Hintergrund, reale Freunde und die Schule werden vernachlässigt. Deshalb plädiert sie dafür, sich auch bewusst Spielen in der primären Welt zuzuwenden

Computerspiele können auch für Folgenabschätzungen eingesetzt werden, da hierbei die Handlungskonsequenzen hochgerechnet werden können. Die Komplexität des Zusammenhangs von guter Gesinnung und gutem Handeln verdeutlicht Harald Schaub in vielen computersimulierten Szenarien, die er im Rahmen des ‚Komplexen Problemlösens' analysiert und in seinem Aufsatz: „Spiel und

Wissenschaft: Der Nutzen computersimulierter Szenarien in der Psychologie und anderen Wissenschaften" aufarbeitet.

Die Forschung zum „Spiel als Kulturtechnik" soll allerdings nicht auf das Spiel als didaktische bzw. forschungstechnische Methode beschränkt bleiben. Deswegen werden die Reflexionen zur praktischen Anwendung durch theoretische Hintergründe fundiert. Gleich im ersten Buchbeitrag: „Das Spiel im philosophischen Netz der Methoden" geht Ekkehard Martens auf die allseits bekannte Definitionsproblematik ein und nutzt diese Aporie konstruktiv, um mit Hilfe des Fünf-Finger-Modells der philosophischen Methoden und der Schatztruhe der philosophischen Inhalte einer Beliebigkeit zuvorzukommen und um die Wechselseitigkeit von „Spielen" und "Philosophieren" zu zeigen, die beide zwar nicht ohne Regeln oder Rituale ablaufen, aber unterschiedliche, unvorhersehbare Spiel- und Denkmöglichkeiten zulassen und uns aus einer starren Haltung als ängstliches Klammern an „der" Wirklichkeit befreien.

Diesen Gedanken führt Wilhelm Schmid bei seinen Philosophischen Überlegungen zur Lebenskunst weiter. Das Leben als Spiel zu verstehen, setzt ihm zufolge eine ungewöhnlich umfangreiche hermeneutische Tätigkeit frei, ein wertvolles Nachdenken über das Leben, seine Bedingungen und Möglichkeiten, auch wenn dabei mehr Fragen aufgeworfen als beantwortet werden. Außerdem ist die Begeisterung, die große Faszination, die das Leben als Spiel auf sich zieht, auch hilfreich bei der Gestaltung der Existenz, denn sie begründet eine starke Bindung an das Leben, und ist eine Quelle von großer Ergiebigkeit, aus der das gesamte Leben hindurch geschöpft werden kann, durch alle Widrigkeiten, Irritationen, Anfeindungen, Krankheiten hindurch. Nimmt man diese Haltung für den Jugendlichen in Anspruch, so führt sie zu der Frage, ob nicht der Homo ludens als philosophische Lebenshaltung die geeignetste Menschenbildannahme für den Ethikunterricht sei. Damit setzt sich Eva Marsal in ihrem bildungstheoretischen Beitrag auseinander, der an Platons Bildungstheorie anknüpft und diese mit den empirischen Forschungsergebnissen zum kreativen Lernen erhärtet.

Satoshi Higuchi zeigt in seinem Aufsatz „Mimesis und Spiel" am Beispiel der japanischen Kultur die Bedeutung von „Mimesis" auf, d.h. Nachahmung und Selbstdarstellung, die eine zunehmende Relevanz in der Erziehungs- und Sozialisationstheorie gewinnt. Durch die praktisch-performative Nachahmung von Vorbildern entwickeln junge Menschen gesellschaftliche Kompetenzen wie „Sprache", „Motorik" und „Emotionen". An diesem aktiven Prozess, der auch kognitive Selbsttransformationen einschließt, hat auch der Körper einen erheblichen Anteil. Damit lässt sich also die philosophische Basis der Erziehung vom Begriff Mimesis her als umfassende, breite kommunikative Handlung interpretieren.

Den Nutzen des Spiels für das Lernen hebt Ursula Reitemeyer in ihrem programmatischen Beitrag zum Spiel im Schnittpunkt von Bildung, Ethik und Ästhetik hervor. Im Rückgriff auf die Aufklärung betont sie, dass der Mensch spielend am leichtesten lerne, gewissermaßen natürlich, d. h. ohne Zwang und auf freiwilliger Basis, weil, wie Schiller herausarbeitete, „der Mensch nur da ganz Mensch ist, wo er spielt". Deshalb gibt es auch „keinen anderen Weg, den sinnlichen Menschen vernünftig zu machen, als dass man denselben zuvor ästhetisch macht". Seit der Antike gilt das Spiel nicht nur als ein Instrument, sich theoretisches und praktisches Wissen anzueignen, sondern es übt auch die moralische Reflexionsebene ein, etwa im Kontext von Rollenspielen, die die Zuschauer nötigen, in Distanz zu sich selbst zu treten. Denn in der Rolle ist der Blick des Zuschauers, ob in Form einer moralischen Instanz oder in Form eines Gerichtshofs des Geschmacks, immer mitgesetzt. Das bedeutet, dass „Spielen" und „Lernen" keinesfalls Variablen sind, die auf die Kindheit beschränkt sind.

Folgerichtig entwickelt Takara Dobashi eine Konzeption zur Verbindung von Spiel und Lebenslangem Lernen. Für ihn ist das Spiel ein Grundtypus des kulturellen Welterlebens, und zwar sowohl in Form der Kulturtradierung, die für die Weitergabe der menschlichen Werte als Kulturgüter sorgt, als auch in Form des tätigen Kulturschaffens. D.h. „Spiel" ist eine Form des kreativen Lernens. Diese Überlegungen werden von Kiichi Shimoyamada präzisiert und zugespitzt, indem er jeder Lebensphase in einer pädagogisch begründeten Reihenfolge einen bestimmten Spieltypus zur Bewältigung der Lebensaufgaben zuordnet Als Spieltheorie legt er die Klassifikation von Roger Caillois zugrunde und fragt, auf welcher Stufe der Mensch die kulturellen Spieltypen AGON (Wettkampfspiele), MIMIKRY (Verwandlungsspiele), ILINX (Rauschspiele) und ALEA (Glücksspiele), die Caillois rekonstruierte, „sinnvoll" erlernen kann. Ähnlich wie bei anderen Entwicklungsaufgaben müsste es nämlich auch beim „Erlernen der Spiele" einen „günstigsten Moment" für das Erlernen des jeweiligen Entwicklungsspiels geben. Shimoyamada geht von der Hypothese aus, dass der Mensch seine allgemeinen Erkenntniskräfte wie „Sinneskraft", „Vorstellungskraft", „Verstand" und „Vernunft" im Laufe seiner Entwicklung durch lebenslanges Spielen aus- und weiterbildet.

Dass die Funktion der Spiele als kulturstiftendes Medium nicht auf Menschen beschränkt ist, weist Ulrike Hoge durch die neuzeitliche Erforschung des Spiels bei den Primaten nach, das sie zu dem Spiel der Menschen-Kinder in Beziehung setzt. Alle höheren Tierarten spielen, allerdings haben erwachsene Tiere dazu in freier Wildbahn nur wenig Gelegenheit. Anhand einiger Beispiele zeigt Hoge, dass die Spielformen im Tierreich in ihren Ausprägungen sehr stark an menschliches Spiel erinnern. Gerade hier lässt sich deutlich erkennen, dass es sich beim Spiel der Tier-Kinder keineswegs um reines Instinktverhalten handeln kann, wie es von einigen Spieltheoretikern angenommen wird, da es sich hierbei um Spielformen handelt, die keinen unmittelbaren Sinn für das spielende Tier und die typischen Anforderungen seiner Art haben.

Teil 1.

Reflexionen zum theoretischen Hintergrund

Ekkehard Martens

Das Spiel im Netz der philosophischen Methoden

Wenn man spielt, braucht man nicht zu wissen, was ein Spiel ist – man spielt einfach *dieses* Spiel und muss sich darin lediglich praktisch auskennen. Wenn man dagegen, wenn auch in praktischer Absicht, *über* das Spiel redet, etwa über „Das Spiel als Kulturtechnik des ethischen Lernens", muss man wissen und Auskunft geben können, wovon die Rede sein soll. Versucht man hierfür „Spiel" zu definieren, wird man schnell feststellen, dass dies nicht so recht gelingt. Es gibt in unserer Alltagserfahrung und Tradition, erst recht in den unterschiedlichen Kulturen, so viele unterschiedliche Beispiele und Arten von Spielen, dass man sie nicht in einer einzigen, festen Wesens- oder Zweckbestimmung einfangen kann. Was „das" Spiel ist und wozu es gut sein soll, lässt sich nicht eindeutig definieren. Diese Erfahrung kann man bereits in der Alltagssprache machen. Man kann sich aber auch zusätzlich auf Wittgensteins Theorie der „Familienähnlichkeiten" der Begriffe mit seinem Paradebeispiel des „Spiels" berufen (Philosophische Untersuchungen § 66). Wir müssen auf die eine Definition, die uns aus der verwirrenden Vielfalt unserer Vorstellungen heraushelfen könnte, leider verzichten. Eine zunächst als befreiend empfundene Möglichkeit könnte dann sein, den Zwang zur Einheitlichkeit abzustreifen und fröhlich mit der Vielfalt zu leben. Wir nennen einfach „Spiel", wie es uns gerade Spaß macht. Statt angestrengter, erfolgloser Begriffsarbeit scheint auch Philosophie insgesamt ein schönes Spiel mit Begriffen zu sein. Das Programm der Philosophen wäre gescheitert, die in den Spuren Platons versuchen, für die vielen Beispiele wichtiger, vor allem moralischer Begriffe von „gut" und „böse" eine Definitionen zu finden, um endlich den *einen* Maßstab für die *vielen* Fälle zu haben und damit das Handeln auf feste Ziele zu beziehen.

Ob es sich dabei aber wirklich um Platons Programm handelt, ist zweifelhaft, ja sogar eindeutig zu verneinen. In Platons Spätdialog „Parmenides" etwa lobt der alte Parmenides, der Vertreter des „Einen", zwar den Versuch des jungen Sokrates, jeweils eine Idee für die vielen Beispiele und Arten von Begriffen zu suchen. Er zeigt ihm aber, mit welchen Problemen eine derartige Suche verbunden ist. Dabei bringt er fast sämtliche Einwände vor, die seit Aristoteles gegen Platons sogenannte Ideenlehre vorgebracht wurden, etwa, das man dabei die Idee wie einen geistigen Gegenstand behandelt. Dennoch hält auch Parmenides an der Suche nach dem Einen fest. Wir müssen wissen, wovon wir reden, wenn wir nicht aneinander vorbeireden wollen. Und wir sollten nicht aneinander vorbeireden, wenn wir uns auf ein gemeinsames Handeln einlassen wollen oder müssen. Und wenn dieses Handeln Erfolg haben soll, müssen wir die wirklichen, nicht nur ausgedachten Bedingungen unseres Handelns kennen. Wir können somit nicht einfach reden und handeln, wie wir – als einzelne oder als Gruppe – einfach wollen.[1] Die Suche nach dem Einen ist und bleibt nötig. Andrerseits ist sie, wie der alte, erfahrene Parmenides zeigt, nicht ohne weiteres im direkten Zugriff möglich. Nachdem Parmenides seine Einwände theoretisch im Gespräch mit Sokrates vorgetragen hat, führt er in einem „anstrengenden Spiel" (pragmateiode paidian, Platon, Parmenides, 137b) als praktische Definitionsübung vor, dass die Suche nach dem Einen notwendigerweise mit dem Vielen verbunden ist. Bereits wenn wir von dem „Einen" sprechen, haben wir es mit dem „Vielen" zu tun: mit dem Begriff des Einen und mit der damit bezeichneten Wirklichkeit des Einen. Und wenn wir umgekehrt von dem „Vielen" reden, benutzen wir hierfür den einen Begriff des „Vielen". Der ausführliche Hauptteil des Dialogs „Parmenides" handelt in immer wieder neuen, oft verwirrenden Anläufen davon, wie beides, das Eine und das Viele, notwendigerweise miteinander verbunden ist.[2]

So benutzen wir auch den einen Begriff „Spiel", haben aber viele, unterschiedliche Vorstellungen, was wir damit meinen. Und selbst wenn wir uns jeweils auf eine gemeinsame Definition einigen, benutzen wir dabei Begriffe, die ihrerseits im Netz des Einen und Vielen gefangen sind. Zappeln wir hilflos im Netz unserer Sprache? Wie wir aus dem Netz unserer Begriffe zwar nicht herauskommen, aber dennoch mit ihm verlässliche Erkenntnisse einfangen können, zeigen die sokratischen Frühdialoge Platons. In ihnen führt der alte, erfahrene Sokrates an praktischen Beispielen vor, wie man mit Hilfe eines Netzes philosophischer Methoden dem Dogmatismus des Einen und dem Relativismus des Vielen entgehen kann. In den Gesprächen mit seinen Unterrednern verfällt der alte Sokrates weder dem naiven Irrtum des jungen Sokrates, als ob man den einen, wahren Begriff im direkten Zugriff erfassen könne, noch bleibt er im bloß abstrakten Spiel der Begriffe des alten Parmenides stecken. Ein besonders gutes Beispiel für das sokratische Netz der philosophischen Methoden ist der Frühdialog „Laches" über die Tapferkeit:

- der Dialog „Laches" mit den beiden Feldherren handelt vor dem allgemeinen Erfahrungshintergrund, dass man einerseits im Krieg auf Befehl gegen den Feind einfach drauflos stürmt, dass aber andrerseits im Peloponnesischen Krieg der Griechen untereinander das alte Freund-Feindschema und die herkömmlichen Wertvorstellungen aus den Perserkriegen oder dem Kampf um Troja problematisch geworden sind (vgl. Thukydides III 82)

- Sokrates erinnert seine beiden Gesprächspartner daran, dass ihr Verhalten von einer bestimmten Vorstellung oder einem Begriff von Tapferkeit geprägt ist, der aus der alten, vergangenen Welt Homers stammt: die kriegerische Tapferkeit in einem Freund-Feind-Schema

---

[1] Vgl. Verf., 1997 (bes. Kap. 2 „Warum kann ich nicht denken und sagen, was ich will?").
[2] Vgl. Verf., 2001 (zuerst 1987).

- bei ihrer konkreten Frage, ob ihre Söhne Fechten lernen sollen, um dadurch tapfer zu werden, müssen die Väter grundsätzlich beides prüfen: das Ziel und das Mittel; in einer begrifflich-argumentativen Analyse stellt sich heraus, dass der Erfahrungsbezug des Ziels zu eng ist (es gibt auch Zivilcourage), sein Wert fraglich ist (tapfer wozu) und das erhoffte Mittel ambivalent ist (mit dem Fechten macht man nicht nur gute Erfahrungen)

- in Rede und Gegenrede schälen sich zwei scheinbar gegensätzliche Auffassungen heraus: Tapferkeit als unüberlegter Affekt und als bloßes Nachdenken über Mittel und Ziele (der Leser als dritter Dialogpartner kann beides leicht miteinander verbinden: Tapferkeit als überlegter Affekt)

- insgesamt ist das sokratische Philosophieren bei Platon von Metaphern, Bildern und Gedankenexperimenten durchzogen (Höhlengleichnis, Seelenwagen, Ring des Gyges, Gericht im Jenseits etc.); im „Laches" nur indirekt, insofern Sokrates ausgerechnet mit den beiden Haudegen philosophiert und das Gedankenspiel nahe legt: hätten die beiden Feldherren und Athen möglicherweise ein besseres Schicksal gehabt, wenn sie sich durch Denken statt durch blinden Affekt orientiert hätten?

Das sokratische Philosophieren, so zeigt beispielsweise der „Laches", ist weder eine vergebliche Suche nach dem einen, wahren Begriff noch eine bloße Spielerei mit den vielen Begriffen, sondern versucht sich mit Hilfe unterschiedlicher Methoden über ein fragliches Phänomen Klarheit zu verschaffen und im Erkennen voranzukommen, um sie im Lichte neuer Erfahrungen, Tatsachen und Argumente wieder zu verbessern. Die Methoden lassen sich folgendermaßen zusammenfassen:
- etwas genau und differenziert beobachten und beschreiben
  (phänomenologisch)
- jemanden verstehen, wie man selber oder ein anderer etwas versteht oder ansieht (hermeneutisch)
- begrifflich und argumentativ prüfen, was jemand zu verstehen gibt
  (analytisch)
- einander widersprechen und miteinander über Behauptungen streiten
  (dialektisch)
- phantasieren und sinnieren, wie man etwas ganz anders verstehen könnte
  (spekulativ).
Die fünf elementaren Methoden des Philosophierens – die nicht mit den elaborierten Methoden der entsprechenden philosophischen Richtungen verwechselt werden dürfen - bilden als Fünf-Finger-Modell zusammen eine Hand. Im prinzipiell unabschließbaren Prozess des Weiterdenkens lassen sich die Methoden in kein streng lineares Schema mit einem festen Anfang und Ende pressen und sind nicht voneinander zu isolieren. Vielmehr sind sie lediglich Akzente oder einzelne Finger der ganzen Methoden-Hand. So ist die Phänomenwahrnehmung eines

Gegenstands oder einer Situation – etwa der fraglichen Tapferkeit - immer schon durch bestimmte Deutungsmuster von etwas *als* etwas vorgeprägt; das Verstehen ferner drückt sich in bestimmen Begriffen und Argumenten aus, die im Hin- und Herüberlegen geprüft und von Anfang bis Ende von Einfällen und Intuitionen durchzogen werden.[3]

Zusammengefasst ist philosophische Methodenkompetenz – ähnlich wie die üblichen Kulturtechniken des Lesens, Schreibens und Rechnens – eine elementare Kulturtechnik, nicht als mechanisch anwendbare, sondern als handwerkliche Technik. Als Kulturtechnik ist Philosophieren in einem dreifachen Sinne *elementar*: sie ist einfach, grundlegend und unverzichtbar. Die Kulturtechnik des Philosophierens ist einfach, insofern sie mit möglichst gut verstehbaren und praktizierbaren Anfangsschritten beginnt und somit im Prinzip für jeden geeignet ist. Zweitens ist die Kulturtechnik elementar im Sinne von grundlegend, insofern sie die Voraussetzungen unseres Denkens und Handelns aufzuklären versucht. Drittens schließlich ist sie elementar, insofern sie für unser Leben als denkende Menschen ebenso unverzichtbar ist wie die Atemtechniken für das Atmen – zwar kann man normalerweise auch ohne sie recht gut atmen oder philosophieren, in Problemfällen aber braucht man hilfreiche Techniken. Ferner bedeutet das spezifisch *kulturelle* Moment der Kulturtechnik des Philosophierens ebenfalls dreierlei. Philosophie in ihrer rationalen Gestalt ist, so erstens, ein wesentliches Erbe unserer europäischen Kultur, ohne auf diese beschränkt zu sein. Zweitens ist sie ein Mittel zur Gestaltung unserer demokratischen Kultur, das speziell in problematischen Situationen, wie der Krise des wissenschaftlich-technischen Fortschritts, der Multikulturalität oder der Globalisierung, besonders nützlich ist. Vor allem aber ist sie, so drittens, nicht nur ein nützliches Mittel zu einem guten Zweck des (demokratischen) Zusammenlebens und vielleicht sogar des gemeinsamen Überlebens, sondern sie ist vor allem Selbstzweck als unverfügbare Selbst-Kultivierung oder Persönlichkeitsbildung im Sinne einer Horizonterweiterung und reflexiven Lebensform.

Dass man schließlich zum Philosophieren nicht nur einen Werkzeugkasten der unterschiedlichen Methoden braucht, sondern auch eine Schatztruhe der Inhalte aus der reichhaltigen Tradition der Philosophie in ihren unterschiedlichen kulturellen Gestalten dazugehört, sollte extra betont werden, um nicht dem Irrtum eines bloßen Formalismus zu verfallen. Philosophieren ist immer ein „*Nachdenken* über etwas". Die Schatztruhe enthält den unterschiedenen Methoden entsprechend fünf Fächer: Phänomenbeschreibungen, Deutungsmuster, Begriffsunterscheidungen und Argumentationsfiguren, kontroverse Positionen sowie Gedankenexperimente, Metaphern und Vergleiche, etwa zu Fragen was Freundschaft, Glück, Gerechtigkeit oder Erkennen heißt.

---

[3] Vgl. Verf., 2003.

Eine Fundgrube hierfür sind außer den Quellentexten der klassischen und gegenwärtigen Philosophie die Philosophiegeschichten, Einführungen, Bücher zum Grund- oder Basiswissen sowie Lehrpläne und Unterrichtsbücher.

Versucht man schließlich mit Hilfe des philosophischen Methodennetzes z.B. auch „Spiel" im jeweiligen Verwendungszusammenhang besser zu verstehen, ließen sich fünf Schritte unterscheiden:
1. Welche Beispiele und Erfahrungen mit Spielen haben wir?
2. Was verstehen wir dabei unter „Spiel"?
3. Wie lassen sich die unterschiedlichen Auffassungen genauer verstehen? Gehören dazu beispielsweise Regeln, muss das Spiel ein Ziel haben, macht es immer Spaß, braucht man dazu notwendigerweise Spielmaterialien etc.?
4. Wie kann man in einem Streitgespräch die unterschiedlichen Auffassungen mit einander abwägen?
5. Wie sähe unser Leben völlig ohne Spiel aus? Gibt es besonders verrückte Spiele?

Das Netz der philosophischen Methoden kann aber nicht nur das Phänomen Spiel besser verstehen helfen, ohne es in eine feste Definition zu pressen oder alle möglichen Auffassungen bloß nebeneinander stehen zu lassen. Vielmehr kann auch umgekehrt das Phänomen Spiel das Philosophieren jenseits von Definitionszwang und Beliebigkeit besser verstehen helfen. Offensichtlich, so zeigt am deutlichsten die spekulative Methode, ist das Philosophieren selber ein Spiel, insofern es unsere feste oder fixierte Auffassung von Wirklichkeit in Bewegung bringt und neue Sichtweisen ermöglicht. Beides, das Spielen wie das Philosophieren, geschieht zwar nicht ohne Regeln oder ritualisierte Abläufe, lässt aber unterschiedliche, unvorhersehbare Spiel- und Denkmöglichkeiten zu und befreit uns aus einer starren Haltung als ängstliches Klammern an „der" Wirklichkeit.

Die spielerische Seite des Philosophierens kehrt etwa in Robert Musils Roman „Der Mann ohne Eigenschaften" in der Beschreibung des Möglichkeitsmenschen wieder:

> „Möglichkeitsmenschen leben, wie man sagt, in einem feineren Gespinst, in einem Gespinst von Dunst, Einbildung, Träumerei und Konjunktiven; Kindern, die diesen Hang haben, treibt man ihn nachdrücklich aus und nennt solche Menschen vor ihnen Phantasten, Träumer, Schwächlinge und Besserwisser oder Krittler."[4]

Nach Musil liegt in der Abwertung des „Möglichkeitssinns" im Gegensatz zum „Wirklichkeitssinn" allerdings durchaus etwas Berechtigtes, sie trifft aber nur dessen „schwache Spielart". Dagegen drückt der Möglichkeitssinn in seiner starken Variante „etwas sehr Göttliches" aus, „ein Feuer, einen Flug, einen Bauwillen

---

[4] Musil, R., 2003, S. 16.

und bewussten Utopismus, der die Wirklichkeit nicht scheut, wohl aber als Aufgabe und Erfindung behandelt".[5]

Daher plädiert Musil schließlich für den „Sinn für die mögliche Wirklichkeit".[6] So macht auch das Spiel der Philosophie erst dann Sinn, wenn es nicht nur im luftigen Sinne spekuliert und sich alles Mögliche ausdenkt, sondern wenn es mit der ganzen Methoden-Hand auf erfahrbare Phänomene bezogen wird, das eigene und fremde Verstehen von etwas einbezieht, die verwendeten Begriffe und Argumente prüft und sich auch auf Kontroversen einlässt. Philosophieren ist ein schönes *und* ernsthaftes Spiel im Netz der Methoden, und auch das Spiel lässt sich darin besser verstehen.

Literatur

MARTENS, Ekkehard: *Methodik des Ethik- und Philosophieunterrichts. Philosophieren als elementare Kulturtechnik*, Hannover 2003.

DERS.: *Zwischen Gut und Böse. Elementare Fragen angewandter Philosophie*, Stuttgart 1997.

DERS.: Platon, *Parmenides*, Griechisch/Deutsch, Stuttgart 2001 (zuerst 1987).

MUSIL, Robert: *Der Mann ohne Eigenschaften*, (zuerst 1930 und 1932), Reinbek bei Hamburg 17. Aufl. 2003.

---

[5] Ebd., S. 16.
[6] Ebd., S. 17.

12

Eva Marsal

„Spiel" und „Ethisches Lernen":
Die philosophische Entwicklung der Menschenbildannahme
„Homo ludens" für den Ethikunterricht

Einleitung

In einem Diskussionsbeitrag zum Thema „Das Spiel als Kulturtechnik des ethischen Lernens" sollten die philosophischen Reflexionen zum Untersuchungsgegenstand „Spiel" nicht in epischer Breite den verschlungenen Wegen der philosophiehistorischen Begriffsgeschichte folgen, sondern sich auf die Frage konzentrieren, in wieweit das „Spiel" für den Ort relevant ist, an dem ethisches Lernen institutionell stattfindet. Aufgrund unserer Gesellschaftsbedingungen, die zum einen durch eine multikulturelle und subkulturelle Wertepluralität bis hin zur Werteneutralität bzw. Orientierungslosigkeit gekennzeichnet ist und zum anderen durch zunehmende Probleme bei der Wertevermittlung, ist dieser Ort, an dem reflektiertes ethisches Lernen auf universalistischer Basis institutionell stattfindet, die Schule. Im Gegensatz zu den meisten Unterrichtsfächern, in denen das ethische Lernen entweder als praktisches Handeln wie im *Fair play* des Sportunterrichts oder in Form von intellektuellen Bewertungen wie z.B. die Auseinandersetzung mit dem Nationalsozialismus im Geschichtsunterricht „neben herläuft", widmet sich der Ethikunterricht ausschließlich und dezidiert dem ethischen Lernen.

Ethisches Lernen erreicht nur als „angeeignetes Lernen" seinen Zweck, d.h. nur im Zusammenspiel von „Vernunft und Anerkennung"[1] der selbstgesetzten Maximen, die als

„moralische Normen vor dem Hintergrund der eigenen Erfahrung und in wechselnden Lebenssituationen immer wieder neu entworfen oder modifiziert werden müssen"[2].

Damit werden an den Ethikunterricht wesentlich höhere Anforderungen an die Ich-Beteiligung der Schülerinnen und Schüler gestellt als in anderen Unterrichtsfächern. Das hat zur Folge, dass hier zum einen spezifische anthropologische Grundlagen gefordert werden, also über die Frage nach den Menschenbildannahmen des Ethikunterrichts nachzudenken ist, und außerdem auch nach Ich-nahen Mitteln gesucht werden muss, die sich förderlich auf den Prozess der „Anerkennung" moralischer Normen auswirken.

---

[1] Thurnherr, U., 2001, S. 90.
[2] Ebd., S. 84.

Die international diskutierten Forschungsergebnisse des niederländischen Historikers Johan Huizinga[3] legen nahe, dass „Spiel" das Medium ist, das Moral und Kultur verbindet. Huizinga führt deshalb die Kultur- und Moralentwicklung der Menschheit auf den *homo ludens* zurück. In diesem Beitrag soll die philosophische Begründung des *homo ludens* beleuchtet werden, die sich in der kreativen „Spiel-Haltung" niederschlägt.

1. Die pädagogische Begründung für den homo ludens

Bevor ich aber auf die philosophische Ebene der Menschenbildannahme des *homo ludens* eingehe, will ich zunächst nach dem pädagogischen Sinn dieses Menschenbildes fragen. Man kann nämlich durchaus mit Recht einwenden, warum der *spielende Mensch* als anthropologische Basis einem Unterrichtsfach in der öffentlichen Schule zugrunde gelegt werden soll, in dessen Mittelpunkt ernsthaftes und lebensnotwendiges Lernen steht. Der Ausgangspunkt für die pädagogische Relevanz der angezielten Menschenbildannahme bildet die empirisch gestützte Annahme, dass das „Spiel" ein hohes Potential an vertrauensbildender Integration besitzt und als förderliche Strategie für das soziale, emotionale und kognitive Lernen gilt.

Im Gegensatz zu den anderen Unterrichtsfächern auf diesen Klassenstufen, in denen die Schülerinnen und Schüler kontinuierlich in einer gewachsenen Klassengemeinschaft unterrichtet werden, finden sich im Ethikunterricht nämlich sehr ungünstigste Rahmenbedingungen vor. Die Ethiklehrer in Deutschland müssen mit Jugendlichen zusammenarbeiten, die sich lediglich einmal pro Woche für diese eine Stunde Ethikunterricht treffen. Zusätzlich wirkt sich die unterschiedliche soziokulturelle Herkunft der Ethikschüler und Ethikschülerinnen erschwerend auf die Unterrichtsgestaltung aus. In diesem Lehrfach hat das „Aufeinanderprallen" der unterschiedlichen weltanschaulichen, sozialen oder emotionalen Hintergründe mit den damit verbundenen kontrastierenden Wertvorstellungen eine andere Bedeutung als in den eher „ich-distanzierten" Lehrstoffen der übrigen Lehrfächer. Da die Ethikklasse manchmal auch diachron über mehrere Klassenstufen hinweg gebildet wird, gehören die Lernenden sogar teilweise verschiedenen Altersstufen an. Die Ethikklasse ist also ein „wild zusammengewürfelter Haufen".

In einem Unterrichtsfach, das auf Grund seiner inhaltlichen Konzeption vorsieht, dass die Schülerinnen und Schüler sich nicht nur intellektuell bilden, sondern auch ihre persönlichen Haltungen und Werturteile überprüfen und gegebenenfalls in Form von Selbstmodifikationen verändern, sind solche Rahmenbedingungen für den angestrebten Lernprozess kontrainduziert. Die Basisaufgabe

---

[3] Huizinga, J., (1938) 1981, S. 9f.

der Ethiklehrerin und des Ethiklehrers besteht also darin, den Jugendlichen dabei zu helfen, eine Klassengemeinschaft zu formen, in der sich die Schülerinnen und Schüler kennen lernen. D.h. die Schülerinnen und Schüler sollen sich gegenseitig unter Berücksichtigung der jeweiligen Lebenswelt einschätzen können und sich auch soweit untereinander vertrauen, dass sie bereit sind, sich gemeinsam auf innere Prozesse einzulassen, bei denen ihre bisherigen Werte und moralischen Vorstellungen auf den „Prüfstand" kommen und entweder „für gut befunden" oder modifiziert werden.

Als eine geeignete Strategie zur Vertrauensbildung und zur äußeren und inneren Prüfung von Wertvorstellungen hat die Gruppendynamik- und Psychotherapieforschung das „Spiel" identifiziert.[4] In die gleiche Richtung deuten die Forschungsergebnisse der Pädagogik. Hier hat sich die erfahrungs- und handlungsorientierte Methode „Spiel" als eine besonders relevante Lernstrategie zur Integration von kognitiven, sozialen und emotionalen Aspekten erwiesen.[5] Nach Peter Köck bieten sich für den Ethikunterricht vor allem Rollen- und Planspiele an, aber ebenso Simulationsspiele, Regelspiele, gruppendynamische Spiele, Schatten- und Puppenspiele, Pantomimen oder der Skulpturenbau.

Neben dieser konkreten „Spielebene", in der Spiele für einzelne Lehreinheiten zur Verfügung gestellt werden sollen, wollen wir durch die Menschenbildannahme des *homo ludens* anstreben, dass der ethisch reflektierende und ethisch handelnde Schüler auch auf der Metaebene eine philosophisch kreative „Spiel-Haltung" einnimmt.

Auf der inhaltlichen Ebene soll diese kreative „Spiel-Haltung" eine grundsätzliche Offenheit als Kontrastposition zum Dogmatismus ermöglichen, auf der Prozessebene soll diese Haltung handlungsmotivierend sein. Denn seit Beginn der menschlichen Überlieferungen wie z.B. in den Psalmen klagt der Gerechte, dass nicht *sein* Bemühen von Erfolg gekennzeichnet ist, sondern das des Ungerechten, der nicht ethisch handelt, sondern nur auf seinen eigenen Vorteil bedacht ist:

[3] Denn der Gottlose rühmt sich seines Mutwillens …
[5a] Deine Gerichte sind fern von ihm…
[8] Er sitzt und lauert in den Höfen, er mordet die Unschuldigen heimlich, / seine Augen spähen nach den Armen.
[9] Er lauert im Verborgenen wie ein Löwe im Dickicht, er lauert, dass er den Elenden fange, / er fängt ihn und zieht ihn in sein Netz
[10]Er duckt sich, kauert nieder, / und durch seine Gewalt fallen die Unglücklichen.[6]

Diese Einschätzung, wahrscheinlich allerdings in einer harmloseren Ausformung, kann wohl jeder aufgrund seiner eigenen Erfahrungen teilen. Betrachtet

---

[4] Vgl. die Forschungsergebnisse zur Gruppendynamik und Psychotherapieforschung.
[5] Vgl. Köck, P., 2002, S. 172.
[6] Altes Testament, Psalm 10.

man jedoch die geschichtliche Entwicklung insgesamt, so lässt sich mit Kant durchaus eine Tendenz zur Kultivierung, Zivilisierung und Moralisierung feststellen, wie z.B. die Menschenrechtsbewegung zeigt, die deutlich macht, dass die Bereitschaft sinkt, Verbrechen gegen die Menschlichkeit hinzunehmen.

Deshalb soll die kreative „Spiel-Haltung" dem Schüler und der Schülerin dabei helfen, nicht nur den kurzfristigen Erfolg einer ethischen Reflexion und Handlung zu berücksichtigen, sondern im Sinne Goethes auf eine langfristige Perspektive zu hoffen:

> „Es ist mit Meinungen, die man wagt, wie mit Steinen, die man voran im Brette bewegt: sie können geschlagen werden, aber sie haben ein Spiel eingeleitet, das gewonnen wird."[7]

2. Die „kreative" Oszillation zwischen „Freiheit" und „Bindung an Regeln" als Potenz des homo ludens

Damit der *homo ludens* nicht nur in pädagogischer Hinsicht eine sinnvolle Menschenbildannahme für den Ethikunterricht ist, sondern auch in philosophischer, muss diese Menschenbildannahme nach Annemarie Pieper[8] zwischen „Freiheit" und „Bindung an Regeln" vermitteln können. Diese Dialektik zeichnet ihrer Meinung nach nämlich jede ethische und moralische Theorie, Metatheorie oder Anwendungspraxis im konkreten ethischen Handeln aus.

Die selbstbestimmte Gesetzgebung führt im Idealfall zu einer perspektivischen Annäherung zwischen der Freiheit als unhintergehbares Gut und der Regelbefolgung. Deshalb ist der Erwerb der ethischen Urteilsbildung als eine autonome und selbstverantwortliche Kompetenz das Hauptziel des Ethikunterrichts. Dazu sind zwei Grundkompetenzen vonnöten: 1. die ethische Orientierung unter Rückgriff auf das ethische Wissen (theoretische Kompetenz) und 2. der Transfer dieser in eigenständiger Reflexion erarbeiteten Werte auf konkrete Lebenssituationen (praktische Kompetenz/Lebenshilfe). Die selbsterarbeiteten Werte finden ihren Niederschlag in Regeln, Maximen oder Gesetzen, die in Übereinstimmung mit der konkreten Lebenssituation gebracht werden müssen. D.h. die ethischen Werte müssen immer wieder neu überdacht und verändert werden. Die inhärente Spannung dieses Moments besteht darin, sich einerseits durch Unsicherheitstoleranz in einer ständigen Offenheit für neue Argumente zu halten, andererseits aber trotzdem nicht in eine Beliebigkeit abzugleiten. Die gesuchte Menschenbildannahme, die für den Ethikunterricht tauglich ist, darf also nicht einfach ein statisches Bild des Menschen repräsentieren, sondern muss Bewegung implizieren: ein *Bewegtsein*, ein *Sich-Bewegen-Lassen*, ein *Sich-Selbst-Bewegen*, eine

---

[7] Goethe, J. W. v., 1989, 421.
[8] Pieper, A., 2003, S. 31f.

Hin- und Herbewegung zwischen universeller Abstraktion und persönlicher Konkretisierung. Das entspricht auch der Forderung, die Hartmut von Hentig[9] an eine Menschenbildannahme pädagogischer Provenienz stellt: Sie muss auf Bildung zielen.

Nach Ekkehard Martens lassen sich bei Platon fundierte Anregungen für eine pädagogisch-philosophische Menschenbildannahme finden, da „die Frage nach der Bildung der menschlichen Natur ein Zentralthema von Platons Philosophie"[10] ist. Folgerichtig diskutiert Platon die Dialektik zwischen *Freiheit* und *Bindung an Regeln*. Auf diese Problematik geht er in seinem utopischen Staatsmodell ein. Aus Zeitgründen fokussiere ich das sehr breite Bildungskonzept von Platon, (das auch die Frauen mit einschließt), auf die Person, in der sich aufgrund der entsprechenden Intelligenz und des langen Bildungswegs die höchste Bildung konzentriert, auf den Philosophenkönig. Aufgrund dieser Voraussetzung besitzt der Philosophenkönig in Platons Staatsmodell die höchsten Freiheitsgrade, ist die einzige Person, die wirklich autonom ist und deshalb „regieren" kann, d.h. umfassende ethische Entscheidungen treffen kann. Obwohl Platon mit der Idee des Philosophenkönigs einen alten Gedanken vom Zusammenwirken des Herrschers und des weisen Beraters und Mahners aufnimmt, steht diese Forderung in einem scharfen Kontrast zu den zeitgenössischen Vorstellungen, und zwar nicht nur zu denen der geistesfeindlichen, unphilosophischen Polis Sparta, sondern auch zu den Konzepten der eigenen Polis, Athen. In Athen nahm nämlich die Dichtung einen „breiten Raum im Bildungskonzept ein, während die Philosophie ein nahezu esoterisches Randdasein ohne wirkliche Breitenwirkung führte.[11]

Stark vereinfacht ausgedrückt befand sich Platons Philosophenkönig strukturell in der gleichen ethischen Entscheidungssituation wie unser heutiger Ethikschüler, der als Philosophenkönig seiner eigenen Polis, seiner eigenen Welt zu betrachten ist, die er klug im Zusammenhang mit den umliegenden Welten regieren muss. Diese Parallelisierung entspricht auch der Platonischen Strukturidentität des Aufbaus von Staat und Einzelseele. Wie der Philosophenkönig muss der Ethikschüler als autonome Person den Transfer von den allgemeinen Ideen, von den allgemeinen und den formulierten Gesetzen, in die Vielfalt, Wirrnis und Chaos der platonischen Welt der Abbilder, d.h. der ihn umgebenden Wirklichkeit, leisten und ethische Urteile fällen. Deshalb ist es interessant nachzulesen, welche Prämissen Platon zur Bewältigung dieser Dialektik vorschlägt. Als geeignetes Mittel zur Entwicklung der Urteilskompetenz plädiert Platon für die Ausbildung ganz spezifischer gegensätzlicher Persönlichkeitsmerkmale, die jemand dazu befähigen sollen, diesen Transfer vorzunehmen. Um die Spannung zwischen Regeln und Freiheit zu überbrücken, benötigt man nach Platon gleich-

---

[9] Hentig, H. v., 1999, S. 146.
[10] Martens, E., 2003, S. 42.
[11] Otto, D., 1994, S. 217f.

zeitig eine Haltung der „stürmischen Offenheit" und der „verlässlichen Besonnenheit", modern ausgedrückt: Eine Integration von divergierendem und konvergierendem Denken.

Den divergierenden Denkstil charakterisiert Platon in der Politeia als eine offene Charakterstruktur mit all den damit verbundenen Vor- und Nachteilen:

> „Wer gerne lernt, ein starkes Gedächtnis hat, rasche Auffassungsgabe und einen scharfen Geist hat, dazu jugendlich-stürmisch und großzügig in den Gedanken ist und alle ähnlichen Eigenschaften hat, ist, [...] nicht leicht geneigt, in der Ruhe und Sicherheit zu leben [...] solche Leute lassen sich von ihrer Lebhaftigkeit fortreißen, und alle Stetigkeit ist ihnen verloren gegangen"[12].

Den konvergierenden Denkstil schildert Platon kontrastierend dazu:

> „Andrerseits verhalten sich die Charaktere der Stetigkeit und inneren Unerschütterlichkeit, auf deren Verlässlichkeit man lieber baut, die auch im Krieg gegen Gefahren unerschütterlich sind, gerade ebenso gegenüber den Wissenschaften: schwer beweglich und von langsamer Auffassungsgabe, wie wenn sie betäubt wären, sind sie voll des Schlafens und Gähnens, wenn sie zu einer derartigen Plage genötigt werden".[13]

Derjenige, der eine Entscheidungs- und Urteilskompetenz übertragen bekommen soll, d.h. nach Platon, *der Philosoph*, muss: „an beiden Charaktergruppen gut und recht teilhaben"[14]. Er soll also einerseits von rascher Auffassungsgabe sein und ohne Denkblockaden allen Denkwegen gegenüber offen stehen, sich aber andererseits nicht sprunghaft verhalten, sondern stetig und besonnen sein.

3. Die empirische Unterstützung für den *homo ludens*

Nach der Terminologie des amerikanischen Psychologen Georg Knellers nennt man solch eine Persönlichkeitsstruktur *kreativ*. So sollte nach Georg Kneller[15] eine kreative Person folgende Persönlichkeitsmerkmale aufweisen: Intelligenz; Bewusstsein; sprachliche Ausdrucksfähigkeit; Flexibilität; Originalität; Beharrlichkeit; Skepsis; Genauigkeit im Detail; die Fähigkeit, auch im intellektuellen Bereich eine spielerische Haltung einzunehmen; Humor; Nonkonformismus und Selbstvertrauen.

Diese Integration des divergenten und konvergenten Typus widersprach dem alltagssprachlichen Vorverständnis und den wissenschaftlichen Definitionen der psychologischen Schule Guilfords. Hier wurde nur der „divergente Typus" unter

---

[12] Platon, *Politeia*, 6. Buch [503c].
[13] Ebd., *Politeia*, 6. Buch [503c- 503d].
[14] Ebd., *Politeia*, 6. Buch [503d].
[15] Kneller, G., 1965, S. 62-68.

18

die Kategorie „Kreativität" subsumiert. Die Theoretiker dieser Schule vertreten also die Auffassung, dass der kreative „divergente Typus" ein trennscharfes, kontrastierendes Konzept zum „konvergenten Typus" dem analytisch Denkenden, darstellt. In dieser psychologischen Theorie spiegelt sich der Geniekult der abendländischen Geistesgeschichte, nach der besonders geartete kreative Menschen durch göttliche Eingebungen, Musen oder blitzartige geniale Gedankeneinfälle

„plötzlich etwas in sich Vollkommenes hervorbringen, ohne zu wissen, woher es kommt".

Der Begriff *inspirieren* leitet sich etymologisch vom lateinischen Wort *inspirare* ab, das mit *einhauchen* übersetzt wird. Zum Mythos des göttlich *inspirierten* Genies und kreativen Menschen gehört es auch, dass ihnen außergewöhnliche und besonders herausragende Persönlichkeitsmerkmale zugeschrieben werden, die als Erklärung für die kreativen Leistungen dienen. Dieser romantische Mythos reicht bis in die Zeiten Platons zurück. Platons Vorstellung, divergentes und konvergentes Denken durch Lernen in einer Person zu vereinen, führte über den damaligen Zeitgeist hinaus. Seine Auffassung, dass nicht etwas unerklärlich Geniales, sondern die Beschäftigung mit dem Lernstoff zu plötzlichen Einsichten führt, entfaltet Platon im VII. Brief, S. 341b – 343b. Ich zitiere Martens:

„Aus dem Zusammenhang in ständiger Bemühung um das Problem und aus dem Zusammenleben entsteht es plötzlich wie ein Licht, das von einem springenden Funken entfacht wird, in der Seele und nährt sich dann weiter.[16]

Die „plötzliche Einsicht" lässt sich also durchaus begründen und (bei entsprechenden Voraussetzungen) vermitteln. Genau wie im Bildungskonzept Platons sollen auch im Ethikunterricht divergentes Denken und konvergentes Denken integriert werden. Dass beide Denkstile wirklich erlernbar sind und sich durchaus in einer Person verbinden lassen, wurde durch die amerikanischen und deutschen Forschungsergebnisse zum kreativen Denken und Problemlösen in der theoretischen, allgemeinen und pädagogischen Psychologie nachgewiesen. Ebenso ist die Unvereinbarkeitsthese von divergentem Denken und konvergentem Denken nach Franz E. Weinert[17] u.a. durch die entsprechenden Forschungsreihen von Robert W. Weisberg zum Zusammenhang von Kreativität und Begabung falsifiziert. Weinert kommentiert die Unvereinbarkeitsthese mit den Worten:

„Bei der Lösung von alltäglichen wie wissenschaftlichen Problemen sind logisches und kreatives Denken keineswegs Gegensätze".[18]

---

[16] Martens, E., 2003, S. 49.
[17] Weinert, F., 1989, S.12.
[18] Ebd., 1989, S.12.

Ethisches Denken lässt sich als wertendes Denken beschreiben. Die vorherrschende These, dass kreatives Denken durch eine Neutralität gegenüber einer Bewertung des Denkergebnisses gekennzeichnet ist und gefördert wird, fand Robert Weisberg nicht bestätigt:

„Die Ergebnisse psychologischer Untersuchungen zeigen [...], dass es beim kreativen Denken entscheidend darauf ankommt, die einzelnen Ideen von Anfang an zu bewerten und nicht erst nach der Produktion möglichst vieler Ideen."[19]

Die kreative Haltung der Oszillation zwischen Freiheit und Bindung an Regeln sollte sich in allen Prozessschritten von der Maximenbildung bis hin zum konkreten Transfer auf der Alltagsebene wertend am ethischen Wissen orientieren. Das kreative Denken, das aufgrund der empirischen Forschungsergebnisse also nicht als Gegensatz zum logisch ableitenden Denken gesehen werden darf, vereint vielmehr die divergente, analytische und wertende Komponente in sich. Deshalb ist das kreative Denken meiner Meinung nach, und in diesem Punkt sehe ich mich in der Tradition Platons, am besten geeignet, das Humanum zwischen den zwei Extremen der Unmenschlichkeit: der regellosen Beliebigkeit auf der einen Seite und der totalitären Regelfixierung auf der anderen Seite, hindurchzusteuern. Diese Suche nach dem *aristotelisch* gesprochen: richtigen „Treffer" in der Mitte, nämlich im Humanum, lässt sich in Anlehnung an Annemarie Pieper als „Spiel" beschreiben

„Moralische Freiheit dagegen setzt sich selbst um der Freiheit aller willen Regeln, an die sie sich bindet, so wie man beim Spiel Regeln gehorcht, die das Spielen nicht aufheben, sondern als Spiel gerade ermöglichen sollten".[20]

Nicht zufällig und auch nicht erst heute taucht in diesem Zusammenhang der Begriff „Spiel" auf.

4. Philosophiegeschichtliche Begründungen

So schildert auch Platon den Prozess des philosophischen Kampfes um die besten Argumente als „Brettspielkunst, die nicht mit Steinen, sondern mit Begriffen gespielt werden"[21]. Dabei ist es gleichgültig, ob der Dialog mit äußeren Partnern durchgespielt wird oder mit inneren. Platon greift mit diesem Bild ein Fragment von Heraklit auf, in dem dieser die Zeit (aion) als ein spielendes Kind (pais paion) bezeichnet, das die Brettsteine setzt und die Königsherrschaft innehat.[22] Die *Königsherrschaft* wird als die Herrschaft des logos gedeutet,[23] also als

---

[19] Weisberg, R., 1989, S.180.
[20] Pieper, A., S. 32.
[21] Platon, [487c].
[22] Heraklit, VS 22, Bd. 52.
[23] Picht, G., 1978, S. 92.

die Herrschaft des logischen Denkens, in dem sich der Einzelne auf Grund von guten Gründen aktiv entscheiden muss und nicht mehr rezeptiv gehorsam und angepasst den Geboten der Götter und der zeitgenössischen Sitten folgen darf.

Aufgrund der kulturgeschichtlichen Forschungen des Historikers Johan Huizinga lässt sich sogar vermuten, dass das Spiel seit Beginn der nachweisbaren Kulturtätigkeit in einem engen Zusammenhang mit Ethik steht. Für Huizinga ist das Spiel die anthropologische Grundkonstante, die überhaupt erst die Kultur und die Moral begründen. Zur Bestätigung seiner Hypothese legt er verschiedene Quellen vor, die die Moralentwicklung auf verbale agonale Spiele zurückführen, also auf solche Spiele, bei denen das Moment des Wettstreits vorherrscht, wie z.B. in Indien das Wettkampfspiel zwischen einem Wassergeist und einem Ritter oder die agonalen sophistischen dialogischen Frage- und Denkspiele, die die Ursprünge des griechischen Bildungsprozesses sicherten[24]. Für Huizinga ist das Spiel als kulturgeschichtliches Axiom entweder ein entwicklungsfördernder sozialer Wettstreit bzw. Kampf, eine "Zurschaustellung von etwas Nichtmateriellen" oder „eine formgebende, kultische Handlung" bei der in irgendeiner Weise eine ethische Entscheidung gefordert wird. Seine Kultur vergleichenden Forschungsergebnisse kumuliert der Historiker Huizinga in der These, dass der *homo ludens* das Kultur und Moral bestimmende Menschenbild ist.

Aus philosophischer Perspektive wird das Spiel in der Neuzeit von Kant in der *Kritik der Urteilskraft* (1790) aufgewertet.

"Hier bezeichnet Kant die transzendentale Bestimmung des ästhetischen Geschmackurteils, das subjektiv und doch allgemein gültig sein soll, als ein freies Spiel der Erkenntnisvermögen im übereinstimmenden Verhältnis zueinander".[25]

Urs Thurnherr hält in seiner Kommentierung von Kants „Spieltheorie" fest:

„Obgleich sich zwischen der *Kritik der reinen Vernunft* und der *Kritik der Urteilskraft* eine gewisse Bedeutungsänderung des kantischen Begriffs der Einbildungskraft feststellen lässt, darf man davon ausgehen, dass mit der Bezeichnung „Einbildungskraft" bei Kant insgesamt ein spezifischer Aspekt der Urteilskraft erfasst wird: Die Einbildungskraft kann als eine Erscheinungsform der Urteilskraft angesehen werden, welche sich unmittelbar mit der Sinnlichkeit beschäftigt, sich zu den Sinnen hinbegibt und sich in deren Lage und in deren vergangene Situation hineinversetzt resp. welche das Amt eines ‚*viarius* der Sinne'[26] innehat. Die eigentliche Leistung der Einbildungskraft in ihrer Funktion eines produktiven Vermögens besteht beim Verfahren des Reflektierens sodann darin, dass die Einbildungskraft die Gesamtheit der von ihr als einem reproduktiven Vermögen erinnerten Beispiel aufeinander bezieht und dabei ein Muster einer möglichen Handlungsweise, einen neuen Handlungsentwurf entwickelt.[27] [...] Analog zum Schaffensprozess des Dichtens [...] kann man das Vorgehen

---

[24] Huizinga, J., (1938) 2001.
[25] Corbineau-Hoffmann, A., Bd. 9, Sp.1384f.
[26] Kant, I., AA XVI, *Reflexionen zur Logik* 8 (1571); vgl. auch 54 (1634).
[27] Kant, I., AA XV/1, *Reflexionen zur Anthropologie* 133 (337a).

der Einbildungskraft auf dem praktischen Felde wiederum als ein freies Spiel beschreiben: Denn die Tätigkeit der Einbildungskraft erschöpft sich nicht im bloßen Sammeln und Aneinanderreihen von dunklen Vorstellungen, sondern die produktive Einbildungskraft gestaltet die Vorstellung der Neigungen und der Gefühle nach Maßgabe des Prinzips der subjektiven Zweckmäßigkeit in einem kreativen Spiel zu einer integrativen Einheit. [...] Die praktische Reflexion kommt in dem Moment zu ihrem Abschluss, wo die Empfindsamkeit zu einem positiven Urteil über einen Handlungsvorschlag der Einbildungskraft gelangt ist. Was sich in der Gleichmütigkeit ausdrückt. Die Gleichmütigkeit bildet das ‚gegentheil von Leidenschaften'[28], d.h. den Inbegriff einer inneren Freiheit, durch welche die Macht der Leidenschaften sowie der Affekte gebrochen wird.[29] Wer die Gleichmütigkeit gewonnen hat, handelt weder nach seiner Gewohnheit noch untersteht er dem Diktat der eigenen Neigungen, vielmehr zeigt sich die Gleichmütigkeit überhaupt erst, wenn er bei seiner Reflexion auch alle anderen Vorstellungen gebührend berücksichtigt hat – wie beispielsweise diejenigen, welche mit dem moralischen Gefühl verwoben sind. [...] Die Gleichmütigkeit bezeichnet somit ein gewisses Gleichgewicht im Gemüt und stellt gemäß Kants Auffassung, das (selbst)gefühl einer Gesunden Seele'[30] dar."[31]

Dieses Kantische Konzept des „freien Spiels" bestimmt nachhaltig F. Schillers Vorstellung ästhetischer Humanität. Die Aufarbeitung dieses Konzepts als Spannungsbogen von Schönheit und Freiheit, Ästhetik und Anthropologie stellt Schiller in seinen Briefen „Über die ästhetische Erziehung des Menschen" (1795) vor. Das *Spiel* definiert er dabei als das, „was weder subjektiv noch objektiv zufällig ist und doch weder äußerlich noch innerlich nötigt"[32] Da Schiller verhindern möchte, dass sich mit dem *Spiel* die einschränkende Vorstellung eines „bloßen" Spiels" verbindet, verknüpft er mit dem *Spiel* den Gedanken einer Erweiterung menschlicher Möglichkeiten: „der Mensch soll mit der Schönheit nur *spielen, und er* soll *nur mit der Schönheit spielen"*. Dadurch sollen die antagonistischen Triebe im Menschen, der Stoff- und Formtrieb, in ein harmonisches Verhältnis gelangen.

„Dies geschieht durch den Spieltrieb, der die wechselseitige Ausschließung der Triebe verhindert und damit den Menschen physisch und moralisch in Freiheit setzt."[33]

5. Zusammenfassendes Plädoyer

Das Spiel, dass durch die Bipolarität von grundsätzlicher Offenheit und Regelbindung gekennzeichnet ist, ermöglicht dem Menschen als *homo ludens* das unhintergehbare Gut *Freiheit* in der gegenwärtigen Welt stets neu zu aktualisieren. Da sich dieses Spiel von der höchsten Abstraktionsebene, nämlich dem intellek-

---

[28] Ebd., 255 (592).
[29] Vgl. Ebd., 746 (1491).
[30] Ebd., 844 (1514).
[31] Thurnherr, U., 1994, S. 118f.
[32] Schiller, F., (1795).
[33] Corbineau-Hoffmann, A., 1995, Sp.1385.

22

tuellen Durchspielen einer ethischen Urteilsbildung, in der sich der Mensch als homo sapiens präsentiert bis zur konkreten Daseinsebene erstreckt, in der der Mensch als homo faber[34] wirkt, scheint es uns gerechtfertigt, den *homo ludens* als geeignete integrative Menschenbildannahme für den Ethikunterricht vorzuschlagen.

Literatur

ALTES TESTAMENT

CORBINEAU-HOFFMANN, Angelika: *Spiel*, in: *Historisches Wörterbuch der Philosophie*. Darmstadt, 1995, Bd. 9, Sp.1384f.

OTTO, Dirk: *Das utopische Staatsmodell von Platons Politeia aus der Sicht von Orwells Nineteen Eighty-Four. Ein Beitrag zur Bewertung des Totalitarismusvorwurfs gegenüber Platon*, Berlin 1994.

GOETHE, Johann Wolfgang von: *Maximen und Reflexionen* 413, Gesammelte Werke, Hamburger Ausgabe, Band 12, München 1989.

HENTIG, Hartmut von: *Menschenbild in Bildung und Erziehung*, in: Rolf Oerter (Hrsg.), Menschenbilder in der modernen Gesellschaft. Konzeption des Menschen in Wissenschaft, Bildung, Kunst, Wirtschaft und Politik. Stuttgart 1999.

HUBIG, Christoph: *homo faber und homo ludens*, in: Stefan Poser / Karin Zachmann (Hrsg.): Homo Faber ludens. Geschichten zu Wechselbeziehungen von Technik und Spiel. Frankfurt a. M. 2003.

HUIZINGA, Johan: *Homo Ludens. Vom Ursprung der Kultur im Spiel*, Hamburg (1938) 2001.

KANT, Immanuel: AA XV/1, *Reflexionen zur Anthropologie*.

DERS.: AA XVI, *Reflexionen zur Logik*.

KNELLER, Georg F.: *The Art and Science of Creativity*, New York 1965.

KÖCK, Peter: *Handbuch des Ethikunterrichts. Fachliche Grundlagen, Didaktik und Methodik, Beispiele und Materialien*, Donauwörth 2002.

MARTENS, Ekkehard: *Ich denke, also bin ich. Grundtexte der Philosophie*, Becksche Reihe, München 2003.

PICHT, Georg: *Das Welt-Spiel und seine Deutung durch Nietzsche*, in: Schulte (Hg.) Spiele und Vorspiele. Spiel-Elemente. In Lit. Wissenschaft und Philosophie 1978.

PIEPER, Annemarie: *Einführung in die Ethik*. 5. überarbeitete und aktualisierte Aufl., Tübingen und Basel 2003.

PLATON: *Politeia*.

SCHILLER, Friedrich: *Über die ästhetische Erziehung des Menschen* (1795).

THURNHERR, Urs: *Die Ästhetik der Existenz. Über den Begriff der Maxime und ihre Bildung bei Kant*, Tübingen / Basel, 1994.

DERS.: *Urteilskraft und Anerkennung in der Ethik Immanuel Kants*, in: Anerkennung. Eine philosophische Propädeutik. Festschrift für Annemarie Pieper, hrsg. v. Monika Hofmann-Reidiger / Urs Thurnherr, Freiburg/München 2001.

WEINERT, Franz E.: *Vorwort zur deutschsprachigen Ausgabe*, in: Robert W. Weisberg (Hg.) Kreativität und Begabung. Was wir mit Mozart, Einstein und Picasso gemeinsam haben, Heidelberg 1989.

WEISBERG, Robert W. (Hg.): *Kreativität und Begabung. Was wir mit Mozart, Einstein und Picasso gemeinsam haben*, Heidelberg 1989.

---

[34] Hier schließe ich mich der Ablehnung Christoph Hubigs gegen die „Zwei-Kulturen-Lehre" von Charles P. Snow an, in der *homo ludens* als Gegensatz zum *homo faber* gesehen wird. Vgl. Hubig, C., S. 37-56.

Wilhelm Schmid

Ist das Leben ein Spiel?
Philosophische Überlegungen zur Lebenskunst[1]

Wenn ein Philosoph über das Leben nachdenkt, dann wird es interessant. Denn, nicht wahr, das weiß doch jeder: Philosophie hat mit dem Leben gar nichts zu tun hat, ein Philosoph hat vom wirklichen Leben keine Ahnung. Philosophie ist eine Angelegenheit von Theoretikern im Elfenbeinturm. Sie wird toleriert, aber niemand interessiert sich wirklich für ihre unlesbaren Traktate. Leider muss man sagen, dass die Philosophen selbst wesentlich zu dieser Entwicklung beigetragen haben. Schade, denn sie hätten es besser wissen können: Die meiste Zeit in der langen Geschichte der Philosophie war ihre Hauptbeschäftigung das Leben und die Frage, wie es gekonnt zu leben ist. Selbst der Begriff der Lebenskunst, heute nur noch ein Wort für das angenehme, leichte, sorgenfreie Leben, ist eigentlich von Grund auf philosophisch: griechisch *téchne tou bíou, téchne perì bíon*, lateinisch *ars vitae, ars vivendi*. Zentral für die philosophische Lebenskunst ist die Sorge, die Sorge für sich selbst, für andere und für die Gesellschaft, in deren Rahmen ein Leben nur zu leben ist. Leicht an ihr ist, wie bei aller Kunst, nichts; vielmehr ist sie anstrengend, eine Arbeit. Und angenehm kann das so gelebte Leben zwar gelegentlich sein, aber seine eigentliche Herausforderung ist der Umgang mit dem Unangenehmen, Schwierigen, Problematischen, kurz „Negativen". Das Terrain der Lebenskunst gilt es zurück zu erobern für die Philosophie, um daraus wieder eine anspruchsvolle Kunst zu machen für die, die sich dafür interessieren. Aber dazu sind einige Fragen zu stellen, typisch philosophisch: Was ist eigentlich Leben, was ist Kunst?

„So ist das Leben!" Das ist ein Satz, der in den unterschiedlichsten Lebenssituationen leicht über die Lippen kommt. Aber was ist damit gemeint? Wie ist das Leben? Offenkundig kurios, merkwürdig, widersprüchlich, rätselhaft, unerklärlich, paradox, unvorhersehbar, verrückt, ungerecht, lustvoll, und von allem auch noch das Gegenteil – kurz, das Leben zeigt sich unbekümmert um menschliche Wertung und Klassifizierung. Ist es nur eine unregelmäßige Bewegung ohne Sinn und Ziel, das Ich nur ein verwirrter und verlorener Punkt in dieser Bewegung? Was das Leben definitiv ist, lässt sich wohl nicht sagen, und daran ist nichts zu bedauern: Es ist die grundsätzliche Offenheit, die die Spannung des Lebens aufrechterhält. Welche Bedeutung dies hat, lässt sich am besten durch die Vorstellung erschließen, es stünde eine Zeit bevor, in der „das Leben" vollkommen erforscht, durchschaut und bekannt wäre, das Leben im Allgemeinen,

---

[1] Eine Kurzfassung dieses Aufsatzes erschien in *Psychologie Heute*, 31. Jahrgang Heft 5 Mai. Weinheim 2004, S. 20-24.

das menschliche Leben im Besonderen, das eigene Leben zumal, biologisch, soziologisch, psychologisch, neurobiologisch etc. Durchaus vorstellbar, dass eine Zeit der Langeweile anbrechen würde, wie sie der Planet noch nie gesehen hätte. Das spricht nicht gegen Erforschungen des Lebens, nur gegen Erwartungen, die damit verbunden sind. Es empfiehlt sich, neben dem *analytischen* einen *hermeneutischen* Zugang zum Leben offen zu halten, einen Weg der Deutung und Interpretation, der immer wieder andere Horizonte zu eröffnen vermag, und dies nicht nur für das Leben selbst, sondern auch für Ausrichtungen der Forschung, die sich nicht so objektiv von selbst ergeben, wie gemeinhin geglaubt wird.

Für die Lebenskunst ist der hermeneutische Zugang zum Leben grundlegend, und eine *mögliche Deutung* ist, das Leben als Spiel zu verstehen. Die Idee des Lebens als Spiel erscheint vielen Menschen faszinierend, und der Lebenskunst wird die Realisierung dieser Idee zugetraut. Vom Leben als Spiel wird erwartet, dass es ganz so wie ein Spiel Freude macht; es wird zuweilen vernachlässigt, dass zum Spiel immer auch die Möglichkeit großer Enttäuschung gehört. Gute Gründe sprechen allerdings dafür, sich auf die *Interpretation des Lebens als Spiel* einzulassen, und zugleich nicht alle Vorsicht außer Acht zu lassen: In moderner Zeit gewinnt das Leben als Spiel an Bedeutung, da es für die Individuen aufgrund des Freiseins von Bindung und äußerer Zwecksetzung *notwendig* wird zu experimentieren, auszuprobieren und in diesem Sinne zu spielen, jedoch auch Regeln des Spiels selbst festzulegen und Formen der Freiheit für sich zu finden.

Das Leben als Spiel zu verstehen, setzt zudem eine ungewöhnlich umfangreiche *hermeneutische* Tätigkeit frei, ein wertvolles Nachdenken über das Leben, seine Bedingungen und Möglichkeiten, mögen dabei auch mehr Fragen aufgeworfen als beantwortet werden. Und schließlich erscheint die Begeisterung, die große *Faszination*, die das Leben als Spiel auf sich zieht, hilfreich bei der Gestaltung der Existenz, denn sie begründet eine starke Bindung ans Leben, und sie ist eine Quelle von großer Ergiebigkeit, aus der das gesamte Leben hindurch geschöpft werden kann, durch alle Widrigkeiten, Irritationen, Anfeindungen, Krankheiten hindurch. Sich davon binden und gar, dem Wortsinn der Faszination folgend, sich „fesseln" zu lassen, beruht auf einer passiven Wahl, die das Individuum trifft, einem Geschehenlassen, wenn auch im Sinne der bewussten Lebensführung nur nach kritischer Befragung, um nicht zum blinden Sklaven eines bloßen Gefesseltseins zu werden.

Um die Faszination jedoch nicht zu rasch zu verschwenden und sie nicht bei der ersten Enttäuschung schon in ihr Gegenteil, die völlige Demotivation und Depression, umkippen zu lassen, wäre die Rede vom Spiel klugerweise im Maß zu halten. Was aber ist ein „Spiel"?

1. Was ist ein Spiel? Fußballspiel und Spiel des Lebens

Vielleicht kann das *Fußballspiel* als Beispiel herangezogen werden, um all die Aspekte ausfindig zu machen, die ein Spiel ausmachen und die womöglich auch für das Leben, das zum Spiel wird, von Bedeutung sind. Ohnehin scheinen es Lebensfragen zu sein, die auf der großen Bühne, die das Spielfeld ist, verhandelt werden. Es geht dort nicht wirklich um Fußball, es geht um das Leben, und die Wahrheit des Spiels ist, wie man weiß, „auf'm Platz".

Und dies sind ihre 20 Bedingungen: Ein *räumlicher* Rahmen, der Fußballplatz. Eine *zeitliche* Begrenzung, die Spielzeit. Ein *Objekt*, mit dem gespielt wird, der Ball. *Mehr als einer*, der spielt, sodass einem auch „mitgespielt" werden kann. *Regeln*, die zu beachten, insgeheim jedoch auch mal zu umgehen sind. *Taktik und Strategie*, die durch Einzelaktionen hindurch strukturierend wirken. *Kreativität*, um in der jeweiligen Situation Möglichkeiten zu sehen, sie möglicherweise überhaupt erst zu schaffen, etwas Neues zu versuchen und auszuprobieren. Offenheit für *Zufälligkeit*, um mit dem zu spielen, was sich von selbst ergibt. Technisches *Können*, zusammengesetzt aus Einzelbewegungen, Handlungsabläufen, ganzen Spielzügen, Varianten, die unentwegt und unverdrossen vorweg zu üben und zu trainieren sind. Die Beherrschung von *Tricks* ist nicht immer gänzlich regelkonform. Ein feines *Gespür* und ein „geübter Blick", ausgebildet durch mannigfache Erfahrung und deren Reflexion. Miteinander verbunden zur *Klugheit*: die Emotion als Triebkraft, die Kognition als theoretische Kenntnis der Strukturen. Eine Klärung und Organisation des *inneren Machtspiels* im Selbst, denn ein unbeherrschter Spieler darf irgendwann „nicht mehr mitspielen". Ein *äußeres Machtspiel* mit „dem Gegner", der zwar das Problem des Spiels darstellt, in Wahrheit aber dessen Garant ist, denn er sorgt für Polarität und somit für Spannung. Eine Organisation des *Zusammenspiels* mit Mitspielern, da sich auf diese Weise weitaus mehr Möglichkeiten als bei einem Alleingang realisieren lassen. Ein institutionalisierter *Blick von außen* (Trainer, Schiedsrichter), mit dessen Hilfe das Spiel aus der Metaperspektive zu korrigieren und zu modifizieren ist. *Zuschauer* als Resonanzboden: Ohne sie wirkt das Geschehen gespenstisch, auch wenn Spieler wechselseitig selbst Zuschauer sind. Die *Bewältigung* einer demütigenden Niederlage, eines unbefriedigenden Unentschiedens, vor allem aber eines triumphalen Sieges, der anfällig für jede Art von Leichtsinn und Nachlässigkeit macht. Ein *Zweck*, etwa das Toreschießen, der dem Spiel immanent ist; kommen äußere Zwecke hinzu, leidet das Spiel. Vor allem aber die *Freiheit* und Freiwilligkeit, auf die es gründet, nicht Notwendigkeit: Ein Müssen ist kein Spiel, es sei denn, der Spieler ist imstande zu lieben, was er muss – dann schwindet der Druck des Müssens wieder, und er fühlt sich aufs Neue frei.

Alle diese Aspekte finden sich, wie sich zeigt, im *Spiel des Lebens* wieder: Ein räumlicher Rahmen, ein „Spielfeld", nämlich eine Festlegung der Orte, an denen und zwischen denen das Subjekt der Lebenskunst sich vorzugsweise bewegt. Eine zeitliche Begrenzung, die dem Leben ohnehin gegeben ist, einzelnen Abschnitten und dem Ganzen jedoch auch selbst gegeben werden kann. Objekt ist das vielfältige Material des Lebens, das wie ein Ball ständig seine Richtung ändern kann und mit dem auf unterschiedlichste Weise umzugehen ist. Dabei spielt immer mehr als einer: Subjekt der Lebenskunst ist nie nur das Selbst, sondern sind immer auch andere und „das Leben" selbst, das für Situationen sorgt, die zur Herausforderung werden. Regeln und Regelmäßigkeiten sind zu beachten, formelle oder informelle, vom Selbst, von anderen, vom Leben selbst in Kraft gesetzt und nicht ohne Folgen zu verletzen; und doch müssen sie in manchen Situationen „biegsam" sein, damit das Leben weitergehen kann.

In Taktik und Strategie kulminiert die Lebenskunst des Selbst, um durch alle Einzelaktionen und Situationen hindurch das Leben umsichtig und weitsichtig zu strukturieren. Die Kreativität sorgt dafür, dass der Vollzug des Lebens dennoch überraschend bleibt, nicht auszurechnen durch andere, geheimnisvoll, nicht determinierbar, oft auch experimentell, denn zum Spiel wird das Leben dort, wo es um ein Ausprobieren und Versuchen geht, unabhängig von einem Gelingen oder Misslingen. Von Grund auf wird die Zufälligkeit hier ins Lebensverständnis einbezogen, um sich nicht lange mit der Auffassung aufzuhalten, das Leben sei vollständig beeinflussbar. Und doch kommt es darauf an, ein Können zu erlernen und asketisch einzuüben, es zu „trainieren", um Exzellenz, im Idealfall Eleganz in verschiedensten Lebenssituationen zu erreichen; als Übung fürs Lebenkönnen sind Spiele aller Art geeignet. Die Kenntnis von Kunstgriffen, „Kniffen", ist hilfreich, um beispielsweise den Knoten zu lösen, in dem eine Situation sich verfangen hat. Die immer weiter gehende Ausbildung und Verfeinerung des Gespürs durch Erfahrung und Reflexion ist unverzichtbar, um nicht über jeden Schritt lange nachdenken zu müssen. Grundlegend ist das Zusammenspannen von Leidenschaft und kühlem Verstand zu einer Lebensklugheit. Das innere Machtspiel im Selbst ist zu klären, um eine Selbstbefreundung zu erreichen, auch durch das Einbeziehen von Widersprüchen, die sich nicht aufheben lassen. Im äußeren Machtspiel ist der notwendige Gegenpol und Widerspruch, den andere im Spiel des Lebens repräsentieren, als gegeben zu akzeptieren oder aber als bereichernd zu affirmieren. Das Zusammenspiel, die Kooperation mit anderen lässt sich suchen, um das Netz zu bilden, das weit mehr Lebensmöglichkeiten auftut als das Leben nur für sich allein. Den wichtigen Blick von außen repräsentiert im Lebensvollzug der vertraute andere, der Freund, und das Selbst bemüht sich darum, diesen Blick selbst zu verinnerlichen. Jeder Lebensvollzug kennt zudem die Rolle von Zuschauern, denn immer handelt es sich um ein Leben vor den Augen der anderen, von ihnen kommentiert und beurteilt, und nie bleibt dies ohne Rückwirkungen auf das Selbstverständnis des Selbst. Eine Herausforderung für die Lebensbewältigung sind Niederlagen und Misserfolge ebenso wie Siege und Erfolge. Und seinen Zweck, etwa das erfüllte Leben, findet das Leben in sich selbst und nicht erst außerhalb. Entscheidend für das Spiel des

Lebens ist jedoch, dass eine Beteiligung daran auf Freiheit und Freiwilligkeit, nicht auf Notwendigkeit beruht, es also nicht einfach nur gespielt werden muss, vielmehr eine Wahl wie auch Abwahl grundsätzlich möglich ist.

Einige *Differenzen* zwischen dem Spiel und dem Leben als Spiel fallen darüber hinaus jedoch ins Auge: Das Spiel ist gewöhnlich *vorgeformt* und der einzelne Spieler gliedert sich in diese vorgegebene Form ein. Im Leben, das als Spiel verstanden wird, sind einige Vorgaben nicht genau bekannt, und in vielen Fällen hat das Individuum selbst die *Formgebung* vorzunehmen, sich etwa die Lebensregeln, die es befolgen will, selbst zu geben. Auch verlangt die freie Gründung des Lebens als Spiel ein Verhältnis zur zeitlichen Begrenzung des gesamten Lebens oder einzelner Abschnitte, um entweder zu akzeptieren, „wie es kommt", oder aber eine eigene Festlegung vorzunehmen. Das Spiel bietet die Möglichkeit des *Herausspringens*, die im Leben jedoch immer gleich das Ganze betrifft, sei es *hermeneutisch*: das gesamte Leben nicht mehr als Spiel zu verstehen, oder *existenziell*: es als Ganzes zu beenden. Und schließlich ist die *Revidierbarkeit* begrenzt, quantitativ wie qualitativ: Anders als bei jedem Spiel kann im Leben nicht sehr häufig wieder von vorne angefangen werden, um es anders und besser zu machen. Was geschehen ist, ist geschehen und prägt alle weitere Existenz. Daher kann ein Misslingen im Leben noch bitterer erscheinen als im Spiel. Zwar kann auf ein „neues Spiel, neues Glück" gesetzt werden, das heißt auf eine veränderte Konstellation, auch eine andere Interpretation, die sich günstiger auswirkt als zuvor. Unhintergehbar für das Spiel des Lebens ist jedoch die Regel, es zwar *in Teilen*, nicht aber *im Ganzen* revidieren zu können, jedenfalls soweit die menschliche Erkenntnis reicht. Eine Revidierbarkeit im Ganzen müsste auf die Möglichkeit der Wiederholung, einer Wiedergeburt vielleicht, eines *da capo* wenigstens in Form anderer möglicher Existenzen setzen.

2. Das Phänomen des Zufälligen

Als signifikant für jedes Leben erscheinen aber vor allem diese Phänomene: Zufälligkeit, Widerständigkeit, Polarität. Wenn das Leben als Spiel verstanden werden soll, muss die Lebenskunst damit zurechtkommen können. Das *Phänomen des Zufälligen* bringt es mit sich, dass vieles im Leben nicht gewählt und nicht geplant wurde, sondern eben so geworden ist, wie es ist: Aus einer Abfolge von Zufällen entsteht die Form des ganzen Lebens. Und doch ist auch hier eine Wahl im Spiel, denn entscheidend ist, ob das Selbst die Zufälle gewähren lässt, ob es sie sich sogar zunutze macht oder sie nur abzuweisen sucht. Zufälle liefern das Material für Versuche und Experimente, an die auch nur zu denken dem Selbst die Kreativität gefehlt hätte. Daher käme es darauf an, ihnen einigen Raum zur Verfügung zu stellen, um Möglichkeiten fürs Leben zu erschließen, die keine Lebensplanung, die den Zufall auszuschließen versucht, je bereitstellen kann. Glücklicherweise wächst in Situationen krisenhafter Zuspitzung die

Bereitschaft, Zufälle aufzunehmen, ganz von selbst. Das Einfallstor für sie, sonst eine Frage der bewussten Disposition, steht dann weit offen, denn das Selbst ist auf sie angewiesen, will es der Sackgasse des Lebens entkommen. Die Steigerung der *offensiven* Haltung zum Zufall bestünde darin, das Leben im Ganzen und in allen Details zum Würfelspiel zu machen. Die gegenteilige *defensive* Haltung würde versuchen, jeden Zufall auszuschließen und das Leben vollständig zum Gegenstand eines Plans zu machen.

Aber lässt sich das Leben wirklich *planen*? „Ja, mach nur einen Plan", heißt es in Bertolt Brechts *Dreigroschenoper*: „Sei nur ein großes Licht!/Und mach dann noch 'nen zweiten Plan/Gehn tun sie beide nicht." Dieses „Lied von der Unzulänglichkeit menschlichen Strebens" ist ein einziger Abgesang auf die Planbarkeit, denn was „dazwischen kommt", ist eben das Leben in seiner Unvorhersehbarkeit, sind Lug und Trug, eigene Dummheit, die Schlechtigkeit des Lebens, Selbstbetrug. Es zeigt sich ein chaotisches, unentwirrbares Ineinanderwirken von Aktion und Reaktion, Tun und Lassen, Auf und Ab, Vor und Zurück, Um- und Abwegen: all das ist Leben, eher ein komplettes Durcheinander als ein Plan, und ein Plan allenfalls um den Preis, sämtlicher Spannung und Abwechslung des Unerwarteten und Unmöglichen verlustig zu gehen. Folgt daraus, dass es sinnvoller ist, von jeder Planung abzusehen? Planung ist eine Option, der Verzicht auf sie eine andere. Der Verzicht kann allerdings zur Folge haben, zum Spielball anderer zu werden, die selbst sehr wohl Pläne verfolgen. Daher macht es durchaus Sinn zu planen – nur nicht mit der Erwartung, das Leben werde sich dem fügen, eher um eine eigene Vorstellung zu formulieren und somit ein Korrektiv fürs Leben zu gewinnen: Hieran lässt sich ermessen, wie „anders als gedacht" es kommt, um dann darüber nachdenken, was davon hinzunehmen ist und was nicht.

Sinnvoller erscheint freilich, vom *Gestalten* zu sprechen, dessen Bestandteil ein Planen sein kann und das doch konkreter und zugleich poröser ist: zum einen als *Aktivität*, als vorsätzliche Arbeit an der Verwirklichung eines Vorhabens; zum anderen als *Passivität*, etwas geschehen zu lassen, sich vom Leben führen und zuweilen verführen zu lassen. Nicht nur ein aktives Tun also, sondern auch ein passives Lassen, um auf diese doppelte Weise das eigene Leben und sich selbst zu gestalten. Anstelle eines rationalen Lebensplans handelt es sich dabei eher um ein *poetisches Lebenskonzept*, eine Konzeptkunst als Bestandteil der Lebenskunst, um auf diese Weise, wie die Romantiker sich dies erträumten, zum Dichter des eigenen Lebens zu werden und das Leben zum Roman zu machen. Wie sonst sollte das Selbst sich in der unübersichtlichen Lebenslandschaft bewegen, die ausgebreitet daliegt und doch keine bloße *res extensa* ist, sondern ein Ökosystem, in dem vieles im Fluss ist?

So lässt sich dem Phänomen des Zufälligen der Raum zugestehen, den es sich im Zweifelsfall ohnehin selbst nimmt. Ist es nicht so, dass Zufälle oft einen verblüffenden Sinn offenbaren? Jedenfalls ist nicht zu leugnen, dass sie scheinbar *planvoll* Zusammenhänge fügen, die „Sinn machen". Jedenfalls dann, wenn sie „passen"; wenn aber nicht, dann handelt es sich eher um „Schicksalsschläge" ohne erkennbaren Sinn. Zufälle zeichnen zuweilen Linien ins Leben, die von verblüffender Logik sind, entsprechen dabei auch mal dem, was das Selbst sich selbst vorgestellt hat, und stehen dem ein andermal wiederum mit einiger Konsequenz entgegen. Liegt das ordnende Prinzip dafür im Selbst oder außerhalb? Dass ein „verborgener Sinn", ein Zusammenhang in der Form des Zufalls zu Tage tritt, lässt sich weder definitiv ausschließen noch zweifelsfrei bestätigen, es lässt sich nur deuten. Den Zufall magisch zu deuten, haben beispielsweise die Surrealisten unternommen; wichtig daran erscheint jedoch nicht die Magie, sondern die Arbeit der *Deutung*, Zufälle überhaupt auf ihren möglichen Sinn hin zu befragen: So schöpft das Selbst aus der Fülle möglicher Bedeutungen und arbeitet an der Aneignung dessen, was zufällig geschieht, statt nur gleichgültig darüber hinwegzugehen.

3. Das Phänomen des Widerständigen

Signifikant für das Leben ist ferner, in Überschneidung mit der Zufälligkeit und über sie hinaus, das *Phänomen des Widerständigen*, auch Widerwärtigen, das dem Selbst und seinen Vorhaben entgegensteht. Denn andere verfolgen andere Vorhaben, die mit den eigenen kollidieren. Oder unabhängig davon geschieht etwas, das dem Selbst abseits allen Wollens ein Müssen auferlegt: Verletzung, Krankheit, Tod, unabhängig von eigener Beteiligung daran oder Verantwortung dafür. Die Lebenssituation wird davon beeinflusst oder im Ganzen verändert, und zwar irreversibel, ohne dies je wieder ungeschehen machen zu können. Häufig wird dieses Widerständige, wenngleich nicht ganz zutreffend, mit „der Realität" identifiziert und man wagt zu prophezeien, das Selbst werde sich „noch den Kopf wund stoßen" daran. Und es kommt vor, dass das Selbst tatsächlich „die Rechnung ohne den Wirt gemacht hat". Der Wirt, das ist in diesem Fall „das Leben", das durch unvorhersehbare Geschehnisse, überraschende Unmöglichkeiten, verhängnisvolle Entwicklungen, nie erwartete Zufälligkeiten die Pläne durchkreuzt, als wäre es selbst ein absichtsvolles Subjekt. Einst war hierfür vom „Schicksal" die Rede, aber dieser Begriff wird in der Moderne nicht gerne gebraucht, um die Illusion völligen Freiwerdens von jedweder missliebigen Einschränkung des Lebens, den Traum von seiner beliebigen Gestaltbarkeit nicht zu verlieren.

Wenn das Leben als Spiel verstanden werden soll, muss die Lebenskunst allerdings ein Spiel mit dem Widerständigen sein können. Die Frage, wie dies vorstellbar sei, da ein Einfluss darauf doch nicht möglich ist, zumindest nicht im Nachhinein, lässt sich ohne weiteres beantworten: Denn *Gestaltung* heißt ja nicht nur, selbst Einfluss zu nehmen, sondern auch, wenn diese Option gewählt wird oder ohnehin keine andere Wahl bleibt, äußeren Einfluss hinzunehmen. Die Hinnahme aber ist doch wieder eine Situation der Wahl, denn festzulegen ist, mit welcher *Haltung* hingenommen werden soll. Dieser Wahl, in die eigene Neigungen und Überlegungen einfließen, stehen grundsätzlich diese Optionen zur Verfügung: das Widerständige zu *ignorieren* (auch wenn es fruchtlos ist, so verschafft es doch eine Atempause), dagegen zu *revoltieren* (das Abreagieren eines Affekts, auch wenn am Geschehen nichts mehr zu ändern ist), zu *resignieren* („die Waffen zu strecken" als bewusste Wahl, nicht nur als Verlegenheit), zu *akzeptieren* (die einfache, Kräfte schonende Hinnahme des Geschehenen: „nicht fragen, nicht klagen, nur tragen"), zu *affirmieren* (das Geschehene sogar zu bejahen, aus welchen Gründen auch immer), zu *utilisieren* (aus dem Geschehenen noch Nutzen zu ziehen, es „umzunutzen"), zu *ironisieren* (Distanz zum Geschehenen einzunehmen, sich „darüber" zu stellen, um das Betroffensein abzumildern oder gänzlich fern zu halten).

Das Leben wird daher zum Spiel auch dort, wo es aus einem selbst gewählten oder aber fremd bestimmten Müssen besteht, das kein Spiel mehr zu erlauben scheint: So lässt sich auch der berühmt gewordene Satz verstehen, der Mensch sei *„nur da ganz Mensch, wo er spielt"*, dort also, wo er nicht bloßer Notwendigkeit folgt, sehr im Unterschied zu anderer Natur, wie Friedrich Schiller im 15. Brief *Über die ästhetische Erziehung des Menschengeschlechts* von 1795 meint. Denn Schiller versteht das Müssen, das als Pflicht von innen und als Schicksal von außen her bestimmt ist, nicht als Widerspruch zur Freiheit des Spiels: Der Satz vom Menschen, der spielt, gewinne vielmehr erst dann seine „große und tiefe Bedeutung", wenn er auf den ganzen Ernst von Pflicht und Schicksal angewandt werde, um auf spielerische, gestaltende Weise mit dem existenziellen Ernst umzugehen und Schönheit zu realisieren. Existenziell ist dasjenige, was nicht abgewiesen und nicht revidiert werden kann. Schön ist das, was aus freien Stücken bejaht werden kann und jene *„lebende Gestalt"* beseelt, die „Gegenstand des Spieltriebes" ist. So nur ist auf der Grundlage des Satzes vom Menschen, der spielt, das ganze Gebäude der Kunst und, wie Schiller betont, der „noch schwierigeren Lebenskunst" aufzurichten, um aus dem Leben ein Spiel zu machen.

4. Das Phänomen der Polarität

Das Phänomen des Widerständigen ist wiederum Teil des umfassenderen *Phänomens der Polarität*: Immerzu und überall sind Gegensätze und Widersprüche im Spiel, die sich polar gegenüber stehen und in einem endlosen Hin und Her, poetischer: einem Schaukeln aufeinander wirken; ein *Schaukelprinzip des Lebens* ergibt sich daraus. Das Leben ist ein Wechselspiel: Das ist nicht etwa die Behauptung einer objektiven Wahrheit, sondern die Beobachtung einer Regelmäßigkeit, die immer wieder die Aufmerksamkeit auf sich zieht. Just am Beginn der Epoche der Moderne, für die die Aufhebung von Gegensätzen und Widersprüchen zur Utopie werden sollte, kamen Romantiker wie Novalis zu dem Schluss, dass Selbst und Welt, das Leben und die Geschichte einer Polarität bedürfen, zwischen deren Polen sozusagen der Strom des Lebens fließt. Konsequenterweise werden in der Romantik die Schattenseiten der Existenz in ihrer Bedeutung als „negative" Pole gegenüber den „positiven" anerkannt: Traurigsein gegenüber Freude, Schmerzen gegenüber Lüsten, Krankheit gegenüber Gesundheit, Wahnsinn gegenüber Normalität, Abgründigkeit gegenüber Oberflächlichkeit. Dies zugrunde gelegt, kann mit der viel beschworenen romantischen Harmonie keine Aufhebung der Polarität gemeint sein, eher der Versuch zu ihrer Aufrechterhaltung und Ausbalancierung, zu einer *spannungsvollen Harmonie* ähnlich der *palíntropos harmoníē*, der „gegenstrebigen Zusammenfügung" des antiken Denkers Heraklit. Ja mehr noch: dort, wo die Polarität nicht in zureichendem Maße anzutreffen ist, bedarf das Spiel des Lebens einer *Kunst der Polarisierung*. Das kann bedeuten, den Gegenpol zu provozieren, ihn in jedem Fall dort, wo er sich von selbst zeigt, in seiner Bedeutung zu erkennen und anzuerkennen; etwa den Gegenpol der Angst in mir, der nun als konstitutiver Bestandteil des Lebens erscheint. Es mag sich um eine Erfahrung des „Negativen" handeln, aber das schöne und erfüllte Leben, um das es in der Lebenskunst geht, kann dem Grundsatz der Polarität entsprechend nicht aus dem „Positiven" allein bestehen. Würde eine wachsende Zahl von Individuen den Schattenseiten des Lebens, dem „Negativen" mehr Bedeutsamkeit zuerkennen, wäre wohl nicht nur das individuelle Leben, sondern auch die übergreifende Kultur der Moderne an einem wichtigen Punkt zu modifizieren: Ausbalancierung eines rein optimistischen Weltbildes durch einen pessimistischen Gegenpol, Bestandteil einer anderen Moderne.

Das als Spiel verstandene Leben wird zu einer *Kunst der Balance* zwischen Gegensätzen und Widersprüchen, zumindest in der individuellen Haltung, die „das Andere" nicht ausschließt. Das Selbst integriert die zufälligen Gegebenheiten, die zur Notwendigkeit geworden sind; es akzeptiert die unumstößliche Widerständigkeit, die das Wirkliche prägt. Vielleicht gelingt dies nur für einen Moment, aber dieser Moment trägt die Existenz, mögen die Gegebenheiten auch noch so bedrückend sein. Einen Eindruck davon gibt die volkstümliche Samba-Kultur, wie sie im Film *Moro no Brasil – ich lebe in Brasilien* des finnischen Regisseurs Mika Kaurismäki von 2002 dokumentiert wird: Über alle Gegebenheiten mit ihrer bedrückenden Unüberwindlichkeit, über alle moderne Wirklichkeit mit ihrer Zweckgebundenheit setzt das Selbst sich mit Hilfe dieser Kultur hinweg. Über seine Haltung zur Gegebenheit und Wirklichkeit befindet es selbst und erschließt auf diese Weise andere, immer wieder andere Möglichkeiten des Lebens, die ganz und gar ihm selbst zueigen ist. Es setzt sich seinen Zweck selbst, eben das zweckfreie Spiel, und es geht im Spiel innige Bindungen mit dem Leben, mit sich selbst und anderen ein. So wird das Leben zur Kunst, das Spiel zum Grundelement menschlicher Würde und zum eigentlichen Sinn des

Lebens: Botschaft einiger Filme von Kaurismäki, die von einfachen Menschen handeln, die auf kuriose Weise ihren Winkel der Existenz finden und gegen alle „herrschenden Verhältnisse" eigensinnig ihre Eigenheit behaupten.

Entscheidend dafür ist jedoch, selbst die Sorge für sich zu übernehmen und nicht gleichgültig gegen sich zu bleiben. Das Leben aufgrund dieser Sorge bewusst zu gestalten, erfordert persönliche Antworten auf Fragen der Art: Was ist das Schöne, für das es sich zu leben lohnt, über die bloße Nützlichkeit und unmittelbare Vorteilhaftigkeit hinaus? Was ist der Sinn, der eine unablässig sprudelnde Quelle für dieses Leben darstellt? Wie lässt sich Freude im Leben finden, die das Traurigsein nicht ausschließt? Wo ist das profunde Glück zu erfahren, das nicht von zufälligen Lüsten abhängig ist? Wie können Beziehungen zu anderen gestaltet werden, in deren Netz es sich leben lässt? Vorweg aber kommt es darauf an, sich um die Beziehung zu sich selbst zu sorgen, die die Grundlage für so vieles ist. Ist das Leben nun also ein Spiel? Das wissen wir nicht. Aber wir können eines daraus machen. Dazu anzuleiten, ist das Anliegen einer Philosophie der Lebenskunst.

Satoshi Higuchi

Mimesis and Play

Deutsche Zusammenfassung

Mimesis (Nachahmung) ist nicht nur in der Kunsttheorie und Ästhetik ein zentraler Begriff, er gewinnt auch zunehmend Relevanz in der Erziehung- und Sozialisationstheorie. Durch die praktisch-performative Nachahmung von Vorbildern entwickeln junge Menschen gesellschaftliche Kompetenzen wie „Sprache", „Motorik" und „Emotionen". An diesem aktiven Prozess, der auch kognitive Selbsttransformationen einschließt, hat auch der Körper einen erheblichen Anteil. Damit lässt sich also die philosophische Basis der Erziehung vom Begriff Mimesis her als umfassende, breite kommunikative Handlung interpretieren.

In Japan ist die enge Beziehung zwischen Verhalten, Lernen und Nachahmung schon in der Sprache etymologisch verankert. Neben Aristoteles' anthropozentrischem Modell besteht hier in Japan eine kultische Tradition der mimetischen Transzendenz. Traditionelle japanische Erziehungstheorien bauen auf Nachahmung als *dem* Weg zur Meisterschaft. Während im Westen der Lehrende die Lernenden mittels Sprache unterrichtet, lernen Kinder in der japanischen Tradition durch Nachahmung von Vorbildern aus der näheren Umgebung. Dieses traditionelle Lernmodell ist zwar seit 1868 (Anfang der Meiji-Periode) durch westliche Erziehung verdrängt worden, prägt aber heute noch japanische Erziehungstheorien in deren *mimetischen* Anteilen.

Durch Aufnahme und Mitkonstruktion der gegebenen Welt entstehen menschlich-kommunikative Symbolsysteme. Diese schöpferische Neugestaltung der Welt ist nichts anderes als „Lernen". Aus solchen Lernerfahrungen in der Umwelt und mit anderen Personen entsteht der interne Selbsterkenntnis- und Selbstentdeckungsprozess.

Spielen und Lernen: das mimetische Spielen von Vorschulkindern, eine spontane Weltkonstruktion in Bildern, Illusionen, Fiktionen wird normalerweise in der Schule unterdrückt oder zu stereotypisierten, genormten Spielformen reduziert. Eine falsche Dichotomisierung von „Spielen" und „Lernen" führt aber zur Verbreitung von Langeweile. Nach Friedrich Schiller, Johan Huizinga und Roger Callois ist das Spiel ein fundamentales Attribut des Menschseins. Wenn Kinder „Lernen" als „Spiel" erfahren, bereitet es Ihnen auch Genuss, Vertiefung, Freiheit und Affekt.

Phänomenologie und Ontologie des Spiels / Spielens: Nach Schiller („Über die ästhetische Erziehung des Menschen") ist „der Mensch [...] nur da ganz Mensch, wo er spielt." Im Spiel harmonisiert der Mensch die gegensätzlichen Anteile seines Selbst (Sinne und Vernunft). Erst aus dieser Harmonie entstehen Freiheit und Schönheit. Schillers Theorie impliziert eine scharfe Kritik gegen den "großen Götzen" seiner Zeit, den Utilitarismus. Dabei greift Schiller auf Kants Begriff des „freien Spiels" der Einbildungskraft und des Verstands zurück. Schiller distanziert sich also vom konventionellen Spielbegriff, er hebt das „Spiel" auf die philosophisch-ontologische Ebene. Zusätzlich muss aber auch die phänomenologische Perspektive herangezogen werden, um den Komplex Mimesis-Erziehung-Spiel adäquat zu beleuchten.

Spiel und Kunst: Kunst im Sinne des mimetischen Lernens ist nicht als „hohe" Kunst zu verstehen, sondern als archetypische Praxis von „*techne*" (Geschick/lichkeit), „*poiesis*" (Erfindung) und „*mimesi*" (Nachahmung). Im heutigen Gebrauch hat sich der lebendige Begriff „Kunst" metaphorisch erweitert. „Kunst" im archetypischen Sinne und „Spiel" in der ontologischen Bedeutung sind beide ureigene menschliche Tätigkeiten, die auf primitiven Impulsen basieren. Deren Beziehung sieht man in den traditionellen japanischen Künsten, die sich nicht im Werk, sondern in der Praxis offenbaren. Im weitesten Sinne sind Spielelemente in dieser körperlichen Praxis der Kunst zu sehen.

Spiel und Sittlichkeit: Sittlichkeit transzendiert auch die Phänomenologie des stereotypisierten Verhaltens und berührt die Wurzel des menschlichen Daseins (wie oben Kunstpraxis und Spiel). Es stellt sich die Frage, ob sittliche Erziehung als Unterrichtsfach im Klassenzimmer Erfolg haben kann, denn die Sittlichkeit sollte in alle Fassetten des kindlichen Lebens integriert werden. Wenn wir fragen, „Was ist Sittlichkeit" oder „Was ist Kunst", betreiben wir Kulturpolitik, indem wir hierarchisieren und ausgrenzen. Besser wäre es, die Kunst innerhalb der Ontologie des Spielens neu zu definieren. Dadurch könnte eine neue Verbindung zwischen Sittlichkeit und Kunst / Spiel kreiert werden. Kunst materialisiert eine virtuelle Welt, die auch den Spieler / Schöpfer beinhaltet. Diese Welt ist nicht nur individueller Ausdruck, sondern auch die Spiegelung von Geschichte und Kultur. Dazu gehören Techniken, Regeln, und *habitus*, japanisch *kata* oder Form, wie in den traditionellen, auch martialischen Künsten (Kampfkunst). *Kata* etabliert die Trainingsequenz, ist buchstäblich eine „Form", an die der Anfänger sich anpasst. *Kata* ist dabei aber keineswegs als rigide aufzufassen, *kata* ermöglicht vielmehr die Selbstentwicklung, indem die „Form" Körper und Geist durch auferlegte Aktionsmuster eine Integration aufzwingt. Das wird durch Japans traditionelle kulturelle Konzeption der Selbsthilfe unterstützt.

Wer das Spiel in dieser Weise angehen möchte, muss sich zuerst öffnen und sich verpflichten, diese Welt anzunehmen, d.h. sich dieser Welt zu stellen. Nach der Überwindung der ersten Prüfungen empfindet so ein Spieler sowohl große Freude als auch Lust und erreicht dadurch die höchste Praxis der Selbsthilfe. Sie ist mit spezifisch sittlichen Forderungen verbunden, wie der Weltoffenheit und dem Aufbauen von Beziehungen, die auf Kommunikation basieren und als Basis für die Sittlichkeit dienen.

1. Mimesis and Learning

Mimesis is one of the significant concepts in the Western ideological tradition. In their comprehensive book on the subject, Gunter Gebauer and Christoph Wulf focus on various aspects of mimesis and attempt to reconstruct the concept historically. According to them, "Mimesis entails an *identification* of one person with another," and "includes both an *active* and a *cognitive* component."[1] Mimesis ties in well with Pierre Bourdieu's "*sens pratique*," and has a *performative* aspect that is associated with its physical aspect.[2] Such a conception of mimesis would make possible a reexamination of the philosophical basis of education as a broad communicative act.

---

[1] Gebauer, G. and Wulf, C., 1992, S. 5.
[2] Ebd., S. 5.

Mimesis implies the concept of imitation; however, it should not be associated with mere mimicry. Gebauer, in his article discussing the relationship between mimesis and education says that,

"Children and adolescents are educated and socialized through mimesis; they imitate specific actions as models, representations of attitudes, values, social abilities, and competences."[3]

Children develop their social competences, which include language acquisition, motor skills, and emotions, through social mimesis. Hence, mimesis can be viewed as a significant mechanism for learning.

This understanding of mimesis transcends the conventional view whereby mimesis is treated primarily as a technical term in aesthetics. We can find a similar understanding of mimesis in the work of Japanese aesthetician, Kenichi Sasaki. In his *Bigaku jiten* [*Dictionary of Aesthetics*] he takes up the topic of "imitation," arguing that, "As long as human beings have bodies [...], every type of learning will entail some sort of moment for imitation."[4]

In addition, he states that "Imitation is a means for human self-transformation, and a transformation with physical movement which has some effect on cognition."[5]

And, Sasaki concludes that this human ability to enact self-transformation, as well as its resulting subtle cognitive faculties, is related to creativity in the arts.[6]

Another Japanese aesthetician, Megumi Sakabe, in his study on the Japanese tradition of imitative representation, put forwards an expanded model of mimesis as being representative of the Japanese tradition. This Japanese model transcends Aristotle's anthropocentric one, and has human beings attempting to model their behavior on that of something god-like. Sakabe points out that the Japanese word for behavior, *furumai*, is composed of the etymological elements *"furi"* (to imitate) and *"mai"* (*to dance*); and he furthermore suggests that the word is semantically related to the Japanese word *"fureru"* (to touch; to feel) and *"furi"* (to imitate).[7] Mimesis can still be found in the Japanese traditional idea in terms of performative acts.

Beyond the realm of the arts and performance, the style of traditional learning in Japan, in general, has been that of imitation and mastery. This is reflected in the

---

[3] Gebauer, G., 1999, S. 2.
[4] Sasaki, K., 1995, S. 49.
[5] Ebd., S. 50.
[6] Sasaki, K., 1995, S. 51.
[7] Sakabe, M., 1997, S. 2-45.

language itself as *"manabu,"* which is the Japanese word meaning "to learn," could be, in fact, pronounced, *"manebu,"* which shares the same etymology as the word *"maneru,"* meaning, "to emulate;" and "to imitate." According to educational historian Masashi Tsujimoto, the traditional Japanese education theory is starkly different from its Western counterpart. Whereas in the Western tradition, there are two distinct groups -those who teach (teachers) and those who are taught (students)- which are linked together via language; in the Japanese tradition, the underlying concept has children learning from the environment by imitating the adults around them. In the Japanese theory, it is not appropriate to teach them utilizing language, as learning is achieved via the emulation of proper models.[8] At the start of the Meiji period in the late 1800s, the Western educational system was adopted in Japan and Western-style schools were put in place. With these major changes, the traditional Japanese style of learning formally disappeared. The underlying concepts of this traditional way of learning, however, were themselves based on the concept of mimesis.

Although traditional concepts of learning have disappeared on an overt level, they have been passed down and inform some of the basic theories of learning of modern Japan. University of Tokyo Professor Manabu Sato, for example, has formulated an expanded definition of learning in which he posits the following three phases of learning that human beings can be engaged in: cognitive, interpersonal and internal. In cognitive learning, a person perceives and realizes the world through constructing the world he or she faces. In interpersonal learning, people learn from their communications with other people. Finally, internal learning is concerned with the self-recognition and self-discovery that is achieved through experiences with the world and others.[9] Sato's definitions of learning certainly go beyond the statement that "many aspects of childhood development proceed via mimetic models"[10]and corresponds well with Gebauer and Wulf's conception that,

"Mimesis is distinguished from mimicry by essential characteristics, which are precisely those that concern the constitution of both the mimetic and the prior world [...] The human symbolic systems used in mimesis are not the result of organic adaptations, but [...] are free human creations."[11]

Through these creations of the human symbolic system, mimesis as world-making is just learning itself.

---

[8] Tsujimoto, M., 1999, S. 8-16.
[9] Sato, M., 1997, S. 90-92.
[10] Gebauer, G. and Wulf, C., 1992, S. 319.
[11] Ebd., S. 319.

2. Learning and Play

One specific aspect of mimesis, "play," will be taken up in this paper. This topic is of particular interest because not only can the mimesis which takes place in children's learning be seen to unfold in a crystallized form in the world of play, but more importantly, most of the fundamental characteristics of mimesis can be seen overlapping with those characteristics seen in the world of play. Gebauer and Wulf state that,

> "The power of mimesis lies essentially in the images it evokes. It generates a world of appearances, of semblance, of the aesthetic [...] Images produce connections between the individual and empirical reality, but they also have about them an aspect of illusion, simulation, fiction, or deception."[12]

These aspects of mimesis, as described above by Gebauer and Wulf such as "illusion," "simulation," "fiction," and "deception"- are all characteristics of play as well.

When considering the issue of learning and play, the first subject that ought to be addressed is the issue of children's play. In most cases young children prior to the start of compulsory education will be occupied primarily in play. Play, for these young children, is a spontaneous and enjoyable activity, as well as the place where they learn countless things.

However, once children start attending primary school, due to the fact that activities which are defined as "study" are implemented, play is more or less suppressed. At school, children must study to learn how to calculate, to read and to write; and they can play during breaks in study, such during scheduled recess time and after school, on the weekend or after finishing their homework. Children's time spent in play can be seen as being largely reduced to stereotypical forms of play; and this can be seen both in those relatively more active forms of play, such as make-believe or sports which are done outdoors, as well as in the forms of play we see going on inside, such as in computer games or in the reading of comic books. Play comes to be engaged in almost as if it was a subject in school, such as mathematics or reading, with a set schedule. And children, rather than spontaneously and creatively engaging in play, will perform activities which are considered as typical or stereotypical forms of "play" during these set times. This situation is completely different from the original nature of play whereby there is a rich connection between play and learning.

In the theories of play developed based on the theories of Huizinga and Caillois, we find the essence of play at the very root of human existence. Diametrically opposed to such automatically stereotypical behaviors, play is a matter which is

---

[12] Ebd., S. 317-318.

to be interpreted by characteristics inherent to it, such as enjoyment, absorption, freedom, pleasure and emotion. For this reason, aspects of play not only exist in those activities defined as play, but are also to be found significantly in other activities as well, such as in study, and children naturally seem to be able to find enjoyment and pleasure when working on such things as math or vocabulary drills, for example. Indeed, it is hoped that children will happily engage in study as if they engaged in play. By forming a dichotomy between play and study, not only has play been undermined, but study has also been reduced to an abstracted and simplistic scheme as well. For this reason, in general, study is considered to be boring.

Therefore, educators insisting that, "studying alone is not a good thing, because playing is equally as important," or that, "playing is more significant for learning than studying," are also contributing to the generation of boredom of study since their ideas are based on the same dichotomy. Rather than further installing this kind of thinking, I believe what needs to be done is to introduce a view which acknowledges the overlapping aspects of learning and play. Once this has been accomplished, what is considered to be study shall be equated with learning as well as play, and the activity usually defined as play will also come to be associated with learning.

Children in today's world have various activities in which they are engaged in; they have to learn how to add and subtract, and Japanese children, for example, have to memorize many Chinese characters. They engage in these activities not for the sake of studying itself, but rather because it is necessary for them to become members of the society and to be able to comfortably be a part and contribute to this society. Study is also something that will contribute to the enjoyment of their lives. In addition to reading and mathematics, they need to study social studies as well as the sciences; and it is also considered beneficial to them to participate in volunteering activities and to visit various local facilities. Furthermore, children are encouraged to enjoy sports, such as soccer and swimming. Of the activities mentioned above, which are strictly to be considered "studying" and which are "play?" Social customs and the school culture up till this time have persistently tried to categorize all these activities as either "study" or "play." This persistent categorization, however, does not have much significance. More significant is to view all the various activities as "learning activities" which develop the constructive cognitive learning necessary to understand the empirical world; interpersonal learning necessary to build relationships with others through communication; and the internal learning which leads to self-knowledge and self-discovery.

Considering play in the above manner, one may feel the need to ask whether it is really significant to interpret the issue of "play" as a particular activity or phenomenon. How is one to understand a theory of play which seeks to stress the significance of play? To tackle these questions, we need to turn to the issues of the phenomenology and the ontology of play.

3. The Phenomenology and the Ontology of Play

As both the phenomenology of play and the ontology of play are quite complex issues, we will attempt to approach some of the essential issues of each in this paper. In doing so, we will begin by looking again at Friedrich von Schiller's concept of play in the following well known words:

> "Man plays only when he is in the full sense of the word a man, and *he is only wholly Man when he is playing.*"[13]

Schiller wrote a study on beauty and the arts in the form of a series of letters entitled, "On the Aesthetic Education of Man." While not written specifically on the subject of children's play, "play" is one of the key concepts in his study. Looking at Schiller's work, one immediately feels the work's inherent criticism of the late 18th century culture and society in which "utility" had already become the "great idol of the age." Although a daunting task, in order to accomplish this, Schiller stressed that each and every individual must first be educated and cultivated to become human, and the means for doing this was through the arts. According to Schiller, the thing which truly nurtures a human being is Beauty.[14] It is important to note that Schiller was not positing beauty as some sort of empirical slogan for human cultivation, but rather what he did was construct a rational theory on the structure of human nature and beauty using pure concepts based on the philosophy of Kant and others. One of the abstract key concepts in his theory was play.

While Schiller acknowledged that there was a natural state of human beings, he insisted that a human being only became truly human when its physical necessity was elevated into moral necessity through reason.[15] Conflict and harmony between the natural state, which Schiller calls the sensuous impulse, and our rational faculty, which he calls the formal impulse, is Schiller's fundamental conception of human beings. What is essential here is that neither of these two impulses -the sensuous or the formal- become all encompassing, but rather that integration between them be achieved. For example, in terms of harmony between sensation and reason, it is not that reason should seek to control or suppress sensation, but rather that each human impulse shall co-exist, maintaining balance. As neither impulse is being suppressed by the other, there exists freedom in their

---

[13] Schiller, F., 1994, S. 80.
[14] Ebd., S. 26-27.
[15] Ebd., S. 27-28.

expression; and this state of harmony between sensation and reason is also one of Beauty and of "play"[16].

Schiller termed the impulse which links the sense impulse with the form impulse, the "play impulse." When examining this term, one must keep in mind that Schiller was using the word play in a special or technical way. For example, in the following, "play" cannot be associated with children's play or with games.

"[...] as soon as a man has at once enlisted our affection and gained our respect, both the constraint of feeling and the constraint of Nature disappear, and we begin to love him-- that is, to play at once with our affection and with our respect"[17].

And:

"Certainly we must not here call to mind those games [*Spiele*] which are in vogue in actual life, and which are commonly concerned only with very material objects."[18]

What Schiller describes as

"those games which are in vogue in actual life, and which are commonly concerned only with very material objects,"[19]

are precisely those things which we usually consider as play, and Schiller here is telling us that this is not the kind of "play" that he is talking about.

When Schiller states, then that

"The Beautiful is not to be mere life, nor mere shape, but living space - that is, Beauty - as it dictates to mankind the twofold law of absolute formality and absolute reality. [...] Man shall *only play* with Beauty, and he shall play *only with Beauty*. For, [...] Man plays only when he is in the full sense of the word a man, and *he is only wholly Man when he is playing*."[20]

We know that he is using the word "play" as a technical term and is not to be confused with the ordinary meaning of the word. Keeping this special meaning in mind, we can interpret Schiller's statement that,

"Man plays only when he is in the full sense of the word a man, and he is only wholly man when he is playing,"[21]

---

[16] Ebd., S. 73-75.
[17] Ebd., S. 75.
[18] Ebd., S. 79.
[19] Ebd., S.79.
[20] Schiller, F., 1994, S. 80.
[21] Ebd., S. 80.

first as, "Man is free only when he is in the full sense of the word a man, and he is only wholly man when he is free;" and also as, "Man realizes Beauty only when he is in the full sense of the word a man, and he is only wholly man when he realizes Beauty."

At this point, one wonders why Schiller would use the word play for a term which, in fact, really doesn't resemble what we ordinarily think of as play. Schiller responds in the following way:

"The term [the play impulse] is fully warranted by the usage of speech which is accustomed to denote by the word play everything that is neither subjectively nor objectively contingent, and yet imposes neither outward nor inward necessity"[22].

That is to say that play [*Spiel*] is that which is "neither subjectively nor objectively contingent, and yet neither outward nor inward necessity," and this, according to Schiller, conforms to the meaning of the word *Spiel* (play). Schiller fully realizes that his unconventional usage of the word play to indicate both freedom and beauty will bring the criticism that by conflating the terms "the Beautiful is being degraded by being turned into mere play," and that his "play," "contradict[s] the empirical idea of play"[23]. To respond to this, Schiller insisted that one must not call to mind the conventional empirical meaning of the word, as this, being "concerned only with mere play" was not what is at issue. He also expressed his idea of a positive extension of the terminology between play and Beauty.[24]

Schiller's technical definition of play is without a doubt derived from Kant's conception of *freies Spiel* [free play] of *Einbildungskraft* [imagination] and *Verstand* [understanding]. What is not quite so clear, however, is the reason why Schiller so actively incorporated the concept of play into his theory, "On the Aesthetic Education of Man" Schiller does not sufficiently address this issue in his discussion. The matter is further complicated as Schiller's definition of the word play also shows some inconsistencies by including some of the conventional and empirical meanings of the term. For instance, we see him using play in its conventional meaning below.

"[...] when we have abandoned ourselves to the enjoyment of genuine Beauty, we are at such a moment masters in equal degree of our passive and our active powers, and shall turn with equal facility to *seriousness* or to *play*, to rest or to movement, to compliance or to resistance, to abstract thinking or to beholding"[25].

---

[22] Ebd., S. 77-78.
[23] Ebd., S. 78.
[24] Ebd., S. 79. Italics by Higuchi.
[25] Ebd., S. 104.

In addition, we find some inconsistency in his treatment of such terms as, play in the natural context [*Spiel in jenem materiellen Sinn*], as well as "physical play"[26].

In our examination of Schiller's concept of play, we see two different concepts being differentiated. One is the conventional term denoting those activities we ordinarily think about as play, while the other is a more abstract and philosophical concept, which has an altogether different meaning from the conventional one and is closely related to concepts of freedom and beauty. This philosophical concept of play is similar to the theories of Eugen Fink and Jacques Henriot, and has an ontological significance as well. We find at the root of the ontological significance of play an element which continues to generate "differences," without being restrained by any absolute existence. This ontological condition creates an intermediate state of the aesthetic or freedom. Developing a philosophical theory of play, which consciously avoids the theoretical direction of the "ontology of play," the approach used in Kiyokazu Nishimura's *Asobi no genshogaku (Phenomenology of Play)*, is also an interesting path to explore. What we are required here is to re-examine play from the direction of connecting mimesis-learning-play, from an ontological point of view while maintaining the phenomenological view as well.

4. Play and Art

In human experience, one of the areas where the mimesis/learning/play condition can be seen especially clearly is in the realm of art. Since the time of Plato, mimesis has been one of the keywords used when deliberating on the subject of art, and we also have, as mentioned at length above, Schiller's theories which seek to directly link art with play. Taking into account the close links that were laid out in the first two sections of this paper between mimesis and learning, and also between learning and play, we can therefore also assume that there is a connection between our concepts of mimesis, learning, play, and art.

It is important, however, to stop and take a look at our concept of art, and not forget that the notion of "art" which is conventionally held is that of "fine art," which was in fact only conceived in 18-19th century Europe under rather extraordinary circumstances, and therefore should never be taken as universal.[27] Of course, an abundance of artistic activities can be seen previous to that time; and outside Europe, for example in Japan, the history and tradition of what we call art has a quite different conception than that contained in the tradition of modern fine art.

---

[26] Ebd., S. 133.
[27] Higuchi, S., 2000, S. 97.

In order to relativize the concept of fine art, we will pay attention to the loose, everyday usage of the word art as a thought experiment. It becomes apparent that the way we conventionally use the word art has quite a broad spectrum of meaning, being used for far more than simply that of the "fine arts"[28].
The first thing that we must make reference to is the fact that what one if normally referring to when one speaks of art is the practice of conventional fine art; such as paintings, architecture, music, drama, and literature - all categories of what is also known as "institutionalized art." And there is no reason to simply ignore the historical or social elements of the classical tradition of the institutionalized arts. However, when trying to reflect on the institutional framework of these practices, looking at the archetypes of the practice of art should be pursued as one of the methods.

It is fairly easy imagining the primitive human impulse of ancient people dancing and singing to express their happiness, or drawing pictures or kneading clay to express their dreams and desires. While such activities can be understood as extensions of our understanding of institutionalized art, still they do not fall within our conventional understanding of the word art which we have today. Although these activities could be called "artistic," they are not considered as "art" in the conventional modern meaning. The artistic practices which can be seen in the activities of primitive human beings are shown to exhibit the classical concepts of "*techne* (skill)," "*poiesis* (creation)," and "*mimesis* (imitation)." Furthermore, as the modern conception of fine art is being formulated, the concept of fine art is becoming increasingly inseparable from the concept of "aesthetics;" and the concept of "expression," which is inherent to the modern conception of the expression of self, is becoming one of the significant elements of fine art, as well. Then, a modern definition of art can be clearly seen in the spirit of "criticism" expressed in contemporary art (Marcel Duchamp's "Fountain" immediately comes to mind). This is part of the expanded, loose conception of art (with the above described elements) which we are seeing today.

The various concepts of art being discussed here -similar to numerous types of social phenomena- cannot be neatly fit into one definition. The basic principles and characteristics described above all fall under archetypes, and our usage of the word art is in actuality "alive" in a metaphorical slide of the meaning. We need to be aware of the fact that the term art can be easily used in daily usage in a loose manner for the features originating from these basic principles and characteristics. In such daily usage of the term, there is a possibility that anything beautiful could be taken as art; for example, a spectacular display of technical skillfulness in sports could be described as art. This is the reason why presentation in Japanese cuisine, which is a combination of technical skills and beauty, is often referred to as art. We can view this diffusion in the usage of the term art in

---

[28] Higuchi, S., 1995, S. 403-415.

our daily lives as maintaining some connection with the ordinary concept of fine art, while at the same time as having undergone and taken on some modern changes.

If we accept that there is both original archetypes which inform our current concepts as well as a conventional usage of the term art (i.e. institutionalized art), then we would also be able to accept that a similar correlation exists concerning play's original ontological concept with its stereotypical form. Both of these latter terms (of institutionalized art and of our common usage of the word play) are in fact products of the modern age. And connections are not easily drawn between these modern concepts, and indeed they are often regarded as being opposed. However, when we think about the terms art and play in the former sense, they are related in terms of the fact that they are both human activities based on primitive human impulses. This relationship is clearly seen displayed, for example, in concepts of the traditional Japanese arts. This is clear from the Japanese term for art, *geijutsu*, which, rather than suggesting an objective viewing of a work of fine art, more than anything connotes the "practice" of art. And, elements of play in the broadest meaning can also be seen in this bodily practice of art.

5. Play and Morality

Having examined some of the ontological implications inherent to our concepts of play and art, we will now turn our attention to issues of play and morality in the last section of this paper. The reason for doing this is that morality is concerned with abstract issues that have a significance which transcends stereotypical behavior on the phenomenal level, and, similar to what we found with play and art, morality has an inherent vector leading to issues which touch the very root of human existence.

In Japanese primary schools and junior high schools, moral education is taught during special designated class times, in much the same way as the subjects of Japanese language and mathematics. Using textbooks from the Japanese Ministry of Education, called "Notebooks of Mind", classroom time is used for instruction on various levels concerning such topics as etiquette for social behavior; the value of nature and preciousness of all life; methods for self-discovery and self-improvement; and the importance of understanding the nation's traditional culture. And while these efforts are certainly not without meaning, still even if it were possible that moral education being taught in a similar environment as that of Japanese language or mathematics would contribute to students' active and productive learning, still this type of teaching would hardly bring out the moral mind that is required for moral practices, and it seems unlikely that the "moral lessons" which were learned in the classroom would be carried to those situations outside the classroom. On the contrary, moral education is something which should be carried out and incorporated into all facets of children's lives.

What exactly is morality? This is a very difficult question and not one given to clear or consistent answers. Some salient points which reflect one aspect of morality, however, can be suggested in our discussion here.

The first point is related to the above interpretation which sees the fundamental concepts of art as transcending that of institutionalized art and rather views art as an area where the phenomenon of play is actualized. Relativizing our modern concepts of art is to consciously re-examine what art is while carefully distancing ourselves from institutional complacency. The question, "What is art?" has been asked again and again in the fields of aesthetics and the philosophy of art, and certain concepts have been repeatedly offered. To posit certain concept of art as x or y, is at the same time to pose the question of what is not-art and further to label "y", for example, as non-art.

This situation, whereby, for the sake of trying to define a clear and independent area of art, we also categorize somewhat aggressively other areas as non-art, is something that usually goes unnoticed. To recognize this would be to acknowledge as well as clarify the various power relationships -that is, the politics of culture- that inform this practice; and the sensitivity that would allow these questions to be raised is one that is deeply related to issues of morality, as doing so would entail reflection of self as well as the recognition the implicit overbearing nature inherent to the statement that something is "not art at all." This re-examination of the concept of art could also perhaps bring about new ways for thinking about art for the future in which the concept of art is integrated with the ontological significance of play, thereby leading to a conception which includes morality into art/play.

Our examination of art also brings out another point related to the virtual reality which comes into existence when any particular world of art is materialized. Whether *techne, poiesis* or *mimesis,* all create their own world. These worlds are not objective worlds, but rather are ones which by definition include the person who created them. And, in the act and function of creating another world inside a world, the element of play is, without a doubt, at work as well. Such a world is not merely a product of an individual's self-expression, but rather possesses a cultural personality based on historicity and sociality. Hence, a person who steps into any such world has to master the particular rules, techniques and *habitus* of that world. This is the issue of *kata*, or *form*, which is seen in the Japanese traditional arts, including the martial arts.

Kata establishes the sequence for training. Literally, it means fitting a "form," so it is sometimes dismissed as a rigid restriction for beginners. However, *kata*

46

functions to develop the self by generating a state of integration between body and mind by imposing onto the self one particular pattern of action. This is supported by Japan's traditional cultural notion about self-help.

A person seeking to approach play as embodied in the world of art, must first open up and commit to accepting this world to begin with. The person is required to both believe in the world and be prepared to devote him or herself to that world. When a person is truly dwelling in such a world, they would feel both great joy and pleasure after the initial trials were overcome. This is the ultimate practice of self-help and has specific moral implications as well. Opening up the self to truly accept the world demands the building of relationships with others based on communication, and these relationships serve as the base for morality.

References
GEBAUER, Gunter and WULF, Christoph (Trans. by D. RENEAU): *Mimesis. Culture, Art, Society,* Berkeley and Los Angeles 1992.
GEBAUER, G: *The Concept of Mimesis in Education: The Basic Ideas about Mimesis,* Unpublished paper read at the History of Educational Thought Society 9th Annual Meeting in Tokyo, 1999.
HIGUCHI, Satoshi: *Yugi suru shintai (The Playing Body),* Okayama1994.
DERS.: Geijutsu to higeijutsu (Art and Non-Art), in: *Shogeijutsu no kyose. (The Symbiosis of Arts),* Hiroshima 1995, pps. 403-415.
DERS.: *Nihon no kindaika to supotsu kankyaku no tanjo (The Modernization of Japan and the Birth of Sports Spectator),* in: Geijutsugaku no 100 nen (One hundred Years of the Science of Art), Tokyo 2000, pp. 97-117.
MARRA, Michele: *Modern Japanese Aesthetics: A Reader,* Honolulu 1999.
NISHIMURA, Kiyokazu: *Asobi no genshogaku (Phenomenology of Play),* Tokyo 1989.
SAKABE, Megumi: *"Furumai" no shigaku (Poetics of Behavior),* Tokyo 1997.
SASAKI, Ken-ichi: *Bigakujiten (Dictionary of Aesthetics),* Tokyo 1995.
SATO, Manabu: *Manabi no shintaigiho (Body Techniques of Learning),* Tokyo 1997.
SCHILLER, Friedrich (Trans. by R. SNELL): *On the Aesthetic Education of Man in a Series of Letters,* Bristol 1994.
TSUJIMOTO, Masashi: *"Manabi" no fukken: moho to shujuku (Restoration of Learning: Mimesis and Skillfulness),* Tokyo 1999.

Ursula Reitemeyer

Das Spiel im Schnittpunkt
von Bildung, Ethik und Ästhetik.

Unbestritten ist der pädagogische Nutzen des Spiels, sei es in seiner Bedeutung als Vorschule des „wirklichen Lebens" oder als erste Stufe des Bildungs- bzw. Erkenntnisprozesses. Dass der Mensch spielend am leichtesten lerne, gewissermaßen natürlich, d. h. ohne Zwang und auf freiwilliger Basis, gehört zum Alltagswissen der Erziehenden nicht erst seit Schiller, der sein Publikum *spielend* am Aufklärungsprojekt teilnehmen ließ. „Weil der Mensch nur da ganz Mensch ist, wo er spielt"[1], gibt es auch „keinen anderen Weg, den sinnlichen Menschen vernünftig zu machen, als dass man denselben zuvor ästhetisch macht"[2]. Das Spiel gilt seit der Antike und ihrer berühmten Dramaturgen nicht nur als ein Instrument, sich theoretisches und praktisches Wissen anzueignen, sondern es übt auch die moralische Reflexionsebene ein etwa im Kontext von Rollenspielen, die die Zuschauer nötigen, in Distanz zu sich selbst zu treten. Denn in der Rolle ist der Blick des Zuschauers, ob in Form einer moralischen Instanz oder in Form eines Gerichtshofs des Geschmacks, immer mitgesetzt.

Entsprechend der grundsätzlichen Übereinstimmung hinsichtlich des pädagogischen Nutzens des Spiels, besteht auch Einigkeit darüber, dass Spiel und Arbeit einen Gegensatz darstellen, so wie Kindheit und Berufsleben. Spielerisches Lernen sei deshalb zunehmend durch organisiertes, systematisches und diszipliniertes Lernen zu ersetzen, wodurch Lernen zur Anstrengung an sich wird bzw. zu einer unhintergehbaren Zwangsveranstaltung in der bürgerlichen Arbeitsgesellschaft. So erscheint es angemessen, dass alle spielerischen Momente des Lernens spätestens am Ende der Schullaufbahn endgültig getilgt sind. Tatsächlich dient die Schule vor allem dazu, dem Schüler begreiflich zu machen, dass das Leben kein Spiel, sondern Arbeit ist, und dass Bildung dementsprechend nicht spielerisch, sondern nur mühsam erworben werden kann. Aus dieser Perspektive wäre das Spiel nur bedeutsam als zu negierende, als zu überwindende Stufe im Bildungsprozess, der, mit Hegel gesprochen, ja nichts anderes als Arbeit, und zwar „negative Arbeit"[3] ist.

Im Spiel bildet sich der Mensch dadurch, dass es zunächst einen Vorschein auf die Welt der Arbeit wirft und dadurch Schritt für Schritt sich von sich selbst ent-

---

[1] Schiller, F., 15. Brief.
[2] Ebd., 23. Brief.
[3] Hegel, G. W. F., Bd. 3, S. 360.

fremdet. Im Zuge des Lernens wird so das Spiel selbst zur Arbeit. Kein Wunder, dass sich manche Kinder weigern zu spielen, wissen sie doch insgeheim, dass sie nur für die Werkbänke und Büros zugerichtet werden. Je mehr der pädagogische Nutzen des Spiels in den Vordergrund gerückt wird, umso mehr wird das Spiel in einen gesellschaftlichen Verwertungszusammenhang gestellt, der dem Selbstzweckcharakter des Spiels und der Selbstgenügsamkeit des Spielenden und sich Bildenden zutiefst widerspricht. Nicht nur erscheint das Spiel, gepresst in die Ordnung der Schule,[4] als bloße Vorstufe der Hölle, in welche die junge Generation mit Freude einziehen soll, auch scheint der *homo ludens* eine biologische Entwicklungsstufe darzustellen, die mit Eintreten in die Pubertät automatisch verloren gehe und den *homo laborans* hervorbringe. Vor diesem Hintergrund einer instrumentellen Verwertungsethik kann erst der arbeitende Mensch sein Menschsein voll entfalten, d. h. solange er nur „spielt", befindet er sich noch im Naturzustand fernab aller Kultivierung, Zivilisierung und eben Moralisierung. Der heranwachsende Mensch soll spielen, aber nur um seiner Kultivierung willen, nur um seiner wilden und ungezügelten Freiheit zu entkommen und sich statt dessen unter das „schwere Joch der Notwendigkeit"[5] zu stellen. Spielend macht sich der Mensch so mit dem kategorischen Imperativ vertraut, spielend lernt er diesen zu befolgen und im Handumdrehen hätten wir den „ästhetischen Stand"[6] eingenommen, in dem alle Anstrengung, die uns der kategorische Imperativ abverlangt hat, überwunden wäre und wir mit Genuss und Freude, beinahe instinktiv, unsere Pflicht erfüllen, so als wüssten wir gar nicht, dass es die Vernunft ist, die uns leitet. Wenn die Arbeit gern getan wird, wird sie nicht als Zwang, sondern als natürliche Notwendigkeit wahrgenommen oder mit Kant gesprochen, wird die Kunst der Erziehung in die Natur der Sache überführt.[7] So betrachtet, würden die Natur, der Naturzustand und das kindliche Spiel nur als Mittel zu einem höheren Zweck erscheinen, das sich während des Gebrauchs selbst vernichtet.

Was aber wäre, wenn die Kultur selbst ein Spiel wäre und nicht das Resultat menschlicher Arbeit? Welche pädagogische Konsequenzen müssten gezogen werden, wenn Lernen und Bildung nicht nur spielerische Element enthielten, sondern selbst ein Spiel wären und nicht ausschließlich im Sinne eines die Machtverhältnisse ordnenden Sprachspiels, unter dessen Regie nicht gespielt, nur geschachert würde? Wie weit müsste die Reform des öffentlichen Bildungswesens gehen, wenn wirkliche Bildung, wirkliche Kultur, wirkliche Moral sich nur im Spiel realisieren ließen?

Offensichtlich liegt dieser Fragestellung die These Johan Huizingas zugrunde, die behauptet, dass „Kultur in Form von Spiel" entstehe und auch im Prozess

---

[4] Vgl. hierzu vor allem: O. Geister 2005.

[5] Rousseau, J. J., (1762). 1985, S. 70.

[6] Schiller, F., 25. Brief.

[7] Vgl. dazu: I. Kant (1786), 1902-23, Bd. VIII.

49

ihrer Durchformung „spielhaft" bleibe. Wer die Kulturgeschichte der Völker begreifen wolle, müsse „das Spielhafte der Kultur"[8] selbst bloßlegen, durch welches sich die verschiedenen Kulturen schließlich zu einer Kulturgeschichte der Menschheit zusammenfügen, dessen Substanz der *homo ludens* sei.

Aus einem doppelten Grund wird Huizingas These des „Spielhaften" der Kultur diesem Beitrag über das „Spielhafte" der Bildung zugrunde gelegt. Erstens ist seine 1938 erschienene Kulturgeschichte des Spiels: „Homo Ludens" wohl die erste ihrer Art in systematischer Absicht[9], indem sie historische, soziologische, philosophische und ästhetische Anschauungsformen des Spiels zu einem Gesamtbild zusammenfügt, wodurch sich vielfältige Anschlussmöglichkeiten, auch in bildungstheoretischer Sicht ergeben. Zweitens erscheint seine Interpretation der Kultur als substantiell „spielhafte" ausgesprochen radikal, wird Kultur doch als ein Sammelbegriff von gesellschaftlichen Entwicklungsprozessen begriffen, in denen traditionelles Wissen an die nachkommenden Generationen weitergegeben und von diesen erweitert bzw. erneuert wird. Die Kulturgeschichte der Menschheit wird so zur Bildungsgeschichte des Menschen, und zwar zu einer Bildungsgeschichte, die sich nicht nur durch Arbeit vermittelt, sondern ihre Impulse vor allem aus dem Spiel gewinnt. Aus dem Spiel mit Worten wird Poesie, Philosophie oder ein Rechtsstaat, aus dem Spiel mit den vorgefundenen Dingen wird Technik, Kunst oder Kapital und aus dem Spiel mit dem Anderen wird Pädagogik, Ethik oder Diskurs.

Bildung, interpretiert als substantiell spielhaft, widerspricht dem modernen Bildungsbegriff, der sich vorwiegend durch Arbeit definiert, gerade so, wie die moderne bürgerliche Gesellschaft sich als Arbeits- und nicht als Spaßgesellschaft versteht. In ihrer postmodernen Gestalt, sofern diese nicht nur eine Chimäre ist, sieht es zwar so aus, als trete Lohnarbeit, gemessen an der dafür aufzuwendenden Arbeitszeit, allmählich in den Hintergrund, so dass dem Spiel als dem *Alter ego* der Arbeit indirekt neue Aufmerksamkeit gezollt wird hinsichtlich seiner sozialen Ordnungsfunktionen. Dennoch ist der bildungstheoretische Diskurs von diesem Paradigmenwechsel innerhalb der Arbeitsgesellschaft, in welcher die bezahlte Lohnarbeit zunehmend knapper wird, kaum betroffen, insofern immer noch ein Konsens darüber zu bestehen scheint, dass Arbeit der „Königsweg zur Bildung"[10] ist und damit auch der Königsweg zur Urteilskraft und zum moralischen Handeln. Nicht einmal Positionen der gegenwärtig hoch gehandelten ästhetischen Erziehung, die sich vorwiegend an Nietzsches Bildungsidee, „seinem Charakter einen Stil zu geben"[11] orientieren und damit dem

---

[8] Huizinga, J. 1956, S. 51.
[9] Inzwischen (2004) ist die 19. Auflage des *Homo Ludens* im Rowohlt Verlag erschienen. Zahlreiche neue Veröffentlichungen zum gleichen Thema dokumentieren das neue wissenschaftliche Interesse.
[10] So auch H. Blankertz 1963, S. 120.
[11] F. Nietzsche (Hrsg. v. K. Schlechta). Bd. 2 §290. Vgl. dazu auch: J. Früchtl 1996.

Spiel als Medium der Bildung einen neuen Stellenwert in Aussicht zu stellen
versprechen, gehen soweit, Bildung selbst als Spiel zu begreifen, also das Spiel
nicht nur als Moment und Instrument von Bildung zu veranschlagen, sondern
sogar als dessen Zweck.

Freilich liegt einer solchen These ein anderer Spielbegriff zugrunde als der Freizeitindustrie, die ihr Geschäft damit macht, dass sie unter der Chiffre „Spiele"
Ersatzarbeit feilbietet. An die Stelle des Zwangs, sich Stunden um Stunden der
Eintönigkeit mechanischer Handgriffe und geistiger Leere auszusetzen, tritt nun
das Bedürfnis, die neu gewonnene Freizeit durch ebenso mechanische Tätigkeiten auszufüllen, die nur deshalb mit Spielen in Zusammenhang gebracht werden,
weil sie keinen Lohn bzw. Profit abwerfen. Hier dient das Spiel nur als Maßnahme, den potentiell Erwerbstätigen für die Lohnarbeit tauglich zu halten in
Zeiten eines Überangebots von Arbeitskraft und ist gerade deshalb auch nicht
Spiel, sondern Ersatzarbeit. In dieser Ersatzfunktion stehen Freizeit, ihre Spiele
und Spielregeln im gleichen Entfremdungszusammenhang wie die Lohnarbeit
selbst und stellen kein emanzipatorisches Gegengewicht bereit. Wird demge-
genüber das Spiel als Medium und Zweck der Bildung verstanden, dann dürfte
deutlich sein, dass unter Bildung der Selbstkonstituierungsprozess des Subjekts
verstanden wird, der sich entgegen der Verwertungslogik der traditionalen wie
posttraditionalen Arbeitsgesellschaft zu entfalten hätte.

Wer nun Sorge hat, dass diesem bildungstheoretischen Ansatz die Idee einer
Spiel- und Spaßgesellschaft zugrunde liegen könnte[12], deren leichtfertiger Unbedarftheit wir uns angesichts des realen Bedrohungspotentials durch den ungezügelten Verbrauch nicht erneuerbaren Energien und der Produktion von Massenvernichtungswaffen gerade nicht bedienen sollten, könnte vielleicht durch
den Hinweis beruhigt werden, dass eine bildungstheoretische Interpretation des
Spiels als Medium und Zweck von Bildung auf eine neue Verantwortungsethik
zielt, die selbst nicht mehr Spiel ist, sondern das Überleben der Spezies
„Mensch" sichert angesichts von zehn Milliarden Menschen, die sich in abseh-
barer Zukunft den Planeten teilen müssen. Dies ist gewissermaßen der Ernstfall,
den das Spiel nicht simuliert, sondern als ständiges Gepäck mit sich führt in
Form seiner Regeln, die selbst als negierte die *Form* des Regelhaften nicht in
Frage stellen. Im Kontext dieser Dialektik erscheint das „Spielhafte" dann ebenso sehr als Regelhaftes, aber in der Weise, dass die Regeln nicht von höherer
Instanz verordnet, sondern selbst gesucht, aufgestellt und aus freien Stücken
eingehalten bzw. erneuert werden. Insofern vollendet sich das Spiel im Diskurs
um Geltungsansprüche, an dem teilzunehmen das erklärte Ziel aller Bildung seit
der Aufklärung ist. Im m. E. immer noch nicht überholten Emanzipationsan-
spruch der Aufklärung findet sich das Spiel als Schnittpunkt von Bildung, Ästhetik und Ethik jenseits eines instrumentellen Zugriffs. Durch seinen Selbst-

---

[12] Vgl. in diesem Zusammenhang etwa Neil Postmans 1992.

zweckcharakter erscheint es sowohl verwandt mit dem L'art pour l'art Prinzip als auch mit dem Anspruch der moralisch praktischen Vernunft, um der Vernunft selber willen moralisch zu handeln. Und da es im okzidentalen Kulturraum seit Sokrates bekanntlich um das richtige und gute Handeln geht, worauf alle Erziehung und Bildung sich zu richten habe, soll hier nun untersucht werden, ob nicht vielleicht der spielende Mensch jene moralische Integrität entfaltet, die notwendig ist, um etwa einen Menschenpark von einer verfassungsrechtlichen Zivilgesellschaft oder Krieg von strategischem Planspiel unterscheiden zu können.

I. Bildung und Muße oder die Ethik des Müßiggangs

In der antiken Sklavengesellschaft stellten Bildung und Arbeit ein Gegensatzpaar in der Weise dar, dass nur derjenige sich bilden konnte, der für sich arbeiten ließ, während derjenige, der die rohe Arbeit der materiellen Existenzsicherung der gesamten Polis verrichtete, gerade deshalb von der Bildung, der Paideia ($\pi\alpha\iota\delta\epsilon\iota\alpha$), ausgeschlossen war. Entsprechend unterschiedlich im Hinblick auf ihren Bildungsgehalt waren auch die Spiele. Der Sklave spielt mit Würfeln, Pythagoras mit Kreisen, der unentlohnte Zwangsarbeiter spielt um Geld, der Philosoph spielt um des Spiels, um der Dialektik selbst willen. Nur solches Spiel bildet, das sich keinem materiellen Zweck unterwirft, sondern sich selbst genügt und dabei gewissermaßen automatisch Tugendhaftigkeit und Staatstreue mitliefert. Der Mensch ist entweder als freier Bürger, als Sklave oder Barbar geboren, d. h. er ist entweder universal oder beschränkt bildsam. Als freier Bürger ist er der Paideia würdig und damit würdig, in die Kunst des Spiels, in die Kunst der Dialektik, eingeführt zu werden, die darin besteht die logische Stringenz der Regeln zu beweisen oder zu widerlegen. Dies bedeutet vom Ende der Paideia aus betrachtet vor allem politische Macht, nämlich die Macht, Regeln durchzusetzen, zu missachten und zu erneuern, um damit den Staat als Ganzes, als etabliertes Regelwerk zu erhalten. Macht entäußert sich aber nicht nur als Privileg, Gesetze zu erlassen, es enthält nicht nur die Möglichkeit, sondern geradezu das Recht zur Muße, in der allein der philosophische Gedanke reifen und die Paideia sich vervollkommnen kann.

Nicht von ungefähr erfüllt sich für Aristoteles die Glückseligkeit, die er als eine Tätigkeit der Seele gemäß der vollkommen Tugend ($\alpha\rho\epsilon\tau\eta$) definiert, in dem 'kontemplativen Leben' ($\beta\iota\omega\varsigma$ $\theta\epsilon\omega\rho\epsilon\tau\iota\kappa\acute{o}\varsigma$). Und auch noch zu Zeiten der Römischen Republik genießt das Ideal der Muße höchstes Ansehen. So sieht es Cicero, auf dessen Urheberschaft das seit ihm oft angeführte Prinzip des *cum dignitate otium* zurückgeht, für alle ‚vernünftigen, guten und glücklichen Menschen' als erstrebenswert an, in Würde Muße zu betreiben.[1] Er selber hat viel-

---

[13] „Was ist nun das Ziel dieser Lenker unseres Staates, das sie fest ins Auge fassen und auf

leicht wie kein zweiter das aktive Prinzip des *cum dignitate otium* in die Tat umgesetzt, und so entstanden in diesen – wenn auch nicht immer ganz freiwilligen Zeiten der Muße – seine einflussreichen rhetorischen und philosophischen Werke. Nicht einmal Epikur wird man gerecht, wird seine Ethik des auf Glückseligkeit gerichteten Lebens rein hedonistisch gedeutet, wie die neuere Forschung zu Recht aufmerksam macht. Glückseligkeit kann nämlich nicht erreicht werden, richtet sich ihr Bestreben allein auf die Befriedigung der materiellen Bedürfnisse, vielmehr beschreibt sie den Zustand einer inneren Harmonie, in der die physische und spirituelle Natur des Menschen miteinander in Einklang gebracht worden sind.[2]

Das griechische Bildungsideal manifestiert sich in der so genannten „Kalokagathie" (καλοκἀγαθία < καλί ς καί ἀγαθί ς), d. h. die Bildung in der Polis soll dahin führen, das Schöne und Gute zu schauen und in eine angemessene Lebensweise zu übersetzen. Im wohlgeordneten Staat treffen sich somit das Gute und Schöne im harmonischen Zusammenspiel von Pflicht und Neigung, so wie im freien Bürger, der, ohne sich Zwang antun zu müssen, dem Staat nach besten Kräften dient. Beinahe spielerisch erscheint der Werdegang des frei geborenen Bürgers zum Staatsdiener oder Staatsmann. Ausgestattet mit den Privilegien der herrschenden Klasse von Geburt an, sind die Stationen des Bildungswegs vorgezeichnet und können mühelos erreicht werden, sofern die Paideia ihren natürlichen Lauf nimmt, d. h. nach Maßgabe des Schönen und Guten sich vollzieht. Solche Erziehung gelingt nicht in einer Atmosphäre der Angst und des Zwangs, sondern im Dialog, durch dessen Zustandekommen die Wahrheit immer schon unter Beweis gestellt ist. Sie muss nur noch geborgen werden, welches am besten im freien Spiel des Argumentierens geschieht und nicht, wie eine einseitige Interpretation der Mäeutik (μαιευτική) nahe legen könnte, durch den Eingriff des Pädagogen, etwas gewaltsam herauszuziehen, das durch sich selbst nicht das Tageslicht erblicken würde. Sowenig wie der Blinde sehend gemacht werden kann[3], kann die Erkenntnis des Wahren, Schönen und Guten erzwungen werden. Dies ist auch gar nicht nötig, insofern die privilegierte Stellung des freien Bürgers Freiheit nicht zum Ziel, sondern zur Voraussetzung hat und Zwang deshalb gar nicht ausgeübt werden muss, um ihn in die Pflichten einzuführen, deren Wahrheit in der Natur der Sache liegt, d. h. in der Naturwüchsigkeit der Klassengesellschaft selbst. Diese bestimmt den einen qua Geburt zum Dienenden, den anderen zum Herrschenden, dem das Herrschaftswissen, nämlich das Wissen um die Wahrheit der vollkommenen Ordnung eingebo-

---

das sie ihre Fahrt richten müssen? Was allen Vernünftigen, Rechtschaffenen und Wohlhabenden höchster Wert und Wunsch ist: der mit Würde gewahrte Frieden." (*quid est igitur propositum his rei publicae gubernatoribus quod intueri et quo cursum suum derigere debeant? id quod est praestantissimum maximeque optabile omnibus sanis et bonis et beatis, cum dignitate otium*). Vgl. M. T. Cicero, (Hrsg. v. M. Fuhrmann) 1993, S. 224f.

[14] Vgl. C.-F. Geyer 2000.

[15] Vgl. Platon Bd. IV., 1971, 518c.

ren ist. Der Weg von der unmittelbaren Gewissheit zur objektiven Erkenntnis ist soweit vorgeordnet, dass er spielerisch und zwanglos beschritten wird und jeden soweit trägt, als es seine natürliche Bestimmung vorgesehen hat. Je näher der Bürger der Wahrheit kommt, je privilegierter seine Stellung. Daher verfügt nur der Philosoph über das eigentliche Herrschaftswissen bzw. die Herrschenden sind zugleich Philosophen oder sie herrschen nicht.

Ist es Muße, in der der philosophische Gedanke, das Herrschaftswissen gedeiht, dann ist vollkommene Bildung ein Resultat vollkommener Muße. Muße, interpretiert als aktiver und kreativer Müßiggang, ist darum nicht ein Verdienst, dessen man sich nach getaner Arbeit, also am Lebensabend würdig erweist, vielmehr ist der Müßiggang der politisch aktiven Elite konstitutiv für die Ordnung des Staats. Wie sonst, wenn nicht im dialogischen Austausch der Argumente, können richtige Entscheidungen zu Gunsten des Staates getroffen werden? Der Müßiggang als Hort der Reflexion und Kontemplation hat daher seine Stellung inmitten des Staates und seines öffentlichen Lebens. Das Spiel, in Form des Kontemplativen und Logischen, verliert so nie seine konstitutive Bedeutung für das Wahre, Gute und Schöne. Im Spiel der Götter fiel das Los und schuf die Klassen, von denen die höchste Klasse ausersehen ist, das Spiel der Götter selber nachzustellen, um deren Weisheit nahe zu kommen. Damit entledigt sich das Spiel jeglicher Naivität und Unbedarftheit, die man dem kindlichen Spiel gewöhnlich zuordnet,[4] und es wird zur höchsten Form der Bildung, in der die Kunst wieder zur Natur geworden wäre bzw. die Staatskunst nach den Regeln des harmonischen Zusammenspiels des Wahren, Guten und Schönen ausgeübt wird.

II. Bildung durch Arbeit im Spiegel der modernen Leistungsethik

Es sollte bis zur Französischen und Industriellen Revolution dauern, bevor die Struktur der Ständegesellschaft durch eine im Vergleich offenere Klassenstruktur ersetzt wurde. In dieser spielte Herkunft zwar immer noch eine maßgebliche Rolle im Hinblick auf die soziale und ökonomische Stellung, aber nicht mehr in dieser unbedingten Ausschließlichkeit. Arbeit verspricht im Schatten der calvinistischen Leistungsethik einerseits sozialen Aufstieg – Arbeit schändet nicht mehr – andererseits wird sie zur Qual der Massen. Kinder, im Alter von 10 bis 13 Jahren, arbeiten 15 Stunden im Bergwerk, Dreijährige werden als Reinigungsbesen für die Schlote missbraucht, Mädchen und junge Frauen heben bis zu 10 Tonnen Kohlen pro Tag und Druckerlehrlinge in London sind sich sicher, schon einmal von dem wundersamen England gehört zu haben, in dem die Kö-

---

[16] Etymologisch hängen Kind ($\pi\alpha\hat{\iota}\varsigma$), Spiel ($\pi\alpha\iota\delta\iota\acute{\alpha}$) und Erziehung ($\pi\alpha\iota\delta\epsilon\acute{\iota}\alpha$) im Griechischen
zusammen. Vgl. hierzu J. Ritter u. K. Gründer, 1995, Bd. 9, Sp. 1383f.

nigin in einem goldenen Schloss wohnen soll.[17] Je mehr der Arbeiter seine Arbeitskraft veräußert, umso schlechter wird er bezahlt, und umso ärmer wird er notgedrungen. Dies bedeutet, dass der Arbeiter nicht nur ärmer wird im Verhältnis zur stetig anwachsenden Produktion, deren Profit ausschließlich von der Klasse der Eigentümer der Produktionsmittel abgeschöpft wird. Vielmehr ist die Verelendung des Arbeiters eine absolute, da ihn der Verkauf seiner Arbeitskraft nicht einmal ernährt und er, mit Marx gesprochen, „bis auf den Hungertod entwirklicht wird"[18].

In dieser Welt der totalen „Entwesung" des Menschen durch Arbeit, gibt es keinen Raum für Spiel oder Bildung. Man könnte sagen, sobald das Kind in der Lage gewesen wäre zu spielen, wird es als Arbeiter verkauft. Die Arbeit, die es zu verrichten hat, etwa das Auf- und Zuschließen von Eisentüren oder das Tragen von Lasten, sind so primitiv, dass sie keiner Einübung bedürfen, die mit Spiel, sprich: Bildung verknüpft wären. Im Gegenteil, ein Kind, das spielend in die Welt der Erkenntnis treten würde, müsste einem doppelten Zwang unterworfen werden, um jene Erkenntnis auszulöschen, die es daran hindern würde, seine stupide Tätigkeit optimal zu verrichten. Sowenig das Kind spielt, sowenig wird es erzogen oder gebildet. Es wird noch nicht einmal zur Arbeit „zugerichtet", kann es doch sogleich ersetzt werden im Fall seines Ausscheidens durch einen Arbeitsunfall etwa. Um Papierbögen in eine Druckerpresse zu schieben, braucht man nichts zu lernen, und wer nichts lernen muss, braucht auch nicht zu spielen. Er muss gehorchen und arbeiten.

Auf der anderen Seite der bürgerlichen Klassengesellschaft erscheint die neue Arbeitsethik in einem anderen Gewand. Die Ausbeutung der ungelernten Arbeitskraft wird indirekt legitimiert durch die eigene puritanische Enthaltsamkeit und durch militärische Disziplin in allen Lebensbereichen des so genannten Bildungsbürgertums. Man gibt sich nicht mehr dem räsonierenden Müßiggang hin, der in der höfischen Gesellschaft ein Gegengewicht zum Bildungsmonopol des Klerus darstellte, nun aber als dekadent gilt,[19] man arbeitet auch dann, wenn man nicht arbeitet und nur ein Buch liest. Dadurch entschwindet das Spiel nicht nur als Realität der arbeitenden Klasse, sondern verliert seine bildende Bedeutung auch für das Bildungsbürgertum. Bildung wird erst zur Arbeit, dann zum Ritual. Mechanisch werden Formeln und Vokabeln eingebleut, ein Bildungskanon entsteht, der von Lehrern und Schülern Stück für Stück abgehakt werden muss, Kinder, die sich nicht in die Ordnung fügen, werden misshandelt, geschlagen und gedemütigt und wenn überhaupt gespielt wird, dann nur in einer „als-ob" Form, d. h. alle Spiele unterliegen dem Zweck der Abrichtung, um später eine Fabrik, einen Handel oder eine Kanzlei organisieren zu können und im

---

[17] Zur Lage der arbeitenden Kinder in der Mitte des 19. Jahrhunderts vgl. K. Marx: (1855) 1973. Bd. 23, z. B. S. 446 u. S. 520-522.

[18] Marx, K., (1844). 1981, S. 561.

[19] Vgl. hierzu die Studie von Norbert Elias 1992.

dazugehörigen gesellschaftlichen Leben zu bestehen. Nein, in der bürgerlichen Gesellschaft wird nicht mehr gespielt, nur noch gearbeitet – gleichgültig auf welcher Seite man steht.

So hatte sich die Aufklärung den ins Haus stehenden gesellschaftlichen Umbruch nicht vorgestellt. Im Zuge ihres Vertrauens in den unabdingbaren Fortschritt der Wissenschaften – Rousseau war vielleicht der einzige, der dies Vertrauen nicht teilte[20] – erwarteten die Aufklärer nicht nur das Ende des Absolutismus und eine Verflachung der hierarchischen Struktur der Ständegesellschaft, sondern auch technologische Entwicklungen, welche die produzierenden Stände faktisch von Arbeit entlasten würden. Nicht ein „Mehr" an Arbeit, sondern ein „Mehr" an Bildung stand bei den Aufklärern auf dem Programm, und zwar in Form einer allgemeinen Menschenbildung, die, ungeachtet ihres moralischen Auftrags, durchaus spielhafte Züge trug. So wird „Emile" negativ erzogen, d. h. er wird seinem kindlichen, unverstellten Spieltrieb anvertraut in dem Wissen, das dieser Spieltrieb, gepaart mit natürlicher Neugier, in Erkenntnis übergeht ohne edukativen Zwang – und auch ohne „Masterplan". Spielend wird seine Neugier geweckt, spielend erlernt „Emile" die Gesetze der Natur und des sozialen Miteinanders, spielend wird er so zum Teilnehmer des öffentlichen Diskurses und erfüllt seine staatsbürgerlichen Pflichten, die ihm nicht nur zur zweiten Natur geworden sind, sondern seiner ursprünglichen Natur entsprechen. Deswegen bedarf es nur der negativen und spielhaften Methode, um „Emile" zum verantwortungsvollen Citoyen zu bilden, also das aus ihm zu machen, was er von Natur aus ist. Und ist des Menschen Natur eine spielerische, in der sowohl das Künstlerische, als auch das Moralische des Menschseins geborgen sind, dann, so schlussfolgert Schiller, ist auch das Spiel der richtige Weg, dies Menschsein im Menschen zu wecken. Es geht nicht darum, den Menschen in eine normative Form zu zwingen, der er sich von Natur aus widersetzen würde, sondern seine natürliche Selbsttätigkeit anzusprechen, die sich im Spiel offenbart. Nie ist der Mensch näher bei sich selbst als im Spiel, nie weiter entfernt vom Kalkül als *im* Genuss. Dies verbindet das Spiel mit der Liebe, aber auch mit gesellschaftlicher Solidarität, die nicht zuletzt eine ästhetische Qualität ist, übersetzt man Leibniz prästabilierte Harmonie als sinnfälliges Gerüst der besten aller möglichen Welten.

Die beste aller möglichen Welten, aus Schillers dramaturgischer Perspektive der ästhetische Staat, hatte sich jedoch im Prozess von Kolonialisierung, europäischer Industrialisierung und Kapitalisierung in den Strukturen einer Klassengesellschaft verflüchtigt, der Marx einen permanenten Klassenkampf mit eskalierender Tendenz prophezeite. Aus marxistischer Sicht gehören sicher sowohl die beiden Weltkriege, als auch die gegenwärtige, durch Terror und Massenvernichtungswaffen gekennzeichnete weltpolitische Realität zu diesem noch immer an-

---

[20] Vgl. J. J. Rousseau 1988, Bd. I. Vgl. dazu auch U. Reitemeyer 1996, Kap. III.

dauernden Kampf der Klassen, der im Argumentationsgang des Kapitals eben nie ein bloß nationaler war. Insofern Marx an die Stelle der entfremdeten Arbeit die Arbeit am Projekt der klassenlosen Gesellschaft setzt, m. a. W. den Klassenkampf als die die einzig verbliebene identische Arbeitsform definiert, unterliegt auch er der unbedingten Arbeitsethik der industriellen Moderne, in der als Medium der Bildung nur Arbeit und nichts als Arbeit anerkannt wird.

Zwar soll die Arbeitszeit der Kinder begrenzt werden und ihre Arbeitskraft nur insofern gebraucht werden, als diese mit Bildung verbunden werde, worunter Marx wahrscheinlich so etwas wie das heute noch in Deutschland praktizierte duale Ausbildungssystem von beruflicher und allgemeiner Bildung verstand,[21] dennoch erscheint Bildung nicht mehr – wie noch in der Periode der Aufklärung – als Zweck an sich selbst, sondern als Mittel des Klassenkampfes, welches richtig zur Anwendung gebracht die „unteren Klassen weit über die mittleren und höheren Klassen" erheben wird.[22] Dadurch wird der Verwertungszusammenhang, in dem Bildung seit Hegels Diktum der Bildungsarbeit steht, nicht aufgehoben und damit das „Spielhafte" der Bildung, ihr Zwangloses und Selbstzweckhaftes ins totale Abseits gedrängt. Um die physischen Strapazen des Arbeitslebens überstehen zu können, müssen die Kinder quasi militärisch gedrillt werden, um flexibel einsetzbar zu sein, sollen sie in alle Bereiche der Produktionsstätte eingeführt werden und um den Klassenkampf zu gewinnen, müssen sie frühzeitig ein Klassenbewusstsein entwickeln. Nichts dürfen die Kinder tun, was nicht mit einem äußeren Zweck verbunden wäre. Ihre Zeit und ihr Raum sind vollkommen geordnet durch Arbeiten, Lernen, Essen und Schlafen. Polytechnische Erziehung ist ebenso wenig Spiel wie das Bildungsritual des Bürgertums, sondern Vorbereitung für den Ernstfall. Für die einen regelt es den Zugang zum Arbeitsmarkt, für die anderen zur Macht.

Nur einer darf noch spielen, und dies ist der Philosoph, der von einer höheren Perspektive, zu der er sich mühsam emporgearbeitet hat, die Weltgeschichte einmal auf diese oder auf die andere Weise ordnen kann. Es ist ein Spiel nach den Regeln der Logik, ebenso subjektiv selektiv wie objektiv an die Sache des Spiels gebunden. Aber es findet nicht statt in der Fülle der unmittelbaren Wirklichkeit, sondern ist die Belohnung für ein arbeitsreiches Leben. Der Blick schweift zurück nach getaner Arbeit, man reflektiert, d. h. ordnet das Geschehene, spielt mit Strukturen, aber immer im nachhinein, wie Minervas Eule, die in der Abenddämmerung zum Flug ansetzt. Nur der Philosoph, der durch den mühsamen Prozess der Bildung sich hindurchgearbeitet hat, findet zurück zum Spiel über den Weg der Kontemplation, die nun, in ihrer Mühelosigkeit, ans Spiel erinnert, obgleich sie das Werk von Selbstentäußerung und entfremdeter Arbeit ist.

---

[21] Vgl. zur polytechnischen Erziehung: K. Marx 1866.
[22] Zur Kritik der Polytechnischen Erziehung vgl. U. Reitemeyer 2001. Kap. III. 5.

So wurde unter Berufung auf Hegel das Spiel erneut für die absolute Elite reserviert, zu der sich ein jeder zählen konnte, der Macht und Einfluss hatte und damit den Weltgeist nach vorn trieb und zu sich selbst brachte. Das spielende Kind jedoch verschwand gänzlich in der Welt der Arbeit und des Klassenkampfes. Übrig blieb bis in die Gegenwart eine Arbeits- und Leistungsethik, in der Lernen nur noch als Arbeit betrachtet wird und dem Lernenden das „Spielhafte" so bald als möglich auszutreiben sei. Der instrumentelle Charakter der Arbeitsethik macht diese in der Weise neutral, dass sie sich jedem modernen politischen Regime unterwirft, sobald es systemrational organisiert, also auf Effizienz geeicht ist. Im Schatten der Arbeits- und Leistungsethik werden nicht nur Bildung und Spiel bis zur Unkenntlichkeit zersetzt, sondern auch das moralische Gesetz, das Rousseau und Kant für unhintergehbar hielten, schien es doch in Form des natürlichen Mitleids oder der angeborenen Scham in die Natur des Menschen hineingeschrieben zu sein. In gewisser Weise tat nicht einmal Auschwitz der Arbeitsethik Abbruch angesichts des Siegs der instrumentellen Vernunft gegenüber dem moralischen Gesetz.[23] Es war der technologische Fortschritt, der die moderne Arbeitsgesellschaft in einen posttraditionalen „Freizeitpark" umwandelte, in dem die bezahlte Arbeit knapp und die freie Zeit üppig wurde. Stand eine neue Zeit der Bildung und des Spiels bevor, des multikulturellen innergesellschaftlichen Diskurses im Wechselspiel mit der globalisierten „Einen Welt"?

III. Spielen statt Arbeiten?

In der Tat ging der bürgerlichen Arbeitsgesellschaft die Arbeit aus, und die Pädagogik musste sich umorientieren. Reformpädagogische Ansätze, die im ersten Drittel des 20. Jahrhunderts im Widerstand gegenüber einseitigem technologischen Fortschritt, Wissenschaftspositivismus und bürokratisiertem Unterricht entstanden,[24] und in denen das Spiel als die Einheit von Produktivität und Kontemplation pädagogisch aufgewertet wurde, fanden gegen Ende des 20. Jahrhunderts Eingang in neu erschlossene pädagogische Praxisbereiche, die durch Verlängerung der Lebenszeit bei gleichzeitiger Verkürzung der Arbeitszeit entstanden. Lebenslanges Lernen wurde nicht nur zum Motto einer Leistungsgesellschaft, die angesichts der Verknappung von bezahlter Arbeit nichts mehr fürchtet als die Langeweile. Lebenslanges Lernen wurde auch zu einer industriellen Wachstumsbranche und damit dem Konsumzwang unterworfen.[25] Zwar werden Weiterbildungsprogramme in Betrieben und Institutionen meist „spielerisch" durchgeführt, da eine autoritäre Didaktik gegenüber einer freiwillig zu-

---

[23] Zur Rolle der instrumentellen Vernunft in Form des social engineering für die Architektur des nationalsozialistischen Staats vgl. vor allem Zygmunt Bauman 1992.

[24] Eine kritisch-historische Rekonstruktion der Reformpädagogik findet sich bei J. Oelkers 1996.

[25] Vgl. dazu: L. Pongratz 2005. Zur Kritik der leistungsorientierten Didaktik der Erwachsenenbildung vgl. auch: G. Raddatz. Münster 2003.

sammen gekommenen Gruppe erwachsener Menschen wenig effektiv sein dürfte
– man stelle sich einmal die Auswirkung für einen Ikebana Kurs vor, in dem die
Teilnehmer zensiert, selektiert und zu Strafarbeiten genötigt würden – und auch
verpflichtende Weiterbildungsmaßnahmen setzen notgedrungen auf die Selbsttätigkeit und das Interesse der Teilnehmer, weil sie sonst nichts zur angestrebten
Motivationssteigerung der Mitarbeiter beitragen. Aber in die Form des lebenslangen Lernens gepresst, wird das Spiel als gruppendynamisches Instrument der
Weiterbildung zum Zwang. Man *muss* spielen, um zu lernen, um immer auf der
Höhe seiner Zeit zu stehen, die uns ständige Neuorientierungen abverlangt, sofern wir mitreden wollen. Spielend werden wir Tag für Tag mit neuen Techniken vertraut gemacht, high technology erscheint selbst als ein Spiel durch die
Vielfalt seiner Optionen, die durch jeden Knopfdruck in einer neuen Anordnung
auf der Menüleiste erscheinen[26].

In gewisser Weise wird dem Arbeitnehmer seine Arbeit sogar als Spiel vorge-
gaukelt, welches am deutlichsten wahrscheinlich in sogenannten ABM-
Programmen wahrzunehmen ist, aber auch in Vorstandssitzungen, in denen anhand von Strukturplänen mit Produktionsstätten, Arbeitsplätzen und Kalkulatio-
nen jongliert wird und verschiedene Szenarien ausgemalt werden. Global playing heißt solches Planspiel und ist wieder einmal der Machtelite vorbehalten,
die, neben dem Genuss, der mit der Machtfülle des Regisseurs, die Puppen tanzen zu lassen, verbunden ist, auch noch den materiellen Gewinn einstreicht.
Kein Wunder, dass in einer solchen privilegierten Berufswelt „workaholics"
produziert werden, die in der Arbeitswelt der Fabrik so nicht vorkommen. Niemand wird süchtig nach mechanischer, eintöniger und krank machender Arbeit,
doch Arbeit, die wie ein Spiel inszeniert wird, weil sie mit der Macht verbunden
ist, die Spielregeln festlegen zu können, hat suchterzeugendes Potential sowohl
im Hinblick auf unmittelbare Glücksgefühle, die immer und immer wiederholt
werden wollen, als auch im Hinblick auf die tiefgehende, beinahe natürliche Befriedigung, die aus der Autonomie des regelsetzenden Spielers gegenüber seinem Spielmaterial entsteht. Der global player versteht sich nicht als Rad im Ge-
triebe, nicht als Systemelement, sondern als Systemarchitekt. Er tritt gewissermaßen an die Stelle des den Weltgeist repräsentierenden Philosophen und vergleicht von einem höheren Standpunkt verschiedene Szenarien, die er probewei-
se neu anordnen, in alter Form belassen oder auch beenden kann. Er ist gerade
deshalb ein Spieler, weil er nicht Teil des Spiels ist, sondern nur sein Arrangeur.
Insofern hat sein Spielen nichts zu tun mit Erholung, Entspannung und Zerstreuung, wie es typisch ist für Spielformen, die sich im Horizont der Arbeitsethik
vor allem in ihrer kompensatorischen Funktion präsentieren, verlorene Arbeitskraft wiederherzustellen[27]. Die Arbeit des global player's erscheint von unten, d.
h. vom „Spielfeld" aus betrachtet, als ein Spiel der Götter, von dessen Logik die
„Feldspieler" naturgemäß ausgeschlossen sind.

---

[26] Vgl. dazu auch F. Rötzer 1998.
[27] Vgl. H. Marcuse 1979, S. 15ff.

Darum haben wir es mit einer doppelten Paradoxie im historischen und systematischen Sinne zu tun. Historisch betrachtet, erscheint das vormals mit Erkenntnis verbundene Spiel, welches in der der Antike als höchste Form der Bildung und als Privileg der Philosophen galt, und auch in der modernen Arbeitsgesellschaft als das Andere, Unentfremdete seine Stellung indirekt behaupten konnte, nun als ein Privileg der Techniker. Entsprechend hoch sind deren Bezahlung und gesellschaftliches Ansehen, wie auch die Kenntnisse der Systemarchitektur als höchste Form des Wissens schlechthin betrachtet werden. Die systematische Paradoxie besteht in der Abwertung der Praxis gegenüber der Poiesis, d. h. die Abwertung von Handlungszusammenhängen, die ihren Zweck in sich selbst tragen wie Spiel, Bildung, Kunst und Moral, gegenüber technisch praktischem Handeln, das immer äußeren Zwecksetzungen unterworfen ist. Die ursprüngliche Autonomie des Spielers gegenüber seinem Spielmaterial, verkehrt sich in der Gestalt des global player's zur Autonomie der instrumentellen Vernunft gegenüber der moralisch praktischen, wodurch das moralisch urteilende, autonome Subjekt zugleich mit vernichtet wird.

Nun ließe sich einwenden, dass in einer Gesellschaft, in der die Systemarchitekten das Ruder übernommen haben, es weder einer autonomen Reflexionsperspektive noch eines ausgewiesenen Rechts auf selbstzweckhaftes oder spielhaftes Handeln bedarf. Erstens garantiere nämlich die Logik der Systemarchitektur ein reibungsloses Funktionieren des Systems, und zweitens seien die Handreichungen, die von dem Einzelnen zwecks Systemstabilisierung überhaupt noch erwartet werden, sowenig noch mit wirklicher Arbeit im Sinne von mühseliger Existenzsicherung verknüpft, dass aus der Perspektive postindustrieller Dienstleistungsgesellschaften das ganze Leben wie ein Spiel erscheint. Dieser Eindruck eines lebenslangen Spielens drängt sich jedenfalls dann auf, wenn – analog zu den Prämissen der Arbeitsethik – das Wesen des Spiels in der strukturellen Wiederholung dinghaft gemacht wird, wodurch es sich bestens eignet, nicht nur in Arbeits-, sondern auch in Freizeittechniken einzuführen.

Die Routine am Arbeitsplatz reduziert die Anstrengung des bewussten Handelns und Entscheidens und tötet, wird sie als Gewohnheitshandeln in die Nichtarbeitszeit hineintransportiert, die Selbsttätigkeit des Menschen vollends. Nicht zufällig gestalten Menschen, die in monotonen Arbeitsstrukturen gefangen sind, ihre Freizeit ebenso monoton. Dies hat bei aller Routine und allem Gewohnheitshandeln, welches dem Spiel in seiner Regelhaftigkeit doch so eigentümlich sein soll, nichts mehr mit einem Zweck an sich selbst zu tun.[28] Denn der auf höchstem Entfremdungsgrad und im Akkord Arbeitende soll seine Entfremdung nicht in Frage stellen, soll sein Routinehandeln nicht im Spiel karikieren. Viel-

---

[28] So auch Walter Benjamin in seinem Artikel: Spielzeug und Spielen. Randbemerkungen zu einem Monumentalwerk(1928), in welchem er das Spiel als „Wehmutter jeder Gewohnheit" bezeichnet. In: W. Benjamin 1982, S. 71. Differenzierter betrachtet Adorno das „Wiederholungsmoment im Spiel", nämlich als „Nachbild unfreier Arbeit" 1974, S. 471.

mehr soll er sich ausruhen nach einem Muster, das dem Muster der Arbeit gleicht. So sind seine Spiele nicht Spiel, sondern verlängern im Namen der Freizeitindustrie die Arbeitszeit hinein bis in den ersehnten Mallorca Urlaub oder den Seniorenherbst. Arbeit wird durch Routine und Maschinen zum Spiel, Spiel wird durch pädagogische Organisation vom ersten bis zum letzten Tag zur Arbeit. Was aussieht wie eine Gesellschaft ohne Arbeit, wie ein Freizeitpark, ist in Wirklichkeit eine Gesellschaft ohne Spiel, d. h. eine Gesellschaft, in der die Arbeitsethik, einschließlich ihrer Sekundärtugenden wie Disziplin und Fleiß, ungebrochen fortwirken ungeachtet des Faktums, dass Vollbeschäftigung nicht der Tendenz des technologischen Fortschritts entspricht und daher der arbeitsfreien Zeit eine zunehmende Bedeutung zukommen wird.[29]

Wenn richtig ist, dass im Selbstzweck des Spiels der Keim von Bildung, Kultur und Moral geborgen liegt, dann sollte die in den postindustriellen Gesellschaften gewonnene arbeitsfreie Zeit, nicht der Industrie überlassen werden, die diese unversehens in Arbeitszeit umwandelt. Besser wäre es, dass Spiel in seiner selbstzweckhaften und daher bildenden Kraft der Arbeitswelt als regulatives, nicht kompensatorisches Prinzip gegenüberzustellen, welches im Hinblick auf den bildenden Unterricht bedeuten würde, die Kinder nicht für die Arbeitswelt abzurichten, sondern auf verantwortungsvolles Handeln vorzubereiten. Hier heißt es, mit Rousseau gesprochen, Zeit zu verlieren und nicht Zeit zu gewinnen,[30] da uns die moralische Reflexions- und Handlungsperspektive nicht eingeboren ist, sondern im Prozess des Vernunftgebrauchs nur allmählich Gestalt annimmt. Richtet sich der Lehrer nach den Interessen und Fragen der Schüler und untersteht keinem Lehrplan, dann wäre genug Zeit für Spiel und solche Bildung, die sich eben nicht im 45 Minuten Takt eines so genannten Fachunterrichts, auch nicht als automatisches Nebenprodukt, erzeugen lässt. Dies hat weniger mit Libertinismus oder einem postmodernen „anything goes" als mit einer kultur- bzw. philosophiegeschichtlichen Rekonstruktion des Spielhaften der Bildung selbst zu tun, die offenbar nur wirklich Bildung ist und sich als solche negativ gegen Halbbildung abschotten kann, wenn ihr die moralische Reflexionsperspektive *natürlich* ist und nicht durch äußerlichen Normativität aufgedrückt wurde.

Eine natürliche moralische Haltung kann schlechterdings nicht durch Zwang erzeugt werden, sondern entsteht durch erzieherischen Dialog Schritt für Schritt, nach Spielregeln, die dann nicht von einem global player verordnet, sondern von den Dialogpartnern selbst gemacht, befolgt und auch gebrochen werden. Dadurch werden Erziehung und Bildung zwar nicht zum Spiel – es ist Arbeit, harte Arbeit, Kinder mit den Strukturen der komplexen Moderne vertraut zu machen – auch werden die Unterrichtsinhalte nicht beliebig, da sie dialogisch-diskursiv zu solchen gemacht wurden, aber das Spielhafte der Bildung selbst bleibt erhalten,

---

[29] Vgl. dazu André Gorz 2000.
[30] J. J. Rousseau 1762 (1985), S. 72ff.

das sich hinter dem natürlichen Wissensdrang, hinter der natürlichen Neugier eines jeden Kindes verbirgt. Diese Neugier wird durch Lehr- und Lernroutine mechanisiert und für eine Welt der Arbeit zugerichtet, die selbst als fiktionale, das Spiel nicht zulässt. So stellt sich die Frage, warum Bildung immer noch nach Maßstäben einer Arbeits- und nicht einer Spielethik entworfen wird, obgleich die klassische Arbeitsgesellschaft mit Voll- und Vollzeitbeschäftigung seit Jahrzehnten nicht mehr existiert. Gibt es am Ende gar nicht den Pluralismus der Lebensstile, der uns die Monotonie aneinander gehefteter Minijobs zu versüßen versprach?

IV. Das Ende der Beliebigkeit

Das Ende der Postmoderne und ihrer Lebensstilethik kam pünktlich zur Jahrtausendwende. Wie immer waren es äußere Ereignisse und nicht eine theoretische Selbstreinigung der Philosophie, welche die Vorstellung der Welt als ein Netzwerk autonomer Sprachspiele zu Fall brachte. Weniger war es das Faktum des Regelverstoßes innerhalb des politischen Sprachspiels, welches den 11. September 2001 zum Wendepunkt innerhalb des philosophischen Diskurses machte, als vielmehr die Tatsache, dass neue Regeln aufgestellt wurden, und zwar nicht, wie angenommen, durch das Sprachspiel selbst, das man doch als Zentrum der Macht dingfest gemacht hatte, sondern durch Sprachspiele, die an der Peripherie der Macht stattfanden, wo sie doch, wenn sie selbst Macht sind, gar nicht angesiedelt sein können. Die Unbedeutenden haben es der Großmacht, dem Zentrum der Macht „gezeigt", und niemand, nicht einmal die liberale Postmoderne, hat die Randständigen, obwohl anwesend im Sprachspiel, überhaupt wahrgenommen. Die Konsequenzen sind bekannt. Das Sprachspiel wurde als gescheitert erklärt und dem Terror der Krieg.

Folgt man Huizingas These, dass der Krieg solange eine Kultur- und im weitesten Sinne Bildungsfunktion hat, solange er – wie das Spiel – an beschränkende Regeln gebunden ist, d. h. im strengsten Sinne ein Wettkampf unter Gleichen ist,[31] dann würde Krieg als eine Subform des Sprachspiels, dieses nicht automatisch außer Kraft setzen und wäre in der Tat nichts anderes als die Fortsetzung der Politik mit anderen Mitteln (Clausewitz)[32]. In dem Augenblick aber, so Huizinga 1938, in dem man Krieg gegen Gruppen führt, seien es Teufel, Heiden, Barbaren, mit einem Wort „Untermenschen", erlischt die Kulturfunktion des Krieges, verschwinden seine Spielelemente, i. e. die Regeln des Wettkampfes, und der Krieg findet statt im rechtsfreien Raum. Solche Kriege werden nicht mehr offiziell erklärt, sie ergeben sich automatisch durch den Zugang oder Aus-

---

[31] Vgl. J. Huizinga (1938) 1956, S. 90ff.

[32] Hier entzündet sich Adornos Kritik an Huizingas Kultur- und Spieltheorie, die das „Nötigende" der Sprache ignoriere und dadurch „merkwürdig" mit Wittgensteins Sprachtheorie „konvergiere" in: Ästhetische Theorie. A. a. O., S. 471f.

62

schluss vom Sprachspiel, wobei die Entscheidung über die Teilnahme am Sprachspiel jenseits des offiziellen Sprachspiels auf der Metaebene der global players getroffen wird, die ihrerseits das Sprachspiel nur als beliebig austauschbares Spielmaterial benutzen und nicht als Zweck an sich selbst.

So war es nicht erstaunlich, dass nach Scheitern der Verhandlungen im UN-Sicherheitsrat, d.h. nach Ausschluss des „alten Europa" vom Sprachspiel der Macht, die Alteuropäer die Ideologie des Sprachspiels einer Kritik unterzogen und, unterstützt durch das Kant Jubiläum im Jahr 2004[33], dem regellosen, anarchischen Sprachspiel, das schon längst alle „spielmäßigen" Züge abgestreift hatte, die klassische Diskursethik der Aufklärung entgegensetzten. Diese hat gegenüber einer zentristischen Netzwerkethik den großen Vorteil, dass sie als formales Regelwerk erstens das Sprachspiel der Macht begrenzt und zweitens selbst kriegsführende Parteien nicht von der Pflicht entbindet, ihr Handeln als rechtmäßiges zu begründen bzw. zu unterlassen, sollte es der Befragung nicht standhalten. Aus der Sicht Huizingas stünde der Diskurs mitsamt seinem Regelwerk dem Spiel, der Kultur und damit auch dem Recht allemal näher als das von der Postmoderne so hoch gehandelte Sprachspiel und wäre daher von seiner kulturfunktionalen Bedeutung weitaus höher einzuschätzen. Im Diskurs kann nämlich nicht der „totale Krieg" verhandelt werden, der das faktische Ende des Diskurses ist, oder wie Huizinga sagt, das Ende der Kultur, des Rechts und der Menschlichkeit bedeutete.[34] Im Sprachspiel der Macht dagegen, in dem die Macht nur noch mit sich selber spielt und nicht verlieren kann, ist der „totale Krieg" als Fortsetzung des regellosen Machtspiels mit anderen Mitteln durchaus Verhandlungsgegenstand.

Dass das Sprachspiel so sehr in die Nähe des „totalen Krieges" rückte, verunsicherte die Apologeten des globalen Zeitalters[35]. Noch mehr verunsicherte sie die Unverbundenheit regionaler Sprachspiele und damit deren Machtlosigkeit gegenüber dem Netzwerk der Macht, das einfach die Regellosigkeit zur Regel erhoben hatte. Das Ende der Beliebigkeit war für die Philosophie spätestens jetzt gekommen. Es ging nicht mehr darum, Sprachspiele der verschiedenen Ebenen zu organisieren und zu koordinieren, sondern den Geltungsanspruch von Argumenten zu überprüfen, welches eben nur diskursiv und nicht dogmatisch durchzuführen ist. Nun ist ein Kennzeichen des Diskurses bzw. eine Bedingung seiner Möglichkeit, dass jeder Diskursteilnehmer die Wahrheit sagt, so gut er sie kennt,

---

[33] Neben zahlreichen Veranstaltungen anlässlich des Kant Jubiläums 2004, die weltweit durchgeführt wurden, verdient ein Kant Seminar, besonders hervorgehoben zu werden, das Anfang Februar in Teheran stattfand zum Thema: Peace Through Justice? http://www.spiegel.de/spiegel/0,1518,342649,00.html.
[34] Vgl. J. Huizinga (1938) 1956, S. 91.
[35] Einer der entschiedensten Vertreter des „globalen Zeitalters" ist Martin Albrow, der, wenn auch aus einer anderen Perspektive als Francis Fukuyama (1992 u. 2000), die Moderne faktisch als überholt betrachtet. Vgl. M. Albrow 1998.

nichts absichtlich unterschlägt oder wissentlich verschweigt, also seine Gesprächspartner nicht als Spielmaterial, sondern als Spielpartner anerkennt.[36] Die Betonung liegt hier auf Partnerschaft, die im Spiel beispielsweise durch den unhintergehbaren Anspruch des „fair play" zum Ausdruck kommt, durch welchen das Spiel eigentlich erst zum Spiel im Sinne eines Wettkampfes wird. Im Diskurs gilt die gleiche Regel, denn der kategorische Imperativ ist unteilbar. Entweder er gilt, und zwar überall, oder er gilt nicht und dann nirgends. Sprachspiele mögen der Wahrheit verpflichtet sein oder nicht, der Diskurs ist prinzipiell auf Wahrheitssuche. Dadurch entzieht er sich aller Beliebigkeit, gerade dadurch, dass er die Regeln des „fair play" befolgt und daher seines Spielhaften nie ganz entsagen kann – wie der kategorische Imperativ, der den „Diskurs der Maximen"[37] regelt.

Dies hat Konsequenzen für den bildenden Unterricht, der weniger als ein Sprachspiel unter der Regellosigkeit zufälliger Machtverteilung, sondern als ein dialogisch-diskursiver Kommunikationszusammenhang verstanden werden sollte, in dem alle Teilnehmer die gleichen Chancen haben, ein Thema vorzuschlagen, auf dessen Bearbeitung mit guten Gründen zu drängen oder diese eben auch abzulehnen und zu einer von allen getragenen Handlungsstrategie zu gelangen.[38] In solchem Unterricht ginge es vor allem um die Einhaltung von Spielregeln, d.h. um die Praxis des „fair play", in dessen Verlauf die moralische Reflexionsperspektive notgedrungen eingenommen wird, um die es doch dem allgemein bildenden Unterricht in erster Linie geht. Offensichtlich kann dialogisch diskursiver Unterricht nicht selektiv arbeiten, steht er unter dem Prinzip des Einschließens und nicht Aussortierens. Dadurch scheint sich der Diskurs vom Spiel zu unterscheiden, das Gewinner und Verlierer kennt und den Verlierer in der Regel durch Ausscheiden bestraft, so wie den Sitzenbleiber oder Schulabgänger ohne Abschluss. In der Tat widersetzt sich die Diskursethik dem Siegerpathos der Spielgewinner, indem sie einen neuen Diskurs über den gerade gefeierten Sieg eröffnen kann und dadurch das unterlegene Argument wieder ins Boot holt. Das Spiel wird wiederholt und es gibt keinen Vorschuss, nicht einmal den eines Vorwissens, welches als vorläufiges seinen Geltungsanspruch unter Beweis stellen muss.

Der Diskurs ist spielhaft in seiner unhintergehbaren Regelhaftigkeit – so auch dialogisch diskursiver Unterricht. Unterricht, der dagegen auf die Autorität des Sprachspiels setzt im Sinne eines quasi natürlichen Einpendelns der Spielanteile, versteht diesen als ebenso naturwüchsig wie die Klassengesellschaft, in der das Recht des Stärkeren gilt. Im Dschungel wird nicht mehr gespielt, sondern nur noch um das Überleben gekämpft. Diesem *bellum omnium contra omnes* setzt

[36] Vgl. dazu J. Habermas 1973.
[37] Kim Sang Sup 2003, Kap. III.
[38] Zum dialogisch diskursiven Unterricht vgl. U. Reitemeyer 2000. Kap. V.1. Vgl. auch dies. Münster 2003; dies. 2005 u. dies. Wien 2003.

der Rechtsstaat ein Ende durch die diskursive Überprüfung des Allgemeinwillens, die den Regeln des „fair play" gerade dadurch gehorcht, dass sie dem regellosen und willkürlichen Sprachspiel der Macht die Teilnahme verweigert. Genau diese Verweigerungshaltung gegenüber dem Sprachspiel der Macht wäre im Unterricht herauszubilden, wodurch er bildend würde ohne die Sphäre des Spiels, des zwanglos Natürlichen je zu verlassen. In einem solchen Unterricht hätten weder ein Notenbüchlein noch ein staatlich verordnetes Curriculum Platz, sondern nur Lernende im strengen Sinne des Bildungs- und Aufklärungsprojekts. Ein solches kann schlechterdings nicht zu Abschluss gebracht werden und ähnelt darin dem Spiel, das solange gespielt und wiederholt werden kann, solange sein Regelwerk in Kraft ist. Es käme im Hinblick auf die kooperativen Anforderungen, denen die zukünftigen Generationen gewachsen sein müssen, daher alles darauf an, Unterricht als Kooperation von untereinander Lernenden zu gestalten. Vielleicht sollte dem Regelwerk des Diskurses, insofern es nämlich der natürlichen Freiheit, die immer spielhafte Züge trägt, entspricht, eine didaktische Chance in der Regelschule gegeben werden. Vielleicht würden dann die Aufgaben der sogenannten „Pisatests" den Schülern kinderleicht erscheinen und spielend zu bewältigen sein. Brauchen wir für den bildenden Unterricht vielleicht eine neue Ethik des Spiels?

V. Das Spiel als Medium und Zweck der Bildung: ein Ausblick

Im Verlauf der Argumentation dürfte deutlich geworden sein, dass es sich bei dieser bildungstheoretischen Rekonstruktion des Begriffs des Spiels nicht um ein Plädoyer für die Auflösung eines allgemeinen und deshalb verbindlichen Bildungsanspruchs handelt, auch nicht um die Forderung, die Institution Schule abzuschaffen, sondern lediglich um die Reform des Unterrichts nach Maßgabe eines diskursiven Regelwerks. Ebenso wenig wie die gesamte Lebenswelt Diskurs ist, kann der gesamte Unterricht Diskurs sein, der ja nur ein Teil von ihr ist. Wäre das ganze Leben ein Diskurs, wäre es in der Tat ein Spiel, weil die Bedingungen möglicher Wirklichkeit von der Anerkennung der Diskurs-, sprich: von der Anerkennung der Spielregeln abhängen würden. Doch das wirkliche Leben ist nicht nur unmittelbare Regelhaftigkeit, nicht nur Spiel, dessen Ausgang nie ungewiss ist, da das Regelwerk immer gewinnt. Das wirkliche Leben ist geprägt von unvorhersehbaren Zufällen und Ereignissen, die erst im Nachhinein in eine Spielordnung überführt oder aber als Akt des Spielabbruchs gedeutet werden können.

Um dieser Differenzierung willen, ist es notwendig, den Diskurs als regulative Idee bzw. als verbindliche Spielordnung gegenüber dem Sprachspiel der Macht positionieren, wodurch allein die Differenz zwischen Regel (Vernunft) und Beliebigkeit (Macht) hergestellt werden kann. Wenn es im zukünftigen weltpolitischen Diskurs genau um diese Differenzierung geht, dann steht bildender Unterricht in der Pflicht, Differenzerfahrungen zu ermöglichen, also nicht die Undurchsichtigkeit des Sprachspiels der Macht zu reproduzieren, sondern diskursiv, nach allen Regeln der pädagogischen Spielkunst, aufzubrechen. Im dialogisch diskursiven Unterricht ist das Spiel Medium und Zweck der Bildung zugleich. Den natürlichen Regeln der Vernunft folgend, bleibt Bildung spielhaft und realisiert gerade dadurch das moralische Gesetz, das keine Ausnahme von der Regel kennt. An diesem Bildungsanspruch hätte sich jede Reform des öffentlichen Unterrichts zu messen, wenn sie wirkliche Reform und nicht nur Stückwerk mit Blick auf den Wirtschaftsstandort Deutschland sein will. Bildung ist Spiel, heißt darum nichts anderes, als dass Bildung im Medium des Regelwerks des Diskurses geschieht, um des Diskurses selber willen, der als angemessene Verständigungs- und Kooperationsform in der pluralen Gesellschaft als einzige Legitimationsinstanz zu etablieren wäre, ohne doch das Individuum aus seiner Selbstverantwortung zu entlassen. Im Unterschied zum regellosen Sprachspiel der Macht ist nämlich der Diskurs die Bedingung einer möglichen gesellschaftlichen Pluralität, mit anderen Worten, es gibt weder pluralisierte noch globalisierte Gesellschaften jenseits des Diskurses. Dadurch wird der Diskurs zu einer pädagogischen Herausforderung.

Literatur

ADORNO, Theodor W.: *Ästhetische Theorie*, Frankfurt 1974 (2. Aufl.).

ALBROW, Martin: *Abschied vom Nationalstaat*, Frankfurt 1998.

BAUMAN, Zygmunt: *Die Dialektik der Ordnung. Die Moderne und der Holocaust*, Hamburg 1992.

BENJAMIN, Walter: *Über Kinder, Jugend und Erziehung*, Frankfurt 1982 (6. Aufl.).

BLANKERTZ, Herwig: *Berufsbildung und Utilitarismus*, Düsseldorf 1963.

CICERO, Marcus Tullius T.: *Die politischen Reden*, Hrsg. v. M. Fuhrmann. Darmstadt 1993.

ELIAS, Norbert: *Die höfische Gesellschaft*, Frankfurt 1992.

FRÜCHTL, Josef: *Ästhetische Erfahrung und moralisches Urteil. Eine Rehabilitierung*, Frankfurt 1996.

FUKUJAMA, Francis: *Das Ende der Geschichte*, München 1992.

FUKUJAMA, Francis: *Der große Aufbruch*, Wien 2000.

GEISTER, Oliver: *Die Ordnung der Schule. Zur Grundlegung einer Kritik des verwalteten Unterrichts*, Münster 2005.

GEYER, Carl-Friedrich: *Epikur zur Einführung*, Hamburg 2000.

GORZ, Andre: *Arbeit zwischen Misere und Utopie*, Frankfurt 2000.

HABERMAS, Jürgen: *Wahrheitstheorien*, in: Wirklichkeit und Reflexion, Walter Schulz zum 60. Geburtstag. Hrsg. v. H. Fahrenbach. Pfullingen 1973.

HEGEL, Georg W. F.: *Phänomenologie des Geistes* (1803), in: Werke in zwanzig Bänden. Hrsg. V. E. Moldenhauer / K. M. Michel, Bd. 3., Frankfurt 1969-71.

HUIZINGA, Johan: *Homo Ludens. Vom Ursprung der Kultur im Spiel* (1938), Reinbek 1956.

JOERGES, Christian (Hrsg.): *Homo Sapiens Homo Faber, Homo Ludens, Homo Europeus – ein zweiter Versuch, Norbert Reich zu ehren*, in: Law and Diffuse Interests in the European Legal Order, Baden Baden 1997.

KANT, Immanuel: *Muthmaßlicher Anfang des Menschengeschlechts* (1786), in: Kants gesammelte Schriften. Hrsg. v. der Königlich preußischen Akademie der Wissenschaften, Bd. VIII, Berlin 1902-23.

66

KIM Sang Sup: *Die Selbstkonstituierung des moralischen Subjekts und das Faktum der Vernunft*, Münster 2003.

LASKER, Emanuel: *homo ludens – homo politicus. Beiträge über sein Leben und Werk.* Hrsg. v. E. V. Kotowski, Berlin 2003.

MARCUSE, Herbert: *Über die philosophischen Grundlagen des wirtschaftswissenschaftlichen Arbeitsbegriffs* (1933), in: Kultur und Gesellschaft 2. Frankfurt 1979 (10. Aufl.).

MARX, Karl: *Das Kapital. Zur Kritik der politischen Ökonomie (1855)*, Marx-Engels-Werke. Berlin 1973, Bd. 23.

DERS.: *Philosophisch-Ökonomische Manuskripte* (1844), in: Karl Marx: Werke in sechs Bänden, hrsg. H. J. Lieber und P. Führt. Darmstadt 1981.

DERS.: *Genfer Resolution* (1866), Hrsg. v. Generalrat. Übersetzt v. J. P. H. Becker, in: Der Vorbote. Organ der Internationalen Arbeiter-Assoziation (Nr. 10).

NIETZSCHE, Friedrich: *Die fröhliche Wissenschaft*. Viertes Buch, in: Gesammelte Werke, hrsg. v. K. Schlechta. Bd. 2.

OELKERS, Jürgen: *Reformpädagogik. Eine kritische Dogmengeschichte.* Weinheim/München 1996 (3. Aufl.).

PLATON: *Politeia*. In: Werke. Bd. IV. Hrsg. v. D. Kurz. Darmstadt 1971.

PONGRATZ, Ludwig: *The Learning Society under the Perspective of Governmentality.* Sonderheft der Zeitschrift „Educational Philosophy and Theory", hrsg. v. U. Bröckling u. J. Masschelein. Blackwell: Oxford 2005.

POSER, Stefan und Karin Zachmann (Hrsg.). *Homo faber ludens. Geschichten zu Wechselbeziehungen von Technik und Spiel*, hrsg. Frankfurt 2003.

POSTMAN, Neil: *Wir amüsieren uns zu Tode*, Frankfurt 1992.

RADDATZ, Gregor: *Pädagogik im freien Fall. Posttraditionale Didaktik zwischen negativer Dialektik und Dekonstruktion*, Münster 2003.

REITEMEYER, Ursula: *Bildung und Arbeit von der Aufklärung bis zur nachmetaphysischen Moderne*, Würzburg 2001.

DIES.: *Das klassische Projekt der Bildung als Aufgabe der Moderne*, in: Vierteljahrsschrift f. wissenschaftliche Pädagogik, Heft 4 (2003).

DIES.: *Diskurs und Dialog im bildenden Unterricht*, in: Philosophie und Bildung. Hrsg. v. V. Steenblock, E. Martens und Ch. Gefert (2005).

DIES.: *Ethik im Unterricht. Eine hochschuldidaktische Studie zum Vermittlungsverhältnis von Bildungstheorie, Allgemeiner Didaktik und Unterrichtspraxis*, Münster 2000.

DIES.: *Ist Bildung lehrbar?* Mit Beiträgen v. O. Geister u. a. Münster 2003.

DIES.: *Perfektibilität gegen Perfektion. Rousseaus Theorie gesellschaftlicher Praxis*, Münster 1996.

RITTER, Joachim / GRÜNDER, Karlfried (Hrsg.): *Historisches Wörterbuch der Philosophie*, Bd. 9., Darmstadt 1995.

ROUSSEAU, Jean-Jacques: *Abhandlung über die Frage, ob die Wiederherstellung der Wissenschaften und Künste zur Läuterung der Sitten beigetragen hat?* In: Schriften, hrsg. v. H. Ritter, Bd. I. Frankfurt 1988.

DERS.: *Emile oder über die Erziehung* (1762), hrsg. v. H. Schmidts. Paderborn 1985 (7. Auflage).

RÖTZER, Florian: *Aspekte der Spielkultur in der Informationsgesellschaft*, in: Medien Welten Wirklichkeiten. Hrsg. v. G. Vattimo / W. Welsch, München 1998.

SCHILLER, Friedrich: *Über die ästhetische Erziehung des Menschen in einer Reihe von Briefen* (1793/94), in: Sämtliche Werke, hrsg. V. G. Fricke / H. G. Göpfert. Bd. 5., München 1959.

WITTIG, Horst E.: *Marx, Bildung und Erziehung*, Paderborn 1968.

Takara Dobashi

Spiel und Lebenslanges Lernen –
Überlegungen zum kreativen Lernen

Einleitung

Das Spiel ist ein Grundtypus des kulturellen Welterlebens. Einerseits ist es eine Form der Kulturtradierung und darum eine Kulturtechnik, die die Funktion der Weitergabe menschlicher Werte (Kulturgüter) erfüllt, und anderseits – vom Kind aus betrachtet – immer auch eine Form tätigen Kulturschaffens.

Aus anthropologischer Sicht wird eine Handlung erst dann zu einer *menschlichen*, wenn der Mensch sich aus dem instinktartigen Trieb, dem Chaos und der „wilden Gewalt" befreien kann. So kann z.b. der Aggressionstrieb durch den „Geist des Spiels" sublimiert werden. Die sittliche Haltung: Pflichterfüllung, Verantwortung und Fürsorge, die im Kulturleben und in der Erziehung erworben und ausgebildet wird, muss in einem lebenslangen Entwicklungsprozess von der Geburt bis zum Tod bewusst oder unbewusst gepflegt werden. Im neuzeitlichen geschichtlich-gesellschaftlichen Wandlungsprozess bis etwa zum Ende des zweiten Weltkriegs wurde im Allgemeinen von den Erziehern gefordert, dass sie ihre Grundsätze eher an die kulturellen Vorgaben anpassten und sich weniger an der Natur des Kindes orientierten. So versuchten die Erzieher, die Schüler und Schülerinnen durch extrinsisches, „ernstes" Lernen in die „Staatssittlichkeit" einzuführen. In der Erziehung jener Zeit ging das Moment des Spielens im Lernen völlig verloren. Eine Ausnahme stellten die Erzieher dar, die zu der Reformpädagogischen Bewegung gehörten.

Heute dagegen sind Wertklärung, Dilemma-Diskussionen und Fürsorge (Caring)-Erziehung als zeitgemäße Standards in die Schulerziehung eingeführt worden. Sie finden ihren Ausdruck in ethischen Lernzielen wie etwa dem Respekt vor dem Menschen oder der Ehrfurcht vor dem Leben. Didaktisch vermittelt werden diese Lernziele auf der Basis entwicklungspsychologischer Erkenntnisse. Außerdem haben sich die Wertvorstellungen durch die allgemeine Demokratisierung sehr verändert und so wird heute von den Pädagogen gefordert, dass sie die Erziehung aus der Perspektive des lebenslangen Lernens gestalten. Das Lernen soll nun, aufbauend auf den Phasen der lebenslangen Entwicklung (sub specie vitae), als kreative Selbstverwirklichung des Menschen verstanden werden. Bemerkenswert ist dabei vor allem die zunehmende Gewichtung des kulturellen Lernens, das schon sehr früh im ersten Lebensabschnitt beginnt.

Wie aber absorbiert und entwickelt man die Kulturgüter der Menschheit in einem lebenslangen Entwicklungsprozess kreativ weiter? Welche Lernstile sollte der Mensch im alltäglichen Lebensprozess anwenden? In der Didaktik werden hierzu zwei Typen des Lernens diskutiert: Das „ernste Lernen" und das „spielende Lernen". Im folgenden Artikel möchte ich diese gegensätzlichen Kategorien nicht kritisch gegeneinander abwägen, sondern mich auf die theoretische Reflexion der Bedeutung des Spiels beim Kulturlernen in Hinblick auf das lebenslange Lernen beschränken.

I. Lernende Gesellschaft und liberale Erziehung

Eine der Hauptforderung der gegenwärtigen Zeit ist die Erziehung der Kinder zur Kreativität. Diese Forderung hängt nicht nur mit der naturwissenschaftlich-technischen Entwicklung unserer Gesellschaft und den damit verbundenen ökonomischen Gründen zusammen, sondern gründet auch im humanitären Anspruch nach einem sinnerfüllten Leben in einer Zeit der Selbstentfremdung. Paul Lengrand[1] regte mit seinem Konzept der „Lifelong-integrated Education", dazu an, die Erziehung als einen lebenslangen Prozess anzusehen.[2] Über den Gedanken der Weitererziehung, Recurrent Education und Erwachsenenerziehung hinaus wurde auch der Vorschlag gemacht, die Gesellschaft selbst als eine „lernende" zu betrachten. Neu ist dieser Gedanke einer lernenden Gesellschaft nicht. Bereits 1899 hatte R. M. Hutchins in weiter Voraussicht die Rolle und Aufgabe der Erziehung in einer sich schnell wandelnden Zeit und Gesellschaft erläutert und dabei den Begriff der „Learning Society" eingeführt. Seiner Meinung nach kann die Erziehung als innerer Lernprozess nicht abgeschlossen werden, weil es dem Menschen in der Regel unmöglich ist, das eigene Leben ausschließlich am Geburtsort zu verleben. Damit ist der Mensch also immer wieder gezwungen, in neuen Umgebungen Neues hinzuzulernen; „nicht immer stirbt man an dem Ort, an dem man am Höhepunkt seines Lebens gewirkt hat".

---

[1] Lengrand, P., 1972.

[2] „Die - wie es heißt - dramatische gesellschaftliche Umbruch- und Herausforderungssituation, die durch die Stichworte globaler Effizienzwettbewerb, Wegrationalisierung menschlicher Arbeit, demographischer Wandel, Grenzen der Finanzierbarkeit des sozialen Systems, zunehmende Verdrängung gemeinwesenbezogener Werteorientierung durch ökonomischen Egoismus und stabilitätsgefährdende strukturelle Arbeitslosigkeit gekennzeichnet ist, fordere zu einer umfassenden Mobilisierung aller Kompetenzen und kreativer Problemlösungspotentiale in der gesamten Bevölkerung heraus, so das Hauptargument für die Bildungsoffensive. Der Ansatzpunkt für diese Mobilisierung wird im Lebenslangen Lernen gesehen, das unter besonderer Berücksichtigung des so genannten „natürlichen Alltagslernens" die beste Voraussetzung sei, einem stetigen Wandel der situativen Herausforderungen gewachsen zu sein und alle Potentiale der Menschen zu fördern". Univ. Prof. Dr. Heide von Felden, Antrittsvorlesung an der Johannes Gutenberg Universität Mainz 15. Juli 2004. Lebenslanges Lernen, Bildung und Biographie. Zur Verknüpfung von Bildungs- und Biographieforschung, Internet, S. 2f.

Die gegenwärtige Wandlung des modernen Lebens lässt aktuelle Kenntnisse und praktische Techniken im sozial-beruflichen Leben trivial und veraltet erscheinen und zwingt notwendigerweise auch nach Ende der Ausbildung noch zum Weiterlernen. In diesem Sinne ist heute in der Schulerziehung das „Lernen des Lernens", d. h. also die „Methodik des Lernens", oder das „eigenständige Lernen" Aufgabe der Unterrichtspraxis. Schulkinder und Jugendliche sind mit den gegenwärtigen Konfliktbereichen wie Internationalisierung, Informationsrevolution, Überalterung der Gesellschaften und globaler Umweltzerstörung konfrontiert und werden sich mit solchen Problemstellungen immer intensiver auseinandersetzen müssen. Dabei werden sie gezwungen sein, die Grundprobleme dieser Entwicklungen aufzufinden und die daraus resultierenden ethischen Konflikte zu lösen.

Nach Hutchins liegt das geschichtliche Vorbild der lernenden Gesellschaft im antiken Athen, in dem alle Bürger das „Menschlich-Werden" als Zweck der Bildung betrachteten und dabei alle ihre Talente einsetzten, um die Tugend (Aretheia) im höchsten Grade zu entwickeln. In Athen bedeutete Erziehung nicht mehr die isolierte Tätigkeit, die auf eine besondere Epoche, auf einen besonderen Ort oder einer besonderen Zeantiken Athenit beschränkt war. Vielmehr galt sie als allgemeines Ziel der Gesellschaft. Die Gesellschaft selbst wiederum erzog die Menschen. Die Erziehung (παιδεια)[3] galt im antiken Athen als Genuss.

Im industriellen Zeitalter ist die „Freistunde" keine Utopie mehr. Damit hat der heutige Mensch die Möglichkeit die Idee der „Lernenden Gesellschaft" oder der „Vollkommenen Gesellschaft" zu verwirklichen, in er lernen kann, human zu werden. Aber in der modernen Gesellschaft ist das lebenslange Lernen bisher vor allem in die berufliche Weiterbildung integriert, also in einem Teilbereich der menschlichen Möglichkeiten. Diese Beschränkung soll aufgehoben werden, da der Mensch in seiner Gesamtheit von viel größerer Bedeutung ist.

Hutchins stellt fest, dass der Mensch von Natur aus lebenslang lernfähig ist, eine These, die sich durch die heutige empirische Forschung wissenschaftlich belegen lässt. Allerdings haben nicht alle Menschen die Gelegenheit, im Erwachsenenalter aktiv *selbstgesteuertes Lernen*[4] fortzusetzen. Dieser Mangel führt zu einer Sinnentleerung und einem Verlust der Menschlichkeit. Nach Hutchins ist der permanente lebenslange Lernprozess die beste Methode, sich seine Humanität

---

[3] Hutchins, R. M., 1968, S. 322.

[4] 'Selbstgesteuertes Lernen' bezeichnet ein lernendes Verarbeiten von Informationen, Eindrücken, Erfahrungen, bei dem die Lernenden diese Verstehens- und Deutungsprozesse im Hinblick auf ihre Zielausrichtung, Schwerpunkte und Wege im wesentlichen selbst lenken. Die Lernenden können also jeweils nach den eigenen Interessen, Bedürfnissen und Voraussetzungen die verschiedensten [...] Lernmöglichkeiten nutzen und flexibel kombinieren." Dohmen, D., 1999, S. 16.

(Menschlichkeit) zu bewahren.[5] Es geht also um die Frage, ob wir in der Lage sind, *kreative Menschlichkeit* in der Erziehung auszubilden, die uns von einer „auf die Sklavenmentalität beschränkte Existenz befreit" (Nietzsche) und uns wieder als „edle Menschen" und liberale Subjekte dazu herausfordert, durch eigenständiges Denken und Tun den scheinbar unlösbaren Problemen der Gesellschaft gegenüber zu treten.

II. Ein wesentliches Merkmal des Kulturlernens - Wettstreit als explizites Spielelement

Durch das „Lernen des Lernens" oder das „Lernen der Lernmethoden" wird das „Lebenslange Lernen" in der Erziehung gefördert, das als „selbstgesteuertes, lebenslanges Lernen" heutzutage eine Herausforderung an die Weiterbildung darstellt. Deshalb ist es notwendig, das Lernen aus der Sicht der Lernenden zu sehen und dabei die Aufgaben zu berücksichtigen, die der Einzelne selbst bewältigen muss. Dazu sollte ihm vermittelt werden, wie er seine Lernziele selbst bestimmt, sich Lernmöglichkeiten auswählt, und seine Lernprozesse didaktisch steuert.[6] Um dabei erfolgreich ans Ziel kommen zu können, sollte der Lernende auch über bestimmte Eigenschaften und Merkmale wie Offenheit, Selbstvertrauen, Kreativität etc. verfügen. So muss der Lernende z.B. offen für „Lernangelegenheiten" sein, sich selbstbewusst zutrauen, ein erfolgreicher Lerner zu sein, Initiative und Unabhängigkeit beim Lernen entwickeln, die eigene Verantwortung für sein Lernen akzeptieren und zwar in der Haltung "love of learning" und dabei Kreativität, Zukunftsorientierung sowie „Lern- / Problemlösefähigkeiten" entfalten.[7] Das Konzept des selbstgesteuerten Lernens zeichnet sich im Vergleich zu mehr traditionellen Vermittlungsdidaktiken durch einen eigenen Handlungsbereich mit Schwerpunkt auf der Aneignungsseite des Lernens aus und orientiert sich daher an den Lernbewegungen und Lernbemühungen, die vom sich bildenden Subjekt ausgehen.[8]

Die oben zitierten Personenvariablen sowie die Variablen der „Self Directed Readiness Scale" als allgemeine Eigenschaften sind wichtige Voraussetzungen für das selbstgesteuerte Lernen. Wo aber liegen unsere Möglichkeiten, einen solchen Lernenden zu unterstützen und sein Lernprogramm optimal zu gestalten?

Folgt man dem Konzept Behrmanns, ist das Lernen durch die Lernenden selbst- oder fremdbestimmt, selbst- oder fremdorganisiert, selbst- oder fremdverantwortet und selbst- oder fremdgesteuert. Die Aufgabe des Lehrenden ist daher auch in einer Verschiebung von *lehrerzentrierten* Vermittlungsprozessen zu *lernerzent-*

---

[5] Hutchins, R., 1968, S. 315.
[6] Behrmann, D., 2003, S. 70.
[7] Reischmann, J., 1995, S. 132.
[8] Behrmann, D., 2003, S. 65.

rierten Begleitungs-, Beratungs- und Unterstützungsprozessen zu finden.[9] Diese Lernfähigkeiten werden durch das „Erleben kultureller Lerntätigkeiten" erworben, wie z.B. durch das spontane Spielen im Kleinkindalter. Der Entwicklungspsychologe Jean Piaget teilte die Denk- oder Lernfähigkeit von Menschen in drei Dimensionen oder Modi ein, nämlich dem Denken durch Handeln, dem Denken durch Bilder und dem Denken durch Worte. Er belegte, dass die kognitive Urteilskraft der Kinder und damit ihre Fähigkeiten zum „Kulturlernen", nach einem psychologisch festgelegten Entwicklungsprozess verlaufen. Seine Forschungsergebnisse lassen sich durch die Erkenntnisse der Kulturanthropologie und Kulturgeschichte ergänzen, die das lebendige Gestalten beschreiben, das Umgestalten des Kinderlebens von außen und den Sinn ihrer Tätigkeiten hermeneutisch entschlüsseln.

Nach Huizinga ist die Gesamtheit aller großen ursprünglichen Tätigkeiten des menschlichen Zusammenlebens bereits vom Spiel durchdrungen. Man nehme etwa die Sprache, den Mythus oder schließlich den Kult. Die großen Triebkräfte des Kulturlebens wie Recht, Ordnung, Verkehr, Erwerb, Handwerk, Kunst, Dichtung, Gelehrsamkeit und Wissenschaft haben ihren Ursprung im Mythus und Kult. Damit sind sie „im Boden des spielerischen Handelns verwurzelt".[10] Daraus folgt, dass das „reine Spiel" selbst als eine Grundlage und ein Faktor der Kultur anzusehen ist. Die Weitergabe der Kulturgüter wie Wissenschaft, Gesetz, Moral und Religion in der Erziehung ist ein also wesentlicher Teil der Kulturentwicklung. Darum kann man sozusagen sub specie ludi, vom Gesichtspunkt des Spiels her festhalten, dass im kreativen Lernen ein „eigentümlicher" Spielfaktor enthalten ist.

Im Allgemeinen gehen wir vom Gegensatz zwischen „Spiel" und „Ernst" aus. „Spielen" wird darin als „Nicht-Ernst" in Beziehung zu Lachen und Komik, sogar auch im engen Zusammenhang mit Torheit gesetzt. In vielen Kontexten jedoch bleibt das Spiel nicht in diesem Bedeutungsfeld, sondern befreit sich vom Charakter des „Nicht-Ernst's" oder der Torheit und liegt damit außerhalb der Disjunktion „Weisheit – Torheit" oder „Wahrheit – Unwahrheit" bzw. „Gut – Böse".[11] Wendet man diese These Huizingas konsequent an, darf man das Lernen des Kindes nicht nur innerhalb der Grenzen kategorischer Gegensätze wie „Ernst – Scherz" oder „Komik – Torheit" verstehen. Viel besser wäre es, vorurteilsfrei das „Spiel" in seiner Funktion und Bedeutung für das Kulturlernen als selbständige Kategorie zu erforschen.

Spiel ist aber nicht das gewöhnliche oder eigentliche Leben, da es eben bloß ein „So-tun-als-ob" ist. Das Bewusstsein „bloß zu spielen" schließt allerdings keineswegs aus, dass dieses „bloß Spielen" mit dem größten Ernst vor sich gehen

---

[9] Ebd., S.76f.
[10] Huizinga, J., 1987, S. 12f.
[11] Ebd., S. 14f.

kann. Der Gegensatz Spiel – Ernst bleibt stets ein „schwebender".[12] Beiläufig wäre noch zu bemerken, dass der Bedeutungsinhalt von Ernst eher durch die Negation von Spiel bestimmt ist, wobei *Spiel* eine positive, *Ernst* aber eine negative Begriffsbildung aufweist. Der Begriff „Ernst" ist das Produkt eines sekundären sprachlichen Versuchs, gegenüber dem allgemeinen Begriff „Spiel" einen Begriff für „Nichtspiel" mit den Elementen „Eifer", „Anspannung", und „Mühe" zu prägen. Das „Spiel" ist als Begriff auf einer höheren Ordnungsstufe als der des Begriffs „Ernst" anzusiedeln und repräsentiert daher etwas Eigenständiges. Der „Ernst" versucht das „Spiel" auszuschließen, das „Spiel" jedoch kann den „Ernst" einschließen.[13]

Das „Spiel" hat eine kulturschaffende Funktion. Das bedeutet nicht, dass Kultur durch einen Entwicklungsprozess aus dem Spiel hervorgeht. In Bezug auf diesen Punkt ist Huizinga sehr eindeutig; er verneint, dass ein ursprüngliches Spiel sich später in etwas verwandeln kann, das nicht mehr Spiel ist. Die „Kultur im eigentlichen Sinne" unterscheidet sich also von der „Kultur im Spiel"; bei der „kulturschaffenden Funktion" des Spiels geht es um eher die Kultur, die in Form eines Spiels entstand, d.h. Kultur, die ursprünglich gespielt war. Als Beispiel wäre hier u.a. die Jagd zu nennen, bei der die Formen des Spiels auf die Befriedigung von Lebensbedürfnissen abzielen. Dieses Phänomen aus der Abstammungsgeschichte (Phylogenese) möchte ich mit der Ontogenese des Individuums parallelisieren. So lässt sich auch das Handeln des Kleinkindes, wie z.B. eine primitive Bewegung am Beginn der Entwicklung des Handlungsaktes noch nicht vom Spiel differenzieren. Auch das „Lernen" sowie „primitive Werktätigkeiten", ja sogar „Arbeiten", sind in den frühen Phasen der individuellen Lebensgeschichte nicht vom Spiel zu unterscheiden. Darin zeigt sich der untrennbare Zusammenhang von Kultur und Spiel oder von Lernen, Arbeiten und Spiel.

Nach Huizinga findet man das Grundelement des Spiels vor allem in Konkurrenzhandlungen wie „Kämpfen", „Aufführungen", „Zur Schaustellen", „Herausfordern", „Prunken", und so Tun „als ob". Daraus ergibt sich der bedingte Begriff des Spiels bei Huizinga. Er weist auf den antithetischen Charakter des Spiels hin und erklärt Wettstreit als Spiel. Der Wettkampf impliziert vor allem unmittelbar die Spannung und die Unsicherheit. Das Wettspiel repräsentiert das Spiel auf einer hohen Ebene, weil es Gewandtheit, Kenntnisse, Geschicklichkeit, Mut und Kraft fordert und Spannung sowie Unsicherheit steigert. Diese Logik des Spiels kann man als Theorie der Menschenbildung im pädagogischen Bereich vertiefen!

Der zentrale Sinn und die anthropologische Potenz der Rekonstruktion des Wettkampfs als Spiel hängen nach Huizinga mit dem Phänomen des Gewinnens zusammen. „Gewonnen" wird nämlich mehr als das Spiel selbst. Gewonnen werden

---

[12] Ebd., S. 17.
[13] Ebd., S. 56.

„Ansehen" und „Ehre", welche stets unmittelbar der ganzen Gruppe, zu welcher der Gewinnende gehört, zu Gute kommen. Die primäre Antriebskraft für das „Gewinnen-Wollen" liegt also im Verlangen, den anderen zu übertreffen, der erste zu sein und als solcher auch geehrt zu werden.[14] Als reinstes Beispiel eines solchen Triumphs lässt sich das Schachspiel verstehen.

Im Schulleben hingegen kann man dieses Phänomen insbesondere im Sport und im Erholungsspiel entdecken. Auch für die Talenterziehung ist das Wettspiel ebenso erprobt wie willkommen. Daraus lässt sich die Hypothese ableiten, dass Spielelemente wie Wetteifer und Gewinnen oder eventuell auch Preise, für das kreative Lernen des Kindes bedeutungsvoll und nützlich sind. Die Schule ist eine kleine Gemeinschaft. Wie Huizinga gesagt hat, wirkt der Wunsch, seiner Vortrefflichkeit wegen gepriesen und geehrt zu werden als Triebfeder zur Vervollkommnung des Einzelnen und seiner Gruppe. Dieses Motiv ist ebenso wie im Spiel des Kleinkindes auch in den höchsten Kulturleistungen wirksam. „Ehre um seiner Tugend willen" ist eine Sehnsucht des Menschen. Der Wettkampf und Wettstreit dienten besonders in der archaischen und mittelalterlichen Zeit zur Demonstration des Beweises der eigenen Überlegenheit. Tugend, Ehre, Adel und Ruhm stehen im Zentrum des Wettkampfs, d.h. des Spiels.[15] Die Erziehung zum Leben im Staat und für den Staat wuchs mit diesen Idealen, in deren Mittelpunkt die αρετη als Tüchtigkeit des Staatbürgers für seine Aufgabe in der Polis steht. Einst also erfüllte der Wettkampf mit seinem spielerischen Charakter die kulturschaffende Funktion hinreichend. Nach Johan Huizinga ist die menschliche Natur durch ein „Strebevermögen" gekennzeichnet, eine Antriebskraft, die den Menschen stets nach Höherem streben lässt, wobei dieses Höhere die irdische Ehre und Überlegenheit oder sogar ein Sieg über das Irdische sein kann. Die angeborene Funktion, durch die der Mensch dieses Streben verwirklicht, ist Spielen.[16]

„Kultur in ihren ursprünglichen Phasen wird gespielt. [...] Sie entfaltet sich im Spiel und als Spiel."[17]

III. Ein Moment des kreativen Kulturlernens - "Verspieltheit " (Playfulness) als implizites Spielelement

Wird die kulturschaffende Funktion des Spiels durch das agonale Prinzip, d.h. durch den Wettstreit reduziert? Das ist für die Pädagogik eine zentrale Frage. „Sich-Messen", „Sich-Durchsetzen", „Siegen" nehmen zwar im Wesen des Spiels einen breiten Raum ein, seiner Ausrichtung und seinem Wesen nach sind diese Handlungen aber etwas anderes als „Spiel". Man sollte deshalb zwischen

---

[14] Ebd., S. 61.
[15] Ebd., S. 76.
[16] Ebd., S. 88.
[17] Ebd., S. 189.

dem „Geist des Spiels" und dem des „Wettstreits" unterscheiden. Aus diesem Grund ist es auch nicht möglich, den Grundcharakter des *kulturellen Lernens* aus dem Element des Wettspiels ableiten. Der heilige Ernst kultisch-zeremonieller Handlungen hat nämlich in dieser Ausprägungsform, auch wenn er ursprünglich aus dem Masken-Spiel entstanden ist, mehr mit Ordnung und Strenge zu tun als mit dem Spiel, für das doch Freiwilligkeit, Offenheit und Spannung kennzeichnend sind.[18] Sogar Freude und Genuss können als Elemente des Spiels bezeichnet werden.

Bei Huizinga sind „Freies Handeln", „ungewöhnliches Leben", „Abgeschlossenheit und Begrenztheit" die formalen Merkmale des Spiels. Roger Caillois ergänzt die Definition präzisierend durch die Begriffe: „Freiwilligkeit", „Abgetrenntheit", „Ungewissheit", „Unproduktivität, versus. Geregeltheit" und „Fiktion".[19] Die Menschen müssen aus dem Spiel aussteigen, aufhören können, wann immer es ihnen gefällt. Man muss sagen können: „Ich spiele nicht mehr". Nur für diesen begrenzten Raum und für diese gegebene Zeit werden die Gesetze des gewöhnlichen Lebens ersetzt durch neue, eigenmächtige und unwiderlegbare Regeln, denen man sich als solche unterordnen muss. Natürlich bedürfen viele Spiele keiner Regeln. Hier ersetzt die Fiktion, das Gefühl des ALS OB die Regel und erfüllt die genau gleiche Funktion. D.h. Spiele sind entweder geregelt oder fiktiv.

Pädagogisch bemerkenswert sind auch die funktionalistische Spieltheorien Piagets & J. Châteaus oder J. Châteaus & Sterns, nach deren Meinung die Funktion des Spiels und zwar besonders des Regelspiels, in der Entwicklung der Moral und des Willen liegt. Piaget erforschte „Spiel" und „Nachahmung" in der kognitiven Entwicklung des Kindes. Aufgrund seiner biologischen Anpassungstheorie interpretiert er das Spiel funktionalistisch in den Kategorien von Assimilation und Akkomodation.

Wegen des utilitaristischen Nutzens bei der Ausbildung des Denkens bewerten die Erzieher diese funktionalistische Interpretation von „Regeln und Ordnung" so wie der „fiktiven Nachahmung" im Spiel sehr hoch. Für das Regelspiel lässt sich also festhalten: Es fördert nicht nur die Ehre und Tugend des Kinderlebens, sondern auch die Intelligenz und zwar sowohl die praktische als auch die symbolische. Château teilte die Spiele insgesamt in „1. jeux non regles, a. jeux de l'intelligence concrete, b. jeux d'affirmation inferieure de soi, 2. jeux regles, a. jeux du groupe segmentaire, b. jeux de cooperation" ein. „Regel" ist nach Château Symbol der Persönlichkeit und es bedeutet „sich selbst sein" und „zu sich selbst halten".

Damit ist deutlich geworden, dass das geregelte Spiel in der kooperativen Gruppe oder Gemeinschaft während der Entwicklungsprozesse des Kindes (Kleinkindes)

---

[18] Flitner, A., 1994.
[19] Caillois, R., 1982, S. 13.

die Bildung moralischer Werte wie Freiheit, Befreiung, Sammlung und sogar der Intelligenz fördert. Das geregelte Spiel bietet also die Möglichkeit, Kulturlernen im Lehr- und Lernprozess kreativ und reich zu gestalten und in lebendiges Lernen zu verwandeln. Um die oben gestellte Frage: *Wird die kulturschaffende Funktion des Spiels durch das agonale Prinzip, d.h. durch den Wettstreit reduziert?* zu beantworten, versuchen wir das Konzept der Verspieltheit ("Playfulness") einzuführen.[20]

Das immerwährende Moment des lebendigen Lernens wird nicht einfach funktionalistisch auf die agonal ernsthaft geregelten Spiele wie Wettstreit- oder Regelspiele reduziert. Es bleibt eine unleugbare Tatsache, dass für die stets neue Aneignung und Hervorbringung der Kultur über die Generationen hinweg nicht nur die Spielfähigkeit des Kleinkindes, sondern auch als die des Erwachsenen und alternden Menschen von unvergleichbar kostbarer Bedeutung ist. *Verspieltheit* als Qualität des Spiels spiegelt jene Leichtherzigkeit oder Leichtigkeit wider, die wir in den Aktivitäten junger Kinder und später im Spiel des Erwachsenen als korrelativen Zusammenhang mit der Vorstellungskraft und der Kreativität finden. *Verspieltheit* lässt sich also als eine Haltung begreifen, die die Kindheit transzendiert und a priori für das Spiel des Menschen Geltung besitzt. Elemente dieser Haltung sind „Sinn für Humor", „evidente Freude" und „Spontaneität".

Verspieltheit ist ein latentes Merkmal, das in jedem Lebensalter, vom Kleinkind- bis zum Greisenalter – von der ersten bis zur letzten Entwicklungsstufe also – im Handeln der Menschen beobachtbar ist.[21] Nicht nur als Element des Spiels, sondern auch für die Vorstellungskraft und sogar für die Kreativität leistet die Verspieltheit unübertrefflich positive Beiträge. Nach Liebermann befindet sich die *Verspieltheit* im Handlungszentrum des Kindergartenkindes. Dieses soll durch ein kurzes Beispiel demonstriert werden:

"Three five-years-old are busy in the housekeeping corner. Susanna has sat down on a rocking chair and says to Diane and Edie: 'Let`s go to sleep'. Her playmates are on a bed and chair now, and Susanna asks, 'What do we dream?' This is echoed by the others in chorus, and Diana replies, 'We sleep and we dream?' But Susanna continues to ask, 'about a witch or ghost?' and, looking somewhat annoyed at Diana, gets up and takes her by the hand. She is joined by Edie, and they all skip down to the other end of the room, still in dance rhythm. Then Susana announces, 'I saw a real witch,' and bends forward and listens against the wall. There is low but animated conversation among the three, and once every so often at a higher pitch and louder, ‚then a witch [...] and a witch'. A scurrying as they all imagine to see a witch through the window. More conversation and then the three, taking their cue from Diana, run back into the house keeping corner, and Susanna is heard to say again: 'Let's go to sleep again and let's dream.'"[22]

---

[20] Liebermann, J. N., 1977, S. 1-6.

[21] Ebd., S. 3.

[22] Ebd., S. 1.

Die Autorin nannte die Handlung Susannas *Verspieltheit*, weil Susanna in der gegebenen Situation, mit Hilfe ihrer Phantasie und ihrer Ausdrucksformen wie Tanzen, Lachen und Singen die Teilnehmer spontan zu einem physischen, sozialen und kognitiven Ortswechsel veranlasst. Die Qualität und der Stil ihres Spiels, die in der Spielsituation zum Vorschein gelangen, werden „Verspieltheit" genannt. Hauptbestandteile der Verspieltheit sind „physische, soziale und kognitive Spontaneität", „Sinn für Humor" und „offene Freude".

Damit kommen wir zur Frage, ob der agonale Teil des Spiels die so genannte „Zivilisierung" der privilegierten Klasse widerspiegelt. Im Mittelalter scheint der Wettstreit innerhalb der höheren wetteifernden Gesellschaftsschicht durch strenge Regeln strukturiert worden zu sein. Aber die Werke der „Troubadoure" oder Minnesinger sind erfüllt von Vorstellungskraft und Spontaneität. In dieser Zeit kann aber die so genannte „Hanswursterei", die den Humor als ein Bestandteil der Verspieltheit einführt, als Beispiel für „nicht ernst genommene Verspieltheit" gelten.[23] Auch Künstler sind vorbildliche Praktiker der Verspieltheit. Die Beweise ihrer Kreativität können nicht widerlegt werden. Leonardo da Vinci oder Michelangelo in der Renaissance, Ariosto, Erasmus und Rabelais in der Zeit des Humanismus waren allesamt lustige und heitere oder ironische und witzige Menschen. So charakterisiert die Verspieltheit - als eine „kindereigene" Qualität ähnlich der Spontaneität, des Sinns für Humor und der offenen Freude, - den „Spielgeist", der schon von Huizinga für die Grundlage der „Zivilisierung" gehalten wurde. Heute scheint sich die *Verspieltheit* der Kindheit im Erwachsenenalter verloren zu haben: „Lust"(Heiterkeit), „Spontaneität" und „Unbegrenztheit", die für die Tätigkeiten der Kinder kennzeichnend sind, weichen dem wachsenden Ruhebedürfnis der Erwachsenen. Jedenfalls dürfte ein Schlüsselelement des kreativen Kulturlernens nicht nur im Wettstreit, im LUDUS oder im kognitiven Element liegen, sondern auch in der Verspieltheit, die sich als „Freude" (joy), Lust und Heiterkeit („Fun"), "So-Tun-Als-Ob" (Pretend Play) und „Nichternst" (Nonseriousness) oder PAIDIA äußert.[24]

IV. Lebenslanges Lernen und das neue Konzept des Lernens

In Japan hat man die Neigung, Erziehung ausschließlich mit dem Schulbesuch in Beziehung zu setzen. Daraus ergab sich die tief verwurzelte Vorstellung, dass Lernen nicht „lustig", sondern „schmerzhaft" sein müsse. Diese Vorstellung führte zur praktischen Ablehnung und zur theoretischen Antithese gegen das lebenslange Lernen. Damit also die Idee von einer lebenslang lernenden Gesellschaft verwirklicht werden kann, ist es für die Japaner notwendig, sich von dieser

---

[23] Ebd., S. 10.
[24] Ebd., S. 118.

Systematisierung der Werte[25] und der bisherigen Vorstellungen vom Lernen zu lösen.

Bei diesem Prozess handelt es sich beim modernen Menschen um das Suchen nach einem Lebensstil als „Sein", der nach Erich Fromm im Gegensatz zum Lebensstil des „Habens" steht. Um den Lebensstil als „Sein" zu realisieren, müssen die angestrebten Kompetenzen der jeweiligen Entwicklungsaufgabe[26] internalisiert worden sein. Unterscheidet man die Integration in zwei Typen, zum einen in eine horizontal-räumliche Integration und zum anderen in eine vertikal-zeitliche Integration, so fällt das Konzept der Entwicklungsaufgabe in die vertikale Integration. „Lebenslanges Lernen" ist ein allgemeiner Lebensprozess – vom Kleinkindalter bis zur letzten Lebensstufe, der sich als ständiges Weiterschreiten zur nächsten Entwicklungsaufgabe äußert. „Einmalige" Entwicklungsaufgaben, die nur auf der jeweiligen Entwicklungsstufe erscheinen und gelöst werden müssen, werden als „nonrecurrent tasks" bezeichnet, „sich wiederholende" dagegen als „recurrent tasks". „Lernen" und „Reihenfolge" sind zentrale Momente der Entwicklungsaufgaben. Vor dem theoretischen Hintergrund der Erziehung als lebenslange Entwicklung der Bildung des Individuums, ist die folgende Binnendifferenzierung des Lernbegriffs zu beachten: 1. Lernen als Weiterbildung und Weiterlernen, 2. das spontane, selbstgesteuerte Lernen, 3. die Integration des Strukturelements „Spiel", und 4. die Integration der Lern- bzw. Spielhaltungen: Wetteifer, Heiterkeit und Lust. Durch die Entfaltung der spontanen Lernfähigkeit sollen aus Sicht der Lehrenden „vollkommene" Menschen ausgebildet werden, die das Lernen selbst als offene Freude und Lust empfinden. Inhaltlich geht es dabei keinesfalls allein um die Entfaltung der Intellektualität; erst die Berücksichtigung anderer Bedürfnisse wie Kunst, Sport und Spiel führt zu einer integrierten Gesamtpersönlichkeit.

Welche Möglichkeiten haben die Pädagogen, die Lernenden bei ihrem Lernprozess zu unterstützen? Im Laufe der Geschichte hat sich hier das „Spiel" als ein optimales Mittel erwiesen. In der neueren Pädagogik wiesen vor allem Jean Jeaques Rousseau, die Philanthropen und Friedrich Fröbel auf den formalen Bildungswert des Spiels für das Lernen hin. Das „Spiel" hatte für sie einen hohen Bildungswert bei der Selbsttätigkeit oder Gestaltungstätigkeit des Kindes. Das „Spiel" galt ihnen als formalbildendes Mittel zur Motivierung und als didaktisch nützlich bei der Anregung von Interessen. Bereits John Locke billigte und förderte das Spiel im Leben des Kindes. Aufgrund seines hedonistischen Kinderverständnisses stellt das wetteifernde Spiel und der Sport als Lust einen Ausgleich zu den Pflichten (business) dar. Deshalb hielt er das Spiel für eine sinnvolle Technik des Lehrens. Die Philanthropen wendeten das Spiel als Strategie an, d.h. als List der pädagogischen Vernunft, um das Interesse des Kindes am Lernen in einem ihnen naturgemäßen Unterricht zu steigern.

---

[25] ILLICH, I., 1971.
[26] Havighurst, R. J., 1953.

Heute müssen die Lehrenden die Lernenden bei ihrem Lernprozess durch Lern-beratung, Aufklärung, Vermittlung, Training und Förderung von Lernkompeten-zen, Vorauswahl und Didaktisierung des Lernmaterials unterstützen, welches dann von dem Lernenden selbsttätig sequentiert, bearbeitet und angeeignet wird.[27] Als Voraussetzung dafür dienen ein angst- und sanktionsfreies Klima, eine emotional echte Grundhaltung (Authentizität), kein "Laissez-faire-Stil", sondern situatives Führen, offene Kommunikation und Förderung der Kreativität als weitere didaktische Gestaltungsaspekte im interaktiven Bildungsgeschehen.[28]

Über das Spiel im weiteren Sinn sollen auch die Lernenden informiert werden, damit sie sich den Lernstoff in einer Grundhaltung des „spielenden Lernens" an-eignen und dadurch Freude erleben und weitergeben können. Auch intellektuelle Inhalte sollte man gelegentlich in Form der spielenden Freude bei einer Erfin-dung, dem produktiven Prozess der Kultur, in heiterem und lustigem Wettstreit nacherleben lassen. Um diesen Typ von Lernen zu konstruieren, muss man das neue Bild vom „Lernen als Spiel" erneut reflektieren.

Wir moderne Menschen halten die freie Stunde als heiligen Teil des täglichen Lebens oft mit schlechtem Gewissen für „sündhaft". Gegen diese Haltung wurde der ironische Ausdruck „Economic Animal" für übermäßig Arbeitende geprägt.[29] Das Werk des Kindes ist Spiel. Das war auch das traditionelle Bild des Lernens in Japan. Aber heute empfinden junge Eltern Angst beim lustigen Spielen des Kindes in einer freien Stunde und beruhigen sich damit, dass sie ihre Kinder in Privatschulen „schleppen". Sie übersehen, dass echtes Lernen eine Harmonie von Ernst und Spiel ist.

Huizinga hat das 19. Jahrhundert als eines charakterisiert, in dem der Ernst do-minierte, weil „Arbeit" und „Produktion" zum Ideal der Zeit geworden waren und zum Idol erhoben wurden. Der Faktor „Spiel" ist in dieser Zeit aus dem sozi-alen Leben völlig verschwunden.[30] In diesem Kontext ist das Konzept der „freien Stunde" von Joseph Pieper entstanden, der kritisierte, dass wir „Arbeiten" zu sehr überbewerten.[31] Viele Menschen glauben jedoch: „Ohne Schwierigkeit keine echte Sittlichkeit" und halten deshalb das aktive Akzeptieren von Schmerz bei sich selbst für wertvoller als die Suche nach Lust. Aber um es mit den Worten

---

[27] Das „self directed learning" stellt hohe Anforderungen an die Lernenden. Sie müssen
„- ihre Lernbedürfnisse und ihre Lernziele und Lernvoraussetzungen klären,
- ihre Lernprozesse gezielt vorantreiben,
- Lernstrategien, Zeiteinteilungen, Lernumgebungen planen,
- Schwierigkeiten und Hindernisse lokalisieren und
- notwendige personelle und materielle Hilfen zu ihrer Überwindung organisieren".
Dohmen, G., 1996, S. 49-50.
[28] Deitering, F.G., 1998, S. 157.
[29] Arai, I., 1982, S. 190.
[30] Huizinga, J., 1987, S. 208f.
[31] Pieper, J., 1956.

79

von Roger Caillois auszudrücken: das Spiel sollte nicht mehr vor den Karren zukünftiger Ausstattung für die Berufswelt gespannt werden, da das Spiel nur oberflächlich die Handlung Erwachsener vorweg zu nehmen scheint. *Spiel* ist keine Einübung in spezielle Berufe, sondern hat eine Orientierungsfunktion, die in der Steigerung der Überwindungsfähigkeit von Lebenshindernissen besteht.[32] In Anbetracht dieser Erkenntnis der Wesensfunktion des Spiels könnte man heutzutage unter dem Aspekt des lebenslangen Lernens *Spiel* neu bewerten.

Literatur:

ARAI, Ikuo: *Über Lernende Sozietäten, [Gakusyushakairon],* Daiichihoki, Japan 1982.

BEHRMANN, Detlef / SCHWARZ, Bernd (Hrsg).: *Selbstgesteuertes lebenslanges Lernen, Herausforderungen an die Weiterbildungsorganisation,* Bielefeld 2003.

CAILLOIS, Roger: *Die Spiele und die Menschen. Maske und Rausch* [Übers. von Sigrid von Massenbach], Frankfurt/M, Berlin Wien 1982.

DERS.: *Asobi To Ningen* [Übers. auf Jap. von M. Tada u. M. Tsukazaki], Japan Kôdansha 1990.

DEITERING, Franz G.: *Selbstgesteuertes Lernen,* in: Handbuch selbstorganisiertes Lernen. Hrsg. v. S. Greif & H.-J. Kurtz, Göttingen 1998.

DOHMEN, Günther: *Das lebenslange Lernen. Leitlinien einer modernen Bildungspolitik,* Bonn 1996.

DERS.: *Weiterbildungsinstitutionen, Medien, Lernumwelten. Rahmenbedingungen und Entwicklungshilfen für das selbstgesteuerte Lernen,* Bonn 1999.

DERS.: *Das informelle Lernen. Die internationale Erschließung einer bisher vernachlässigten Grundform menschlichen Lernens für das lebenslange Lernen Aller,* Bonn 2001.

DERS.: *Lebenslang lernen – und wo bleibt die Bildung?* In: Siebert, Horst (Hrsg.): Literatur und Forschungsreport Weiterbildung Nr. 49, Juni 2002, Bielefeld 2002, S. 8-14.

FELDEN, Heide von: *Lebenslanges Lernen, Bildung und Biographie, Zur Verknüpfung von Bildungs- und Biographieforschung,* Antrittsvorlesung an der Johannes Gutenberg Universität Mainz, 2004.

HAVIGHURST, Robert J.: *Human Development and Education,* New York 1953.

HUIZINGA, Johan: *Homo ludens. Vom Ursprung der Kultur im Spiel.* Hrsg. v. Burghardt König, Hamburg 1987.

HUTCHINS, Robert: *The Learning Society,* Preger 1968.

DERS.: *Kyoiku To Jinkaku, Britanica Perspectives, Education* [Übers. von M. Nagai u. M. Kasai ins Japanische] 1968.

ILLICH, Ivan: *The Deschooling Society,* USA, (Harper & Row) 1971, "*Datsugakko no Shakai*" uebersetzt von Azuma, Hiroshi und Ozawa, Shuzo, Tokyo, 1977.

Lengrand, Paul: *Permanente Erziehung. Eine Einführung,* München, Pullach 1972.

LIEBERMAN, J. Nina: *Playfulness. Its Relationship to Imagination and Creativity,* New York, San Francisco, London 1977 [Übers. ins Japanische von K. Sawada und M. Sawada, 1980].

PIEPER, Joseph: *Muße und Kult,* München 1956.

REISCHMANN, Jost: *Self-directed learning – die amerikanische Diskussion,* In: *Literatur- und Forschungsreport,* 39, 1997.

---

[32] Caillois, R., 1990, S. 24.

Kiichi Shimoyamada

Die Funktion des Spiels in der lebenslangen Entwicklung - Ein Fundierungsversuch

Es ist eine unbestreitbare Tatsache, dass der Mensch im Laufe seines Lebens sehr viele Spiele spielt und dabei seine menschlichen Grundfähigkeiten entfaltet. In diesem Artikel will ich mich mit dem Verhältnis zwischen den allgemeinen Entwicklungsaufgaben im Sinne von Havighurst[1] und der Kompetenzförderung durch das „Spiel" auseinandersetzen. Dabei gehe ich von der Hypothese aus, dass der Mensch seine allgemeinen Erkenntniskräfte wie „Sinneskraft", „Vorstellungskraft", „Verstand" und „Vernunft" im Laufe seiner Entwicklung durch lebenslanges Spielen aus- und weiterbildet. Mein Ziel ist es, jeder Entwicklungsstufe nach einem theoretischen Schema ausgewählte Spieltypen zuzuordnen.

Mit diesem Ansatz sollen nicht die gegenwärtigen Forschungsergebnisse und Erziehungspraxen ignoriert werden, nach denen die Funktionen des Spiels in der kognitiven Intelligenzförderung, psychischen Heilung etc. gesehen werden. Es soll auch nicht in Frage gestellt werden, dass die Spielerfahrung im Lebensalltag als Recurrent Task bezeichnet werden kann. Alle Menschen können alle Spieltypen im Laufe ihres langen Lebens zu beliebigen Zeiten genießen.

Aber aus der Perspektive des lebenslangen integrierten Lernens als pädagogische Entwicklungsaufgabe sollte es unsere vorrangige wissenschaftliche Aufgabe sein, die Spiele den jeweiligen Entwicklungsstufen zuzuorden und eine pädagogisch begründete Reihenfolge zu konstruieren. Daraus ergibt sich die Frage, auf welcher Stufe der Mensch die kulturellen Spieltypen AGON (Wettkampfspiele), MIMIKRY (Verwandlungsspiele), ILINX (Rauschspiele) und ALEA (Glücksspiele), die Roger Caillois rekonstruiert hat, „sinnvoll" erlernen kann. Ähnlich wie bei anderen Entwicklungsaufgaben müsste es nämlich auch beim „Erlernen der Spiele" einen „teachable moment" geben[2]. Welcher Moment ist also der günstigste für das Erlernen des jeweiligen Entwicklungsspiels? Dieser Frage will ich in diesem Beitrag nachgehen und dabei versuchen, eine entsprechende Reihenfolge der Spieltypen zur Bewältigung der Entwicklungsaufgaben der einzelnen Lebensphasen zu konstruieren.

---

[1] Havighurst, R., 1953, S. 1 - 8.
[2] Ebd.

Nach Erik H. Erikson[3] beginnt das Spieljahr im zweiten Lebensjahr. In diesem Spieljahr soll das Kleinkind den Umgang mit Spielzeug erwerben, Phantasie entwickeln und ALS-OB-SPIELE erlernen[4]. Allerdings lassen sich bereits vor diesem Spieljahr Aktivitäten beobachten, die als „Spiel" interpretiert werden können. Dieses ganz frühe Spiel am Anfang des Lebens nennt man „Ursprüngliches Spiel" (Original Play).

Kann man sogenanntes „ursprüngliches" Spielen überhaupt beobachten? Welche Bedeutung hat das Spiel am Beginn eines Menschenlebens? In dieser ersten Phase könnte sich das *Spiel* aus dem Phänomen des „Saugens an der Mutterbrust" ableiten. Wenn ein Säugling Muttermilch saugt, verschmilzt seine Identität mit der seiner Mutter und er genießt eine ursprüngliche Ruhe. Für ihn könnte die warme, gebende Brust der Mutter nicht nur materielle, sondern auch seelische Nahrung bedeuten. Mit der „Vollendung des Saugens" nach seinem eigenen Gutdünken, trennt er seinen Mund von der Brust der Mutter und zeigt ein befriedigtes Lächeln. Dann sucht er oftmals die Brust der Mutter mit seinen kleinen Händen. Obwohl dieser Akt wahrscheinlich noch nicht eindeutig als zweckmäßige Handlung zu beurteilen ist, tritt nach Buitendijk in diesem Moment eine Distanz zwischen „Säugling" und „Mutter" auf. Diese Distanz ermöglicht die Begegnung mit dem Gegenstand des Spiels[5], d.h. das Kind steht vor der seiner ersten selbstständigen Handlung. Diese lässt sich als das „ursprüngliche Spiel" des Kindes interpretieren.

Traditionell gelten das „Sensorimotor Exercise Play" (Jean Piaget) und das „Funktionsspiel" als die wichtigsten Spiele des Säuglingsalters. Das acht Wochen alte Kind hat nur ein bedingtes Repertoire an Verhalten zur Verfügung. Es verfolgt mit seinen Augen einen beweglichen Punkt, wendet seinen Kopf in diese Richtung, berührt das Material und bekundet Neugierde an der Funktionsweise der Sache. Der Säugling zeigt also Interesse an den Gegenständen seiner unmittelbaren Seh- und Hörwelt. Diese Reaktion ist nach Susanna Millar[1] der Beginn des Suchverhaltens.

Nach Piaget gehören diese Handlungen, wie z.B. der Versuch, die Kinderklapper zu berühren oder sie zu schütteln, noch nicht zur Kategorie des Spiels. Von „Spiel" kann man nach Piaget erst dann sprechen, wenn sich das Kind die Fertigkeit bereits angeeignet hat und sie nun wiederholt, also für das „Tun" keine neue Kognition benötigt. *Spiel* ist nach Piaget als reine Assimilation definiert. Es muss sich nicht wie die „ernste" explorierende (suchende) Tätigkeit an neue Erfahrungen anpassen. Nach dem Erwerb einer neuen Fertigkeit lässt sich beim Kind immer „Trainingplay" beobachten. Beim Übungsspiel unterscheidet man drei Arten: das Suchspiel, das operative Spiel und die Wiederholungsbewe-

---

[3] Erikson, H. E., 1988, S. 70 - S. 110.
[4] Erikson, E. H., 1986, S. 34.
[5] Buitendijk, F. J. J., 1952, S. 533. - Kamiya, M., 1986, S. 34.

gung[1]. Das Sensomotorische Spiel befriedigt nicht nur die Funktionslust wie z.B. beim Abweichungs- und Zerstörungsspiel, sondern erweitert auch die Bewegungsfähigkeit. „Primitive" Handlungen wie das Trainingsspiel weisen darauf hin, dass das Säuglingsspiel durchaus einen Lerncharakter besitzt. Auf die affektive Seite des Spiels geht Piaget in diesem Zusammenhang nicht ein. Nach D. P. Wolf[1] entsteht erst aus dem Anpassungshandeln oder pragmatischen Handeln ein Spiel wie „Sensorimotor Play" oder das Funktionsspiel.[1]

Eine neue Interpretation des „ursprünglichen Spiels" legt Fred O. Donaldson[6] vor. Aufgrund seiner langen Erfahrungen hält er nicht die Wettkampfhandlung, die in unserer Kultur oft programmatisch für das Spiel steht, für das zentrale Element des „Original Play" sondern das soziale Verständnis:

> „Original play gives us the ability to quickly communicate kindness, trust, love, and compassion to any being on earth."[7]

Ohne sich mit Wettkämpfen (contests) zu beschäftigen, können die Spielenden den Angriffstrieb aus der Verbindung von Energie und Berührung „mit offenem Herzen" umformen.

Die Grundelemente seines Spielkonzepts sind die „ursprünglichen" Handlungen der Neugeborenen. So beginnt das „ursprüngliche Spiel" nach Donaldson immer mit einem Augenkontakt, darauf folgt das Berühren mit den Fingerspitzen. Später wird der ganze Körper miteinbezogen. Im Kleinkindalter entwickelt das Kleinkind die Fähigkeit, neben dem neu gefundenen Spielfreund zu spielen. Dadurch entsteht langsam Vertrauen.

Seine empirischen Daten sammelte Donaldson auf einer Kinderstation mit Kindern zwischen 2 und 4 Jahren. Täglich beobachtete er sie sechs Stunden lang. Dabei bezogen ihn die Kinder in ihre freien Spiele mit ein. Zur Illustration zitiere ich eine Szene:

> „Fred crawls on his hands and knees into the center of the circle, and with an expression reminiscent of a cocker spaniel's, he fixes an inquisitive gaze on one girl. She accepts his wordless invitation and joins him in the center. She touches his hand, then his arm, and pretty soon they are rolling about together. After a while he claps his hands and she rejoins the circle, and one by one the other kids come into a play with Fred. Sometimes the play is raucous and wild, the child pouncing on Fred and him receiving; other times the play is gentle and sweet, almost meditative."[8]

---

[6] Fred O. Donaldson sammelte 27 Jahre lang in seiner Spielforschung und Spielpraxis Erfahrung mit Menschen im Kleinkindalter, Schulalter, Greisenalter und mit wilden Tieren (Wölfe und Delfine). Donaldson, F. O., 1993.
[7] Giehl, J., / Johnson, J., 2004.
[8] Ebd.

Als Berater in einer Grundschule mit psychisch gesunden und schizophrenen Kindern stellte er außerdem fest, dass alle Kinder in gleicher Weise spielen, d.h. ohne vorher den Ablauf des Spiels oder die Regeln festzulegen. Aufgrund seiner gesamten Beobachtungsdaten kam er zu dem Schluss, dass das „ursprüngliche Spiel" kein Wettstreit sei und keinen interpersonalen Wettkampf enthalte.

Philosophisch ist der Raison d'être des ursprünglichen Spiels in Donaldsons Menschenbild verankert.

„Its our ability in the presence of this mystery that allows us to create, and in turn, to be created [...]. We began life as God's playmate sent into a great wilderness to discover meaning and purpose by connecting and belonging the mystery of all things. Authentic play is our original contract with life. It is the keeper of life's wider, grander plan where kinship and community are determined by the deepest and abiding considerations of life."

Im Allgemeinen beruht die lebendige Teilnahme (vital involvement nach Erikson) auf der Balance konträrer Dispositionen wie Systonie und Dystonie. Im Säuglings- und Kleinkindalter ist das Moment „Hoffnung", das durch die mütterliche Fürsorgeperson ermöglicht wird, eine wesentliche Bedingung dafür, ob wir dem späteren Leben mit Vertrauen oder Misstrauen begegnen.[9].

Vor diesem Hintergrund könnte das Spiel im Sinne des „ursprünglichen Spiels" eine allgemeine strategische Fertigkeit bei der Bewältigung der frühesten Entwicklungsaufgabe darstellen, der Entwicklung von Vertrauen. Für die Ethikerziehung ist es bedeutsam, dass Lebenshaltungen wie „Freundschaft", „einen Platz finden", „Mitgefühl", „innere Ruhe" und „Liebe" durch Spieltechniken entstehen können. Im Sinne des lebenslangen Lernens lassen sich die verlorenen Eigenschaften des Kindesalters wie „Spiel", „Spontaneität", „Vertrauen", „Wundern", „Lust", „Ruhevolles Dasein an ein und demselben Platz", nicht nur als abstrakte Ideen rekonstruieren, sondern auch als sichtbarer Ausdruck unserer inneren Menschlichkeit, die meistens unter dem erwachsenen Ernst versteckt bleibt.

II. Kleinkindalter und das „SO-TUN-ALS-OB" Spiel (Pretend Play)

Alle Phasen der Spiele bezeugen deutlich den Reifungsprozess, in dem sich das Kind durch die Aneignung neuer Erfahrungen verfeinert. Zuerst möchte ich das „SO-TUN-ALS-OB" (insbesondere das „Group-Pretend Play", d.i. japanisch „Gokko - Asobi") im Sinne einer Entwicklungsaufgabe interpretieren.

---

[9] Erikson, E. H., 1986, S. 33.

Das „Symbolisierende Spiel"[10]. wird als eine absichtliche Übertragung des „Hier und Dort" definiert, des „Ich und Du", des „Hin und Her" usw. In dieser Handlung unterscheidet das Kind „signifier" und „signified" und diagnostiziert (pretend).

Neben Piaget betont auch Bruner, der das Spiel als Mastery Play und Post-Mastery Play auffasst, den Übungscharakter des Spiels[11], d. h. das Symbolspiel ist im Sinne eines utilitären Funktionalismus als Ort des Lernens zu verstehen. Inhaltlich geht es in diesem Spiel um den Erwerb von Sprache, Emotionalität, Wertvorstellungen etc., die sich das Kleinkind ohne den Einfluss von Erziehern aneignet. Nach Caillois besteht die Funktion des Symbolspiels nicht nur im Training und der Vorbereitung für zukünftige Aufgaben, sondern auch in der Bewältigung von Lebenshindernissen. Als Beispiele zitiert Caillois den Jungen, der mit Fantasiepferden durch die Gegend galloppiert, mit einer vorgestellten Dampfmaschine spielt, oder das Mädchen, das imaginären Reis in ein Schälchen aus einem gebogenen Blatt füllt. Im Allgemeinen bereiten jene Spiele, die eine freie Improvisation voraussetzen, nicht auf einen künftigen Beruf vor. Nach Caillois liegt vielmehr ihre Hauptanziehungskraft „im Vergnügen, eine Rolle zu spielen, sich so zu verhalten, ALS OB man der oder jener oder auch dieses oder jenes sei, eine Maschine zum Beispiel,"[12] d.h. das Spiel wird „vom Bewusstsein begleitet, dass die eingenommene Haltung etwas Scheinbares oder einfach Mimik ist".[13]

Entwicklungspsychologisch stellt das ALS-OB-Tun die letzte Stufe des Funktionsspiels dar und ist im Übergang zum symbolischen Spiel zu beobachten. Das „symbolische Tun" ist ein Ergebnis der Dekontextualisierung (Piaget). Gruppenmäßiges ALS-OB-Tun fördert die Fähigkeit zur sprachlichen Kommunikation. Dabei nimmt das Sprachverhalten (wie etwa Vorschläge machen) im Spielen einen sehr großen Anteil ein. Auch Konfliktlösungsmethoden können beim Spiel beobachtet werden. Die Kinder entwickeln allmählich die Fähigkeit zum „zusammenwirkenden" Spiel, dem sozialen Spiel. So ist im Als-Ob-Handeln des Kleinkindes Meta-Kommunikation zu beobachten, die für die Entwickelung von Spielen nötig ist.

Affektiv können zwei Spieltypen unterschieden werden: Beim ersten Typus spielt das Kind scherzhaft mit einem amüsierten Gesicht („play face"), beim zweiten Typus geht das Kind mit ernstem Gesicht („with serious face") gesammelt einer Tätigkeit nach. Der erste Typus des Als-Ob-Handelns bleibt auch in späteren Phasen lustig und improvisatorisch, während sich der zweite Typus des ernsten Spiels zum „konstruktiven Spiel" weiterentwickelt. Aus diesem Typus

---

[10] Vgl. Piaget, J., 1962.
[11] Nakano, S., 1996, S. 28.
[12] Caillois, R., 1982, S. 14.
[13] Ebd., S. 15.

entstehen schließlich auch die neuen Tätigkeiten wie Arbeit und Werk. Nach der Entwicklungsstufenlehre Piagets stellt das konstruktive Spiel den Übergang zwischen Spiel und wirklichem Handeln dar. Das konstruktive Spiel führt durch die Balance von Assimilation und Akkomodation zur Stufe der operativen Intelligenz im Schulalter. Das Kind entwickelt ein selbstständiges Aufgabenbewusstsein und entfaltet das „Sollen-Bewusstsein" als Haltung gegenüber der Aufgabenerfüllung. Diese Haltung stellt die Grundmotivation für den Wunsch und die Fähigkeit dar, die Pflichten im Erwachsenenalter zu erfüllen. Als Werkreife (work maturity) ist sie für das Lernen in der Grundschule notwendig und ist für die Bereitschaft (readiness) zum Schulbesuch wichtiger als die Entwicklung rein kognitiver Fähigkeiten. Das ernste Spiel ist, wie Charlotte Bühler (1938) ausführt, „Geduldsspiel". Die Bedeutung dieses Spiels liegt im Versuch, eine herausfordernde Aufgabe spontan durch die „ernste Sammlung der eigenen Kräfte" zu bewältigen. Mit dem Wettkampf-Spiel wie z.B. dem Wettrennen oder dem „Achtung, Fertig, Los"-Spiel sind wir auch schon bei der letzten Stufe des Spiels des Kleinkindalters angelangt.

Beim ALS-OB-Spiel handelt es sich um eine lebenslange Perspektive des „so tun als ob". Neben seinem unbestreitbaren Wert als Übungs- und Vorbereitungsfunktion im Vorschulalter besitzt das Symbolspiel einen hohen Erlebniswert, der für die Erziehung zur Kreativität relevant ist. Erikson meinte, dass die Verspieltheit oder Kreativität im Kleinkindalter die erste Entwicklungsstufe der Fähigkeit zum Einfühlen, Genießen und Humor ist, Eigenschaften, die mit dem Erwachsenwerden immer stärker gefordert werden würden.[14]

Deshalb sollte man das Spiel nicht nach einem moralischen Maßstab streng in „wertvolles" und „wertloses" Spiel unterteilen, sondern sollte bedenken, dass scherzhaftes Handeln, die „Posse" im „SO-TUN-ALS-OB" Spiel neben der Verspieltheit (playfulness) in Form von Lust, Freude, Humor und Spontaneität auch eine sinnschöpfende Funktion ausübt.[15] Die trickhafteste, phantastischste Idee oder ein wunderlicher Einfall, der nur einem Kind im Phantasiespiel kommen konnte, ist auch pädagogisch als eine kreativitätsentfaltende Kulturtechnik des Spiels anzuerkennen. Im sozialen Spiel unterscheidet man je nach Gebrauch der Sprache einige Spieltypen wie etwa „spontanes Reimen", „Wortspiel", „Phantasiespiel", „unsinniges" Spiel, „Unterhaltungshandeln" sowie ein „Besprechen-Spiel".[16] Mit sich selbst, mit Partnern oder auch mit überirdischen Personen zu sprechen, denen scherzhaft Namen wie „dingba", „poopaw", „Mrs. Fool-Around", „Uncle Poop", „Sillyface", „Dumbhead" gegeben werden, sind alles Spieltypen, deren Thema das soziale Spiel ist.

---

[14] Erikson, E. H., 1968, S. 116.
[15] Nakano, S., 1996, S. 48-54.
[16] Garvey, C., 1990, S. 71-72.

Ich zitiere ein Beispiel von Garvey:

Girl (5,7 Jahre alt)
1. Mommy, mommy, I got new
friends called Dool, Sol, Ta,,

3. Those are funny names,
aren't they?

Girl (5,1 Jahre alt)

2. Dool, Sue and Ta?
(Beiden beginnen zu lächeln)

4. No, it's Poopoo, Daigi, and
Dia...Diarrhöa

Im folgende Beispiel tut ein Mädchen so, als ob sie mit echtem Papier und Bleistift einen Brief schreiben würde, und produziert folgenden gedichteten Unsinn.

Girl (4.9 Jahre alt)
1. Dear Uncle poop, I would like you
to give me a roasted meatball, some
chicken pox...

3. Mrs. Fingernail.
(zu Partnerin aufblickend lächelt)

5. Yes, I'm Mrs. Fingernail.

Girl (4.7 Jahre alt)

2. and some tools, Signed...

4. Toop, poop (lachen) Hey, are you Mrs.
Fingernail?

6. Poop, Mrs. Fingernail
(kichert)

Nach Garvey ist das Unsinnspiel eine einzigartige Schöpfung, die von der Partnerin willkommen geheißen wird. In einigen Fällen werden die unsinnigen Erzählungen so dargestellt, als ob sie ernste Bedeutungen hätten, erst durch das Lachen am Ende erweist sich die Handlung als Spiel. Nicht nur Erwachsene können in der Kinderliteratur Sinniges und Unsinniges gewandt vermischen, auch Kinder sind dazu in der Lage.

Der Inhalt des „SO-TUN-ALS-OB" Spiels spiegelt die sozialen Erfahrungen der Kinder wider. Durch die symbolische Handlungsweise wird das abstrakte Denken des Kindes gefördert. Nach Erikson werden in dieser Epoche kulturelle Handlungstypen und Kulturwerte übernommen.

III. Schulalter und AGON

Das Schulalter, das Siegmund Freud „ (sexuell) latente Periode" nannte, ist das Alter, in dem das Kind typischerweise voll Neugier eine Vielzahl von Fragen schnell hintereinander abfeuert, die unmöglich von Erziehern oder Eltern beantwortet werden können. Am Ende des dritten Lebensjahres entwickelt sich beim

Kind die abstrakte Denkfähigkeit. Wenn sich die Denk- und Vorstellungskraft des Kindes im späteren Alter durch die Befriedigung der Neugierde und Wissbegierde mit Lernmaterialen zu neuen Höhen aufschwingen, sollte dieses Erlebnis gleichzeitig große Freude und „glückliches Wundern" darstellen.[17] Wie trockener Sand das Wasser schnell aufsaugt, nimmt das lernbegierige Kind neues Geschehen selbstständig auf.

Innerhalb dieses Kontexts sollte der Zweck der Schulerziehung die Bildung eines Menschen sein, der, unabhängig von Zeit und Ort, immer weiter aktiv und selbststständig lernen kann. Vom sechsten bis zum zwölften Lebensjahr kann man das Kind als „Homo discens" bezeichnen.[18] Es handelt sich bei diesem Lebensabschnitt um jene Periode, in welcher das Kind die anthropologischen Besonderheiten des Menschen wie Sprache, Kultur und Geschichte systematisch erwerben und ausbilden muss. Dieses Lernen steht im Gegensatz zur bloßen Mimik, Nachahmung und Absorption vieler Grundbegriffe, es baut vielmehr auf das Bewusstwerden der Zusammenhänge zwischen den Begriffen auf und führt zur Erweiterung der Welt und dem Habitus der Selbstreflexion. Das größte Unglück des Kindes in dieser Phase ist die Langeweile, während „Glückseligkeit" in diesem Lebensalter durch das Vergnügen am Lernen und Denken entstehen kann. Das Kind als Homo discens hat keinerlei Affinität zur Langeweile oder Lebensmüdigkeit.

Die Lernziele im Schulalter sollten nicht auf intellektuelle Kenntnisse begrenzt sein, sondern auch Originalität und soziale Fähigkeiten miteinbeziehen. Teilweise entwickeln sich diese Kompetenzen ganz nebenher durch den Sport, das Spielen mit Freunden, und der Begegnung mit Lehrern. „Gut zu lernen und gut zu spielen" ist bis heute eine traditionell hoch geachtete Maxime für Kinder in diesem Alter. Das Spiel steht in diesem Lebensalter in einer tiefen Beziehung zur Entwicklung der Selbstidentität und dem Aufblühen der Individualität.

Das Spiel ist durch die Effekte der abstrakten Denk- und Vorstellungskraft bunter und vielfältiger geworden. In den unteren Klassen läßt sich noch das Pretend-Spiel beobachten, in den oberen Klassen hingegen organisieren sich die Schulkinder zusehends in Gruppen- und Regelspielen, die sich im Laufe der Zeit von Heteronomiespielen zu Autonomiespielen (Piaget) verwandeln. Das Regelspiel ist besonders für die Bildung der Moral bedeutsam, da das Kind hier die Fähigkeit erwirbt, soziale Gesetze zu befolgen und kooperativ mit anderen zusammenzuarbeiten.

Die Entwicklungsaufgabe des Schulalters als Lebensabschnitt liegt in der Stärkung der „Kompetenz", die Erikson in der psychosozialen Krise zwischen „Industry vs. Inferiority" eingebettet sieht. Die Kompetenz ermöglicht es dem Kind

---

[17] Vgl. Kamiya, M., 1982, S. 67f.
[18] Ebd., S. 66, 68.

immer anspruchsvollere Werke anfertigen.[19] „Arbeitsfleiß" in der jeweils erforderlichen Technik zu erlernen, ist die Grundlage für die kooperative Teilnahme an den Technologien im späteren Erwachsenenalter. Ein harmonischer Umgang ergibt Fleiß, ein unstimmiger Umgang Minderwertigkeitsgefühle. Die dynamische Balance geht verloren, wenn sich die Fleißigkeit in eine verengte Tugendhaftigkeit verwandelt. Das lateinische Wort „Competo" bedeutet Wettstreit. Deshalb könnten wir - unter dem Gesichtspunkt des kulturschaffenden Lebens - die Kategorie AGON als Aufgabe und Lernziel des Schulalters verstehen.

Blicken wir zurück auf unsere Kulturgeschichte, so stellen wir fest, dass die Philosophie ihrem Wesen nach „Spiel" war. Deutlich erkennbar ist das noch im Frage- und Antwortspiel der Sophisten, bei denen man scharfsichtig versuchte, die Mitspieler mit trickreichen Fangfragen zu überlisten. Diese Spiele hatten bei den Griechen einen hohen Unterhaltungswert.[20] Auch das Philosophieren in der mittelalterlichen Universität, wie z.B. die Scholastik lässt sich als agonale Spiel rekonstruieren,[21] ebenso die naturwissenschaftlichen Entdeckungen im 17. Jahrhundert, das Für und Wider gegen Newtons Ideen sowie die „Federkriege" im 18. Jahrhundert. Das Polemische in der Wissenschaft ist vom Agonalen nicht zu trennen.[22] Die Kategorie „Kompetenz als Entwicklungsaufgabe im Schulalter" steht im engen Zusammenhang mit der kulturhistorischen Spielkategorie des Agon. Daraus ergibt sich der korrelative Zusammenhang des pädagogischen Moments bei den substantiellen Lern- und Spielerfahrungen des Agon-Spiels.

Nach Roger Caillois ist es niemals die eigentliche Funktion des Spiels, eine Fähigkeit zu entwickeln.

„Was bleibt, ist nur, dass die Fähigkeiten, die es übt, die gleichen sind, die auch dem Lernen und den ernsthaften Tätigkeiten der Erwachsenen dienlich sind".[23]

Aber trotzdem werden die Rausch- und Glücksspiele von Erziehern nicht so positiv bewertet, wie Agon und Mimikry. Warum? Caillois dachte, weil es nicht möglich ist, ihnen einen pädagogischen oder kulturellen Wert zuzuschreiben.[24] Vom kulturellen Wert können Rausch- und Glücksspiels zwar bedingt anerkannt werden, weil sie auf die Schwierigkeiten des Lebens vorbereiten, auf die schrecklichen Unglücksfälle, die schicksalhaften Kontingenzen, die unvorhersehbar auftreten und in diesem Augenblick Entscheidungsstärke von uns verlangen. Das bedeutet aber, dass die Kinder vom Standpunkt der Entwicklungsaufgaben her gesehen, damit überfordert wären, diese Spiele im Sinne der Lebens-

---

[19] Erikson, E. H., 1986, S. 35.
[20] Huizinga, J., 1987, S. 163.
[21] Ebd., S. 171f.
[22] Huizinga, J., 1987, S. 172.
[23] Caillois, R., 1982, S. 192.
[24] Ebd., S. 195.

bewältigung einzusetzen, d.h. die Spielkategorien Ilynx und Alea sollten eher in Verbindung mit Krisen im Erwachsenenalter gesehen werden. Natürlich spielen Kinder freudig „Würfeln", „Tato", „Domino" und Kartenspiele, zu deren Ausübung sie durch ihre Familie ermuntert werden.[25] Aber es kann unmöglich als pädagogische Aufgabe betrachtet werden, die Kinder bereits in diesem Alter durch Alea-Spiele auf die Bewältigung des Schicksals vorzubereiten. Dieser Anspruch wäre unproduktiv und verfehlt, weil die Kinder noch nicht in der Lage sind, die existentiellen Gefährdungen des Lebens zu erfassen.

Nach Huizinga beruht die Entwicklung der gesamten Zivilisation, insbesondere die Erfindung von Regeln und der Respekt davor – auf dem loyalen Wettbewerb im Agon-Spiel. Die ethische Fruchtbarkeit des begrenzten und regulierten Kampfes wird von niemandem in Zweifel gezogen.[26]

Auf diese Seite des spielerischen Wettkampfs soll eine Erinnerung von Roger de Guimps (1812-1894) an J.H. Pestalozzi in Iferten hinweisen. Guimps berichtet, dass Pestalozzi noch im hohen Alter die Spiele seiner Schulkinder beobachtete und auch selbst gern und mit Freude daran teilnahm. Vollkommene Untätigkeit war Pestalozzi verhasst und er war der Überzeugung, dass Schulkinder immer spielen sollten, wenn sie nicht arbeiteten. Eine Szene blieb de Guimps dabei besonders in Erinnerung: Eines Tages hatten die Lehrer im Schulgarten die Dornbüsche angezündet, und sogleich erfanden die Schüler der oberen Klassen ein Spiel. Sie sprangen über die Flammen und genossen es, durch die Asche zu laufen. Pestalozzi, der daneben stand, ermunterte sie. Nachdem das Feuer ausgegangen war, sprangen auch die Schüler der unteren Klassen. Es gab viele Beobachter dieser Szene, so etwa auch eine Schülerin der nahen Mädchenschule, die am Pfahlzaun stehend die schönen Flammen und das Spiel der Jungen munter beobachtete. Als Pestalozzi diese Schülerin sah, ließ er sie holen und ebenfalls am Überspringen-Spiel teilnehmen.

Es ist vorstellbar, dass Pestalozzi das Agon-Spiel für eine elementare Kulturtechnik des schulischen Lernens hielt. Das Schulkind ist nicht nur ein *homo discens*, sondern auch ein *homo competens*. In diesem Sinne möchte ich folgendes betonen: Die „Bedeutung einer Aufgabe als elementare Kulturtechnik" und ihre „kulturschaffende Funktion". gehören besonders im Schulalter zum Agon-Spiel oder dem Wetteifer im Lern- und Spielleben. Außerdem sollte klar geworden sein, dass das Regelspiel und der Respekt vor den Regeln grundlegend für den Aufbau der Persönlichkeit eines Menschen sind und zwar insbesondere für den Erwerb der notwendigen „Tugenden".

---

[25] Caillois, R., 1982, S. 190.
[26] Vgl. Caillois, R., 1982, S. 195.

IV. Jugendalter und Mimikry
(Schauspiel und Spiel mit der Vorstellungskraft)

Die Aufgabe des Jugendalters besteht in der Bildung einer eigenen Identität. In diesem Lebensalter muss der Jugendliche die Spannung zwischen der Entwicklung einer eigenen psychologischen Identität und einer möglichen Rollen- oder Identitätskonfusion bewältigen. Die epigenetische Entwicklungstheorie Eriksons ist allgemein anerkannt, sub specie ludi betrachtet aber stellt sich die pädagogische Frage, welche Spiele für die Jugendlichen als Entwicklungsaufgaben wünschenswert wären. Nach Havighurst sind z.b. folgende Aufgaben zu bewältigen: die Akzeptanz der jeweiligen sozialen Rollen als Mann oder Frau, die psychische Unabhängigkeit von den Eltern und anderen Erwachsenen, die Wahl eines Berufs etc. D.h. es geht um die Übernahme sozialer Verantwortung mit einem Wert- und Ethiksystem als Richtlinie für das eigene Handeln.

Neben den physiologischen Veränderungen im Pubertätsalter führt nach Maurice Debesse ein „so genannter Sprung der Seele" zu einer Steigerung der Empfindung und Leidenschaft mit welcher sich der Jugendliche pantheistisch in die bunte Welt einfühlt. Diese Empfindsamkeit wird von einer Entfaltung der Vorstellungskraft und Phantasie begleitet. Eine gewisse ästhetische Neigung macht aus allen Jugendlichen zeitweilig Dichter, die zwischen übertriebenem Selbststolz und radikalem Minderwertigkeitsgefühl schwebend, in einer Gesellschaft, die auf Loyalität und Treue aufgebaut, ihre sozial erforderlichen Rollen üben können. Nach Kamiya ist das Jugendalter aber auch besonders die Lebensperiode „leidenden Umhertappens".[27] Die Sehnsucht nach Seelenverwandten und einem echten Meister ist für Jugendliche in der Sturm-und-Drang-Zeit „deadly serious".[28] Auch das Selbstbewusstsein entwickelt sich in dieser Zeit sprunghaft und so neigen Jugendliche unverhältnismäßig oft zum Reflektieren. Daraus folgen Introspektion und Individualisierung als Merkmale des Pubertätsalters. Jugendliche bleiben sozusagen wie eine Monade ohne Fenster. In der Tiefe des Ichs erlebt der Jugendliche „Einsamkeit" und eine „unüberbrückbare Kluft" zwischen seiner Seele und der ihn umgebenden Außenwelt. Daraus entsteht eine phantasievolle Sehnsucht nach Anderen, insbesondere nach „Bühnenberühmtheiten". Auch das eigene Berühmtwerden ist Gegenstand seines „taumelnden Eifers". Mit erotischer Liebe schwingen Jugendliche sich auf zur idealisierten Welt. Um die Idealwelt wirklich zu erreichen, versuchen sie sich im Lesen der Weltliteratur oder im Genießen von Schauspielen und Theateraufführungen, wobei sie danach trachten, sich selbst zu verfeinern.

Die Selbstfindung gilt als allgemeine Aufgabe des Jugendalters. Dieser Entwicklungsaufgabe sollte auch das Spiel im Pubertätsalter verpflichtet sein, oder nicht? Welcher Spieltyp entspräche dieser Aufgabe? Ich gehe von der Hypothe-

---

[27] Kamiya, M., 1982, S. 89.
[28] Hall, G. S., 1907, S. 555-589.

se aus, dass der Spieltypus Mimikry dieser Aufgabe am ehesten gerecht wird. Die Mimikry im Jugendalter ist aber streng zu unterscheiden von der Kategorie der Mimikry im Sinne des „SO-TUN-ALS-OB" Spiels oder der Mimik des Kleinkindalters. Hier schließe ich mich der Auffassung von Caillois an, der zwischen einer Mimik unterscheidet, die Erwachsene imitiert und damit die kulturelle Sozialisation fördert und der Mimikry, die weit über die Kindheit hinaus bis in das Leben des Erwachsenen wirkt. Diese Mimikry umfasst

> „gleichermaßen jede Vergnügung, der man sich maskiert oder verkleidet hingibt [...] Natürlich gehören mit vollem Recht auch die Theateraufführungen und die Interpretation dramatischer Werke in diese Gruppe"[29]

Caillois weist also darauf hin, dass der Auslöser des Vergnügens darin besteht, ein Anderer zu sein oder für einen Anderen gehalten zu werden. Die formalen Bestandteile der Mimikry sind Aktivität, Imagination und Interpretation.

Die substantielle Mimikry im Jugendalter auf der Ebene der ästhetischen Empfindung und Leidenschaft ist von einer tiefen Ernsthaftigkeit. Auch darin unterscheidet sie sich qualitativ vom „SO-TUN-ALS-OB" des Kleinkindes. Das Spiel der Jugendlichen gründet in ihrer Vorstellungskraft. Mit diesem Faktor hängt der Einfluss des dramatischen Schauspiels auf die Jugend zusammen.

Jugendliche haben eine Neigung, das „Gute" und „Böse" mit gemütsbetonten, ästhetischen Maßstäben wie Schönheit und Hässlichkeit zu beurteilen. Nach Herman Nohl ist die Schönheit der erste absolute Wert, dem der Jugendliche auf seiner Suche nach einem geeigneten Maßstab für das höhere Leben begegnet.[30] Das Verhältnis zum Schauspiel und zur Kunst beginnt im Jugendalter. Da die Arbeit am harten Material der Wirklichkeit den Jugendlichen insgesamt noch nicht gelingen kann, wählt er mit der Kunst wie z. B. dem „Tanzen", „Musizieren" und „Dichten" einen leichteren Weg der Werterfahrung. Aus dieser Unfähigkeit, differenziert mit der Realität umgehen zu können, entsteht der Hang zum Unbedingten – der junge Mensch sucht einen absoluten Wert um jeden Preis. In diesem Willen liegen die Idealität und der Enthusiasmus, aber auch das Radikale und Revolutionäre dieser Jahre.[31] Damit entspricht der Jugendliche der Charakterisierung, mit der Goethe in Faust I den Idealisten im Walpurgisnachtstraum beschreibt:

> „Die Phantasie in meinen Sinn / Ist diesmal gar zu herrlich. / Fürwahr, wenn ich das alles bin, / So bin ich heute närrlich."[32]

---

[29] Caillois, R., 1982, S. 30.
[30] Nohl, H., 1959, S. 152.
[31] Ebd. S. 149.
[32] Goethe, J. W. V., HA. III, 135f. Vs. 4348-4350.

Das Kunstspiel wie die „Selbstdichtung" ist ein Ausdruck der ästhetischen Entwicklung im Jugendalter, dessen Begrenztheit akzeptiert werden muss. Darauf
weist bereits Posa Don Carlos hin:

> „Dass er für die Träume seiner Jugend / Soll Achtung tragen, wenn er Mann sein
> wird, / Nicht öffnen soll dem tötenden Insekte / gerühmter besserer Vernunft das Herz / der
> zarten Götterblume - dass er nicht / Soll irre werden, wenn des Staubes Weisheit / Begeiste-
> rung, die Himmelstochter lästert."[33]

Aber die Spannung zwischen Ideal und Wirklichkeit führt entweder zu Disso-
nanzen oder in den Traum. Mit seinem Wunsch nach einer besseren Welt lebt
der Jugendliche entweder in Spannungen zu seiner Umwelt oder weicht in eine
Phantasiewelt aus. Die Entwicklung einer eigenen Utopie ist zwar zunächst
einmal produktiv, führt aber in der Folge zu einem spannungsgeladenen Widerspruch von Utopie und Wirklichkeit. Die „ideale Person" eines jungen Menschen hat immer einen solchen fiktiven Charakter. Jede seiner Leistungen, wie
auch sein Empfinden, hat einen Zug von Vorläufigkeit und Verspieltheit. Das
Phantasiespiel des vorläufigen Dichters ist widersprüchlich und leidvoll. Ge-
nährt mit der Gefühlswelt der Literatur spricht der junge Mensch genauso wie
der Dichter Lenz in der Epoche des Sturm und Drangs angesichts seiner Empfindsamkeit und seines nur gedichteten Gefühls aus: „Gib mir mehr wirkliche
Schmerzen, damit mich die imaginären nicht überwältigen."[34]

Die leidenschaftliche Unruhe des jugendlichen Menschen kann auch als Inbegriff des schöpferischen Zustands verstanden werden, d.h. des positiven Versuchs, sich selbst und seine ideale Welt zu gestalten". Funktional betrachtet ist
Mimikry eine Verschleierung der Realität und die Erfindung einer zweiten Realität. Mimikry ist eine unaufhörliche Erfindung.[35] Deshalb ist Mimikry die
Spielkategorie, die dem Jugendlichen bei seiner Entwicklungsaufgabe der
Selbstfindung hilft.

Die Korruption der Mimikry besteht nach Caillois im Selbstverlust der wirklichen Persönlichkeit, also in der Schwärmerei. D.h.

> „wenn der Schein nicht mehr als solcher wahrgenommen wird und derjenige, der
> sich verkleidet, an die Realität der Rolle, der Travestie oder der Maske glaubt. Dann spielt er
> nicht mehr diesen anderen, den er darstellt. Er ist überzeugt, der andere zu sein, und verhält
> sich in der Folge so, als vergässe er, wer er ist".[36]

Der Jugendliche begegnet im Spiel der Gefahr des „Verlusts seiner eigentlichen
profunden Identität" oder um es analog zur psycho-sozialen Nomenklatur und

---

[33] Schiller, F., Don Carlos, Vs. 4290-4296.
[34] Vgl. Nohl, H., 1959, S. 152.
[35] Caillois, R., 1982, S. 31.
[36] Caillois, R., 1982, S. 58.

im Kontext Eriksons auszudrücken: Der Jugendliche gerät in die Krise der Konfusion der Identität und landet am Ende im Fanatismus. Erikson erklärt die fehlgeschlagene Entwicklung des Jugendlichen wie folgt:

"that an adolescent must suffer from role, or identity, confusion and must repudiate some `foreign` values in order to focus his or her beliefs on some chosen ideology – all this is almost too easily criticized, or accepted."[37]

Die Erkenntnisse, die R. Caillois gesammelt hat, sind eine Hilfe bei der jugendlichen Krise der Selbstfindung, sozusagen ein Proviant auf der Reise der Selbstsuche. Beim Konzept des lebenslangen Lernens soll man mit der präventiven Funktion des Spiels vertraut sein, die vor gefährlicher Entfremdung bewahren kann.

„Die Entfremdung entsteht durch eine permanente, unterirdische Wühlarbeit. Sie vollzieht sich, wenn keine offene Trennung zwischen der Märchenwelt und der Wirklichkeit besteht, wenn der einzelne sich in seinen eigenen Augen allmählich mit einer zweiten, schimärischen, ihn überziehenden Persönlichkeit bekleiden kann".[38]

Beim Bildungsstreben zur Herstellung der Selbstidentität durch das Schauspiel oder Theater muss der Jugendliche, gleichgültig, wie ernsthaft er die Suche auch betreiben mag, versuchen sich die Fähigkeit zu erhalten, wieder in die alltägliche Situation zurückzukehren. Dies ist die praktische Grundmaxime im Spiel mit der Vorstellungskraft.

V. Erwachsenenalter und Ilinx

Die Entwicklungsaufgabe des jungen Erwachsenenalters ist die „Fähigkeit zur Liebe", die die Grundlage des Füreinanders und des ethischen Mitgefühls ist und die die antagonistische Spannung zwischen Intimität und Einsamkeit durch das Eingehen von Freundschaften ausbalancieren kann. Im späteren Erwachsenenalter ist die zentrale Aufgabe die Fürsorge (Care), die eine umfassende Teilnahme an der Neuerschaffung der nächsten Generation und die damit einhergehende notwendige Übernahme von Verantwortung beinhaltet.[39] Liebe entfaltet sich in Sorge und Fürsorge. Eine Fehlentwicklung äußert sich auf dieser Stufe einerseits in der Überfürsorge und anderseits in der Ablehnung und dem Desinteresse an der Sorge für andere.[40] Der Erwachsene muss - unter Miteinbeziehung eines gesunden Sexuallebens - Verantwortung gegenüber anderen übernehmen können. Mann und Frau müssen selbst entscheiden, *für wen*, *auf welche Art*, *mit welcher Leistung* und *wie* sie die Fürsorge übernehmen. „Verantwortung" ist eine wich-

---

[37] Vgl. Erikson, E. H., 1986, S. 43.
[38] Caillois, R., 1982, S. 59.
[39] Erikson, E. H., 1986, S. 37.
[40] Ebd., S. 44.

tige Entwicklungsaufgabe in diesem Alter und beinhaltet einen ersten Praxistest der eigenen Vernunft.

Die Vernunft des gereiften Erwachsenen, gegen Widerstand und Schwierigkeiten duldsam für das Geschaffene einzustehen, ist auch für die Bewältigung der physiologischen Veränderungen der Wechseljahre und des Alterns notwendig. Die erwachsene Vernunft muss dabei vom Triebe der Ilinx oder der Verbindung von Maske und Trance unterstützt werden. In dieser Lebensphase kann nämlich ein den Mitmenschen unbekanntes Leid wie Verzweiflung, Schwermut oder ein „Stocken der Seele" auftreten, wobei der Auslöser einer solchen Krise im mittleren Alter unspezifisch ist. Vor diesem krisenhaften Hintergrund muss sich der Mensch wie in der Zeit der Pubertät selbst ein neues Leben aufbauen können.

Um die Aufgabendimension des Spiels zu erkennen, sollte man aus dieser Krise die zentralen Merkmale eruieren und die Sehnsucht nach einem neuen Leben beim Erwachsenen noch einmal genauer betrachten.

Der Ausgangspunkt ist der Wunsch nach Befreiung von der „nervösen Müdigkeit" des täglichen Arbeitslebens. Dieser Wunsch wird oft durch Drogen, wie z.B. Alkohol befriedigt, und führt in eine Abhängigkeit. Diese „Erscheinungsgestalten" lassen sich als korrumpierte Ilinx-Spieltypen rekonstruieren, bei denen in der modernen Gesellschaft im Erwachsenenalter eine steigende Tendenz beobachtet wird. In diesen Kontext besitzen Caillois' Erläuterungen durchaus noch Gültigkeit:

> „Um den Rausch im täglichen Leben heimisch zu machen, muss man von den unmittelbaren Wirkungen der Physik zu den trüben und zweideutigen Kräften der Chemie übergehen. Man fordert also von den Drogen, vom Alkohol die begehrte Erregung oder die wolllüstige Panik [...]. Diesmal aber vollzieht sich der Rausch weder außerhalb der Wirklichkeit noch abgetrennt von ihr, er ist vielmehr in sie eingebaut und entwickelt sich in ihr. Wenn diese Art von Betäubungen und Euphorien zeitweilig, ebenso wie der physische Rausch, die Sicherheit, Wahrnehmungen und die Koordination der Bewegungen zerstören und von der Last der Erinnerungen, vom Druck der Verantwortung und vom Zwang der Gesellschaft befreien, so überdauert ihr Einfluss die momentane Anwandlung. Langsam und fortwährend verändern sie den Organismus. Mit dem permanenten Bedürfnis schaffen sie auch einen unerträglichen Bekümmerungszustand. Man befindet sich also in einer der Spielsphäre, die stets diskontinuierlich und zweckfrei ist, entgegengesetzten Sphäre. Durch Trunkenheit und Vergiftung bewirkt die Sucht nach dem Rausch einen ständig sich steigernden Einbruch in die Wirklichkeit, der um so bösartiger ist, als er zur Gewöhnung führt, und den Punkt, an dem die Befriedigung erreicht wird, immer weiter hinausschiebt."[41]

Bedenkt man diese Warnungen, wird klar, warum man den Ilinx-Spieltypus erst im Erwachsenenalter zur Bewältigung der Entwicklungsaufgaben einsetzen kann. Nach Caillois können die ursprünglichen Antriebe wie Wettkampf, Glück,

---

[41] Caillois, R. S., 1982, 60f.

Mimik und Rausch, wenn sie sich selbst überlassen werden, nur in unheilvollen Konsequenzen enden. Die Triebe müssen durch die Spiele diszipliniert werden, weil die Spiele sie zu einer institutionellen Existenz zwingen. Das Rauschspiel „erzieht" die Triebe, die Ilinx befruchtet sie. Dadurch werden die Triebe durch die Spiele dazu nutzbar gemacht, die Kulturstile zu bereichern und zu sichern.[42] Das Spiel hat die pädagogische Funktion die Seele gegen die Virulenz zu impfen, die von den Instinkten ausgeht.

Dieser Prozess setzt bereits im Kleinkindalter ein, so ist schon hier die Suche nach der Verwirrung, die der Rausch hervorruft, zu beobachten.

> „Die verschiedene Zustände, in welche der Körper versetzt wird, Sturz oder Schweben im Raum, rapide Rotation, Gleiten, Geschwindigkeit, die Beschleunigung einer geradlinigen Bewegung oder ihre Kombination mit einer kreisförmigen, rufen einen Rausch hervor. Parallel dazu existiert ein Rausch moralischer Art, eine plötzliche das Individuum ergreifende Besessenheit."[43]

Säugetiere vergnügen sich mittels Drehungen und erreichen eine organische Verwirrung. Ein Kleinkind, das zuerst auf zwei Füßen steht, beginnt sich spielend im Kreis zu drehen, und zwar solange bis sein Körper auf die Erde fällt.

Im Erwachsenenleben handelt es sich meist um eine psychische Verwirrung, zu der man sich unter dem Druck eines trockenen, automatisierten Berufslebens und inmitten von „Maschinenwesen", verführen lässt. Uns ist bekannt, dass

> „die Menschen [...] nach dem Kreisel, dem goldenen Maisspiel, dem Gleiten, dem Karussell, der Schaukel ihrer Kindheit zunächst über die Auswirkungen der Trunkenheit, über zahllose Tänze, angefangen beim mondänen, aber bösartigen Taumel des Walzers bis zu vielfältigen gewaltsamen, hektischen und konvulsivischen Gestikulationen [...]. Ein Vergnügen derselben Art ziehen sie aus dem Rausch einer äußeren Geschwindigkeit."[44]

Solange Ilinx bloß ein Spiel bleibt, ist es für vernünftige Erwachsene nützlich. Man könnte im Alter deshalb einige Spiele als Erholung der Gesundheit und Prävention vor verschiedenen Süchten zu rechtfertigen versuchen. Guts Muths definiert die Bedeutung des Spiels als Erholung folgendermaßen:

> „Erholung ist der rechtmäßige Zweck bei allem Spiel. Erholung ist Bedürfnis so wie Schlaf. Sie gründet sich immer auf Abwechslung der Beschäftigungen."[45]

---

[42] Ebd., S. 64.
[43] Caillois, R., 1982, S. 33.
[44] Ebd., S. 35.
[45] Vgl. Guts Muts, F., 1914, S. 15-35.

Eine andere Möglichkeit in unserer heutigen Realität aber besteht darin, sich für eine noch intensivere Befriedigung zu entscheiden, die ebenfalls auf einer Sehnsucht nach dem Taumel des Lebens beruht.

"Grau, teurer Freund, ist alle Theorie, / Und grün des Lebens goldner Baum."[46]

Vor dem krisenhaften Hintergrund des modernen Erwachsenenlebens ist es leicht verständlich, dass der Kinderpsychologe Chateau[47] das Spiel mit Ordnungswille verbindet und eine Anspielung auf die Schaukel macht, sie aber als Übung zur willentlichen Abwehr der Furcht interpretiert und sozusagen wie Huizinga das agonale Element im Ilynx als Kulturtechnik des Spiels betont. Es kann nicht grundlos sein, dass die Rauschspiele von Pädagogen und Psychologen nicht besser bewertet werden. Sicherlich verachten sie die Rauschspiele, weil sie sich nicht vorstellen können, dass diese dem kulturellen Lernen eine pädagogische Perspektive verleihen könnten, die dabei helfen würde, die oben zitierte Krise des modernen Erwachsenen zu überwinden. Man fürchtet eher das Wiedererwachen eines Triebs zum unbedingten moralischen Lebenstaumel, der vom tief eingegangenen Rauscherlebnis mittleren Alters stammt.

Sind Ilinx-Spiele in diesem Kontext nun als Kulturtechnik bedeutend oder nicht? Man könnte das bejahen, da es unbestritten ist, dass der Mensch bis zum Erwachsenenalter die Ilinx-Spiele sozusagen als „recurrent tasks" vielfältig erlebt und sich dabei entfaltet hat. Außerdem übernehmen die Ilinx-Spiele die Aufgabe einer Immunisierung gegen eine maßlose und zerstörerische Triebdominanz und können dabei helfen, ein positives und schöpferisches Gefüge zu finden. Da also das Ilinx-Spiel ein funktionierendes Mittel zur Sublimierung der tierischen Instinktenergie ist, ist es als Kulturtechnik wertvoll. Wir modernen Menschen müssten daher nicht Berufe wie Trapezkünstler ausüben oder in Rekordräusche verfallen, wenn wir im Kleinkindalter gut immunisiert worden wären, und daher den Rauschzustand beherrschen könnten.

Die Veredlung des Ilinxtriebs bleibt aber während des gesamten lebenslangen Lernens im Erwachsenenalter eine schwierige Aufgabe. Schwärmerei und Lebenstaumel sind ständig miteinander verbunden und nehmen eine wichtige Stelle in den okkulten, selbst herangezogenen Quasigemeinschaften ein, bei denen im Allgemeinen borniert weltfremder, mystischer Dogmatismus dominiert. Der Ilinxtrieb im Kulturleben kann also nicht nur zur Ausschaltung des Willens, sondern auch zur Ausschaltung des Bewusstseins missbraucht werden. Dem Betroffenen entgleitet das Bewusstsein und er berauscht sich an dem Gefühl, von fremden Kräften geleitet, beherrscht und besessen zu sein.

---

[46] Goethe, J. W. v., HAIII, Vs. 2038f.
[47] Vgl. Château, J., 1964, S. 426. Er betont die „amour de l' orde.

„Die Sucht nach der Trance und der innersten Panik löscht im Menschen das Unterscheidungsvermögen und den Willen aus. Sie macht ihn zum Gefangenen zweideutiger exaltierter Ekstasen, in denen er sich für einen Gott hält, die ihn entbinden, menschlich zu sein, und die ihn vernichten."[48]

In diesem Kontext ist also für das Kulturlernen „Anstrengung" notwendig, damit der Mensch sich von den Verführungen befreien kann. Als präventive Maßnahme möchte ich deshalb vorschlagen, die grundlegende Kompetenz der Vernunftkraft im agonalen Frage- oder Gesellschaftsspiel durch das Philosophieren in der Schule zu stärken, und die Fertigkeiten der Kinder zu verbessern. Aber auch Spiele sind eine gute Ergänzung. So lässt sich z.B. mit einem Spiel zur Toleranz[49] ethisches Lernen einüben. Das Spiel ermöglicht es den Jugendlichen, die Welt aus vielseitigen Perspektiven heraus erkennen zu können. Dadurch lernt er viele unterschiedliche Gedanken und seine Gesinnung kennen und begreift die Endlichkeit des Daseins. Das hilft ihm dabei, Tugenden wie Toleranz oder Geduld zu entfalten.

VI. Greisenalter und Alea

Im Greisenalter besteht die Entwicklungsaufgabe darin, sich an die Verminderung der psycho-physischen Gesundheit anzupassen, den Ruhestand zu gestalten und gegebenenfalls den Tod des Ehepartners zu bewältigen.[50] Abstrakt formuliert geht es auf dieser Stufe darum, die sozial-psychologische Krise zwischen *Integration der Persönlichkeit* und *Verzweiflung* zu bewältigen und damit die Lebensqualität zu sichern, d.h. das Leben wertvoll zu machen. Das Ziel der Anpassung ist jene Weisheit im hohen Alter, die sich als übergreifendes Interesse über das eigene Leben und Sterben hinaus definiert.[51]

Im dreiundsechzigsten Lebensjahr äußerte Goethe, es sei keine Kleinigkeit, so alt zu werden. Später fügt er hinzu: „Es wäre nicht der Mühe wert, siebzig Jahre alt zu werden, wenn alle Weisheit der Welt Torheit wäre vor Gott"[52] Als negative Seite des Alters beschreibt Goethe:

> „Der Alte verliert eines der größten Menschenrechte: er wird nicht mehr von Seinesgleichen beurteilt. Ein alter Mann ist stets ein König Lear."[53]

Aufgrund der Gerontologischen Forschung lassen sich folgende Entwicklungsaufgaben des Alters festhalten: eine neue Rollenorientierung, die Suche nach

---

[48] Caillois, R., 1982, S. 88.
[49] Marsal, E., 2002, S. 137ff.
[50] Vgl. Havighurst, R., 1953, S. 277-283
[51] Vgl. Erikson, E. H., 1986, S. 130ff.
[52] Vgl. Spranger, E., 1967, S. 104f.
[53] Goethe, HA, XII, S. 542.

neuen Handlungsmustern, die in Übereinstimmung mit den leiblichen Veränderungen stehen, das Akzeptieren des eigenen, gelebten Lebens und die Entwicklung von Perspektiven über den Tod hinaus. Um mit Weisheit eine lebendige Teilnahme (Involvement) zu erreichen, muss der Mensch sich neue Lernstrategien aufbauen, die die Mängel in vieler Hinsicht kompensieren. So beschränkte sich das alten Paar Philemon und Baucis auch nicht auf eine Idylle, sondern arbeitete und ruhte sich nach getaner Arbeit aus. Eine wichtige Unterstützung in der Situation des „Disinvolvement" (Erikson) ist die soziale Gegenseitigkeit, die Teilhabe am sozialen Leben, z.b. in der Rolle und Fürsorge eines Großvaters oder einer Großmutter. Wertvoll ist im Generationenverhältnis insbesondere die Funktion der Überlieferung des erarbeiteten und integrierten Erfahrungswissens an die nachfolgende junge Generation.

Aber vor der Integration positiver und negativer Erfahrungen der Vergangenheit muss auch die offensichtliche Zufälligkeit oder Kontingenz in Form eines unkalkulierbaren Zeitbewusstsein akzeptiert werden, das verhindert, das Leben in einem gesetzlichen Zusammenhang wie z.B. einem regelmäßigen Fortschreiten zu verstehen. Das Annehmen solch eines Weltbildes wird durch die gleichzeitige Akzeptanz des so genannten existenzialistischen Weltverständnisses erleichtert. Dieses ist durch die hohe Schätzung der ICH-DU-Beziehung gekennzeichnet: Es wird als eine Gnade verstanden, dass der Mensch einmalig dem Anderen begegnen darf und sich dabei im eigentlichen Selbst „erwecken" kann.

Ein Wesensmoment der Erziehung ist ihr Charakter als risikobehaftetes Wagnis, weshalb das pädagogische Wagnis vor dem Hintergrund der Endlichkeit des Menschseins und der Zufälligkeit von Lebensereignissen auch im Scheitern enden kann. Das Scheitern ist eine Möglichkeit, die von vornherein schon im Wesen der Erziehung angelegt ist.[54] Zumindest im abgetrennten, geregelten Raum des Spiels setzen sich die Kinder mit einer qualitativ heterogenen Zufälligkeit oder Kontingenz auseinander und können von plötzlichen Schicksalsschlägen oder Grenzsituationen des Menschen in ihrer Existenz überrascht werden. Der Spieltypus, bei dem dies geschieht heißt Alea (Chance).

„Zu den typischen Beispielen dieser Kategorie gehören Würfelspiel, Roulett, Zahl, oder Adler, Bakkarat, Lotterie, und so weiter. In diesen Fällen unterlässt man nicht nur jeden Versuch, die Ungerechtigkeit des Zufalls auszuschalten, sondern der eigentliche Antrieb des Spiels ist gerade die Willkür des Zufalls. Alea verdeutlicht und enthüllt die Gunst des Schicksals."[55]

Dieses Moment ist auch ein Ort des Lernens. Der Spieler lernt, dass er zwischen Furcht und Hoffnung nur auf eine Entscheidung des Schicksals wartet. Trotzdem wagt er seinen Einsatz. Das Glücksspiel ist totales Missgeschick oder totale

---

[54] Bollnow, O. F., 1983, S. 150f.
[55] Caillois, R., 1982, S. 24f.

Gunst. Alea ist, anthropologisch gesehen, *das* menschliche Spiel. Aufgrund des Charakters dieses Spieltyps können wir das Glückspiel (Alea) als den entsprechenden Spieltyp für das hohe Alter begreifen, da Kontingenz oder Zufälligkeit bis ans Ende des langen Lebens für das Schicksal und die Integration der Persönlichkeit entscheidend zu sein scheinen. Wie aber passt das Alea-Spiel zum hohen Alter?

Der Mensch muss früher oder später über die Kräfte des Schicksals, die auf seinen Lebensgang einen rätselhaften Einfluss genommen haben, reflektieren und am Ende dieser Gesamtrechnung entkommt niemand dem großen Interesse an Glück oder Unglück.

Die Ergebnisse unserer triebbestimmten Teilnahme an Alea spiegeln sich nicht nur in der Korruption des Spiels, das durch die Versuchungen des Aberglaubens und der mystischen Astrologie unheilvolle Bahnen beschreiten kann,[56] sondern spiegeln sich auch in der Versuchung wieder, die Lebensführung unzugänglichen Mächten und der Herrschaft von Vorzeichen zu überlassen, und damit zum Fanatiker zu werden. Wenn die Chance als ursprünglicher Antrieb bei der Suche des Weges sich selbst überlassen wird, kann dies nur in unheilvollen Folgen enden. Wie aber Caillois erläutert hat, treibt immer stärkerer „Alea-Instinkt" auch den greisen Menschen auf die Suche nach der nötigen Balance gegen die endliche Grenze der agonalen Fähigkeiten, die sich im Prozess des Alterns verminderten. Diese Erkenntnis zeigt sich deutlich auf der Ebene des praktischen Spiels.

Auch in diesem Fall ermöglicht das passende Spiel sozusagen die Immunisierung der Seele gegen die Virulenz des Instinkts. Es ist aber niemals die eigentliche Funktion des Spiels, eine Fähigkeit zu entwickeln. Im realen Leben ist es vielmehr notwendig, unvorhersehbare Niederlagen, Missgeschicke oder ein Un-

---

[56] Goethe beschreibt sein jugendliches Leben wie folgt: „eine gewisse allgemeine Gesellschaft lässt sich ohne das Kartenspiel nicht mehr denken" (HA, IX, 368).
Ein Freund brachte in Frankfurt den jungen Goethe zu einem Tanzmeister. Eines Tages begegnet er dessen schönen Schwestern Lucinde und Emilie, und eines Abends nach Tanzende hielt ihn die ältere Schwester zurück und meinte: meine Schwester hat eine Kartenleserin bei sich, [...] dann, der Alten wurde nun geschmeichelt und ihr gute Bezahlung zugesagt, wenn sie über das Liebesglück der älteren Schwestern und auch ihm das Wahrhafte sagen wollte. Aber das war eine verwünschte Karte. Nach einem tiefen Seufzer glaubte sie, wieder daran sich etwas verbessern zu müssen. Sie legte noch ein zweites und ein drittes Mal auf, nachdem sie die Karten gemischt hatte. Allein vor ihrer aller Augen wurde es nur noch schlimmer [...] das schöne Kind brach in unbändiges Weinen aus.
Seine Lage war peinlich genug inmitten von ihnen. Letztlich sagte Emilie dann: ich bedinge mir, dass die Karten nun auch für Sie aufgeschlagen werden. „Die Alte war bereit – lassen Sie mich nicht dabei sein! – rief ich, und eilte die Treppe hinunter." (HA, IX,S. 393).
Natürlich kann man sich auch eine edle Szene eines unschuldigen Spiels etwa des „Blumenworts" der Margarete in Faust I vorstellen (Vs. 3177ff).

heil ohne Selbstaufgabe entschlossen erleiden oder erdulden zu können. Zwar kann der Zufall, der beständig unsere Wirklichkeit beeinflusst, einen sehr bitteren Geschmack hinterlassen. Der Mensch jedoch kann seine Selbstdisziplin durch das Alea-Spiel stärken. Die kulturelle Relevanz des Alea Spielerlebnisses liegt im Bedeutungszusammenhang mit dem „tugendhaften Mut", wie zum Beispiel bei Nietzsches Amor Fati[57], bei denen sich der Mensch mit den von Tyche, Moira und Kairos bedingten Dimensionen auseinandersetzen muss, die die negativen Gegengewichte zum agonalen Element bilden.

Nach Paul Tournier (1971) soll sich der Mensch im Ruhestand eine zweite Karriere aufbauen, und zwar in der tätigen Teilnahme an der Gesellschaft, die auf einer anderen Ebene als das Erwerbsleben liegt. Allgemein anerkannt, aber durch Erikson neu betont und hervorgehoben, könnte dies die Rolle des Großvater oder der Großmutter sein. Diese sollen den Kindern durch Alea-Spiele gewiss keinen Fatalismus lehren, sondern ihnen beizubringen, dass jeder Mensch, obwohl er mit einem persönlichen Schicksal (bestimmte Fähigkeiten, familiäre- und finanzielle Verhältnisse etc.) zur Welt kommt, diese Vorbestimmtheit der eigenen Möglichkeiten nicht einfach resignierend anzuerkennen muss. Vielmehr ist zu betonen, dass der Erfolg oder Misserfolg des Lebens auch davon abhängt, wie die Chance genutzt wird, die eigenen Fähigkeiten und Gelegenheiten einzusetzen. Es ist für alte Menschen ein erzieherisch bedeutsamer Moment zu lehren, dass die *Chance* des Alea-Spiels als Erbschaft bestehen bleibt. Eine Erbschaft, die das Geben und Nehmen, Reichtum und Armut ungleich verteilt, und sich bis hinein in die Prüfungen des täglichen Lebens bemerkbar macht. Dass mitten im agonalen Wettkampf ein aleatorisches Element eingeführt wird, das, weil es alle treffen kann, der Gesellschaft einen egalitären Charakter verleiht, können alte Menschen beim Kartenspiel lehren. Der Sieg beim Kartenspiel beinhaltet einen Hinweis auf eine Überlegenheit beider, der aleatorischen Gabe und der Gelehrsamkeit des Spielers. Auf der einen Seite steht die Gabe der Götter oder der Glücksstunde, auf der anderen Seite die Entschädigung für die eigene Anstrengung, Hartnäckigkeit und Geschicklichkeit.[58] Es ist genau das Alea- Spiel, das es erlaubt, die vom Geschick gegebene Chance zu nützen. Es auch dieses Spiel,

---

[57] Eine Seite des ästhetischen Spiels in Japan weist auf die Sitte hin, dass Kinder und Erwachsene vor dem Hintergrund der traditionellen buddhistischen Lebensanschauung durch das Spiel die Resignation und Selbstlosigkeit gegenüber des Schicksals lernen und sich der Vergänglichkeit der menschlichen Dinge bewusst zu werden pflegen. Diese eigenartige Feinheit der japanischen Kultur, die IKI genannt wird, ist eine ethisch-ästhetische Tugend. IKI ist ein japanischer Schick, der sich in der traditionellen Kultur verfeinert. Hierbei wird der Mensch durch das „spielende Ausbilden" eines zwecklosen Daseins zwischen der Dualität und den unversöhnlichen Klüften des Lebens von der Rohheit und Geschmacklosigkeit erlöst und kann schließlich ein verfeinertes Ende erreichen (vgl. KUKI, S., 1979, S. 25f, S. 28, S. 57.). Die Alten in Japan pflegen mit Kindern noch heute einige in der regionalen Kultur tradierten Spiele in der Familie zu spielen und praktizieren gerne ethisches Entsagen und Uneigennützigkeit, bevor sich Glück zu Unglück verwandelt, als Etikette und Manier.

[58] Vgl. Caillois, R., 1982, S. 128.

das die unwiderstehliche, bittere Zufälligkeit des Unheils lebendig zu machen imstande ist.

Seinen Unterhalt vollständig oder hauptsächlich aus der Chance oder dem Zufall zu bestreiten, wird sicher von allen Eltern und Erziehern als verdächtig und unmoralisch, ja sogar als asozial betrachtet. Man kann aber nicht übersehen, dass das Arbiträre, in der Gestalt etwa eines Loses, tatsächlich ein notwendiges Gegengewicht zum geregelten Wettbewerb bildet. Der Aspekt der spontanen Flucht aus den Regeln, die sich im Regelspiel agonaler Motive entfalten, muss mit andern Tugenden wie der Leidensfähigkeit gegenüber dem Schicksal versöhnt werden. Und genau das kann der alternde Mensch in der persönlichen Beziehung die Kindern lehren, weil er im Greisenalter eine übergeordnete Perspektive einnimmt, die nicht nur die Vergänglichkeit irdischer Dinge, sondern auch das heitere Spiel der Teilnahme am Schicksal im Theatrum Mundi aus der Distanz einschließt.

VII. Die letzte Lebensphase

Gibt es eine Entwicklungsaufgabe der Ältesten der Alten (the oldest Old)? Dass sich eine Seite der Persönlichkeit immer noch weiter entwickeln kann, wurde besonders von Field & Millsap[59] betont. Aus psychologischer Sicht ist die Veränderung der Persönlichkeit als Folge von Anpassung und Übereinstimmung zu begreifen. Auch im fortgeschrittensten Alter kann noch eine weitere Stufe der Ich-Integration im Sinne Eriksons erreicht werden und in eine umfassende Stimmung der Seele münden, die durch Offenherzigkeit und Heiterkeit charakterisiert ist. Der Individualpsychologe Jung dagegen sieht die Individuation im Greisenalter nur als eine Stufe vollständiger Abhängigkeit von anderen, ähnlich der Abhängigkeit im Kindesalter. Notwendigerweise muss daher die Entwicklungsmöglichkeit des ethischen lebenslangen Lernens im letzten Lebensalter mit diesen psychologischen Deutungen übereinstimmend in ihrer Ganzheit erfasst werden.

Ein vollkommenes Abhängigkeitsgefühl zum Beispiel ist verwandt mit der analogen religiösen Stimmung eines absoluten Abhängigkeitsgefühls von ganz Anderen (Schleiermacher) oder dem romantischen Greisenbild vom greisen Kind (Jean Paul). In diesen Idealbildern der Persönlichkeit im Greisenalter entstehen auch die Tugenden des Alters wie Religiosität und Pietät, die aber noch fern vom Kontext ethischen Lernens im Spiel sind. Es handelt sich hierbei jedenfalls nicht nur um die allgemeine, lebendige Teilnahme am Leben anderer Menschen, sondern um ein mögliches Spiel im Greisenalter als Lernform. Wie Havighurst kurz anführt, ist es die Aufgabe des hohen Alters, als sozial-bürgerliche Pflicht

---

[59] Vgl. Field, D. / Millsap, R.E., 1991, S. 299-308.

Verantwortung in der demokratischen Gesellschaft zu übernehmen. Der Mensch muss, mit den Worten Platos gesagt, vom Greisenalter aus die Philosophie neu lernen und die Demokratie unterstützen. Ein ursprüngliches Lebensideal könnte „Die Schule von Athen" von Raffael sein, die die Künste, die Religion und die Philosophie preist, und den Greis Leonardo da Vinci als Plato portraitiert und uns damit sowohl die Person Leonardo als auch dessen wissenschaftliche Tätigkeit überliefert.

Eine Möglichkeit, durch die nützliche Teilnahme am sozialen Leben Anderer zu lernen, könnte darin bestehen, der nächsten Generation als ein weiser Mentor zu dienen, genauso wie Sokrates ein weiser Mentor für Plato war. Für jeden alten Menschen gibt es also Gelegenheiten, durch Philosophieren mit Kindern (Kindergartenkindern) gelassen und spielend zu lernen, ohne dabei die Maxime Memento mori zu vergessen. Die langweiligen Geschichten der Alten oder ihre unnützen Klagen verwandeln sich durch anschauendes Denken und durch den Einbau von typischen Gegebenheiten – die Kunst des Alters – in ein lebendiges Gespräch, das Kindern und Erwachsenen als letzte Instanz zur Verfügung stehen kann. Für beide, Kinder und Erwachsene, ist das lebendige Gespräch ein Lernen und ein Spielen. Dieses spielende Philosophieren kann die Tugend der Glückseligkeit für beide, Junge und Alte, ergeben. „Docere ridendo, discere ludendo" lautete die lebenslange Grundmaxime des Lernens der Humanisten, die durch „spielendes Lernen" mit leichter Ironie und Humor ethische Haltungen wie Weltkenntnis, Entsagung und Toleranz lehren konnten. Wenn wir dieses klassische Beispiel in unseren Kontext übertragen, könnten wir sicher viele heitere Lebensbilder beobachten. Als klassisches Beispiel für das Leben eines alten Menschen, das als vorbildlich in Erinnerung geblieben ist, zitiere ich jenes von Takeji HAYASHI (1906-1985), der seine erzieherische Tätigkeit als im Ruhestand lebender Mensch verwirklicht hat.[60] Er führte am 3. Juli 1971, wie Leonard Nelson mittels der sokratischen Methode eine Unterrichtseinheit in den dritten Klassen der öffentlichen Grundschule TSUBONUMA in der Präfektur MIYAGI durch. Der Titel dieser Unterrichtseinheit war eigenartig für die damalige Zeit „NINGEN (Über den Menschen)?" Dabei benutzte er zum Einstieg die Rätselfrage der Sphinx nämlich „was hat am Morgen vier Beine, zu Mittag zwei und am Abend drei?", und behandelte dann das Wesen des Menschen als letztes Lernziel in einer Kombination aus lustigem Spiel und elementar-anthro-

---

[60] Takeji HAYASHI ist meines Erachtens nach nicht nur ein Forscher der generellen Fachdidaktik, sondern begann eigentlich als bekannter Platoforscher an der Universität Tohoku in Sendai, um dann der erste Kinderphilosoph (beeinflusst von Leonard Nelson) an der Pädagogischen Hochschule MIYAGI zu werden. Wie Nelson hat auch er versucht, die sokratische Methode, d.i. Maieutik für den Unterricht in der Grundschule fruchtbar zu machen. Die Schulkinder geben nach dem Unterricht ihre Eindrücke wieder, so wie: Die Unterrichtsstunde „MORAL" war so lustig wie ein Spiel (a.a.O., S.101, 104f, 106f). Seine allgemeindidaktische Grundmaximen sind in M. Terasaki, (1999) aufgezeichnet.

pologischen Gedanken.[61] Die geniale Entwicklung eines philosophischen Fragespiels ist selbstverständlich auch eine originelle Praxis des Philosophierens mit Kindern.[62] Wir dürfen aber hier seine sokratische Praxis, die HAYASHI vom 65. Lebensjahr an begann, als eine vorbildliche Form der außerschulischen Tätigkeit auf der Ebene des lebenslangen Lernens im hohen Alter und als Eroberung neuer Blickwinkel, deuten.

Die Formen des sinnvollen Lebens im Greisenalter müssen natürlich vielfältig sein, ähnlich dem sozialen Umgang mit Kunst-Handwerksspielen in den USA[63] oder das in Japan heute noch von Erwachsenen hoch geschätzte Kulturtradieren durch spontane Überlieferungsspiele.

Schlussbemerkung

Auf alle Fälle ist „Der Mensch aber dazu gemacht, ein Spielzeug Gottes zu sein, und das ist wirklich das Beste an ihm" (Plato). Diese Maxime des späten Plato weist auf das sich selbst oder dem Schicksal gewidmete Spielleben hin und auf die Unentbehrlichkeit des Spielelements beim ernsten Lernen im höchsten Alter.[64] Es ist also offenkundig, dass die Aufgaben der Spiele sich alle im hohen Alter vollenden.

Literatur:

BOLLNOW, Otto Friedrich: *Existenzphilosophie und Pädagogik. Versuch über unstetige Formen der Erziehung*, 1959, 6. Aufl., Stuttgart 1984.

BÜHLER, Charlotte: *Praktische Kinderpsychologie*, Wien, Leipzig 1938.

BUYTENDIJK, Frederick Jacobus Johannes: *Traite de psychologie animale*, Paris 1952.

CAILLOIS, Roger: *Die Spiele und die Menschen. Maske und Rausch* [Übers. von Sigrid von Massenbach], Frankfurt/M, Berlin, Wien 1982.

CHATEAU, Jean: *Le jeu de L'enfant après trios ans, sa nature, sa discipline*, Paris 1946.

DEBESSE, Maurice L.: *Adolescence*, Paris 1993.

DONALDSON, Fred: *Playing by Heart. The Vision and Practice of Belonging*, Florida 1993.

ERIKSON, H. Erik: *Kindheit und Gesellschaft*, Stuttgart 1999.

DERS.: *Die wichtigsten Phasen der psychosozialen Entwicklung*, in: *Der vollständige Lebenszyklus*, Frankfurt 1988, S. 70 - S. 110.

DERS.: *Identity: Youth and crisis*, New York 1968.

DERS.: *Insight and Responsibility*, New York 1964.

DERS.: *Ich und Ethos. Abschließende Bemerkungen*, in: Der vollständige Lebenszyklus. Frankfurt 1988, S. 110 – S. 140.

---

[61] Hayashi, T., 1973, S. 29-50.

[62] Über Kinderphilosophie siehe: Martens, E., 1999.

[63] Vgl. Erikson E. H., 1986, S. 317.

[64] Huizinga, J., 1987, S. 230.

104

ERIKSON, Erik H., Erikson, Joan M. & Kivnick, Helen Q.: *Vital involvement in old age*, New York, London 1986.

FIELD, D. & Millsap, Roger E.: *Personality in advanced old age: Continuity or change?* In: *Journal of Gerontology*, 1991. 46, p. 299-308.

GARVEY, Catherina: *Play, enlarged edition*, Harvard University Press, Cambridge, Massachusetts, 1990.

GIEHL, J. / Johnson J.: *Playing by Heart*, 2004, in: Internet.

GOETHE, Johann Wolfgang: *Gesammelte Werke, Hamburger Ausgabe in 14 Bänden*, Bd. IX, *Dichtung und Wahrheit*, Hamburg 1955.

GUIMPS, Roger de: *Histoire de J. H. Pestalozzi, de sa pensee, et de son oeuvre*, 1874.

GUTS MUTHS, Johann Christoph Friedrich: *Belustigung, Erholung und Abwechselung als Reize des Spiels*, 1976. 9. Aufl., bearb. v. Georg Thiele, Hof 1914.

HALL, G. Stanley: *Adolescence*, Volume I-II, New York 1907.

HAVIGHURST, Robert J.: *Human Development and Education*, New York 1953.

HAYASHI, Takeji: *Jûgyo Ningen (Unterrichtseinheit. Über den Menschen)*, Kokudosha, Tokyô, 1973.

HUIZINGA, Johan 1938: *Homo Ludens. Vom Ursprung der Kultur im Spiel*, Hamburg. 18. Auflage.

HUTCHINS, Robert: *The Learning Society*, Preger 1968.

KAMIYA, Mieko: *Reise der Seele, [Kokoro no Tabi,in jap.]*, Misuzushobô,Tôkyô 1982.

KUKI, Shuzo: *Die Struktur der IKI*, 1930, Iwanami Archiv, 1979.

MARSAL , Eva (Hrsg.): *Ethik-und Religionsunterricht im Fächerkanon der öffentlichen Schule*, Frankfurt/M. 2002.

MARTENS, Ekkehard: *Philosophieren mit Kindern*, Stuttgart, 1999.

MILLAR, Susanna: *The Psychology of Play*, Harmondsworth 1971.

NAKANO, Sigeru: *Asobikenkyu no Choryu, - from the Behaviorism of play to Playfullness*, in: *Asobi no Hattatsugaku*. (Takahashi, T., Nakazawa, K. & Moriue, S. Hrsg.). Tôkyô 1996.

NOHL, Herman: *Charakter und Schicksal. Eine pädagogische Menschenkunde*, 5. Auflage. Frankfurt a. M. 1959.

PIAGET, Jean: *Nachahmung, Spiel und Traum: die Entwicklung der Symbolfunktion beim Kinde* (franz. Originaltitel: La Formation du symbole chez l'enfant: Imitation, jeu et rêve, image et reprêsentation, Delachaux et Niestlê), Gesammelte Werke / Jean Piaget Band 5, 2. Aufl. Stuttgart 1990.

SCHEUERL, Hans: *Theorien des Spiels*, Weinheim und Basel, 1975 (10.Aufl.).

SHIMONAKA, Yoshiko: *Koreikashakai ni okeru atarashii Ningenzô*, p. 81-116, in: *Shogaihattatusinnrigaku*. Kanekoshobô, Tôkyô 1995.

SINGER, Dorothy G. & Singer, Jerome L.: *The House of Make-Believe: Children's Play and the Developing Imagination*, London 1990.

SPRANGER, Eduard: *Goethe, seine geistige Welt*, Tübingen 1967.

TAKAHASHI, Tamaki, NAKAZAWA, Kazuko & MORIUE, Shirô.(Hrsg.): *Die Entwicklungslehre des Spiels. [Asobi no Hattatsugaku, in jap.]*, Baifûkan, Tôkyô 1996.

TERASAKI, Masao (Hrsg.): *Das Wörterbuch der weisen Worte für Erzieher (Kyoiku Meigen Jiten)*, Tokioshoseki, 1999.

TOURNIER, Paul: *Apprendre a vieillir*. (1971). Deutsch: Die Chance des Alters: Erfahrungen mit einer neuen Freiheit, [Übers. aus d. Franz. von Emilie Hoffmann], Freiburg [Breisgau], Basel, Wien 1978.

WOLF, Peter K. Repertoire: *Style and Format: Notions worth borrowing from children's play*, in: Smith, P. K. (ed.) Play: In animals and humans, Oxford 1986.

YANO, Yoshio: *Development of activities in Play*, [In:Asobi no Hattatsugaku, in jap.], Entwicklungsteil. Baifûkan Tôkyô 1996, S. 80-97.

Dr. Ulrike Hoge

Das Spiel als kulturschaffende Kraft – vom „kulturellen Lernen" bei höheren Säugetieren bis zur wertvermittelnden Instanz im Ethikunterricht

1. Vorüberlegungen

Susanne ist 10 Jahre alt und gilt als hyperaktiv. Kaum hat sie sich an ihren Arbeitsplatz gesetzt, fällt ihr schon etwas herunter. Beim Aufheben reißt sie weitere Utensilien mit an den Boden. Die ersten Minuten einer Unterrichtsstunde verbringt sie in der Regel damit, die Dinge, die ihr immer wieder herunterfallen, aufzuheben. Dann kann sie nicht mehr sitzen bleiben, steht auf und wandert unruhig um die Tische, rempelt andere Kinder an und hinterlässt eine Spur des Chaos. Nichts scheint zu helfen. Die Mutter ist besorgt. Das Kind soll ein Gymnasium besuchen, die Leistungen aber sind katastrophal. Je mehr sich die Mutter um die Tochter bemüht, desto schlimmer scheint die Symptomatik zu werden. Susanne kommt in meine Gruppe für Kinder mit Lernstörungen. Sehr bald stellt sich folgendes heraus: Susanne besucht nicht nur sämtliche Zusatzangebote der Schule (Chor, Förderunterricht, Sport), täglich bekommt sie außerdem auch noch 4 Stunden Zusatzunterricht in einem Nachhilfeunternehmen. Danach müssen Hausaufgaben gemacht werden. Zum Ausgleich hat sie Klavierstunden, Zeit zum täglichen Üben ist hier auch vorgesehen. Mühelos kommt Susanne so auf einen 11-Stunden-Arbeitstag. An den Wochenenden lernt dann die vielbeschäftigte Mutter selbst noch mit dem Kind. Dabei bleibt die Arbeit durch die hyperaktive Symptomatik ineffektiv und zum Spiel ist keine Zeit mehr. In meiner Gruppe verschaffe ich Susanne nun einen Raum für „Freizeit". Sie bekommt zunächst Angebote zum freien Spiel, dann werden ihr zunehmend Regel- und Lernspiele angeboten. Innerhalb weniger Wochen schafft sie es, in diesem Rahmen ruhig und konzentriert zu spielen – sowohl alleine als auch mit anderen Kindern. Selbst das Schreiben und Rechnen innerhalb der Spielsituation fällt ihr leicht.

Hier handelt es sich sicherlich um eine Extremsituation, in der einem Kind die Möglichkeit zum Spiel gänzlich verloren geht und damit einhergehend offenbar die Nutzung grundlegender Kulturtechniken eingeschränkt wird. Es soll dabei nicht darauf eingegangen werden, inwieweit bei Susanne eine Hyperaktivität im Sinne einer Diagnose oder eine einfache Reaktion auf die Überforderung vorhanden ist. Vielmehr soll an dieser Stelle der Einfluss des Spiels beleuchtet werden, das – wie hier gezeigt – der einzige Rahmen ist, in dem Susanne schließlich konzentriert einer Tätigkeit nachgehen kann und auch die einzige Situation, in der sie einen kindgemäßen und fröhlichen Eindruck macht.

Zunächst wirft dieses Beispiel zwei Fragen in Hinblick auf den Einsatz von Spielen in der Schule auf:
1. Steht das Spiel in einem Zusammenhang mit seelischer Ausgeglichenheit und eventuell auch Leistungsfähigkeit, ist es eine notwendige Grundlage für die menschliche Entwicklung und auch das Lernen?

2. Wird das Spiel in der Pädagogik genutzt, wird es gezielt eingesetzt, oder wird es, wie in dem Beispiel deutlich wird, von vielen Seiten eher als schulfremde Freizeitaktivität verstanden?

Die intensive weitere Arbeit mit Susanne zeigte immer wieder, dass ihr Leistungspotential weit über den bis dahin erbrachten Leistungen lag und auch die gestellten Anforderungen an sich nicht zu hoch waren. Durch die hyperaktive Symptomatik aber war die Leistungsfähigkeit und vor allem auch das Sozialverhalten stark eingeschränkt. Die Mutter achtete bei ihrer Tochter dabei auf eine ausgewogene Ernährung und auch auf ausreichend Schlaf. Das Kind war also gut versorgt und gefördert. Es lag nun die Vermutung nahe, dass ein deutliches Defizit gegenüber anderen Kindern lediglich im Spielverhalten zu finden war. Tatsächlich führte dann das Spiel auch sehr schnell zum Erfolg. Über das Spiel schaffte es Susanne erstmalig, soziale Kontakte zu knüpfen, sich zu konzentrieren und nicht zuletzt auch Leistung zu zeigen. Diese Beobachtung, die sich nur auf einen Einzelfall bezieht, lässt immerhin bereits die Vermutung zu, dass das Spiel für die Entwicklung nicht zu ersetzen ist.

Einen Gesichtspunkt bezüglich des Stellenwerts des Spiels für die menschliche Entwicklung liefert Brown[1]. In seinen Schlussfolgerungen, wie wichtig das Spiel ist, geht er dabei über das Kindesalter hinaus. Beauftragt, die Hintergründe von einem Amoklauf eines 25jährigen Studenten aufzuklären, bei dem 13 Menschen ums Leben kamen und 31 verletzt wurden, stellt er folgendes fest: In seiner Kindheit hatte der Schütze nie spielen können, da ihm ein strenger Vater niemals Zeit dazu gelassen hatte. Anhand von 26 weiteren Mordfällen untersuchte er diesen Zusammenhang von Gewalttätigkeit und Spielverhalten. Jeder dieser jungen Mörder hatte in seiner Kindheit entweder keine Spielmöglichkeiten gehabt, oder ein extremes Spielverhalten an den Tag gelegt, geprägt von Sadismus, tyrannisieren anderer oder Grausamkeit. Dabei geht Brown nicht davon aus, dass ein gestörtes Spielverhalten auch Gewalttätigkeit auslösen muss oder aber die direkte Ursache der Gewalttätigkeit ist. Er betont hier nur, welche positive Kraft offensichtlich das Spiel ist und wie wichtig es für eine glückliche Kindheit und die Gesundheit des erwachsenen Menschen ist. Weiterhin stellt er die These auf, dass spielende Erwachsene kreativere und leistungsfähigere Persönlichkeiten sind.

Dennoch ist das Spiel in der Schule - zumindest im Sekundarbereich - keineswegs selbstverständlich. Oberflächlich gesehen, scheint ein Widerspruch zwischen einer ernsthaften und zielgerichteten Lerntätigkeit und der freien Entfaltung beim Spiel vorhanden zu sein. In der Pädagogik bestehen sicherlich kaum Zweifel an der Notwendigkeit des Spiels an sich und seiner Bedeutung für die

---

[1] Brown, S., 1994.

seelische Entwicklung. Als eine ausschlaggebende Lernform findet es jedoch nur wenig Beachtung. Dies gilt vor allem für die Praxis.

Um zu klären, ob „Schule" als Raum ernsthaften Lernens und gezielter Vorbereitung auf die Anforderungen des Lebens und „Spiel" tatsächlich nur wenig Gemeinsamkeiten haben, oder ob es sich beim Spiel um eine Lernform und Vorbereitung auf das Leben handelt, soll im Folgenden der Sinn des Spiels in der Entwicklung höherer Säugetiere und anschließend vergleichend in der Entwicklung des Menschen beleuchtet werden.

2. Spiel als gemeinsame Verhaltensform aller höheren Tierarten

Zunächst lässt sich feststellen, dass alle höheren Tierarten spielen. Dabei ist das Spiel, abgesehen vom Menschen, weitgehend auf die Kindheit beschränkt. Dies scheint - wie hier noch gezeigt werden soll - jedoch nicht daran zu liegen, dass die Tätigkeit des Spiels an sich eine typisch kindliche ist, vielmehr haben erwachsene Tiere in freier Wildbahn nur wenig Gelegenheit zum Spiel.

Anhand einiger Beispiele sollen nun Spielformen im Tierreich gezeigt werden, die in ihren Ausprägungen zunächst sehr stark an menschliches Spiel erinnern. Gerade hier lässt sich deutlich erkennen, dass es sich keineswegs um reines Instinktverhalten handeln kann, wie es von einigen Spieltheoretikern angenommen wird. Das heißt, es sollen Spielformen gezeigt werden, die keinen unmittelbaren Sinn für das spielende Tier und die typischen Anforderungen seiner Art haben.

Brown[2] beschreibt japanische Makaken-Äffchen, wie sie im "Joshinetsu Plateau National Park" nahe Nagano bei Schnee Schneebälle formen und wie Spielsachen umhertragen. Dies tun jedoch nur die jungen Affen - nie die Erwachsenen. Dabei kann sogar beobachtet werden, dass zwei gemeinsam einen Schneeball rollen oder sich auf ihr "Werk" stellen. Allerdings benutzen sie die Schneebälle offensichtlich nie zum Werfen, wie es Menschen üblicherweise tun. Die jungen Affen zeigen also einen auf den ersten Blick nutzlosen, doch aber eindeutig kreativen und spielerischen Umgang mit dem Element Schnee. Die unbekannte, kalte und in gewisser Weise auch bedrohliche Naturerscheinung wird bekannt gemacht, zum Spielzeug genutzt.

Am Beispiel eines erwachsenen Rabens zeigt Brown[3], dass Spielverhalten keineswegs auf die Kindheit oder reines Instinktverhalten beschränkt sein muss: Ein von ihm beobachteter, im Schnee "badender" Rabe rollt sich auf einem Hügel auf den Rücken und rutscht etwa drei Meter abwärts. Danach steht er wieder auf, läuft (!) zum Ausgangspunkt zurück und wiederholt die Aktion viele Male.

---

[2] Ebd.
[3] Ebd.

Da es für diese Tätigkeit offensichtlich keinerlei Notwendigkeit gibt, lässt sich vermuten, dass es die reine „Freude am Spiel" ist, die zu diesem Verhalten führt. Ein ganz ähnliches Verhalten beschreibt er bei einem jungen Grizzlybären, der eine abschüssige Eisfläche immer wieder für eine Rutschpartie nutzt.

Ebenso lässt sich bei jungen Hunden beobachten, dass Mütter scheinbar genauso ausgelassen wie ihre Jungen herumtollen und mit Objekten, die die Jungtiere zum "Spielzeug" erkoren haben, in der gleichen Weise wie die Nachkommen umgehen. In einer Situation eigener Beobachtung findet in einer jungen Dackelfamilie eines der Jungtiere einen Strick. Zunächst zerrt es daran herum, beißt hinein, schüttelt ihn und zieht ihn hinter sich her. Bald bekommen auch die Geschwister Interesse daran und so entwickelt sich eine Art Tauziehen zwischen den vier Geschwistern. Obwohl das Spiel offensichtlich völlig ausgeglichen scheint und die Jungtiere mit sich selbst beschäftigt und außer Gefahr sind, die fünf Jahre alte Mutter sie also ohne weiteres gewähren lassen könnte, mischt auch sie sich schließlich in das Spiel ein und "unterwirft" sich der neu entdeckten Spielform ihrer Jungen. Sie "lehrt" also nicht, indem sie ein Spiel vormacht oder beschützend eingreift, sie spielt vielmehr einfach mit, lässt sich von den "ausgelassenen" Welpen "anstecken". Ausgeprägtes Schwanzwedeln deutet außerdem darauf hin, dass sie selbst Freude an der Tätigkeit hat. Dabei müssen durch ihr Eingreifen die Kräfteverhältnisse neu ausgelotet werden, die Hunde wechseln dabei immer wieder die Seite, und zerren, unterteilt in zwei Parteien an beiden Enden. Eine Tiermutter spielt hier also ohne ersichtliche Notwendigkeit mit ihren Jungen. Das bedeutet, die frühe Mutter-Kind-Bindung beruht nicht auf einem rein einseitigen Verhältnis, bei dem die Mutter aktiv und das Junge passiv ist - es beinhaltet ebenso Interaktionen. Dabei findet diese erste Interaktion nicht im Ernstfall, sondern im Spiel statt.

Es lässt sich anhand dieser Beispiele bereits feststellen, dass Tiere – auch im Erwachsenenalter – Schutzräume nutzen, um zu spielen. Dabei drängen sich bei den beschriebenen Tieren die Parallelen zum menschlichen Spielverhalten geradezu auf: Schneebälle rollen, den Schnee gestalterisch umzufunktionieren, Rutschen (vor allem auf Rutschbahnen, beim Schlitten- und Skifahren etc.) und „Tauziehen" scheinen geradezu menschliche Spielformen zu sein.

Neben den allgemein bekannten Spielformen des Tiers, dem Raufen beispielsweise mit Geschwistern oder dem einfachen Herumrennen und –springen zeigen diese Beispiele außerdem deutlich, dass Gegebenheiten der Umwelt aktiv in das Spiel miteinbezogen werden.

Dies legt zunächst eine Vergleichbarkeit in Bezug auf die Ausprägungen des menschlichen Spiels mit dem des Tieres nahe. Inwieweit aber auch ein übereinstimmender Sinn besteht, wird noch nicht deutlich.

3. Spielen als Vorbereitung auf das Leben

Jeder, der Haustiere besitzt oder Jungtiere in freier Wildbahn beobachtet hat, konnte bereits wahrscheinlich selbst spielende Tiere beobachten. Ebenso handelt es sich um ein Thema, dass in der Literatur aber auch in Tierfilmen gerne aufgegriffen wird. Wenn nun das Spiel im Tierreich so ausgeprägt ist, so lässt sich auch biologischer Sinn dahinter vermuten.

Ganz offensichtlich spielt hier - im Tierreich - zunächst die Ausbildung der Muskelkraft eine elementare Rolle. Muskelkraft und Geschicklichkeit, eine optimale Beherrschung der Motorik also, ist für wild lebende Tiere in der Regel überlebenswichtig. Für ein Beutetier wäre es verhängnisvoll, müsste es eine Jagdsituation einfach aufgeben, um sich auszuruhen. Sein "Jäger" wiederum müsste Hunger leiden, würde er von sich aus die Jagd abbrechen, d.h. ein Tier kann im Ernstfall Müdigkeit oder Schwäche nicht einfach nachgeben. Das Spiel bietet dabei eine optimale Vorbereitung. Spielende Jungtiere schonen sich nicht. Obwohl das Spiel durch den von den Eltern geschaffenen Schutzraum jederzeit abbrechbar wäre, gehen sie hier schon früh an ihre körperlichen Grenzen, sie spielen unermüdlich, statt sich auszuruhen und zu entspannen.

Hess[4] beispielsweise beschreibt Berggorillafamilien, in denen die Jungtiere ausgiebig spielen, während die erwachsenen Tiere des Familienverbandes ruhen. Die Mütter sind durch diese Aktivität ihrer Kinder dann häufig gezwungen, ihre eigene Ruhe aufzugeben oder aber die Jungtiere (durch Festhalten) zum Schlafen zu zwingen. Im Spiel setzten sich die Jungtiere also über die Gewohnheiten ihres Familienverbandes hinweg – zugunsten einer ausgiebigen körperlichen Belastung.

Brown[5] berichtet von jungen Wölfen, die fast zwei Stunden ohne Unterbrechung eine Form von "Fangen" spielen. Dabei verhalten sie sich wie im Ernstfall, legen beispielsweise die Ohren an, die in dieser Stellung gewöhnlich Aggression symbolisieren, obwohl es in diesem Falle nur ein Teil des Spiels ist. Brown geht hier davon aus, dass derart ruheloses Spiel dazu beiträgt, die Kondition zu erlangen, die die Wölfe später zum Jagen von Elchen und anderer Beute brauchen. Auch Klettern oder die Nahrungssuche kann ein hohes Maß an Geschicklichkeit fordern.

So beschreibt Goodall[6], dass Schimpansen im Spiel Äste ausprobieren, darauf schaukeln und somit herausfinden, inwieweit ihr Gewicht hier getragen wird. Anhand der Beispiele wird deutlich, dass Spiel beim Tier ganz offensichtlich eine Voraussetzung für das Überleben ist. Gleichzeitig muss es in sich so attrak-

---

[4] Hess, J., 1992.
[5] Brown, S., 1994.
[6] Goodall, J., 1991.

tiv sein, dass es das spielende Tier Erschöpfung und Müdigkeit vergessen oder als zweitrangig erscheinen lässt. Individuelle Höchstleistungen können so durch das spielerische Training erreicht werden, ohne dass es für das Tier notwendig ist, die Zusammenhänge zu durchschauen, sich aus "Einsicht" zu überwinden und zu trainieren.

Dabei beschränkt sich das tierische Spiel keineswegs nur auf das, was tatsächlich im späteren Leben gebraucht wird. Tiere neigen zu motorischen Extrembewegungen vor allem im Spiel, d.h. sie führen Bewegungen durch, die für sie nicht notwendig sind und in dieser Form häufig auch nicht werden, die aber dennoch extrem hohe Anforderungen an die feinabgestimmte Muskelbeherrschung stellen. Fast tänzerische Bewegungen im Spiel junger Löwen beschreibt Brown[7]. Ebenso sind Variationen von Luftsprüngen mit verschiedenen athletischen Drehungen Teile des Spiels. Solche "spektakulären" Sprünge, die offensichtlich ohne äußeren Anlass durchgeführt werden, sind bei Bergziegen, Antilopen und Pferden, sowie bei Delphinen und Killerwalen zu beobachten. Wüstenmäuse springen im Mondlicht und sogar Flusspferde hüpfen gelegentlich unter Wasser.

Wenngleich hier das Spiel weit über die Anforderungen des Ernstfalls hinausgeht und damit auf den ersten Blick eher überflüssig erscheint, bietet es doch eine Trainingsmöglichkeit für das spätere Leben: Ebenso abhängig wie von der aktiven Muskelbeherrschung ist das Tier von der spontanen Anpassung der Muskeln auf äußere Störgrößen: Hindernissen ausweichen, plötzlich bremsen müssen, Bodenunebenheiten bewältigen oder - wie es vor allem für Tiere in sehr kalten und schneereichen Gebieten notwendig ist - die unmittelbare Anpassung an plötzlich rutschigen Untergrund. Eisflächen oder Abhänge können hier schnell zu einer "Rutschpartie" werden, in der das Tier die Gewalt über seinen Körper verliert.

Damit ist das Spiel beim Tier nicht nur „lineare Vorbereitung" auf das Leben, vielmehr können die einzelnen Spielelemente immer wieder zur Grundlage einer vielfältigen Problembewältigung dienen. So wird Spiel gleichzeitig zu einer „schaffenden Kraft". Deutlich wird dabei, dass das Tier sich im Spiel nicht schont. Spiel ist immer auch Anstrengung und damit sinnvoll für den Organismus. Dabei wird offensichtlich die Anstrengung nicht als Last erlebt. Sie wird aktiv aufgesucht. Und tatsächlich nützt dies dem Körper, er nützt sich nicht ab, vielmehr wird er belastbarer - wie Zeyer[8] schreibt.

---

[7] Brown, S., Ebd.
[8] Zeyer, A., 1994.

4. Spiel als ursprüngliche Lerninstanz

Es stellt sich nun die Frage, ob es sich beim Spiel im Tierreich lediglich um eine Trainingsform oder ob es sich um Lernen im eigentlichen Sinn handelt. Die Entwicklung der Motorik ist eindeutig ein Training für die koordinierte Körperbeherrschung. Doch wird die Motorik eher entwickelt und muss trainiert werden.

Die Feststellung also, dass das Spiel im Dienste der Entwicklung steht, heißt noch nicht zwangsläufig, dass Spiel auch einen Lerngewinn bedeutet. Fraglos ist das Spiel förderlich für die Entwicklung und bietet alleine hierdurch schon eine günstigere Ausgangsposition für die Anforderungen des späteren Lebens. Durch das Training verschiedener Jagd- oder Kampfformen werden gleichzeitig Verhaltensmuster geübt, die im Ernstfall von elementarer Bedeutung sind. Im Spiel wird daher nicht nur die Entwicklung begünstigt, es werden auch lebenswichtige Verhaltensformen trainiert. Damit wird das spätere Leben aktiv, wenn auch unbewusst, vorbereitet. Doch inwieweit handelt es sich hierbei schon um Lernen, und nicht weitgehend nur um die Ausführung von Instinkthandlungen mit positiven Nebeneffekten oder um, zwar nicht auf Instinkthandlungen begrenztes, dafür aber überflüssiges Spiel? Und selbst wenn nebenbei Lernerfolge auftreten, welche Bedeutung hat das Spiel im Zusammenhang mit dem gesamten Lernprozess des Tieres?

Lernen - insbesondere im kulturellen bzw. schulischen Sinne - bezieht sich zunächst auf kognitive Prozesse und soziales Lernen, ist großhirnabhängig und nicht wie die Muskelbeherrschung im Kleinhirn verankert. Wenn das Spiel eine evolutionäre Grundlage des Lernens ist und das Spiel des Tieres mit dem des Menschen verglichen werden soll, müssten sich solche „lernenden" Spielformen auch im Tierreich finden lassen.

Neben Kraft, Ausdauer und Geschicklichkeit müssten hier noch weitere Eigenschaften, wie beispielsweise aktives Explorationsverhalten oder aber soziales Lernen vorhanden sein und gleichzeitig müsste hier ein deutlicher Zusammenhang mit den tatsächlichen Anforderungen des Lebens bestehen.

5. Geistige und soziale Kompetenzen im Spiel des Tieres

Im Folgenden soll nun anhand von Beispielen geklärt werden, ob sich geistige und auch soziale Spielformen beim Tier finden lassen.

Geistige Kompetenz:
Um einen Zusammenhang zwischen dem Spiel und den Anforderungen des Lebens herstellen zu können, soll hier kurz auf die Anforderungen, die der Ernst-

fall an das Tier stellt, eingegangen werden. Verhaltensforscher wie Arzt und Birmelin[9] oder Dawkins[10] gehen von einem tierischen Bewusstsein aus. Während Arzt und Birmelin dabei höhere Tierarten wie Affen, Wale oder Delphine meinen, bezieht Dawkins dieses Bewusstsein sogar auf Bienen. (Wie weit es sich dabei um reine Interpretationen tierischen Verhaltens handeln kann und soll an dieser Stelle nicht geklärt werden.)

Dieses Bewusstsein dient in erster Linie einer aktiven Anpassung. Immer wieder müssen auch Tiere mit veränderten Lebensbedingungen zurechtkommen. Zu nennen wären Nahrungsumstellungen, veränderte Jagdstrategien, neue Feinde oder oft auch müssen neue Behausungen gefunden werden. Dass jedoch gerade für die *aktive* Anpassung[11] an neue oder veränderte Lebensräume Neugier und Explorationsfreude grundlegende Bedingungen sind, liegt auf der Hand. Solche Art der Anpassung ist bei höheren Tierarten zu finden. Dabei stehen Intelligenz und Explorationsverhalten im engen Zusammenhang bzw. das Neugierverhalten gründet sich auf geistige Fähigkeiten. Gleichzeitig ist das Erkunden und Neugierverhalten ein wichtiges Element des Spiels. Eibl-Eibesfeldt[12] beispielsweise führt Spiel auf die Freude am Erkunden zurück. Anhand des folgenden Beispiels soll verdeutlicht werden, dass Tiere im Spiel sowohl verblüffenden Einfallsreichtum als auch "Problemlöseverhalten" zeigen. Beide Eigenschaften dienen dabei im Ernstfall dazu, mit unbekannten Situationen zurecht zu kommen.

Arzt und Birmelin[13] beschreiben abstraktes Problemlösevermögen in einem für eine Schimpansin aufgebauten Labyrinthspiel.

"Julia war eine fünfjährige Schimpansin aus dem Zoo in Hannover. Wäre sie ein Mensch gewesen, hätte sie wohl in der Zeitung immer zuerst die Rätsel- und Denksportseite aufgeschlagen, denn sie war ganz versessen auf die >>Intelligenztests<< und die >>Denksportübungen<<, die ihr die Biologen Bernhard Rensch und Jürgen Döhl vorsetzten."

Mit diesen Worten leiten Arzt und Birmelin[14] die Beschreibung der Leistungen des Schimpansen ein. Julia erhielt ein Labyrinth, durch das sie einen Eisenring mit einem Magneten zum Ziel führen musste. Damit sie dieses Ziel nicht durch Ausprobieren und Einprägen des richtigen Weges erreichen konnte, war das Labyrinth umbaubar. Die Wege konnten jedes Mal verändert werden, und zusätzlich hatten sich die Biologen einen Trick einfallen lassen: Das Labyrinth hatte

---

[9] Arzt, V. / Birmelin, I., 1993.

[10] Dawkins, M., 1994.

[11] Hier ist nicht die passive Anpassung durch Mutation und Selektion gemeint, bei der zufällig angeborene Eigenschaften plötzlich Vorteile bilden, Tiere mit diesen Eigenschaften überleben und eine neue Population aufbauen. Gemeint ist hier die Anpassung einer Tierart an einen neuen oder veränderten Lebensraum bei Fortbestand der Individuen!

[12] Eibl-Eibesfeldt, I., 1969.

[13] Ebd.

[14] Ebd., S. 114.

zwei Eingänge, aber nur über einen von diesen konnte der Ausgang erreicht werden. Julia musste sich gleich zu Beginn für den "richtigen Eingang" entscheiden, noch vor dem Start musste sie also die Wege zunächst durchdenken.

"Manchmal - in besonders schwierigen Fällen, wenn >>gemeine<< Umwege und Sackgassen eingebaut waren - saß sie über eine Minute konzentriert über dem Brett, aber darin unterschied sie sich nicht von den Studenten, denen man dieselbe Aufgabe vorsetzte. Im Durchschnitt brauchten diese zwar nur die halbe Zeit, Julia hatte allerdings auch einige Semester weniger hinter sich."[15]

Julia war also zum Denken, dem "Probehandeln in der inneren Welt"[16] fähig. Ähnliches Problemlöseverhalten legte sie nicht nur in Experimenten mit optischen Problemen, sondern auch komplexeren Aufgaben, die nicht nur durch visuelle Wahrnehmung zu lösen waren, an den Tag.

Es handelt sich zwar in dem beschriebenen Fall um eine Anforderung, die im Leben des Tieres eigentlich irrelevant ist (das Lösen eines Labyrinths wird in der Wildnis wohl eher nicht gebraucht), doch zeigt diese Entfaltung geistiger Fähigkeiten im Spiel, dass das Tier sogar ohne äußere Notwendigkeit erfindungsreich ist und kognitive Problemlösebereitschaft zeigt. Ebenso wie häufig im menschlichen Spiel fehlt hier der lineare Zusammenhang mit den Anforderungen, denen das ausgewachsene Tier ausgesetzt sein wird. Gleichzeitig liegt jedoch auf der Hand, dass ein Tier, das im Spiel zu solch außergewöhnlichen Leistungen fähig ist, auch im Ernstfall Vorteile hat. Bei dem kreativen und problemlösenden Spiel handelt es sich eher um eine Überlebensgrundlage, die in vielen Fällen zwar nicht gewinnbringend genutzt wird, durchaus aber - unter entsprechenden Bedingungen - gewinnbringend eingesetzt werden kann.

Dass die spielerisch erworbenen Fertigkeiten durchaus genutzt werden, zeigt ein Beispiel eigener Erfahrung. Ein junges Igelweibchen, das mutterlos und aufgrund sehr geringen Gewichts über Winter im Haus gehalten wurde, entwickelte spielerisch folgende Befreiungsstrategie: Gehalten in mehreren, geräumigen, aneinander gehängten Pappkartons, spielte sie bevorzugt mit Zeitungsfetzen, die sie sich durch Zerreißen vorhandener Zeitungen weitgehend selbst „herstellte". Diese Fetzen rollte sie teilweise zu winzigen Kugeln oder schichtete sie auf Haufen, in die sie hineinkroch (jedoch nicht zum Schlafen nutzte). Schließlich entdeckte sie folgende Strategie: Tauchte sie die Zeitungsteile vorher in ihre Wasserschüssel und brachte sie danach in eine Ecke, weichte durch die Feuchtigkeit der Pappkarton auf und sie konnte dann die Pappe sehr leicht durchbrechen und so unbehelligt nachts den Rest der Wohnung nutzen. Gegen Morgen kehrte sie dann regelmäßig in den vertrauten Pappkarton zurück. Eine Erneuerung der Kartons nutzte nichts. Das Igelweibchen war wiederholt in der Lage,

---

[15] Ebd., S. 117.
[16] Ebd.

diese Technik einzusetzen und sich damit die gewünschte Freiheit zu verschaffen. Das spielerische Tun wurde so zu einer Erfahrung, die zu einer Verbesserung der Lebensqualität führte. Spielerisches Explorationsverhalten geht so direkt in den Ernstfall über und die „schaffende Kraft" des Spiels wird deutlich. Ähnlichen Ursprung hat selbst die Technik des Termitenfangens, bei dem die Affen einen dünnen Stock oder Halm in den Termitenbau stecken, ihn dann wieder hinauszuziehen und die Termiten ablecken. Diese Strategie, die – wie Goodall[17] beschreibt - im spielerischen Tun von einem Affen entdeckt wurde, wurde an die ganze Sozietät weitergeben und schließlich tradiert.

Als einen Hinweis dafür, dass durch Spiel auch die Intelligenz gesteigert wird, führt Dröscher [18]eine Untersuchung von Rosenzweig, Bennett und Diamond[19] an, die 30 Tage lang Ratten und Mäuse entweder in einer reizlosen Umgebung aufwachsen ließen, oder ihnen attraktive Spielmöglichkeiten mit Spielzeug und Geschwistern ermöglichten.

"Die Großhirnrinde derjenigen Tiere, die spielen durften, war um 6,4% schwerer als die zur Stumpfsinnigkeit gezwungenen Ratten und Mäuse. Aber nicht nur das: Auch die Anzahl der Verzweigungen der einzelnen Hirnzellen, der sogenannten Dendriten, hatte bei den >>Spielkindern<< zugenommen, desgleichen die Anzahl der Nervenkontakte, also der >>Synapsen<<."[20]

Wie wichtig das Lernen im Spiel des Tieres tatsächlich auch für die Lebensbewältigung ist und Selektionsvorteile bietet, wird erst dann deutlich, wenn die Gelegenheit zum Spiel ausbleibt. So beschreibt Goodall[21] eine junge Schimpansin, die durch ihre ängstliche Mutter daran gehindert wurde, mit anderen zu spielen. Aus dem ursprünglich fröhlichen und lebendigen Jungtier wurde zunehmend ein lethargisches Tier, das nur wenig lebensfähig war.

Dröscher beschreibt, dass bei Affen vor allem die älteren weiblichen Jungtiere mit jüngeren - meist Geschwistertieren - "Mutter spielen" und dabei Erfahrungen in "Babypflege" sammeln, die sie bei ihrem ersten eigenen Kind wiederum anwenden.

"Konnten sie, aus welchen Gründen auch immer, dieses Kinderpflegepraktikum nicht absolvieren, stirbt ihnen ihr erstes Kind regelmäßig unter den Händen, so sehr sie es auch lieben mögen."[22]

---

[17] Goodall, J., 1991.
[18] Dröscher, V. B., 1985^2.
[19] Rosenzweig, M. / Bennett,L. / Diamond, M., 1972.
[20] Dröscher, Ebd., S. 201.
[21] Goodall, J., Ebd.
[22] Dröscher, V. B., Ebd., S. 248.

115

In diesen Beispielen ist sicher nicht das Fehlen von Muskelkraft ausschlaggebend. Vielmehr ist das notwendige Verhaltensrepertoire stark eingeschränkt. Dies lässt sich einerseits auf eine ungenügend entwickelte geistige Kompetenz zurückführen, gleichzeitig fehlen hier auch soziale Fähigkeiten. Im Folgenden soll daher auch der Zusammenhang zwischen sozialem Lernen und Spiel beleuchtet werden.

Soziale Kompetenz:
Gerade bei sozietär lebenden Tieren lassen sich vielfältige Formen sozialer Umgangsformen finden. Diese sind nicht nur beschränkt auf das gemeinsame Jagen, das Teilen der Beute, Verteidigung oder die ritualisierten Rangordnungskämpfe. Bekannte Beispiele wären hier die gemeinsam jagenden Löwenweibchen, Wale fangen Fische, indem sie eine Art Käfig um Fischschwärme bilden, den sie immer mehr verengen und sich immer weiter nach oben schrauben, bis die Beutefische schließlich auf so engem Raum zusammengetrieben sind, so dass die Wale nur noch ihre Mäuler aufzureißen brauchen, um reichhaltig Beute zu machen. Büffel, die Flüsse überqueren müssen, in denen Krokodile leben, schließen sich eng zusammen und laufen als Einheit, als Herde durch das Gewässer, so dass das Krokodil nur geringe Chancen hat.

Soziale Kompetenz, insbesondere die Kooperation der Tiere geht jedoch weit über dieses Maß hinaus, bezieht sogar eine Art von „Zweisprachigkeit"[23] - gemeint ist hier die Kommunikation zwischen verschiedenen Arten - und eine Form von Mitleid und Empathiefähigkeit mit ein.

Ein eindrückliches Beispiel für die Kommunikation liefert Brown[24] anhand eines Zusammentreffens von Eisbär und Hund. Ein 1000 Pfund schwerer Eisbär traf mit einem Schlittenhund zusammen. Da sich diese Begebenheit, wie Brown weiter beschreibt, Mitte November ereignete - zu einer Zeit also, in der sich in der entsprechenden Bucht noch kein Eis gebildet hatte, der Bär so keine Gelegenheit gehabt hatte, seine Lieblingsbeute, nämlich Seehunde zu jagen - hatte er praktisch vier Monate fasten müssen. Ein Hund wäre also eine attraktive Beute gewesen. In dieser Situation floh der Hund jedoch nicht vor dem Bären - im Gegenteil, er begann mit dem Schwanz zu wedeln, "grinste" und verbeugte sich vor dem Bären. Als Antwort hierauf drückte die Körpersprache des Bären Begeisterung aus, und er machte einen freundlichen (nicht aggressiven) Gesichtsausdruck. Die beiden natürlichen Feinde begannen nun spielerisch miteinander zu tollen und sich sogar freundschaftlich zu umarmen. Die beiden sprachen dieselbe Sprache, "lass uns spielen" begründet Brown dieses ungewöhnliche Verhalten.

[23] Weidt, H. / Berlowitz, D., 1996.
[24] Brown, S., 1994.

Dass Tiere auch Mitleid empfinden können, und das nicht nur für die eigene Art, zeigt Hess[25] anhand eines Beispiels von Berggorillas. Bei seinen Beobachtungen wurde er von einem Gorilla entdeckt und angegriffen. Der Gorilla stürzte sich auf ihn und verschwand wieder. Hess beschreibt, wie er mit Schmerzen im Rücken am Boden lag und zunächst nicht mehr auf die Beine kam. In dieser Situation erfuhr er nun Hilfe durch Maggie, ein fast erwachsenes Gorillaweibchen, die zwei Minuten später erschien.

„Sie saß auf Distanz, die Arme verschränkt, das Kinn auf die Arme gestützt und sah mich mit ernstem Gesicht an. Dann kam sie heran, setzte sich ganz nahe zu mir, näherte ihr Gesicht auf Zentimeterdistanz dem meinen und schaute mir länger und reglos in die Augen. Plötzlich strich sie mir mit einer Hand mehrmals sanft und ruhig über die Haare. Dreimal, immer von Pausen unterbrochen, wiederholte Maggie diese freundliche Geste."[26]

Das hohe Einfühlungsvermögen der Berggorillas belegt Hess (1992) auch mit Beispielen über die Reaktion von Muttertieren. Wurden ihm die Jungen im Spiel lästig, so wurden sie immer wieder von ihren Müttern zurückgeholt. Dabei war es den Tieren offensichtlich möglich, die Signale der Menschen richtig zu interpretieren und die Konsequenzen daraus zu ziehen.

Dass nicht nur das „Empathievermögen" der Delphine therapeutisch für Kinder eingesetzt werden kann, zeigt Svendsen[27], die ein Esel-Asyl in Sidmouth/Devon aufgebaut hat. Hier werden Esel, die woanders kein Zuhause finden, aufgenommen, versorgt oder gepflegt. Einige der Tiere werden genutzt, um therapeutisch mit behinderten Kindern zu arbeiten. Dabei berichtet Svendsen, dass die Tiere Freude an der Arbeit mit den Kindern zu haben scheinen. Wie sehr sie dabei in der Lage sind, auf die Kinder einzugehen, schildert sie anhand eines behinderten Jungen, der es bei einem Spiel wiederholt nicht schaffte, reitend eine Karte aufzunehmen und zu einem „Postkasten" zu transportieren. Als der Esel nun bemerkte, dass sein Reiter Probleme mit der gestellten Aufgabe hatte, nahm er selbst die Karte mit dem Maul auf und transportierte sie eigenständig zu dem Postkasten, um sie dort hineinzuwerfen. Hier zeigt sich deutlich, dass der Esel den Ablauf des Spiels begriffen hatte, gleichzeitig sich aber offensichtlich auch in die Not seines Reiters hineinfühlen konnte und dessen Aufgabe mit übernahm.

Anhand dieser Beispiele lässt sich vermuten, dass soziertär lebende Tiere die Verhaltensweisen, die vor allem dem Menschen zugeschrieben werden, beherrschen können. Offensichtlich beschränken sich dabei Gefühle wie Einfühlungsvermögen oder Mitleid nicht nur auf Primaten. Ganz deutlich wird anhand dieser Beispiele auch, dass sich solche Verhaltensformen sowohl im Spiel als auch im

---

[25] Hess, J., 1992.
[26] Ebd., S. 173.
[27] Svendsen, E., 1995.

Ernstfall zeigen (das von Hess[28] beschriebene Gorillaweibchen war noch im Spielalter, um die Esel therapeutisch einzusetzen wurde spielerisches Verhalten genutzt bzw. die Esel wurden spielerisch an ihre Aufgaben herangeführt und nicht abgerichtet oder dressiert!). Es lässt sich also vermuten, dass diese sozialen Verhaltensformen in einem Wechselspiel von Spiel und Kommunikation erlernt, erprobt und geübt werden. Spielfreudige Tiere kommunizieren bereits im Spiel, bringen hier ihre Kommunikationsformen, den spezifischen Charakter ihrer Körpersprache in Einklang, bzw. akzeptieren die Signale des anderen. Auf der anderen Seite lässt aber auch übereinstimmende Kommunikation das Spielverhalten erst zu - selbst zwischen zwei Arten, wie es bei Eisbär und Hund deutlich wird.

Anforderungen des sozialen Zusammenlebens in Tiersozietäten sind also Elemente des Spiels. Es liegt auf der Hand, dass Tiere, die mit solchen Anforderungen bereits im Spiel konfrontiert waren, die bereits Übung darin haben, in einem geschützten Raum soziale Konflikte zu bewältigen, Rangordnungen zu bilden und zu akzeptieren, die die Körpersprache bereits einsetzen mussten, kooperieren konnten und Bindungen aktiv aufrecht erhalten haben, auch im Ernstfall besser mit solchen Anforderungen umgehen können. Darüber hinaus ist im Ernstfall die Einschätzung des anderen notwendig. Diese wiederum ist abhängig vom gegenseitigen Verständnis der Körpersprache, von der Ritualisierung und damit auch Beurteilung der Aggression, und sie steht in einem Wechselverhältnis mit der Bindung. Je besser also der andere eingeschätzt werden kann, desto besser funktioniert die Kooperation und umgekehrt, je enger eine Bindung ist, desto besser wird der andere auch gekannt, desto besser kann er eingeschätzt werden.

Abschließend lässt sich feststellen, dass Spiel beim Tier Grundlage vielfältigen Lernens ist. Dabei handelt es sich nicht um Lernen im Sinne von Nachahmung, sondern um Explorationslernen. Gerade dadurch können auch ganz neue Verhaltensformen entdeckt werden, die dem einzelnen Tier dann später nützen, wiederum aber auch von Sozietätsmitgliedern übernommen werden und damit die ganze Sozietät prägen können. Geht man, wie Bonner[29] von einer Kulturentwicklung bei Tieren aus, so hat das Spiel hier eine prägende Kraft und ist sogar imstande, die „Kultur" durch neue Verhaltensformen zu bereichern.

6. Vergleiche mit dem kindlichen Spiel

Anhand der Beispiele aus dem Tierreich sollte die Vielfältigkeit des tierischen Spiels und deren Auswirkungen auf den Ernstfall deutlich geworden sein. Kein Zweifel kann daran bestehen, dass das Tier durch Spiel lernt. Würde sich dabei das Spiel nur auf den Bereich der Motorik beschränken, so wäre es – auf den

---

[28] Hess, J., Ebd.
[29] Bonner, J. T., 1983.

Menschen übertragen - allenfalls für den Sportunterricht relevant. Gerade aber die Tatsache, dass das Spiel im Tierreich geistige und soziale Kompetenzen fördert, macht es für den Einsatz in der Schule interessant. Lassen sich kognitive und soziale Fähigkeiten effektiv durch das Spiel fördern, so wird es auch sinnvoll sein, das Spiel in schulische Lernprozesse einzubeziehen.

Zunächst stellt sich nun die Frage, ob das Spiel beim Kind den gleichen Stellenwert hat. Stammesgeschichtlich hat es sicherlich den gleichen Ursprung, doch hat sich im Laufe der menschlichen Entwicklungsgeschichte das Spiel stark gewandelt. Und nicht nur das Spiel hat sich gewandelt, auch die gesamten Lebensbedingungen. Vor allem die geistigen Anforderungen des Menschen erscheinen im Vergleich zu denen im Tierreich erheblich höher und gründen sich meist auf kulturelles Lernen. Es wäre nun denkbar, dass das Spiel in dieser Entwicklung nicht mithalten konnte, dass es sich lediglich auf ursprüngliche Verhaltensweisen und Anforderungen bezieht, jedoch für die hohen Anforderungen unserer Kultur nicht ausreicht. Gerade die verschiedenen Kulturausprägungen des Spiels lassen oberflächlich gesehen sehr schnell vermuten, dass sie nicht der Vorbereitung auf das Leben dienen, also nicht in einem linearen Zusammenhang stehen. So spielen die meisten Kinder irgendwann einmal Cowboy und hantieren mit Spielzeugpistolen, ohne später diese Verhaltensform zu nutzen, Kinder dagegen, die beispielsweise „Verwaltungsbeamter" spielen, dürften doch eher eine Minderheit darstellen, obwohl dieser Beruf in unserer Kultur häufig vertreten ist.

Mit der Entwicklung einer immer komplexeren Kultur hat sich aber auch das Spiel immer weiterentwickelt. Dabei sind die ursprünglichen Spielformen beständig geblieben. Das menschliche Spiel wurde nur durch immer weitere Formen bereichert und zunehmend mit Kulturgütern kombiniert. Der Mensch ist dabei zu der Art geworden, die wohl am vielfältigsten, am meisten und auch am längsten in seiner Entwicklung spielt. Auch wenn uns durch die Weiterentwicklung der Kultur immer mehr Freiräume zur Verfügung stehen, wäre es paradox anzunehmen, dass sich neben dem entwicklungsfördernden, stammesgeschichtlich verankerten Spiel eine zweite Form des Spiels - eine kulturelle und gleichzeitig nutzlose - entwickelt hätte. Wäre das Spiel durch die kulturelle Entwicklung zunehmend ersetzt worden, wären also durch kulturell geschaffene Lerninstanzen wie beispielsweise die Schule die spielerischen Lernformen optimiert worden, so wäre das Spiel eher zunehmend ausselektiert worden oder hätte sich zumindest nicht weiterentwickelt.

Auch das Cowboyspiel steht hier nicht im Widerspruch zu der Sinnhaftigkeit. Selbstverständlich kann es nicht komplex übertragen werden, sondern nur einzelne Elemente, wie beispielsweise Reaktionsfähigkeit oder Grenzerfahrungen können übernommen werden.

Dass sich mit der Entwicklung der Kultur auch das Spiel gewandelt hat und auch kulturell geprägt wurde, ist also ein starkes Indiz dafür, dass das Spiel sich als Lerninstanz optimal an die Bedingungen der Anforderungen der menschlichen Kultur angepasst hat, also im Dienst der Kultur steht und damit seinen Sinn behält. Wäre das Spiel nicht so variabel und vielfältig in seinen Ausprägungen, so könnte es kaum so sinnvoll sein. Eine funktionierende Vorbereitung auf den Ernstfall, der sich beim Menschen vor allem auf die Bewältigung kultureller Anforderungen bezieht, muss jederzeit mit Veränderungen mithalten können. Einen weiteren Hinweis, dass das Spiel auch beim Menschen der Lebensvorbereitung dient, liefern einfachere Kulturen. Je einfacher eine Kultur und deren Anforderungen, desto geringer ist zunächst die Spielbreite, desto kürzer die Kinder- und Jugendzeit und desto klarer lassen sich Parallelen finden.

Schott[30] beispielsweise, die sich mit Eskimospielen befasst hat, beschreibt, dass sämtliche Eskimospiele, ob die der Erwachsenen oder die der Kinder, entweder symbolisch oder direkt die Anforderungen der Arbeitswelt, wie den Fischfang oder das Bauen von Flößen oder Behausungen, imitieren. Und es werden deutlich Fertigkeiten geübt, die auch später gebraucht werden. Ein solch linearer Zusammenhang ist in unserer Gesellschaft und ihrer unübersehbaren Vielfalt dagegen in dieser Deutlichkeit nicht zu beobachten, dies schließt jedoch nicht aus, dass er vorhanden ist. Ähnlich wie bei den Eskimos beschreibt auch Bruner[31] die Spiele bei den Pygmäen. Hier unterscheiden sich nicht einmal die Spiele der Erwachsenen von denen der Kinder, wobei beide die Fertigkeiten, die der Ernstfall fordert, unterstützen und trainieren.

Dass in unserer Kultur der Zusammenhang zwischen Spiel und Arbeitswelt nicht so offensichtlich ist, wie in einfacheren Kulturen oder gar beim Tier, wäre also auf die Komplexität unserer Kultur zurückzuführen. Die Grenzen zwischen dem Spiel höherer Tierarten, einfachen Kulturen und unserer - wie wir meinen - hochkomplexen Kultur scheinen also fließend. Gemeinsam ist allen Kulturen die Notwendigkeit des Spiels für die Entwicklung und das Lernen. So zeigen Dean und Geber[32] anhand einer Untersuchung von Kindern in Uganda wie elementar das Spiel auch für den Menschen ist. Diese Kinder waren bis zum Alter von 12 Monaten den gleichaltrigen amerikanischen und europäischen Kindern weit überlegen. Dann jedoch gab es einen Bruch, die Kinder in Uganda fielen in ihrer Entwicklung immer weiter zurück, bis sie mit drei Jahren "stumpf und teilnahmslos" wirkten. Tatsächlich hatte sich in dieser Zeit auch die äußere Situation der Kinder verändert. Im ersten Jahr waren sie in engem Kontakt mit der Mutter aufgewachsen, die sich ständig um sie gekümmert und auch mit ihnen gespielt hatte. Danach war ihre Betreuung dann Großmüttern oder Tanten übergeben worden, die sie lediglich pflegten, aber meist in dunklen, reizlosen Hütten

---

[30] Schott, C., 1984.
[31] Bruner, J. S., 1976.
[32] Dean, R., / Geber, M., 1964.

ohne Spielzeug allein ließen, d.h. die spielerischen Aktivitäten, die in diesem Alter das Interesse an der Umwelt anregen, wurden vernachlässigt.

Spiel scheint also nicht nur in seinen Ausprägungen im Tierreich und beim Menschen vergleichbar zu sein, es handelt sich vielmehr bei beiden auch um eine entwicklungsfördernde Kraft und gleichzeitig sehr umfassende Lerninstanz die in sich selbst motivierend ist. Damit steht das Spiel keineswegs im Widerspruch zu den Zielen der Schule und bietet so eine Möglichkeit, auch für das kulturelle Lernen genutzt zu werden.

7. Das Spiel im Schulunterricht

Unterricht hat den Sinn, gezielt auf das Leben vorzubereiten und effektiv soziale und kognitive Fähigkeiten zu fördern. Dabei fordert die Schule Einsatz und Anstrengung vom Schüler und wird oft als wenig angenehm erlebt. Schüler, vor allem in der Pubertät, suchen immer wieder nach Möglichkeiten, Stress und Anstrengungen zu meiden. Auch das Spiel fordert ein hohes Maß an Anstrengung. Hier werden die Anstrengungen jedoch nicht als Strapaze erlebt. Im Spiel wird nicht nach Entlastung gesucht. Das Kind verlangt nicht nach einem Lift am Klettergerüst, um sich die Last des Kletterns zu ersparen! Dies bedeutet, dass im Spiel die Anstrengungen mit Freude am Tun verbunden sind und Leistung freiwillig gesteigert wird. Es soll daher darauf eingegangen werden, an welchen Stellen des Unterrichts das Spiel entsprechend des ermittelten, stammesgeschichtlichen Sinns eingesetzt werden kann. Folgende Einsatzmöglichkeiten sollen dabei berücksichtigt werden:
1. Soziale Funktion kombiniert mit geistigen Anforderungen
2. Die Überschreitung von Grenzen
3. Reflexion des im Spiel Gelernten
4. Wissensvermittlung

Zu 1. Soziale Funktion kombiniert mit geistigen Anforderungen
Wie sich soziale Verhaltensformen im Spiel entwickeln können, soll anhand eines Beispiels verdeutlicht werden. Zwar handelt es sich hier um ein eher untypisches Beispiel, das eine Extremsituation widerspiegelt, doch gerade hier wird sehr deutlich, welche soziale Funktion dem Spiel zukommt.

In einer Gruppe mit drei Kindern mit Lernschwierigkeiten im Alter von 6-7 Jahren entwickelt sich folgende Situation: Max litt aufgrund einer Hirnquetschung an einer Aphasie und beginnt nun gerade wieder, sich verständlich auszudrücken. Obwohl er große Lernfortschritte macht, hat er Gleichaltrigen gegenüber in fast allen Bereichen noch starke Defizite. Jacob leidet bei guter Begabung unter schweren Verhaltensauffälligkeiten, insbesondere im sozialen Bereich während Daniel eine Teilleistungsschwäche hat. Alle drei Kinder müssen speziell gefördert werden. Um trotz individueller Aufgaben eine Gemeinschaft herzustellen, wird in der letzten halben Stunde eines 90 Minuten-Blocks jeweils eine gemeinsame Tätigkeit angestrebt. Am Ende einer Stunde wünscht sich Jacob, Memory zu spielen. Das erste Mal kommt es in dieser Gruppe zu einem Gewinnspiel, in dem nicht Glück, sondern Leistung eine Rolle spielt. Sehr schnell gerät hier Max ins Hintertreffen, ihm gelingt es nicht, auch nur ein Kartenpärchen aufzudecken. Er beginnt im Laufe des Spiels, die Karten nicht mehr einfach aufzudecken, sondern sie erst anzufassen und dabei verschiedene „Beschwörungsformeln" zu murmeln, als wolle er die Bilder verwandeln. Seine Bemühungen bleiben jedoch weiterhin erfolglos. Durch verschiedene Äußerungen bringt er seine Enttäuschung zum Ausdruck. Die beiden anderen Spieler gehen jedoch nicht darauf ein, freuen sich vielmehr lautstark an ihrem Erfolg. Deutlich verschlechtert sich die Stimmung von Max. Er beginnt zu zittern und schließlich zu weinen. Die beiden anderen reagieren immer noch nicht. Erst als Max wütend und weinend die Karten mit der Hand vom Tisch fegt und damit die gesamte Spielsituation zerstört, wird er wahrgenommen, die beiden anderen reagieren vorwurfsvoll. In der folgenden Stunde möchten nun Jacob und Daniel wieder Memory spielen. Max jedoch spricht dagegen und wehrt sich angstvoll gegen ein neues Spiel. Nun beginnen die beiden anderen ihn zu trösten, lassen ihn glauben, er hätte nur Pech gehabt und erzählen ihm von Situationen, in denen auch sie vom Pech verfolgt waren. Schließlich können sie Max überreden, mitzuspielen. Diesmal entwickelt sich die Spielsituation völlig anders: Immer noch ist Max nicht in der Lage, ein Pärchen aufgrund der Erinnerung zu finden. Doch die beiden anderen unterstützen ihn tatkräftig. Immer wieder geben ihm die anderen versteckte Hinweise. Greift Max beispielsweise nach einer falschen Karte, sagt Jacob: „Ich weiß genau was darunter liegt, vielleicht hole ich mir das Paar beim nächsten Mal". Max begreift nun, dass es die falsche Karte sein muss. Weiterhin kommentiert Jacob dann: „den Ballon hatte ich vorhin, als ich die Ecken aufgedeckt habe" und so bekommt Max einen weiteren Hinweis, wo das Pendant liegt. Zwischen den Kindern entwickelt sich eine regelrechte Geheimsprache. Zwar sind die beiden anderen immer noch darauf bedacht, einen gewissen Vorsprung zu wahren und der eigentliche Konkurrenzkampf findet nur zwischen ihnen statt, dennoch erfährt Max immer wieder Teilerfolge und auch die Sympathie und Hilfe der anderen und wirkt dabei äußerst zufrieden. Gerade das Verstehen der verdeckten Hinweise wird zu einer spielerischen Herausforderung.

In diesem Beispiel handelte es sich ursprünglich um ein Spiel, in dem jeder gegen jeden kämpft. Die drei Spieler wandeln es jedoch so ab, dass vor allem das gemeinsame Handeln im Mittelpunkt steht, sie kommunizieren in geschickter und indirekter Weise. Ein Außenstehender, der die erste Spielsituation nicht erlebt hätte, wäre wahrscheinlich eher verwundert über die versteckten Hinweise, würde eventuell daran zweifeln, ob die Kinder den Sinn des Spiels erkannt hätten. Erstaunlich ist jedoch die Form, in der die drei sich verständigen: Max wird nicht eindeutig darauf hingewiesen, wo die verdeckte Karte liegt. Tatsächlich gab es einige Situationen am Anfang, in denen das durchaus der Fall war. Dadurch ging jedoch der Spielcharakter verloren, da es keine Herausforderungen mehr gab. Max fühlte sich gekränkt oder mutmaßte, dass die anderen ihn „reinlegen" wollten. Zwar war das Spiel auf diese Weise für Max sinnentfremdet, keinesfalls aber sinnlos.

Genau wie es Sutton-Smith[33] beschreibt, hatte das Spiel hier eine radarähnliche Funktion entwickelt und genau dort gegriffen, wo es der Spieler am meisten braucht. Gerade über das Sprachverständnis, mit dem Max extreme Probleme hatte, kam er zum Erfolg. Dabei war für ihn das Entziffern der versteckten Andeutungen eine optimale aber auch spielerische Herausforderung.

Für die beiden anderen Kinder bedeutete es, dass sie doppelten Anforderungen ausgesetzt waren. Sie mussten sich weiterhin ihre Paare merken und zusätzlich eine ständige Gratwanderung an Hilfestellung bewältigen. Diese extreme Situation hatte darüber hinaus auch Auswirkungen auf ganz andere Spiele: Max wurde von da an sehr rücksichtsvoll behandelt. Sowie sich die ersten Anzeichen von Trauer oder Panik bei ihm zeigten, wurde ihm auch Hilfestellung zuteil. Die beiden anderen hatten hier also gelernt, den Mitschüler in seinem Verhalten und indirekten Äußerungen zu verstehen und somit zwischenmenschliche Kontakte zu verbessern. Gerade für Jacob kam es zu einem erheblichen Lernfortschritt im sozialen Bereich.

Das Spiel erfüllte so für alle drei Kinder zwei wichtige Funktionen: Soziales Handeln und auch die Förderung der geistigen Kompetenz, genau auf dem Niveau, auf dem es die Schüler brauchte. Selbst wenn es sich hier um eine kleine und außergewöhnlich Gruppe von Kindern handelte, so lässt sich annehmen, dass das Spiel überall da im sozialen Bereich zu einem Lerngewinn kommt, wo noch Defizite im sozialen Handeln liegen. Dabei bietet das Spiel einen Raum, der weder im Schulalltag noch im allgemeinen Lebensalltag vorhanden ist. In seiner Widersprüchlichkeit, die Spannung und Entspannung, Ordnung und Chaos und auch Leichtigkeit und Ernsthaftigkeit verbindet, bietet es auch die Möglichkeit, Aggression und Bindung offenbar harmonisch zu vereinbaren. In Gewinnspielen, in denen jeder gegen jeden „kämpft", bietet das Spiel an sich den Raum für gemeinsames Handeln. Und dies ist nicht nur typisch für das Kinderspiel. In Beobachtungen von Spielsituationen Erwachsener ließ sich folgendes feststellen: Je enger die Bindung der Spielenden war, je intensiver also das Freundschaftsverhältnis, desto deutlicher wurden auch ritualisierte Aggressionen ausgelebt. „Ich mach` dich fertig [...]", „dich werde ich vernichten, du hast keine Chance [...]" waren beispielsweise Aussprüche die bei dem Gesellschaftsspiel „Tabu" beobachtet werden konnten. Spielten in der gleichen Gruppe frem-

---

[33] Sutton-Smith, B., 1978.

de Spieler bei demselben Spiel mit, war der Umgangston eher höflich, Sieger der gegnerischen Gruppe wurden anerkannt und gelobt. Dies zeigt deutlich, dass die enge Bindung gleichzeitig auch die ritualisierte Aggression, hier das Streben nach einem Sieg, verstärkt. Das Spiel bietet also den Raum, das Wechselspiel von Bindung und Aggression, von Kooperation und Eigennutz zu erproben und in ein Gleichgewicht zu bringen. Die Grundlagen für soziale Umgangsformen im Alltag werden hier gefordert und trainiert. Dieser Prozess ist auch im Jugendalter noch nicht abgeschlossen. Spiel kann auch im Sekundarbereich eine wichtige Rolle spielen und so sowohl ein günstiges Lernklima bedingen als auch Sozialformen trainieren.

Zu 2. Das Überschreiten von Grenzen im Spiel
Einen weiteren Übungsraum bietet das Spiel im Bereich der Grenzerfahrungen. Bei der Motorik liegt das auf der Hand. Doch auch die Grenzerfahrungen im sozialen und kognitiven Bereich sind von zentraler Bedeutung, die Spielerfahrung spielt sich nämlich immer zwischen Sicherheit und Unsicherheit ab. Gerade hier liegt die Herausforderung. Das wird anhand des oben aufgeführten Beispiels von Max, Jacob und Daniel deutlich. Max möchte keine einfache Hilfestellung, es ist ihm nicht so wichtig, einfach nur zu erfahren, wo die Karte liegt, er möchte sich die Lösung „erarbeiten". Ebenso werden in Hinblick auf moralisches Handeln Grenzerfahrungen gemacht. Hier spielt nicht nur das „Schummeln" eine Rolle, das sich im Spiel zwar eigentlich verbietet, jedoch irgendwann von den meisten Spielern einmal ausprobiert wurde. Sogar ganz legal werden Im Spiel Grenzen überschritten und gesellschaftliche Tabus gebrochen. In zahlreichen Spielen wird „Lügen", „Hochstapeln", „Sich Verstellen", „Stehlen", oder die Vernichtung des Gegners zum Ziel. (Bekannt sind in diesem Zusammenhang Gesellschafts- und Rollenspiele wie Monopoly, Schiffeversenken, Mord im Dunkeln, Poker, Mäxl, Räuber und Gendarm, Cowboy und Indianer etc.).

Gerade hier kann das Spiel nicht linear als Vorbereitung auf das spätere Leben verstanden werden. Es ist nicht Sinn des Spiels, den Spielenden auf unmoralisches Tun vorzubereiten. Dennoch liegt gerade darin eine wichtige Lebenserfahrung und vielleicht sogar eine Wurzel des moralischen Handelns, das typischerweise dem Menschen zugeschrieben wird. Moralisch handelt nicht derjenige, der innerhalb seines Handlungsspielraums gar keine andere Möglichkeit kennt, sondern derjenige, der sich aktiv dafür entscheidet. Die Möglichkeiten zu Fehlhandlungen müssen gegeben sein, um bewusst richtig handeln zu können. Das Ausprobieren von Fehlhandlungen, das Brechen von Tabus im Spiel könnte so die Möglichkeit des Kennenlernens, des Einschätzens und des Umgangs hiermit bieten.

Entscheidend ist dies vor allem auch für den Ethikunterricht. Die Aufgabe des Ethikunterrichts liegt vor allem darin, nicht nur die Grundlagen unseres kulturellen Zusammenlebens theoretisch zu lehren, sondern vor allem auch entsprechendes Sozialverhalten zu fördern. So soll ein Schüler beispielsweise nicht nur den Begriff der Moral definieren können und dazu verschiedene Theoretiker zitieren, er soll das Gelernte auch auf sein Leben übertragen. Dass dies nicht selbstverständlich ist, zeigt ein Beispiel aus meiner Praxis: ein ehrgeiziger Realschülers prahlt stolz mit seiner Note „sehr gut" im Fach Ethik und ist gleichzeitig als gewaltbereiter Rassist gefürchtet, vor allem unter seinen ausländischen Mitschülern. In seinem Handeln kann sich ein Schüler also ohne weiteres über das theoretisch Erlernte hinwegsetzen. Das Spiel dagegen bietet die Möglichkeit, über das Lernen hinaus auch das Verhalten zu trainieren. Das Handeln und Verinnerlichen im Spiel muss dabei nicht erst Konsequenz aus dem Gelernten sein, es kann ihm sogar vorgreifen und somit – zumindest für den Einzelnen – kulturschaffend werden.

Dem Regelspiel beispielsweise schreibt Oerter[34] folgende Bedeutung zu:

"Kinder begreifen sogar durch das Medium des Spiels Züge des Menschenbildes, die ihnen auf anderer Ebene, etwa dem Verständnis einer demokratischen Gesellschaft, noch lange verwehrt bleiben."

Zu 3. Reflexion des im Spiel Gelernten

Selbst wenn der Lerngewinn im Spiel sehr umfassend ist, so ist es für den Spielenden keineswegs notwendig, den Lerngewinn zu reflektieren. Lernen findet dabei ganz selbstverständlich und scheinbar nebenbei statt. Gerade hier liegt sicher auch einer der Gründe, warum das Spiel als eigenständige Lerninstanz in der Schule nur wenig Raum einnimmt. Schulisches Lernen ist in der Regel auch an einen bewussten Lerngewinn gekoppelt. Doch dieser steht beim Spiel nicht von vornherein fest. Zwar tritt in der Literatur immer wieder das Merkmal „Zweckfreiheit" als kennzeichnend für das Spiel auf. Dies stünde jedoch bereits im Widerspruch zum Lerngewinn und der Vorbereitung auf das Leben als Merkmale des Spiels. Die Zweckfreiheit soll daher hier lediglich darauf bezogen werden, dass der Spielende bewusst keines Zwecks bedarf, um zu spielen. Das heißt, der Zweck ist nicht der Antrieb für das Spiel.

Dies soll anhand eines Gewaltpräventionsprojektes der Polizeidirektion Heidelberg verdeutlicht werden[35]. Hier wurden über ein Jahr die Schüler einer 8. Hauptschulklasse betreut, in der es aufgrund schwieriger sozialer Hintergründe zu erheblichen Problemen im Sozialbereich, insbesondere einer Gewaltproblematik gekommen war.

Innerhalb des Projekts wurden im Bereich der Grenzerfahrungen, der Aggression und des gemeinsamen Handelns immer wieder Spiele eingesetzt. Rollenspie-

---

[34] Oerter, R., 1993, S. 50.
[35] Hoge, U., 2002, Nr. 2, S. 12-14.

le, Geländespiele aber auch Spiele mit festen Regeln waren Bestandteil des Konzepts.

Um eine Langzeitwirkung zu erzielen und die Schüler nicht einem reinen Verhaltenstraining auszusetzen und sie damit zu manipulieren bzw. manipulierbar zu machen, wurden sämtliche Aktionen, also auch die Spiele gemeinsam mit den Schülern, reflektiert. Dabei wurde nicht das Spiel selbst, sondern vielmehr die gemachten Erfahrungen aufgegriffen. Es wurden beispielsweise Spiele initiiert, in denen es auf gemeinsames Handeln ankam, in denen jeder vom anderen abhängig war, um zum Erfolg zu kommen. Im Anschluss an solche Spiele wurden die Schüler aufgefordert, ihre gemachten Erfahrungen zu reflektieren und auch Verhaltenskonsequenzen daraus zu ziehen.

In einer gespielten Gerichtsverhandlung beispielsweise hatten die Schüler die Gelegenheit, sich aktiv in die Täter-, die Opferrolle und auch die Rollen von Richter, Staatsanwalt, Anwalt oder Zeugen zu versetzen. Das Spiel sollte dabei den Schülern die Möglichkeit bieten, die verschiedenen Rollen auszuprobieren und die dabei gemachten Erfahrungen bewusst zu machen. Diese Erfahrungen wurden in einer anschließenden Reflexionssequenz ausgetauscht und mit der eigenen Lebenssituation in Zusammenhang gebracht. Im Laufe dieses Projekts kamen die Schüler innerhalb dieser Reflexion eigenständig zu gewaltattribuierenden Erkenntnissen. Waffenbesitz, Gewalt oder Drogen wurden jetzt aktiv abgelehnt, und das Klassenklima verbesserte sich signifikant. Zerstörerische Handlungsformen konnten durch Freude an Leistung ersetzt werden. Dass es sich hierbei nicht um kurzfristige Erfolge handelte, zeigt Oser[36] in einer Untersuchung dieser Schüler 5 Jahre nach diesem Projekt. Selbst nach einem (in Hinblick auf das Lebensalter der Schüler) großen Zeitraum waren den Schülern die verschiedenen Aktionen und vor allem auch die daraus gewonnenen Erkenntnisse noch präsent. Gleichzeitig zeigte die Lebensbewältigung der Befragten, die inzwischen im Berufsleben standen, dass die gemachten Erfahrungen auch zur Anwendung kamen. Auch die im Projekt erarbeitenden, gemeinschaftsfördernden Werte hatten in der Evaluation weiterhin Bestand.

Dies zeigt, dass die Kombination von Spiel, Spielerfahrung und Reflexion durchaus zu einem bleibenden Lerngewinn führen und dass hier sowohl soziales wie auch kognitives Lernen stattfinden. Gerade für das Spiel in der Schule bietet sich also diese Verknüpfung von Spiel und Reflexion an.

Vor allem in Hinblick auf die eingangs zitierte Untersuchung von Brown, in der er ein gestörtes Spielverhalten in der Kindheit bei Gewalttätern aufdeckt, gewinnt so das Spiel in der Schule Relevanz. Es kann also ganz gezielt zur Gewaltprävention beitragen.

---

[36] Oser, N., 2004.

126

Zu 4. Vertiefen von Wissen durch Spiel

Das Spiel ermöglicht nicht nur einen Lerngewinn in Hinblick auf Verhaltensänderungen, nicht nur soziale Umgangsformen können reflektiert geschult werden, das Spiel kann ebenso auch zur Vertiefung von Wissen eingesetzt werden. So können in diversen Aktions- oder Quizspielen Lernerfahrungen gemacht bzw. kann das in der Unterrichtssituation bereits Erlernte wiederholt werden. Je nach Thema können dabei verschiedene Spielmöglichkeiten zum Einsatz kommen. Dies soll anhand eines Grammatikspiels in einer vierten Klasse verdeutlicht werden.

Vier der besonders leistungsschwachen Schüler dieser Klasse hatten erhebliche Schwierigkeiten damit, die lateinischen Begriffe in der Grammatik zu lernen. Da es für alle vier feststand, dass sie auf der Hauptschule als weiterführende Schule bleiben würden, waren sie nur wenig motiviert. Die vier waren einheitlich der Meinung, dass sie diese Begriffe in der Hauptschule nicht mehr brauchen würden und das Lernen daher umsonst wäre. Im Rahmen der Freiarbeit wurde ihnen nun ein präpariertes Memory geboten. Auf der Rückseite jedes Pärchens war jeweils auf der einen Karte der lateinische Begriff, auf der anderen Karte der deutsche Begriff aufgeklebt. Die Schüler wurden jedoch nicht auf die Bewandtnis hingewiesen, ihnen wurde lediglich das Angebot gemacht, Memory zu spielen. Zunächst beachteten sie als leseschwache Schüler die Wörter nicht. Erst im Laufe des Spiels entrüstete sich einer der Schüler, dass es sich um eine „Schummelspiel" handele, da man anhand der Rückseiten schließen könne, welche Karten zusammengehören. Um den Erfolg in der nächsten Runde zu steigern, begannen nun die Schüler, sich die Rückseiten der von ihnen gewonnen Pärchen zu merken. Sie entdeckten dabei beispielsweise, dass die „Namenwortkarte" zu der mit der Aufschrift „Substantiv" gehörte etc. Um schließlich noch besser zu werden, versuchten sie außerdem die Begriffspaare der Mitspieler zu erkunden. Das Spiel verlor dabei nicht an Attraktivität. Nach einigen Spielrunden waren alle vier Kinder in der Lage, sämtliche Begriffe (insgesamt 18 Begriffspaare) einander zuzuordnen. Als es ihnen schließlich zu einfach wurde, wandelten sie die Regeln ab. Ziel einer Runde war es, dass es ein Spieler schaffte, alle Pärchen nacheinander richtig aufzudecken.

Ein weiteres Beispiel soll hier anhand einer Abwandlung des Spiels „Tabu" in einer 7. Klasse Hauptschule im Fach Chemie gezeigt werden. Hier hatten die Schüler Schwierigkeiten, die verschiedenen Begriffe in einen Sinnzusammenhang zu setzen. Anhand von Wortkärtchen wurden sie nun aufgefordert, einer Kleingruppe den entsprechenden Begriff selbständig zu erklären. Dabei waren die Schüler gezwungen, die Begriffe in eigene Worte zu fassen bzw. den Erklärungen der anderen den richtigen Ausdruck zuzuordnen. Die darauf folgende Klassenarbeit brachte ein überdurchschnittliches Ergebnis aller Schüler und außerdem zeigten die Schüler ein großes Interesse an der Thematik.

Wie an diesen Beispielen deutlich wird, liegt ein großer Vorteil darin, dass der spielerische Charakter gleichzeitig auch motivierend ist. Das heißt, die Schüler üben bzw. lernen freiwillig. Dabei ist allerdings zu beachten, dass nicht alle Spiele gleichermaßen für alle attraktiv sind. Wichtige Elemente des natürlichen Spiels liegen in der Freiwilligkeit, der Abbrechbarkeit und auch der Wiederholbarkeit. Dies ist in der Schulsituation nicht immer gegeben. Wird hier ein Spiel für alle verpflichtend, kann sich der einzelne Spieler also nicht entziehen, so geht der Spielcharakter schnell verloren. Sinnvoll erscheint es daher, den Schülern immer auch Handlungsalternativen anzubieten. Es sollte also jedem freigestellt sein, ob er beispielsweise sein Wissen in einer Einzelarbeit, etwa mit einem Arbeitsblatt vertieft, oder ob er eine Spielsituation eingeht.

Schlussfolgerungen

Zusammenfassend kann festgestellt werden: Das Spiel umfasst – schon aus seinem stammsgeschichtlichen Ursprung heraus – vielfältige Lernformen. Gerade für den Menschen, der eine hochkomplexe Kultur entwickelt hat, deren Vorteile er genießt, der er aber gleichzeitig auch in ihren Anforderungen ausgesetzt ist, scheint das Spiel in seiner Vielfalt und auch Anpassungsfähigkeit unersetzlich. Besonders deutlich wird das an den hier aufgeführten Beispielen, in denen es zu Defiziten im Spiel kam. Dabei sind im Spiel entwicklungsfördernde Elemente und Lerngewinn in vielfältigen Bereichen kombiniert. Der evolutionäre Sinn des Spiels steht damit in einem engen Zusammenhang zum kulturellen Sinn der Schule. Dabei wird gerade ein Unterricht, der über die bloße Wissensvermittlung hinausgehen soll, vom Spiel profitieren können.

Überall dort, wo bleibendes Wissen geschaffen werden soll, Selbständigkeit und Aktivität des Schülers eine Rolle spielen, komplexes und reflektiertes Verständnis gefordert ist, eine Erweiterung des Verhaltensrepertoires angestrebt wird und soziale Kompetenzen gefördert werden sollen, hat auch das Spiel seine Berechtigung. Es wird also der Komplexität der Kultur gerecht, insbesondere auch ihrem Anspruch, sich immer weiter zu entwickeln. Dabei liegt der große Vorteil des Spiels für die Schule nicht nur in seiner Komplexität in Hinblick auf das Lernen, sondern vor allem auch in der Motivierung.

Spiel als stammesgeschichtlich verankerte Lerninstanz musste, um wirksam zu sein, auch in sich selbst eine hohe Motivation enthalten, da es vor allem auch da greifen musste, wo den spielenden Individuen vernunftmäßiges und vorausschauendes Lernen nicht möglich war. Durch seinen motivationalen Charakter konnte das Spiel hier das vorausschauende Denken ersetzen, um so eine Zukunftsbewältigung zu ermöglichen. Gerade für den Schüler, der in seiner Entwicklung oft noch wenig in der Lage ist, sich bewusst auf die Zukunft vorzubereiten und hierfür Anstrengungen einzugehen, bietet das Spiel eine große Hilfe-

128

stellung. Dabei ist die Vielfältigkeit des Spiels so groß, dass selbst die Fähigkeit des vorausschauenden Denkens geschult und trainiert werden kann. Neben der hohen Motivation im Spiel ermöglicht außerdem auch die Verankerung des Spiels in der Evolution den Erfolg. Eine Verhaltensform, die sich immer weiter entwickelt hat, die mit Höherentwicklung der Art auch einen immer größeren Raum einnimmt und nicht ausselektiert wurde, muss auch eine „Erfolgsgarantie" beinhalten. Das sich über den langen Zeitraum der Evolution entwickelte Spiel wird so zu einer Kraft, die die schnelle und zielgerichtete Optimierung der Lebensbedingungen durch Kultur unterstützt und bereichert.

Literatur

ARZT, Volker / BIRMELIN, Immanuel: *Haben Tiere ein Bewusstsein? Wenn Affen lügen, wenn Katzen denken und Elefanten traurig sind*, München 1993.

BONNER, John Tyler: *Kultur - Evolution bei Tieren*, Berlin / Hamburg 1983.

BROWN, Stuart L.: *Animals AT Play,* in: National Geographie Society, Nr. 6, S. 2-35. Washington, D. C. Dez. 1994.

BRUNER, Jerome S.: *Nature and uses of immaturity*, in: Bruner, J. S. / Jolly, A. und Sylvia, K. (Eds.) 1976, S. 28-64.

DAWKINS, Marian (Stamp): *Die Entdeckung des tierischen Bewusstseins*, Heidelberg / Berlin / Oxford 1994.

DEAN, R., GEBER, M.: *The development of the African child*, in: *Discovery*, Jan. 1964, S. 14-19.

DRÖSCHER, Vitus B.: *Nestwärme. Wie Tiere Familienprobleme lösen*, München 1985[2].

EIBL-EIBESFELDT, Irenäus: Grundriß der vergleichenden Verhaltungsforschung. München 1969.

GOODALL, Jane: *Ein Herz für Schimpansen*, Reinbeck b. Hamburg 1991.

HESS, Jörg: *Familie 5 – Berggorillas in den Virunga-Wäldern*, Basel 1992.

HOGE, Ulrike: *Gewaltfreie Klasse als Konfliktschlichter*, in: Forum Kriminalprävention, 2002 Nr. 2, S. 12-14.

OERTER, Rolf: *Psychologie des Spiels: Ein handlungstheoretischer Ansatz*, München 1993.

OSER, Norbert: *Gewaltfreie Klasse – fünf Jahre danach / Evaluation des Pilotprojekts der Polizeidirektion Heidelberg an der Geschwister-Scholl-Schule in Leimen*, Diplomarbeit der Fachhochschule Villingen-Schwenningen 2004.

ROSENZWEIG, M. / BENNETT, L. / DIAMOND, M.: *Brain changes in response to experience*, in: *Scientific American*, Vol. 226, 1972 Nr. 2, S. 22-29.

SCHOTT, Cornelia: *Alltag - und Bewegungsspiele der Inuit*, Arensburg 1984.

SMITH, Peter K.: *Play in animals and humans*, Oxford 1984.

SUTTON-SMITH, Brian: *Die Dialektik des Spiels. Eine Theorie des Spielens, der Spiele und des Sport,* Schorndorf 1978.

SVENDSEN, Elisabeth D.: *Donkey Tales*, Hong Kong 1995.

WEIDT, Heinz / BERLOWITZ, Dina: *Spielend vom Welpen zum Hund. Leitfaden für die Entwicklung des jungen Hundes,* Augsburg 1996.

ZEYER, Albert: *Das Geheimnis der Hundertjährigen*, Stuttgart / Zürich 1994.

Teil 2.

Reflexionen zur praktischen Anwendung

Peter Köck

Spielend lernen: Eine anthropologische Kulturtechnik für den Ethikunterricht

Die Geschichte der Pädagogik lässt keinen Zweifel an der Bedeutsamkeit des Spiels für die Entwicklung des Kindes und Jugendlichen aufkommen. Die Literatur zur Spielpädagogik ist beachtlich, an Spielesammlungen besteht kein Mangel. Sogar in Lehrplänen führen Spiele kein verstecktes Dasein mehr in außerunterrichtlichen Veranstaltungen wie in Feiern und Festen und im Schulspiel, sondern werden als erwünschter Teil des Schullebens insgesamt angepriesen.

Angesichts der selbstverständlichen bis euphorischen Akzeptanz des Spielens im menschlichen Leben verwundert es, dass die alltägliche Spielpraxis mit der Einschulung der Kinder eine erhebliche Einschränkung erfährt, bis sie spätestens mit Beginn der Sekundarstufe I – von lehrerabhängigen Ausnahmen abgesehen – ganz zusammenbricht. Der „Kinderkram" scheint mit „dem Ernst des Lebens" nicht vereinbar zu sein.

1 Spielend lernen – ein Widerspruch?

Die Auseinandersetzung mit den zahlreich vorliegenden Spieltheorien und den sich daraus ergebenden Schwierigkeiten bei der Begriffsbestimmung des Spiels wird an anderer Stelle dieses Sammelbandes geleistet. Hier sind als Grundlage für das Verständnis der abgeleiteten theoretischen und praktischen Konsequenzen die erkenntnis- und handlungsleitenden Auffassungen von Lernen und Spielen vorzustellen und auf ihre Wechselwirkung hin zu untersuchen.

1.1 Lernen
Die *Lernpsychologie* definiert Lernen *formal und ohne wertende Gewichtung* als relativ überdauernde Veränderung von Einstellungen und Verhaltensweisen auf Grund von Erfahrungen im weitesten Sinne.

Unter *pädagogischem Aspekt* ist mit unterschiedlichen, erkenntnisleitenden Interessen und daraus abgeleiteten Lernzielen sinnhaftes, ganzheitliches und lebenslanges *bildendes* Lernen angestrebt mit *förderlichen* Effekten für die Persönlichkeitsentwicklung und die Realitätsbewältigung.

In *systemisch – konstruktivistischem Verständnis* ereignet sich nachhaltiges Lernen als jeweils individueller zweck- und zielorientierter Zugriff des Lernenden selbst auf die Wirklichkeit, wobei Kognition, Emotion und Handeln in einem engen Wechselwirkungsverhältnis miteinander verbunden sind. Natürliche Auslöser für Lernprozesse sind Verunsicherung durch Nichtübereinstimmung des individuellen Verhaltenssets mit Umweltanforderungen und Neugier als das Lernmotiv schlechthin.

1.2 Spielen

Spielen zielt als spezielle Form des individuellen und kommunikativen Handelns auf selbst veranlasste und selbst gesteuerte Konstruktion von Wirklichkeit, ohne dabei verordneten Zwecken und Leistungsansprüchen unterworfen zu sein wie das Lernen.

Für die Interpretation dieses Definitionsvorschlags erweisen sich die konstitutiven *Merkmale des Spiels* als nützlich, die auch bei den Überlegungen zur Wechselwirkung mit dem Lernen und zu den Möglichkeiten einer schulischen Spielpraxis bedacht sein wollen.
1. *Spielen bedeutet – lebensnotwendiges – Handeln,* das absichtlich eingeleitet, zielgerichtet und gegenstandsbezogen der aktiven Wirklichkeitsbewältigung auf einer stellvertretenden Realitätsebene (Scheinwelt) dient, und zwar als ständig notwendige „Thematisierung der eigenen Existenz in der Welt"[1].
Nach Piaget gewährleistet das Spielen die Übernahme und Verarbeitung der außerindividuellen Welt mit dem Effekt zunehmenden Selbstvertrauens und gefestigter Handlungssicherheit. Das Spiel kann Erkenntnisse einleiten, Fähigkeiten anbahnen, therapieren, es kann aber auch süchtig und arm machen.
Das *Handeln um des Handelns willen* verdankt das Spiel der Freude daran, etwas zu bewirken. Es ist also allemal sinnvoll und ergebnisorientiert, ohne aber einen unmittelbar praktischen Zweck zu verfolgen, d. h. ohne Rücksicht auf die Handlungsfolgen nehmen zu müssen. Spielhandlungen sind durch Freude am Manipulieren, am Versuch – Irrtum – Handeln, an kreativen Verläufen und Effekten gekennzeichnet.
2. Spiele sind *Als Ob – Handlungen in eingebildeten Situationen.* Der Spieler nimmt den Aspekt der Verantwortung für die Folgen aus seinem Handlungsvollzug heraus und begegnet damit auch der Gefahr evtl. Sanktionen. Vom alltäglich geforderten Lebensvollzug abgekoppelt ist der spielende Mensch freigesetzt zum Streben nach Idealen, für Nicht-Alltägliches, zum Experimentieren bei seiner Identitätsfindung u. a. m. Spiele, v. a. Funktions-, Imitations- und Rollenspiele dienen insofern immer der Einübung in Routinehandlungen des Alltags, sie sind aber nicht Alltag im Sinne zwangsnotwendiger Zweckdienlichkeit. Die *beliebige Wiederholbarkeit* von Spielen begünstigt diesen Einübungseffekt. Gravierende Sanktionen von außen sind nicht zu befürchten, schlimmstenfalls in Form eigenen Unbehagens über einen unbefriedigenden Spielverlauf.

---

[1] Oerter, R., 1993, S. 256.

3. Spielen bedeutet, sich der *Einhaltung von – oftmals sogar ritualisierten – Regeln* zu verpflichten. Regeln stellen bei der grundsätzlichen Offenheit von Spielen in Verlauf und Ergebnis die Möglichkeit von Gelingen und Misslingen sicher und sorgen auf diese Weise für Spannung. Über die Regeln „schafft Spielen Ordnung, ja es ist Ordnung"[2]. Abweichung von den Spielumständen und den Spielregeln verdirbt das Spiel.

4. Spielen erfolgt *freiwillig und ganzheitlich*: verordnete Spiele bedeuten Fremdbestimmung der Auseinandersetzung mit der Wirklichkeit und Verzweckung. Eine Steigerung erfährt der Effekt der Fremdbestimmung durch die – möglicherweise durchaus gut gemeinte – Ausrichtung des Spiels auf Teilverhaltensbereiche des Menschen, z. B. auf seine kognitive Leistungsfähigkeit, womit der wesentlich ganzheitliche Charakter des Spiels verfehlt wird.

1.3 Spielend lernen – Widerspruch oder Wechselwirkung?

Die fehlende *Lernzielorientierung* bzw. die Zweckfreiheit im Sinne nicht unmittelbar angestrebter Alltagstauglichkeit scheint das Spiel auf den ersten Blick in Gegensatz zum Lernen zu bringen. Und in der Tat spielen Menschen, insbesonders Kinder, nicht, um zu lernen, zumindest nicht in zweckorientierter, auf Nützlichkeit ausgerichteter Absicht.

Spielen schließt aber keineswegs aus, dass sich Lerneffekte im Sinne der Steigerung von Lebenstüchtigkeit im weitesten Sinne unbeabsichtigt und nebenbei einstellen. Spielende leben sich selbst ganzheitlich mit ihren bisher gesammelten Erfahrungen, Emotionen, Wünschen, auch Ängsten im Verhältnis zur Umwelt und in Wechselwirkung zu ihr aus. Unter pädagogischem Aspekt sehen z. B. John Locke, Jean Jacques Rousseau, Johann Heinrich Pestalozzi, Friedrich Fröbel und Maria Montessori das Spiel als die dem Kind eigene Lebenswelt, in der und durch die wirklichkeitsangemessenes Wissen, Können und moralisches Verhalten grundgelegt, geübt und gefördert werden.

Der gemeinsame Schnittpunkt von Spielen und Lernen ist Handeln als individuell geleistete Konstruktion von Wirklichkeit. In beiden Fällen wird versucht, der Wirklichkeit möglichst ökonomisch beizukommen, d. h. dieselbe mit den schon beherrschten Handlungsstrategien zu bewältigen und erst im Bedarfsfall die eigenen Handlungsmöglichkeiten den veränderten Verhältnissen anzupassen. Piaget spricht in diesem Zusammenhang von den Vorgängen der Assimilation und Akkomodation beim Ausbau der Zugriffsmöglichkeiten auf die Wirklichkeit, die im Spiel als dem „Königsweg des Lernens" verfolgt werden, da dieses den Menschen als ganzen fordert, d. h. nicht auf Teilleistungsbereiche reduziert.

Der Hauptunterschied zwischen Lernen und Spielen liegt darin, dass der Mensch beim *Lernen* mit Absicht, freiwillig oder auch gezwungen handelt, um einen

---

[2] Huizinga, J., 2001, S. 17.

selbst- oder fremdgesetzten Zweck zur Steigerung der Lebenstüchtigkeit zu ver-folgen. Beim *Spielen* dagegen handelt er mit Absicht *ausschließlich* freiwillig und *aus Freude am Handeln* selbst in einer Scheinwirklichkeit. Lerneffekte sind hier nicht von vorneherein beabsichtigt, sondern Zufalls- und Nebenprodukte, trotzdem aber meistens nachhaltiger als beim Lernen.

2 Spielen – eine anthropologische Kulturtechnik?

Kultur als der vom Menschen geschaffene und tradierte Teil der Welt umfasst sowohl die Objektivationen menschlicher Tätigkeit wie Sprache, Brauchtum, Wissenschaft, Kunst, Technik, Werte und Normen als auch die jeweils zeitab-hängige Art der individuellen und kollektiven Lebensgestaltung, die sich z. B. in Ich – Verständnis, Umgangsformen, Regeln und Ritualen und praktizierter Mo-ral ausdrückt.

Lernen durch Spielen und Daseinsgestaltung u. a. durch Moral und Ethik gehö-ren zur anthropologischen Grundausrüstung des Menschen. Beide sind notwen-dige, das menschliche Dasein wesentlich kennzeichnende Bedingungen für die individuelle und soziale Entwicklung und Gestaltung menschlichen Lebens im kulturellen Umfeld und in Wechselwirkung mit diesem.

In seiner Instinktunsicherheit als „physiologische Frühgeburt"[3] sowie als „Män-gelwesen"[4], aber auch auf Sinnfindung und Zukunftsentwurf, auf Verwirkli-chung von Freiheit und Vergesellschaftung angelegt[5], bedarf der Mensch zwin-gend der Hilfestellung durch Bildung und Erziehung bei seiner Entwicklung.

Für diese Einübungsphase in die Lebensbewältigung werden Spielen und Lernen über Spielen seit der griechischen Antike (Platon, Aristoteles) als wesentliche, den Menschen auszeichnende Formen des Verhaltens und Handelns reflektiert. Nach Schiller „ist der Mensch nur da ganz Mensch, wo er spielt". Der Vater al-ler Spieltheorien der Neuzeit, Johan Huizinga, sieht in seinem „homo ludens"[6] gar den Ursprung aller Kultur im Spiel. Die zeitgenössische einschlägige Fachli-teratur ist sich darin einig, dass bedeutsame Lernprozesse über die Wirklich-keitskonstruktion im Spiel laufen. Im Vorschulalter ist das Spiel die allein tra-gende Lernstrategie. Sprache, Kommunikation, Umgang mit dem eigenen Kör-per und dem Umfeld, der Handel um Identität, auch moralisches Verhalten und die ethische Reflexion über dasselbe werden spielerisch z. B. über Imitation, Modell-Lernen, Versuch-Irrtum-Handeln und Rollenspiel erworben. Eine andere Möglichkeit steht nicht zur Verfügung, wenn man von Drill und Zwangsmaß-

---

[3] Portmann, A., 1956 und 1999.
[4] Gehlen, A., 1961 und 1997 im Rückgriff auf Herder.
[5] Vgl. z.B. Litt, T., 1948 und Plessner, H., 1982.
[6] = der Mensch als ein Spielender, letzte Aufl. 2001 als Rowohlt – Tb.

nahmen absieht, deren Effekte erfahrungsgemäß meistens kontraproduktiv für eine positive Lebensgestaltung sind.

Aber selbst die Möglichkeit einer reichhaltigen Spielpraxis im Alleingang reicht nicht für eine allseitig gelingende Daseinsgestaltung aus. Ohne soziale Einbettung des Spiels stellen sich mehr oder weniger gravierende Deprivationen, d. h. psychosomatische Entwicklungsrückstände ein bis hin zum hinreichend untersuchten Hospitalismus-Syndrom. Diese Erkenntnis wird gegenwärtig durch die Dimension der Vereinsamung über Computerspiele erweitert.
Der hohe Stellenwert des Spiels v. a. für die frühkindliche und kindliche Entwicklung ist also unbestritten. Es besteht allerdings noch genug Forschungsbedarf darüber, welche Lerngegenstände das Spiel besonders oder gar notwendig als Lernweg herausfordern.

3 Stellenwert des Spiels im Ethikunterricht

3.1 Sind Spiel und Unterricht überhaupt vereinbar?
Spiel und Unterricht zusammenzubringen ist problematischer als Spiel und Lernen. Unterricht ist immer mit Absicht lernzielorientiert, das Spiel nicht. Es findet kein Unterricht statt, wenn in der für ihn geplanten Zeit ein Spiel durchgeführt wird, und es liegt kein Spiel vor, wenn es unterrichtlichen Zwecken untergeordnet wird. Spiele machen Kindern und Jugendlichen keinen Spaß und sie büßen ihre Anziehungskraft ein, wenn sie auf Schleichwegen in den Dienst von Lernzielen genommen werden.

Spiele im bisher beschriebenen Sinne können also entweder nur an die Stelle von Unterricht treten mit offenem Lerneffekt oder sie werden den Schülern von vornherein mit lernbedingten Einschränkungen als *Lernspiele* angeboten. Statt einem *Etikettenschwindel* mit zunehmender Verstimmung ausgesetzt zu sein, lassen sich die Schüler auf das Lernspiel bewusst ein, um wenigstens einige Merkmale des freien Spiels für die Verfolgung ihrer selbst gesetzten oder verordneten Lernabsichten zu retten.

Das Lernspiel ist also meist fremdbestimmt, lernzielorientiert und klar geregelt (wie der Unterricht), aber auch *immer* handlungsorientiert, lustbetont, eventuell wettkampforientiert und benotungsfrei (wie das freie Spiel).
Freies Spiel statt Unterricht und Lernspiel im Unterricht können auf die folgenden Wirkungen bauen:[7]:
- sie ermöglichen Probe-Handlungen in sanktionsfreiem Raum, auch im Ringen um Wertorientierung und die Entwicklung des moralischen Urteilsvermögens, ohne die keine tragfähige Schulkultur entstehen kann.

---

[7] Vgl. Köck, P., 2005².

- sie begünstigen ganzheitliches Lernen und fördern die Selbsttätigkeit der Schüler
- sie wecken und steigern die Aufmerksamkeit
- sie schärfen die Wahrnehmungs- und Beobachtungsfähigkeit
- sie erweitern das verbale und nonverbale Verhaltenrepertoire
- sie ermuntern die Schüler (und Lehrer) zu spontanen Gefühlsäußerungen, die im Regelfall des Unterrichts eher vermieden werden – mit oft weit reichenden verdeckten negativen Folgen
- sie fordern und fördern kreative Handlungsmöglichkeiten
- sie beleben die unterrichtlichen Phasen der Anwendung, Übung und Wiederholung
- sie üben in die grundlegenden Verhaltensweisen partner- und verständigungsorientierter Kooperation ein
- sie helfen u. U., Konflikte zu bearbeiten, Aggressionen abzuleiten, Hemmungen zu überwinden und fördern insofern das soziale Lernen
- sie können zur Einübung in einen vertretbaren Wettbewerb benutzt werden
- gelegentlich dienen sie der Überwindung eines „toten Punkts" oder während lang andauernder einseitiger kognitiver Forderung schlicht der Erholung

Aber trotz allem und grundsätzlich: Spiele im Unterricht, auch Lernspiele, dürfen nicht aufgezwungen werden. Zwar haben sie ihre didaktisch und methodisch legitimierte Stelle im unterrichtlichen Gesamtverlauf, müssen aber zusätzlich von den Schülern angenommen werden.

3.2 Das Spiel im Ethikunterricht

Aufgabe des Ethikunterrichts ist Einübung in moralische Urteilsfähigkeit und moralisches Handeln im Rückbezug auf ethische Maßstäbe. Inhaltlich geht es im Ethikunterricht immer um eine Antwort auf die Frage nach dem gerechten und guten Leben des Einzelnen und der Gesellschaft.

Moralische Urteilsfähigkeit und moralisches Handeln können nicht über Belehrung vermittelt, sondern nur durch eigenes Handeln, Probieren, Üben erworben werden. „Wenn man einem Kind Moral predigt, lernt es Moral predigen"[8], aber nicht sich moralisch zu verhalten. Moralisches Verhalten bewährt sich in konkreten Alltagssituationen, in denen Wissen, z. B. über ethische Maximen, und Erkenntnisse, z. B. über den Zusammenhang von Moral und Ethik, erprobend und überprüfend unmittelbar in Handlung umgesetzt werden. Lediglich auf Vorrat gesammelte Information greift erfahrungsgemäß nicht unter Handlungsdruck.

Im antiken Griechenland waren Spiel und Religion und über beide Erwerb und Ausübung ethischer Prinzipien, z. B. in den pythischen, isthmischen und olympischen Spielen selbstverständlich verbunden. Tugend als taugen zu etwas bzw. Tüchtigkeit wird im spielerischen Üben und im Wettkampf erworben. Das Spiel

---

[8] Miller, A., 1980, S. 119.

ist die Methode, „an sich weder böse noch gut" (Huizinga), das Übungsziel moralische Urteilsfähigkeit als Ergebnis des im Spiel und im Alltag ausgetragenen dialektischen Schlagabtausches in der Umsetzung ethischer Prinzipien. Nach heutzutage überwiegend vertretener Auffassung besteht die erstrebte und nur durch Übung erreichbare Tugend darin, das eigene Glücksstreben zu befördern und das Glücksstreben anderer wenigstens nicht zu behindern, mit anderen Worten: sie besteht in der Erfüllung der Menschenrechte und/oder der Goldenen Regel als handlungsleitender ethischer Prinzipien.

Der Vergleich der Stationen ethischer Urteilsbildung als eines reflexiven und kommunikativen Vorgangs mit den Stationen eines reflektierten Spielerlebnisses verdeutlicht die Gebundenheit beider an Reflexion und (übendes) Handeln gleicherweise:

Stationen ethischer Urteilsbildung	Stationen der Spielerfahrung
1. Situationsanalyse der objektiven Gegebenheiten und der eigenen diesbezüglichen Lebens- und Erfahrungswelt	1. Bisherige Spielerfahrungen, positive und negative Erlebnisse
2. Vergleich mit den Grundbedürfnissen und -bedingungen des menschlichen Lebens als notwendiger Handlungsrahmen	2. Erwartungen und Wünsche an das Spielgeschehen
3. Orientierung an ethischen Prinzipien wie z.B. Gerechtigkeit, Solidarität, Humanität und an Traditionen und Werten im geschichtlichen und aktuellen gesellschaftlichen Kontext	3. Orientierung am offiziellen Regelwerk des Spiels
4. Ableitung eines ethisch begründeten Urteils im verständigungsorientierten Diskurs	4. Ableitung regelorientierter Verhaltenskonsequenzen für den Spielverlauf
5. Prüfung der Realisierbarkeit der ethisch begründeten Entscheidung im konkreten Handeln – offen im Ergebnis, aber nicht beliebig revidierbar	5. Prüfung des Regelverhaltens im aktuellen Spielverlauf

Der Ethikunterricht ist unter der Forderung, Einübungsfeld für alltagstaugliches moralisches Verhalten zu sein, zwangsläufig auf Handlungsorientierung verwiesen. Dafür hält der Schul- und Unterrichtsalltag viele *aktuelle Anlässe* bereit.

Spiele haben diesen gegenüber einige Vorteile:
- sie thematisieren auch moralische Entscheidungssituationen, die der erlebte Schulalltag nicht hergibt
- sie bringen ethisch relevante Sachverhalte durch Veranschaulichung und Verdeutlichung im spielerischen Durchleben auf den Punkt

- sie können als sanktionsfreies Experimentierfeld vor dem Ernstfall und in sicherer Distanz zu peinlicher eigener Betroffenheit in moralischen Alltagsentscheidungen genutzt werden
- sie fördern die Einübung in moralisches Handeln ohne erhobenen Zeigefinger und ohne einseitig intellektuelle Kraftakte eher nebenbei
- die gerade in moralischen Entscheidungssituationen gegebene und tragende Wechselwirkung von kognitiven und affektiven Verhaltensanteilen bleibt erhalten. Ethische Urteilsbildung erfolgt immer auf emotionaler Basis

Für den handlungsorientierten Zugriff sowohl in der vorgefundenen Wirklichkeit als auch über das Spiel sprechen auch die alters- und schulartübergreifenden Intentionen, die im Ethikunterricht verfolgt werden und deren Übereinstimmung mit den Wirkungen des Spiels (vgl. 3.1) auffallen:
- Selbstwahrnehmung und Selbstfindung
- soziale Wahrnehmung und Verantwortung
- Sinnfindung und Lebensorientierung
- Leben in kultureller Vielfalt und gesellschaftlicher Verantwortung
- ästhetische Kompetenz und Umweltbewusstsein
- Selbstbehauptung und Normenreflexion [9]
Jedes dieser Lernzielfelder muss über Erfahrung, Versuch-Irrtum-Handeln, Modell-Lernen und in der Realität geprüfte Übung angegangen werden. Die immer wieder beklagte Ineffektivität von Unterricht allgemein ergibt sich größtenteils aus zwei hartnäckig aufrecht erhaltenen Abläufen: Einerseits werden die Schüler bei der Begegnung mit der Wirklichkeit auf fremdgesteuerte Strategien des Zugriffs verwiesen statt auf die ihnen mögliche eigene Wirklichkeitskonstruktion. Andererseits bleiben Informationen, Erkenntnisse und Einsichten in der kognitiven Verarbeitung hängen, oft genug auch noch ohne erkennbaren Zusammenhang untereinander, statt im Handeln auf Brauchbarkeit und sichere Beherrschung geprüft zu werden.

Der Ethikunterricht kann sich diese lernhemmenden Vorgänge noch weniger leisten als jedes andere Unterrichtsfach. *Moralisches Urteilsvermögen und Handeln ist in altersgemäßer Form im gegenwärtigen Alltag gefragt und auch dort zu entwickeln.* Auf ideale Weise ereignet sich die Einübung in moralische Urteilsfähigkeit zweifellos als integrierter Bestandteil des schulischen Lebens, etwa in Anlehnung an die *„Gerechte Schulgemeinschaft"* Kohlbergs, auch wenn sie im Regelschulsystem zwangsläufig nicht ohne modifizierende Abstriche Einzug halten kann[10]. Mindestens aber muss der *Ethikunterricht* ein Forum für die Einübung prinzipienorientierter moralischer Urteilsfähigkeit durch die Aufarbeitung schulischer Alltagsprobleme sein. Spiele eröffnen hier die Möglichkeit, Verhaltensvarianten zu erproben, Perspektivenwechsel vorzunehmen, sich in Empathie einzuüben, sich bewusst an unterschiedlichen ethischen Prinzipien

---

[9] Vgl. zur näheren Erläuterung Köck, P., 2002, S. 129f.
[10] Vgl. Köck, P., 2002, S. 204f.

zu orientieren u. v. m., und all dies ohne die unerbittliche und allemal von Konsequenzen begleitete Endgültigkeit moralischen oder unmoralischen Verhaltens im Ernstfall. Im Spiel geht es immer um Verhaltenstraining - auch wenn es nicht unmittelbar intendiert ist -, und zwar unter dem Maßstab der sozialen Billigung. Konventionen, Vereinbarungen, Sanktionen, Regeln leiten und begleiten die Arbeit am Aufbau der personalen und sozialen Identität, um die im Spiel wie im Alltagsleben gehandelt wird. Durch Regeleinhaltung und Grenzüberschreitung, Mogeln und das Erlebnis der damit verbundenen Sanktionen wird sozial verträgliches Verhalten erworben, das letztlich nach moralischen Maßstäben ausgerichtet ist.

3.3 Auswahlkriterien für Spiele im Ethikunterricht
Spiele, die im Ethikunterricht eingesetzt werden, sind daraufhin zu befragen, inwiefern sie in besonderer Weise zur Entwicklung moralischer Urteilsfähigkeit beitragen bzw. den unter 3.2 genannten vordringlichen Lernzielbereichen des Ethikunterrichts dienlich sind.

Welchen Kriterien also müssen Spiele im Ethikunterricht entsprechen?
1. Ein echtes Problem aus der Lebenswelt der Schüler, aus dem unmittelbaren Schulalltag, aus der Vorstellungswelt der Schüler fordert dringend die Bearbeitung ein. *Das gewählte Spiel muss die von den Schülern formulierte Problematik auch exakt treffen.* Spiele im Ethikunterricht sind nur gerechtfertigt, wenn sie als die bestmögliche Strategie zur Problembearbeitung ermittelt wurden. Die *grundsätzlichen* Vorteile des Spiels im Ethikunterricht allein, nämlich z. B. moralische Problemsituationen aus der Distanz zur eigenen Betroffenheit im Durchspielen von möglichen Alternativen und mit höherem Effekt für das Alltagshandeln bearbeiten zu können, reichen für die Spielauswahl nicht aus.
   Was also kann ein bestimmtes Spiel leisten? Lebt es z. B. von der genauen Regeleinhaltung oder bedarf es einer bestimmten kommunikativen Fähigkeit, um zu funktionieren? Erst die genaue Analyse eines Spiels und der von ihm favorisierten Verhaltensweisen gibt Anhaltspunkte für seine Brauchbarkeit zur Bearbeitung einer moralischen Problemsituation.
2. Das zur Problembewältigung angebotene Spiel muss *von den Schülern erwünscht sein, zumindest akzeptiert werden.* Das Spielmerkmal der Freiwilligkeit muss wenigstens dadurch gewährleistet bleiben, dass kein Schüler zum Mitspielen gezwungen wird.
3. *Das Spiel muss für die Schüler geeignet sein:*
   Es stellt in Aufgabenstellung, Verlauf und Regelwerk eine Herausforderung für die Schüler dar, ohne ihre Konzentration und Ausdauer zu überfordern. Für das Spiel unabdingbare Methoden und Verhaltensweisen müssen vorher geklärt und hinreichend geübt sein, wenn dies im Spiel selbst die Leistungsfähigkeit der Schüler übersteigt.

4. Spiele im Ethikunterricht, insbesondere Lernspiele, sind unmittelbar oder mittelbar, in erklärter Absicht oder als Nebeneffekt Mittel zum Zweck. Sie vermitteln in sanktionsfreiem Raum und mit den unter 3. 2 genannten Vorteilen Einsichten in Verhaltenszusammenhänge bei gleichzeitiger Möglichkeit übenden Ausprobierens. *Sie schaffen damit das Material für den nötigen praktischen Diskurs, der den Zusammenhang zu ethischen Maßstäben herstellt.* Spiele nur um des Spielens willen widersprechen dem Zweck des Unterrichts generell.

Letztlich kann es nur dem einzelnen Ethiklehrer mit viel Feingefühl gelingen, zusammen mit seinen Schülern einen gangbaren Weg zwischen totaler Verzweckung des Spiels im Dienst von Unterricht und der Aufgabe notwendigerweise zweck- und lernzielorientierten Unterrichts zu finden. Spiele im Ethikunterricht sind von Schüler und Lehrer ständig in hinreichendem Abstand zu zwei Extremen „durchzubringen": sie dürfen nicht zu bloßen Spielstunden geraten, aber auch nicht im Dienst des penetrant erhobenen Zeigefingers am moralischen Horizont stehen.

5. Spiele im Ethikunterricht haben es mit Verhalten zu tun. *Sie fordern den Schüler ganzheitlich mit Intellekt, Gefühlen und Handlungsbereitschaft.* Das Ausmaß des Sicheinlassens auf das Spielgeschehen entscheidet mit darüber, inwieweit es den Schülern gelingt, den selbst definierten Zweck des Unternehmens zu „überspielen" und offene Ergebnisse zuzulassen.

Vorsicht ist in diesem Zusammenhang geboten bei dem Einsatz gruppendynamischer Spiele und Übungen, die eventuell Verhaltensweisen und Aktionen freisetzen können, die sowohl die Spieler als auch den Lehrer als Spielleiter überfordern.

6. Bei der Auswahl des Spiels ist sein Platz im Unterricht zu bedenken: Dient es im *Stundeneinstieg* dem Problemaufriss, der Verunsicherung der Schüler, dem Anstoß ihrer Neugier nach Information und Aufklärung? Fördert es in der *Erarbeitungsphase* das Durchspielen von Verhaltensvarianten, die Klärung einer komplexen Ausgangssituation, die Gewinnung und Formulierung von Erkenntnissen? Hilft es in der *Vertiefungs- bzw. Ausweitungsphase*, zu Grunde liegende ethische Prinzipien auf ihre Tragfähigkeit zu befragen, die Gültigkeit der gewonnenen Verhaltensweisen in anderen Lebenssituationen zu prüfen u.a.? Dient es dem Zweck der *Anwendung und Übung* zur Festigung des moralischen Urteilsvermögens?

3.4 Übersicht über geeignete Spiele im Ethikunterricht

1. Alters- und situationsabhängig kann man im Ethikunterricht sogar Spielen einiges abgewinnen, die auf Anhieb betrachtet kontraproduktiv zu wirken scheinen. So erweisen sich z. B. die meisten *Abenteuerspiele über Computer* als Aggressionsverstärker in selbst gewählter Isolationshaft. Da sie aber als Bestandteil der Lebenswelt der Schüler auch ihr moralisches Urteilsvermö-

gen beeinflussen, können sie im Sinne aufmerksamer Wahrnehmung der ausgelösten Emotionen und kritischen Abgleichs mit dem Selbstkonzept nicht aus dem Ethikunterricht ausgeklammert bleiben. Spiele dieser Art sind Lerninhalt und unmittelbares Erfahrungsfeld gleichzeitig, zur Aufarbeitung auf kritische Reflexion angewiesen.

2. *Funktionsspiele* haben im Ethikunterricht ihren festen Platz, wenn es darum geht, Fähigkeiten zu überprüfen und einzuüben, die einem sicheren moralischen Urteilsvermögen zu Grunde liegen. So kann z. B. die für die Einschätzung einer moralischen Entscheidungssituation nötige konzentrierte Wahrnehmung und Beobachtung durch Suchspiele, Memories, Puzzles, Kombinationsspiele, Hörkettenspiele, Spiele zur Farb- und Geräuschunterscheidung gesteigert werden. Freilich sind solche Spiele weit im Vorfeld der moralischen Entscheidung selbst und ihrer ethischen Begründung angesiedelt, ohne die durch sie geförderten Grundfähigkeiten hängt aber jede moralische Entscheidung äußerst unsicher sozusagen als Zufallsprodukt oder reine Kopfgeburt in der Luft. Funktionsspiele unterstützen die wirklichkeitsentsprechende und problembezogene Registrierung, Wahrnehmung und Verarbeitung moralisch relevanter Situationen.

3. *Konstruktions- und Gestaltungsspiele* im weiteren Sinne halten die Schüler zum erfolgsorientierten und verantwortungsbewussten Umgang mit Material und Umgebung an. Die *intensive Erfahrung* des Eigenwertes und der Eigengesetzlichkeit von Material sowie der Möglichkeiten und Grenzen seiner Veränderung legt das Fundament, auf dem umweltethische Entscheidungen mit realistischer Folgenabschätzung getroffen werden können.

Mit Recht kann man hier einwenden, dass Spiele dieser Art besser z. B. im Kunst-, Werk-, und Physikunterricht beheimatet sind. Die ethische Dimension wird allerdings leider außerhalb des Ethik- und Religionsunterrichts in anderen Unterrichtsfächern ausdrücklich kaum verfolgt, Lehrpläne schweigen dazu in der Regel völlig. Bei aller Zeitknappheit und Lehrplanfülle bleibt also im Ethikunterricht als einem verhaltens- und handlungsorientierten Fach die Frage zu beantworten, ob es gegebenenfalls sinnvoller ist, in altersgemäßer Weise am verantwortungsbewussten Umgang mit der materiell gegebenen Welt zu arbeiten oder ohne realistische Wirklichkeitskonstruktion ethische Maximen mit Null- oder Negativeffekt zu vermitteln.

4. Unmittelbaren Bezug zu selbst erlebten oder fiktiven moralischen Entscheidungssituationen stellen *Schatten- und Puppenspiele* her, in denen die Schüler geschützt eigene Meinungen zum Ausdruck bringen können, ohne selbst als Person auftreten zu müssen. Die Distanz zum Spielgeschehen entbindet von verkrampften Verteidigungsstrategien und erleichtert auch die eventuell notwendige Aufgabe einer eigenen Position.

5. Eine *Schreibmeditation* ist zu empfehlen, wenn verbale Äußerungen oberflächlich oder aus Angst vor Entdeckung am Problem vorbeizielen oder

Rückzug auf sich selbst zur Wahrnehmung und Ordnung von Gedanken und Gefühlen nötig ist.

Hinweise zur Durchführung:
- jeweils 4 – 6 Schüler gruppieren sich um einen großen weißen Bogen Papier in Plakatgröße, am besten Plakatkarton
- auf dem Karton kann *ein* Begriff oder Symbol, eine Situation oder Problemlage oder eine Relation vorgegeben sein (z. B. „Glück" oder die Relation „Ich" – „Wir" – „Lehrer")
- jeder Schüler der Gruppe kann jederzeit, also ohne Einhaltung einer Reihenfolge, Eintragungen auf der Arbeitsfläche vornehmen
- für diese Eintragungen kommen Wörter, Sätze, Pfeile, Symbole usw. in Frage
- jeder Schüler der Gruppe sollte eine andere Farbe (am besten Filzschreiber) benützen
- die Schreibmeditation spricht durch den Einbezug von Antworten auf Geäußertes inhaltlich meist für sich selbst, so dass sich nicht immer eine auswertende Diskussion, hier selbstverständlich in der Kleingruppe, anschließen muss. Stattdessen könnten gelegentlich der Ablauf der Übung und die Eindrücke der Gruppenmitglieder über eigenes und fremdes Verhalten gemeinsam reflektiert werden.

6. Die *Pantomime* kann im Ethikunterricht nicht nur zur Schulung von aufmerksamer Wahrnehmung und Einfühlung eingesetzt werden, sondern auch als Ausdrucksmittel für Gefühle, Vorgänge, Handlungen, die nonverbal ausschließlich über Gebärden, Mienenspiel und Bewegung sozusagen auf den Punkt gebracht bzw. auf das Wesentliche reduziert werden. Die Pantomime wirkt dem rationalisierenden Zerreden moralisch relevanter Situationen entgegen.

7. *Stegreifspiele* sind geeignet, eine gegebene Geschichte fortführend oder ausgehend von einer alltäglichen moralischen Entscheidungssituation (z. B. Lüge, Unterschleif, Steuerhinterziehung, weggekipptes Altöl, Mobbing) von Schülergruppen alternative Argumentationen und Entscheidungen erarbeiten zu lassen. In der anschließenden Reflexionsphase werden Verlauf und Ergebnis unter Vorgabe ethischer Maximen, z. B. der goldenen Regel oder des kategorischen Imperativs untersucht. Die erzielten Ergebnisse können in neue Spieldurchgänge einbezogen werden.

8. Im *Pro – und – Contra – Spiel* können moralische Dilemmata bzw. strittige gesellschaftspolitische Themen wie die Todesstrafe oder multikulturelle Gesellschaft ausgeleuchtet werden.
Beispiel aus dem Schüleralltag: Ein Schüler hat eine Klassenkameradin beim Diebstahl beobachtet. Er ist sehr in diese Klassenkameradin verliebt und bemüht sich seit längerer Zeit um ihre Zuneigung.
Die beiden Spielgruppen, die für bzw. gegen eine Anzeige des Diebstahls argumentieren, brauchen ausreichende Vorbereitungszeit zur Sammlung von Argumenten.

9. *Interaktionsspiele* thematisieren (z. B. als Kennenlernspiele, Vertrauensspiele, Kooperationsspiele u. a.) das gruppendynamische Geschehen der Ethikgruppe selbst. Zur Diskussion stehen je nach aktuellem Anlass und Bereitschaft der Schüler Art und Weise des Rollenkampfes in der Gruppe, Formen von Unterdrückung und Gewaltausübung, Vorurteile und Mobbing, Umgang mit Gefühlen, Cliquenbildung, Qualität der Kooperation, praktizierte Sprache u. a. m. Methodisch setzen die Interaktionsspiele vor allem auf Situationen, die Empathie, Perspektivenwechsel und Rollentausch verlangen. Sie versprechen umso mehr Effekt, je passgenauer sie die *gegebene* Situation treffen, also z. B. das Kennenlernen, Wahrnehmung und Beobachtung, Fehlformen der Kommunikation, Machtmissbrauch, Wettbewerbsverhalten u. a.

10. *Rollenspiele* fordern zur Identifikation mit wirklichen sozialen Rollen in echten – vergangenen, gegenwärtigen oder zukünftigen – Lebens- und Handlungszusammenhängen auf. Identifikation bedeutet ganzheitliches Eintauchen in die Rolle, womit auch die in moralischen Entscheidungssituationen immer gegebene emotionale Betroffenheit ausgespielt und für die anschließende Reflexion fassbar wird.

Die Auswertung von Rollenspielen widmet sich nicht nur der Aufklärung von Handlungsmotiven und deren Ursachen, sondern auch der Aufdeckung der handlungsbestimmenden und –begleitenden Gefühle, der kritischen Würdigung der praktizierten Sprache und des gezeigten Gesamtverhaltens. Die Auswertung wird erleichtert – vor allem bei den ersten Versuchen mit Rollenspielen – durch wenige, aber die Situation exakt treffende Fragen an die Spieler und die Spielbeobachter, z. B. *an die Spieler:*
- konnte ich alle meine Argumente angemessen vertreten?
- welche Gefühle begleiteten meine Aktionen?
- bin ich mit dem Ergebnis des Rollenspiels zufrieden?
- was hat mich an meinen Mitspielern gefreut/geärgert? u. a.

Mögliche Fragen *für die Spielbeobachter:*
- blieben die Spieler konsequent beim Thema? Wenn nicht, wer und an welcher Stelle?
- welche Gefühle fielen mir bei den Spielern auf? Wodurch genau?
- war die Argumentation eher sachlich oder emotional gefärbt?
- was fiel mir am Sprachverhalten der Spieler auf?
- war die Kommunikation eher strategisch oder verständigungsorientiert angelegt? u. a.

Themen für Rollenspiele gibt schon der erlebte Schulalltag genug her, z. B.
- Lehrer und Schüler haben unterschiedliche Meinungen zu einer Strafe oder Note
- Schüler und Hausmeister vertreten unterschiedliche Positionen zur Gestaltung von Pausenhalle, Schulhof, Treppenaufgang ...
- Schulleiter und Schülervertreter legen ihre Positionen zur Zensur eines Artikels der Schülerzeitung dar

- Schüler vertreten ihre unterschiedlichen Standpunkte in aktuellen Konflikten
11. Im *Regelspiel* messen einzelne oder mehrere Spieler ihre Fähigkeiten an einem Spielobjekt nach festgelegten Vorschriften. Sie sind dabei von der Absicht geleitet, durch überlegene Regelbeherrschung und geschickten Umgang mit dem Spielobjekt und gegebenenfalls mit dem Spielpartner das Spiel zu gewinnen. Im Regelspiel wird um Identität gehandelt, erfolgversprechendes Verhalten entwickelt und bewährtes Verhalten geübt. Ein Sieg steigert das Selbstwertbewusstsein, eine Niederlage stellt es in Frage.

Nach Piaget gilt *die Regel im Regelspiel als Paradigma (=modellhaftes Musterbeispiel) für das Verständnis von Konvention und Moral.* Sogar im *Alleinspiel* unterwirft sich der Spieler einer – eventuell selbst entworfenen – Regel. Sie wird auch hier – je nach dem Ausmaß ihrer Zweckmäßigkeit für den Spielverlauf – nur mit wohlüberlegter Begründung verändert. Leichtfertiger Umgang mit der Regel verhilft zwar möglicherweise zu einem zweifelhaften Sieg, beschert aber auch meistens Unbehagen, im weitesten Sinne ein schlechtes Gewissen.

Im Regelspiel mit anderen steht die Regel als selbstverständlich gültig und/oder ausdrücklich vereinbart von vorneherein fest und ist Maßstab des Spielverhaltens. Veränderungen der Spielregel setzen Metakommunikation über ihre Zweckmäßigkeit voraus und können nur über intersubjektive Verständigung vorgenommen werden.

In der Entwicklung des Regelbewusstseins im Spiel begegnet uns ohne Abstriche die Entwicklungsabfolge des moralischen Bewusstseins: individuelle, willkürlich gesetzte Regeln (bis ca. 4 Jahre) werden über ein egozentrisches Regelverständnis mit starrer Orientierung an Autoritäten (bis ca. 10 Jahre) zu Regeln als Ergebnis von verbindlichen Vereinbarungen (ab ca. 10 Jahre) weiter entwickelt.

Regelspiele wie z. B. Domino, Mühle, Kartenspiele, Würfelspiele, generell also Brett-, Feld- und Gesellschaftsspiele haben zweifellos einen berechtigten Platz im Ethikunterricht:
- durch die erlebnismäßige Verbindung von Kognition und Emotion geben sie unmittelbaren Anlass zur Wahrnehmung von Gefühlen und ihrer Bearbeitung durch Metakommunikation, Einfühlung und Perspektivenwechsel
- die Regel, ihre Einhaltung und die Art ihres Einsatzes werden im Regelspiel zum Spiel- und Reflexionsgegenstand wie bei moralischen Entscheidungen auch. So können z. B. Regelbewusstsein und –verhalten ausschließlich strategisch gesteuert sein, was bedingte Regeleinhaltung in erster Linie unter dem Aspekt der Erfolgsorientierung bedeutet; dies schließt Übervorteilen, Austricksen und Mogeln mit ein. Gibt es etwa Spielsituationen und/oder moralische Entscheidungssituationen, wo evt. ein bisschen Regeleinhaltung oder ein bisschen Moral erlaubt oder gar angesagt ist, z. B. gegenüber dem regelunsicheren oder unaufmerksamen Mitspieler, dem ungerechten Lehrer, dem

fernen und anonymen Finanzamt? Oder ist die Einhaltung verbindlich vereinbarter Regeln und moralischer Grundsätze unverfügbar, äußerstenfalls einer Veränderung über verständigungsorientierte Kommunikation zugänglich?
- Regelspiele legen Effekte von Konkurrenz und Wettkampf offen und damit die Gewinner – Verlierer – Problematik. Ebenso wie moralische Entscheidungen dürfen sie nicht abgekoppelt von Überlegungen über zwischenmenschliche Verträglichkeit ausgetragen werden: die Aspekte der Humanität, Solidarität und Gerechtigkeit kommen ins Blickfeld
- zu Ritualen erstarrte Regeln garantieren im Regelspiel wie in der moralischen Entscheidungssituation verlässliches Verhalten mit beruhigend entlastender Wirkung im Alltagsleben. Sie bergen aber auch die Gefahr situations- und personunangemessener Praxis in sich. Dies legt die gelegentliche Reflexion über Regeln und Rituale nahe und in der Folge ihre realitätsgemäße *und* an ethischen Grundsätzen orientierte Weiterentwicklung im Diskurs
- Kinder und Jugendliche wünschen sich ein klares und anspruchsvolles Regelsystem. Im Spiel mindern Regelfortfall und Regelerleichterung das Spielinteresse, im alltäglichen Leben verführen sie zu situationsabhängigem Relativismus und Kavaliersdelikt-Mentalität. Kinder und Jugendliche neigen von sich aus eher zur Regelverschärfung, deren Konsequenzen in Spiel und Rollenspielsituationen über Erleben und Reflexion daraufhin zu prüfen sind, ob sie für sie selbst und andere zumutbar sind
- Regelspiele begünstigen den für die Entwicklung einer autonomen moralischen Urteilsfähigkeit unverzichtbaren Übergang von der außengesteuerten Regeleinhaltung durch Autoritäten zur selbstgesteuerten Regeleinhaltung im Abgleich mit Spiel- bzw. Kommunikationspartnern. Erwachsene unterstützen diesen Übergang durch ihr Modellverhalten, indem sie sich nicht aus dem Handel um Identität der Kinder und Jugendlichen ausklinken. Diese empfinden Erwachsene, die sich als Antwort und Richtung verweigernde „Gummiwände" (Schülerzitat) geben, zwar gelegentlich als durchaus angenehm, aber auf die Dauer für ihre Entwicklung als wenig nützlich.
Für den Lehrer im Ethikunterricht bietet sich neben eigener prinzipienorientierter Regeleinhaltung in Spiel- wie in moralischen Alltagssituationen der überlegte Umgang mit der Plus 1 – Konvention nach L. Kohlberg an. Gerade in Spielsituationen können Aspekte der Regeleinhaltung und des Umgangs mit Objekten und Spielpartnern eingebracht werden, die bisher von den Kindern und Jugendlichen nicht bedacht wurden, die aber für die Entwicklung ihres moralischen Urteilsvermögens von Bedeutung sind
12. So genannte *Wellness-Übungen,* also z. B. Phantasiereisen und Übungen zur Entspannung, Konzentration, Stille, Meditation und Bewegung haben im Ethikunterricht ihren festen Platz gefunden. Sie unterstützen den Rückzug auf sich selbst und anhaltendes Verweilen bei sich, meditatives Betrachten eines individuell bedeutsamen Themas, die Präzisierung der Wahrnehmung und die Vorbereitung gehaltvoller Kommunikation. Auch Spiele im Ethikunterricht profitieren von der Vorbereitung bis zur vertiefenden Auswertung

von derartigen Übungen. Vor allem erleichtern solche Übungen den nicht moralisierenden Brückenschlag zur ethischen Dimension des Spieles.

Fazit:
Spiele haben im Ethikunterricht einen hohen Stellenwert, wenn es ihnen gelingt, zwischen den folgenden Extrempositionen ihren Platz zu finden:
1. Sie müssen als Angebot genutzt werden, die Balance zu halten zwischen theorielastigen Gedankenspielereien mit wenig praktischem Nutzwert und der ausschließlichen Ansiedlung moralischer Entscheidungen im Gefühlsbereich.
2. Sie dürfen weder den Ethikunterricht zu Spielstunden ohne erkennbare ethische Relevanz umfunktionieren noch die Schüler mit unübersehbar erhobenem moralischem Zeigefinger um Spielfreude und Spielerfahrung bringen.

Literatur
AEBLI, Hans: *Denken: Das Ordnen des Tuns*, 2 Bde., Stuttgart 2001[3]/1994[2].
AUER, Karl Heinz (Hrsg.): *Ethikunterricht. Standortbestimmung und Perspektiven*, Innsbruck 2002.
BAER, Udo: *Spielpraxis. Eine Einführung in die Spielpädagogik*, Seelze 1995.
BAER, Udo (Hrsg.): *666 Spiele. Für jede Gruppe und alle Situationen*, Seelze 1995.
BAER, Udo: *66 Spiele für alle Sinne*, Seelze 1997.
BAER, Udo: *66 Spiele zur Bearbeitung von Themen*, Seelze 1997.
BENDER, Wolfgang: *Ethische Urteilsbildung*, Stuttgart 1988.
BLUMENFELD, LARRY / GRÜNN, Hans: *Das große Buch der Entspannung*, Düsseldorf 1997.
BRK-PRÄSIDIUM REFERAT JUGENDROTKREUZ: *Spaß am Spielen. Spielesammlung für die Kinder-und Jugendgruppe*, München 1998.
BROICH, Josef u. a.: *Spiele für jeden Anlass. 500 Spiele für Kindergarten, Schule, Jugendarbeit und Erwachsenenbildung*, München 1998.
BROICH, Josef: *Rollenspiel-Praxis*, Köln 1999.
FLITNER, Andreas: *Spielen – Lernen. Praxis und Deutung des Kinderspiels*, Weinheim 2002[4].
FLUEGELMAN, Andrew: *New Games – Die neuen Spiele*, 2 Bde. Mülheim 1991[2].
FRITZ, Jürgen: *Theorie und Pädagogik des Spiels. Eine praxisorientierte Einführung*, Weinheim 1993[2].
GEHLEN, Arnold: *Anthropologische Forschung*, Hamburg 1961.
GEHLEN, Arnold: *Der Mensch. Seine Natur und seine Stellung in der Welt*, Wiebelsheim 1997[13].
GRUBER, Christina / RIEGER, Christiane: *Entspannung und Konzentration. Meditieren mit Kindern. Das praktische Handbuch für Kindergarten und Grundschule*, München 2002.
GUDJONS, Herbert: *Spielbuch Interaktionserziehung*, Bad Heilbrunn 1996[6].
HEIDEMANN, Ingeborg: *Der Begriff des Spieles und das ästhetische Weltbild in der Philosophie der Gegenwart*, Berlin 1968.
HEIMLICH, Ulrich: *Einführung in die Spielpädagogik*, Bad Heilbrunn 2001[2].
HUBER, Herbert u. a.: *Ethische Erziehung im Unterricht*, Asendorf 1993.
HUIZINGA, Johan: *Homo ludens* (1938), Reinbek 2001[3].
KLIEBISCH, Udo: *Entspannung und Konzentration. Interaktionsspiele mit Jugendlichen*, Baltmannsweiler 1997.

146

KÖCK, Peter: *Handbuch des Ethikunterrichts. Fachliche Grundlagen – Didaktik und Methodik – Beispiele und Materialien.* Donauwörth 2002.

KÖCK, Peter / OTT, Hanns: *Wörterbuch für Erziehung und Unterricht.* Donauwörth 2002[7].

KÖCK, Peter: *Praxis der Beobachtung und Beratung.* Donauwörth 2004[6].

KÖCK, Peter: *Handbuch der Schulpädagogik für Studium – Praxis – Prüfung.* Donauwörth 2005[2].

KREUZER, Karl J. (Hrsg.): *Handbuch der Spielpädagogik.* 4 Bde., Berlin 1984f.

KROWATSCHEK, Dieter: *Entspannung in der Schule. Klassen 1-6.* Dortmund 1999[4].

LADENTHIN, Volker / SCHILMÖLLER, Reinhard. (Hrsg.): *Ethik als pädagogisches Projekt. Grundfragen schulischer Werterziehung.* Leverkusen 1999.

LITT, Theodor: *Die Sonderstellung des Menschen im Reich des Lebendigen.* Wiesbaden 1948

MATURANA, Humberto R.: *Was ist Erkennen?* München 2001[3].

MATURANA, Humberto R./VARELA, Francisco J.: *Der Baum der Erkenntnis. Die biologischen Wurzeln des menschlichen Erkennens.* München 1995.

MENTS, Morry van: *Rollenspiel: effektiv.* München 1998[3].

MILLER, Alice: *Am Anfang war Erziehung.* Frankfurt 1980.

MÜLLER, Armin (Hrsg.): *Ethik als philosophische Theorie des Handelns.* Münster 2001[5].

MÜLLER, Doris: *Phantasiereisen im Unterricht.* Braunschweig 1994.

NEUMÜLLER, Gebhard (Hrsg.): *Spielen im Religionsunterricht. Ein Praxisbuch.* München 2001[2].

OERTER, Rolf: *Psychologie des Spiels. Ein handlungsorientierter Ansatz.* München 1993; Weinheim 1999.

PETILLON, Hanns: *1000 tolle Spiele für Grundschulkinder.* Würzburg 2001.

PFEIFER, Volker: *Didaktik des Ethikunterrichts. Wie lässt sich Moral lehren und lernen?* Stuttgart 2002.

PIAGET, Jean: *Das moralische Urteil beim Kind.* Zürich 1954.

PLESSNER, Helmuth: *Mit anderen Augen. Aspekte einer philosophischen Anthropologie.* Stuttgart 1982.

PORTMANN, Adolf: *Zoologie und das neue Bild vom Menschen.* Hamburg 1956[2].

PORTMANN, Adolf: *Biologie und Geist.* Göttingen 1999[3].

PORTMANN, Rosemarie / SCHNEIDER, Elisabeth: *Spiele zur Entspannung und Konzentration.* München 2000[13].

REITEMEYER, Ursula: *Ethik im Unterricht. Eine hochschuldidaktische Studie zum Vermittlungsverhältnis von Bildungstheorie, Allgemeiner Didaktik und Unterrichtspraxis.* Münster 2000.

RÖSSNER, Lutz: *Praktische Ethik für vergnügte Pädagogen. Philosophische und pädagogische Reflexionen über ein Wespennest,* Aachen 1995.

SCHEUERL, Hans (Hrsg.): *Das Spiel,* 2 Bde., Weinheim 1994/1971[2].

SIEBERT, Horst: *Pädagogischer Konstruktivismus. Eine Bilanz für die Bildungspraxis.* Neuwied 1999.

SIEBERT, Horst: *Der Konstruktivismus als pädagogische Weltanschauung. Entwurf einer konstruktivistischen Didaktik.* Frankfurt 2002.

Takara Dobashi

Die Debatte der Erzieher über Spielendes Lernen und die Didaktik des Spiels in japanischen Grundschulen der Zwanziger Jahre

I. Einleitung

Unter dem Einfluss demokratischer Gedanken (Minponshugi) und reformpädagogischer Bewegungen blühte nach dem Ersten Weltkrieg eine reichhaltige Erziehungspraxis in der Welt der japanischen Erziehung. Einen sehr großen Einfluss übten dabei die „Acht-Große-Erziehungsgedanken" (Hachidaikyôikushuchô)[1], die 1921 von 8 Erziehern formuliert wurden. Dazu gehören die „Erziehung zum Selbstlernen" (Jigakukyôikuron) von Chôichi Higuchi, die „Erziehung der Spontaneität" (Jidô kyôikuron) von Kiyomaru Kawano, die „Liberale Erziehung" (Jiyûkyôikuron) von Kisie Tezuka, die „Ganzheitliche Befriedigung aller Bedürfnisse" (Issaishôdôkaimanzokuron) von Meikichi Chiba, die „Kreative Erziehung" (Sôzôkyôikuron) von Sofû Inage, die „Dynamische Erziehung" (Dôtekikyôikuron) von Heiji Oikawa, die „Erziehung zum ganzen Menschen" (Zenjinkyôikuron) von Kuniyoshi Obara und die „Kunst-und Literaturerziehung"(Bungeikyôikuron) von Noburu Katagami. Klar erkennbar sind hier die pädagogischen Gedanken der Arbeitsschulbewegung Georg Kerschensteiners, der Sozialpädagogik Paul Natorps, des Pragmatismus' John Deweys, des Dalton-Plan von Helen Parkhurst, der Montessori-Methode und der Projektmethode von William Heard Kilpatrick, die vom Ausland hereingeflossen waren. Viele Grundschulen haben rasch versucht, diese Erziehungstheorien in die jeweilige Unterrichtspraxis aufzunehmen.

Neben der Schulpraxis spielte aber besonders die private Erziehungs- sowie die Kunsterziehungsbewegung "Akai-Tori" (Zeitschrift: Rote Vögel), die von vielen Schulerziehern unterstützt wurde eine wichtige Rolle. In ihr sammelten sich Dichter wie Miekichi Suzuki, Hakushu Kitahara und der Künstler Kanae Yamamoto. Entgegen der öffentlichen Schulerziehung, die die Individualität und Kreativität des Kindes nicht genügend hoch achtete, vertrauten sie der Freiheit und Natürlichkeit des Kindes. Ihr Manifest lautete: "Das Kind ist ein reiner Engel" und in der Hoffnung, dass das angeborene Wesen des Kindes „einfältigen und unschuldigen Herzens" wäre, vertrauten sie optimistisch auf die gute Natur des Kindes. Die Liberal-pädagogische Bewegung der Taishô-Epoche konnte al-

---

[1] „ Die acht große Erziehungsansprüche" (1921) ist der Titel eines Werkes, in dem acht Erzieher ihre Erziehungsgedanken als „Neuerziehungsbewegung" darstellen.

lerdings den traditionellen Charakter der öffentlichen Schule nicht ändern. Vom ersten Jahr der Shôwa-Epoche an galt nämlich *die intellektuelle und emotionale Befähigung zum Dienst für den Staat* als Lernziel der allgemeinen Volksbildung. Trotzdem entwickelte sich in der Unterrichtspraxis der Ordentlichen Grundschule TAJIMA[2] vom Ende der Taishô-Epoche bis in die Anfänge der Shôwa-Epoche (1920-32) hinein, eine Didaktik, die das Spiel methodisch anwandte. Der Direktor der Grundschule Hiroshi Yamazaki pflegte in dieser Zeit einen freundlichen Umgang mit Prof. Dr. Sôju Irisawa, einem Pädagogen an der Kaiserlichen Universität Tokyo, und verbreitete dann auf der Basis dessen kulturpädagogischen Grundtheorie die Erlebniserziehung.

Heutige Experten der Erziehungsgeschichte betrachten die Liberale-Erziehungs-Bewegung der Taisho-Epoche zwar als fortschrittlich und wichtig, die Erlebniserziehung wird aber wegen der Verwendung des als irrationalistisch bewerteten Begriffs „Erlebnis" bis heute als allzu nationalistisch interpretiert. Es gibt daher viele Beiträge, welche die Praxis des Spielenden Lernens in der TAJIMA-Grundschule kritisch kommentieren; die positive Bewertung der pädagogische Bedeutung des Spiels in der Didaktik bleibt aber der zukünftigen Forschung vorbehalten.

In diesem Beitrag will ich versuchen, die charakteristischen Merkmale des „Spielenden Lernens" herauszuarbeiten, seine Anwendung in der Ordentlichen Grundschule TAJIMA als einen Sprung zu einer elementaren, kulturtechnischen Didaktik von einem neuen Gesichtswinkel aus zu deuten und die Aufmerksamkeit auf die Debatte der Erzieher über das Spielende Lernen zu richten.

II. Die Debatte der Erzieher über „Lernen-Gewordenes-Spiel"

Als Einleitung in das Grundproblem des pädagogischen Spiels will ich den Leser zuerst in die Debatte über die pädagogische Wirkung des Spiels einführen, die in der Erzieherwelt der Zwanziger Jahre in Japan geführt wurde.

(1) Idealistische und realistische Auffassung des pädagogischen Spiels
Von April 1926 bis Februar 1927 stand das „Spielende Lernen" oder das "Lernen-Gewordene-Spiel" mehrere Male in der Zeitschrift "Kyoikuronsô" (Sammlung der Erziehung) zur Debatte. In dieser Debatte sammelte sich die eine Hälfte der Pädagogen um Mitsushige Mineji (1890 - 1968), dem Lehrer einer privaten Grundschule, der Kinderdorfschule Ikebukuro, und die andere Hälfte um Kanshu Moriya, dem Lehrer an der Ordentlichen Grundschule im Lehrerseminar Tokyo. Der Artikel Minejis wandte sich als eine idealistische Kritik gegen beide Auffassungen, das „Lernen-Gewordene-Spiel" und die „Spiel-Gewordene-

---

[2] Eine Schule in der Stadt Kawasaki, nahe der Großstadt Yokohama.

Arbeit". Außerdem findet Mineji den Erziehungsgedanke Moriyas nicht originär, so weist er nach, dass diese Prinzipien schon früher in Amerika bzw. Europa von Erasmus, den Humanisten oder den Pädagogen und den Philanthropen vorgeschlagen worden waren. Historisch beruht diese Tendenz auf dem Wahlspruch „Freiheit, Achtung der Individualität und Selbständigkeit des Kindes". „Spielendes Lernen" ist ein Produkt der Harmonie zwischen der Erziehung als Kulturtradierung und dem Kinderleben als Spiel. Für Mineji taucht die Frage auf, ob dieser Gedanke vom *Spielenden Lernen* als Lehrmethode angemessen und auch schon auf die ersten Klassen anwendbar sei?

Der pädagogische Wert dieser Methode wird 1. in der Entlastung des Lernens und Steigerung der Leistungsfähigkeit vermutet, 2. in einer zusätzlichen Motivation und Interesse am Erlernen der Kulturtechniken, 3. in der Notwendigkeit der Übung des „wilden"[3] Kinderspiels, und 4. in dem guten Einfluss auf die physiologische Entwicklung des Körpers und der intellektuellen und moralischen Übung durch das Spiel. Nach Mineji sollte das Spiel aber nicht mit Lernaufgaben überfrachtet werden, da dem wahrhaften Spiel damit die Anerkennung verloren gehe. Auch das Wecken des Interesses am Erlernen von Kulturtechniken (wie z.B. Rechnen, Lesen, Schreiben) durch das Spiel verdammt er als eine Verletzung des „Spiels an sich". Dieser Einsatz des Spiels beruhe auf einer übersteigerten Wertschätzung der Kultur. Er verteidigt das Spiel als solches und betont statt des positiven Kulturwerts den Lebenswert und den Moment des Kulturschaffens. Darum sollte man konsequent das Spiel als Spiel, und die Arbeit als Arbeit erforschen. Nur das könne zur Schaffung wahrer Kulturwerte führen. Der Einübung in den Umgang mit wilden, freien Spielen kann Mineji teilweise zustimmen, weil er sich davon die natürliche Aussöhnung der Disharmonie im Spiel erhofft. Auf alle Fälle möchte er das Spiel als Spiel bestehen lassen.[4] Schließlich kritisiert Mineji, dass das „Lernen-Gewordene-Spiel" oder das „Spiel-Gewordene-Lernen" ein Erziehungsgedanke sei, der sich bei Moriya auf das Lehrfach konzentriere. Minejis formalistische Meinung dagegen lässt sich als eine idealistische Auffassung von Spiel und Arbeit rekonstruieren. Die Welt des Spiels soll der Harmonie und Ekstase (Begeisterung) vorbehalten sein und das Leben des Kindes müsse als Selbstzweck, ohne Künstlichkeit, verstanden werden.

(2) Die Praxis des „Lernen –Gewordenen –Spiels" in den ersten Klassen bei K. Moriya
"Alle Erlebnisse und Handlungen des Kleinkinds sind Spiel". Dieser Satz spiegelt Moriyas Überzeugung wieder. Die strikte Trennung zwischen Spiel und Lernen hält er für einen Irrtum. Dieser Irrtum entsteht aus der begrifflichen Unterscheidung zwischen Spiel und Lernen und der Unterordnung beider Entitäten unter einen Zweck, wobei man einerseits dem Spiel einen allgemeinen Zweck

---

[3] Darunter wird das selbst entwickelte Kinderspiel im Gegensatz zum tradierten verstanden.
[4] Mineji, M., 1926, S. 73 - S. 76.

zuordnet und andererseits dem Lernen einen speziellen Zweck. Moriya versteht aber das Wesen des Spiels auf dem Boden des Erziehungsgedanken von John Dewey weder als „zwecklos" noch als „Vergnügung". Nach dem Konzept des „Lernen-Gewordenen-Spiels" basiert das Spiel auf der Ansicht J. Deweys:"

> [...] the defining characteristic of play is not amusement nor aimlessness. It is the fact that the aim is thought of as more activity in the same line, without defining continuity of action in reference to results produced. Activities as they grew more complicated gain added meaning by greater attention to specific results achieved. Thus they pass gradually into work."[5]

Im Laufe der Entwicklung verändert sich das Spiel und wird allmählich Arbeit. Nach dieser Theorie ist das Spiel „lernschwanger" oder besser: „Lernen" ist ein immanenter Teil jeden Spiels. Schon im Mutterleib beginnt das Kind zu lernen. Einige Monate nach der Geburt, spätestens nachdem das Kind zwei Jahre alt ist, entwickelt sich das „reine" Lernen. Dieses Lernen lässt sich aber auch als Spiel interpretieren, wodurch sich der Dualismus „Spiel vs. Lernen" auflöst. „Lernen" ist eine normale Entfaltung des Spiels und man bezeichnet die normale Entwicklung des Spiels als Lernen. Dieses Ineinanderfließen oder Ineinanderaufgehen von Spiel und Lernen entspricht dem Wesen der Erziehung in den ersten Klassen. Natürlich muss die Schulerziehung für Kinder eine selbstverständliche Tatsache sein, welche die häusliche Erziehung fortsetzt. Schließlich ist auch der erste Schultag, der erste April, die kontinuierliche Fortsetzung des zu Ende gegangenen 31. März. Der neue Schüler sollte daher mit genügend Vorbereitung und sorgfältiger Betrachtung empfangen werden.

Das „Lernen-Gewordene-Spiel" besteht in der besseren Befriedigung der psychologisch notwendigen Bedürfnisse des Kindes. Hier steht vor allem die logisch notwendige Bildung von Werten im Vordergrund. Die Wertkreation bezeichnet das Wachstum und die Entwicklung des besseren Ichs. In seinem Erziehungstagebuch erläutert Moriya die Unterrichtspraxis des „Lernen-Gewordenen-Spiels" für die ersten Klassen, wobei der Lehr- und Lernprozess im Folgenden allgemein zusammengefasst wiedergegeben wird.

ERZIEHUNGSTAGEBUCH von K. Moriya am 10. April (Samstag) 1927
Gestern am Abend verheerte ein heftiger Wind mein Studierzimmer und den Salon, die nun beide voller Sand sind. Ab und zu müssen wir wohl mit einem solchen bösen Spiel der Natur rechnen, ansonsten wäre ein Menschenleben wohl zu eintönig.

Um 8 Uhr 10 bin ich bei der Schule angekommen. Einige Schülerinnen grüßen mich mit einem: „Guten Morgen, Herr Lehrer" während sie schöne Blütenblätter von Pfirsichblüten auflesen. Der Wind hatte sie im ganzen Schulgarten verteilt.

---

[5] Dewey, J., 1966, p. 205.

Welch eine schöne Szene, die sich mir da bietet, und sogleich fällt mir dazu eine gute Idee ein. Heute werde ich als Lehrer Fäden und Nadeln vorbereiten und den Stundenplan abändern, damit wir der schönen Tätigkeit des Blumenlesens nachgehen können. Um 8 Uhr 40 sind die Schüler der 1. und 2. Klasse versammelt.

Lehrer (Abk.: L): Habt ihr nicht gesehen? Vor dem Zimmer unseres Direktors liegen die Pfirsichblüten in Massen am Boden ausgebreitet!
Schülerinnen und Schüler: Ja! Natürlich!
L: Warum fielen sie ab?
S (einstimmig): Weil der Wind blies!
L: Hier habe ich Fäden und Nadeln. In der heutigen Stunde möchten wir Blumenlesen gehen. Sammelt die schöneren Blütenblätter auf, bitte. (Lehrer erklärt die Handhabung der Nadel und übergibt jedem Schüler Faden und Nadel. Die Schüler laufen alle erfreut in den Garten) [...]
S: Herr Lehrer!
L: Was?
S: Ich hab schon acht Blüten aufgefädelt!
S: Die Pfirsichblüten zerreißen und wider Willen wird das Blatt nicht so leicht in die Nadel eingefädelt. (Es gibt einige Schüler, die mit allen Kräften versuchen den Faden einzufädeln.)
<Nach 15 Minuten>
L: Nun gut, lasst uns jetzt ins Klassenzimmer zurückkehren.
S: Ich hab 58 aufgehoben, und Du?
(Sie zeigen einander die aufgesammelten Blüten und reden miteinander)
L (Nach dem Einsammeln der Nadeln): Teilt nun die aufgesammelten Blütenblätter in gleiche Teile von je zehn und zehn Blättern.
S: Eins, zwei, drei, [...]" (der Lehrer nähert sich jedem Schreibtisch und versichert sich, dass die Schüler genau arbeiten)
L: Ihr alle habt sehr gut gerechnet. Ihr könnt die gesammelten Pfirsichblüten nun als Andenken mit nach Hause nehmen (der Lehrer lässt die Schüler die Blüten in den Tischen aufbewahren)
< Die Stimmung der Schüler ist noch nicht ermüdet >
Dann schreibt der Lehrer:
MOMO NO HANA (Pfirsichblüten)
an die Wandtafel und beginnt den Lese- und danach den Schreibunterricht. Dann beginnt er wieder beim Lesen und setzt mit dem Schreiben fort: "NI, NA, NU, NO, NE"
Es ist 10 Uhr geworden. (Das Tagebuch geht an dieser Stelle noch weiter)

Moriya unterscheidet das „Lernen-Gewordene-Spiel" vom vermeintlichen Spiel, bei dem einfach innerhalb einer Unterrichtsstunde die einzelnen Einheiten etwa Rechnen, Moralunterricht, Lesen, Gesang u.a. unverbunden aneinander gereiht oder „chaotisch" unterrichtet werden. Ein solcher Unterricht von unterteilten Lehrfächern kann kein Gesamtunterricht sein. Die Technik: „Lernen-Gewordenes-Spiel" soll allerdings die Unterschiedlichkeit der Lehrfächer nicht unnatürlich Vertuschen. Vielmehr führt sie durch eine natürliche Reihenfolge zu einer Synthese von Lehrfächern. Moriya betont: „Lernen-Gewordenes-Spiel ist Erziehung". Daher bekräftigt er die Notwendigkeit eines *Lehrplans* und der *Führung* für den Unterricht und fordert systematisches Lernen. Ein Lehrer soll Kinder einen bestimmten Weg entlang führen und damit sicherstellen, dass sie sich nicht in Zwecklosigkeit und Zerstreuung verlieren.

Im Artikel *"Fragen zum Lernen-Gewordenen-Spiel"* findet man auch Minejis Kritik zur Unterrichtspraxis Moriyas. Seine Kritik bezieht sich einerseits auf die monistische Theorie, die den Dualismus zwischen Spiel und Lernen aufhebt und andererseits auf Moriyas Praxis. In seinem eigenen Konzept des Lebenlernens Mineji begreift er „Spiel" und „Lernen" als je eigenständige monistische Entitäten. Diese Perspektive kennt auch Moriya. Ausgehend vom „wahren Gefühl" unterscheidet nämlich auch er zwischen „Spiel" und „Lernen", so betont er die Verschiedenheit zwischen „Mit-Erde-Spielen" oder (Hatschen) Spielen und der Ausführung der Pflicht. Nach Mineji offenbart sich dieser Unterschied schon früh im Kindesleben, bereits in den ersten Schulstufen. Außerdem kritisiert Mineji die willkürlichen Veränderungen eines vorbestimmten Lehrplans und auch Übungen, die nicht auf die Bedürfnisse der Kinder eingehen, etwa Rechen- oder Schreibübungen, bei denen das Kind zur „Maschine" wird. Er vermutet auch, dass das „allzu anmaßende" Führungsbewusstsein des Lehrers, die Bedürfnisse der Kinder abtötet. "Mineji versucht also einerseits ein negatives Element in der Unterrichtspraxis Moriyas zu finden, anderseits kritisiert er auf allgemeiner Ebene, das Moriyas Unterrichtspraxis, das natürliche Spiel „überwältige" d.h. zerstöre. Neben dem lenkenden Führungsstil des Lehrers bemängelt Mineji also vor allem die enge, intendierte Verbindung von „Spiel" und „Lernen".

Es widerstrebt Minejis Idee von Erziehung beim Verhältnis von „Spiel" und „Lernen" zwischen „hoch" und „niedrig" zu unterscheiden. Ein wichtiges Anliegen ist Mineji daher die Erziehungsidee, die hinter dem Konzept des „Lernen-Gewordenen-Spiels" steckt. Vor allem interessiert ihn die Frage, welchen Stellenwert diese Erziehungsidee der Kultur einräumt, die er für sehr wichtig hielt. Aus seiner Perspektive heraus wollte Moriya das Kind zu einem unvollkommenen Leben zwingen, während er selbst die ausgereifte Kultur als höherwertig betrachtete.

(3) Das Problematische am Kinderspiel
Moriya versuchte in seiner Antwort Andersdenkende mit Toleranz zu behandeln, verteidigte aber vom Aspekt der Entwicklungstheorie aus strikt seine eigene Ansicht über die Einheit von Spiel und Lernen gegen den vermeintlichen Dualismus Minejis.

Moriya behauptet allerdings nicht, dass alles im Spiel „Lernen" oder „Erziehung" sei. Auch wenn seiner Meinung nach das ganze Leben des Kleinkindes Spiel ist, was er als psychologische Tatsache betrachtet, so bedeutet das nicht, dass das Spiel *nicht* pädagogisch oder sogar *nicht* pädagogisch wertvoll wäre. Das Leben des Kleinkindes ist Spiel, das durch das inhärente Lernen zu einem pädagogischen Wert wird. Als Beweis dafür, dass trotzdem nicht alles Spiel Lernen sei, zitiert Moriya das Beispiel eines Erstklässlers, der plötzlich aus einem innerem Drang heraus auf das Dach der Schule steigt, aufs Gerate wohl Ziegel aus dem Dach reißt und auf die begeisterten Schüler im Hof hinab werfen will. Im Leben eines Kindes gibt es solche Handlungen als „Spiel", die man unterbinden oder aber in eine pädagogisch wertvolle Richtung lenken muss. Durch diese Interventionen ermöglicht der Lehrer eine einheitliche Entwicklung von Spiel und Lernen. Der Lehrer muss also versuchen für die jeweiligen Spielelemente eine pädagogische Bedeutung zu finden, denn die spielende Tätigkeit des Kindes enthält natürlich auch Teile, die nicht mit (ethisch) erwünschtem Lernen übereinstimmen. Es ist die Aufgabe des Lehrers, durch die Entfaltung des pädagogischen Spiels „Spiel und Lernen" in Einklang zu bringen. Dieses Suchen nach dem Einklang von „Spiel und Lernen" lässt sich als Weiterführung des „oberflächlichen" Spiels zum wertvollen Lernen als Spiel begreifen[6].

Gegen die Kritik Minejis, dass Lehrer in der Unterrichtspraxis wie etwa in der Rechenübung nach der Blütenblätterlese überfordert wären, besteht Moriya dagegen darauf, dass der Lehrer vorausschauend die Bedürfnisse und Interessen seiner Schüler erkennen müsse.

(4) Zerstörung der harmonischen Gemütsstimmung des Spiels
Ein zentrales Argument der dreimal wiederholten Kritik Minejis gegenüber Moriya behandelt die Befürchtung, dass die harmonische Gemütsstimmung des Spiels durch das Einbrechen des Lehrers als Herrscher zerstört werden könnte.

Dezidiert bleibt Mineji bei seiner Meinung, dass „Spiel" einfach nur Spiel bleiben sollte, ohne einen Zwang zum Lesen oder Rechnen zu beinhalten. Mineji, der reine Naturalist, steht auf dem Boden des transzendent orientierten Naturglaubens und erkennt das „böse" Kindesspiel, wie z.B. das Spiel des Schülers auf dem Schuldach, nicht als Spiel an, sondern interpretiert diesen Vorfall nur als Ergebnis einer künstlichen und unnatürlichen Erziehung.

Mineji betont die Notwendigkeit gesellschaftlicher Pflichten, vor denen auch ein Kind nicht ausweichen kann. Neben den süßen Pillen, gäbe es auch bittere im Kinderleben, nämlich die Pflichten. Für das weitere Leben ist es aber von größter Wichtigkeit, die Bitterkeit des Lebens als solche zu schmecken, nicht verdeckt durch Süßungsmittel, d.h. durch Spiele. Daher möchte Mineji zur Führung des Lebens das Spiel und die ernste Arbeit (das Werk) auch schon in der Unterrichtspraxis klar trennen. Im Vergleich mit einer ernsten Pflicht, ist das Spiel ein eher süßes Erlebnis, weswegen es gefährlich sei, dieses mit dem Lernen zu vermischen und ein „Lernen im Spiel" zu organisieren. Solch ein Unterfangen würde das theoretische Misslingen in der Erziehung bedeuten, da Erziehung auf einen stimmigen Zustand von Spiel und Lernen zielt. Weil das wahre Spiel einen harmonischen Zustand darstellt, in dem es weder Herrscher noch Beherrschte gibt, würde die autoritäre Voraussicht des Lehrers den harmonischen Zustand des Spiels und damit die Harmonie des Spiels zerstören. Erst wenn Lernen sich

---

[6] Moriya wollte ein agonales Element, d.i. „Wettkampf" in das Spiel einführen. Er interpretiert das Spiel als ein Moment des kulturellen Lernens.

im Spiel organisiert, scheint dem Lehrer das Spiel wertvoll zu werden. Grundlegend dagegen ist für Mineji die Überzeugung, dass das Kind spielt, weil es spielen will und nicht um den einzig anerkannten Zweck zu erfüllen, die Einübung
in das Erwachsenleben. Das Kinderspiel ist also ein Zweck an sich. Wenn das
Erlernen der Kultur im Spiel als agonalem Wettkampf organisiert wäre, so wäre
nach Mineji das Spiel an sich für das Leben nützlich.

Mineji bejaht also durchaus den Wert des natürlichen Spiels als solches. So
weist er auch im oben betrachteten Beispiel auf die Abenteuerlichkeit des Spiels
und seines positiven Potentials für das zukünftige Leben hin. Vom Standpunkt
der Moral hingegen, sollte die Handlung des Schülers, der Ziegel auf die Köpfe
anderer Schüler im Garten werfen wollte, als problematisch und negativ beurteilt werden. Einverstanden aber ist Mineji mit der Tatkraft, die aus dem Beispiel ersichtlich wird.

(5) Idealismus und Realismus des pädagogischen Spiels
Die Kontroverse zwischen Mineji und Moriya steigert sich bis zur Ebene des
Gegensatzes zwischen rigorosem Idealismus und pragmatischem Realismus. Die
beiden Paradigmen scheiden sich in den Konzepten des pädagogischen Spiels
der beiden Pädagogen. Mineji betont: „die starke Seite des Spiels liegt in dem
Teil, der dem Lernen entgeht." Für Moriya besteht im „Lernen-Machen" die in-
tentionale Wirkung des Spiels, ohne „Lernen-Machen" kann kein Spiel positiv
bewertet werden. Der verwertbare Teil des Spiels ist das Lernen. Das wertvolle
Spiel ist nichts anders als Spiel. Das „Lernen-Machen" des Spiels ist auch ein
„Wert-Machen", oder mit andern Worten gesagt, ein Idealisieren des Spiels. Es
handelt sich für uns um eine Verwissenschaftlichung, Moralisierung, Verpflich-
tung und Kunstschaffung des Spiels. Erziehung besteht im Organisieren des
Lernens im Spiel. Erzieher können „Spiel" nicht immer unkritisch akzeptieren,
weil das Spiel selbst noch nicht völlig verwertetes Spiel ist.

Was Mineji letztlich viermal in seinem Artikel wiederholt, ist ein Glaubensbe-
kenntnis in Form eines Gedichts, eine Naturhymne zur Verteidigung des reinen
Zustandes des Kinderspiels. Er wollte „mit wahrem Gefühl" in den harmonischen Zustand des Spiels, in Gott und seinen kosmischen Willen hinein schauen.

Warum spielt ein Kind? Mineji folgert am Schluss der Debatte, dass die Gründe
dafür jenseits der Ergebnisse des „Lernen-Gewordenen-Spiels" liegen. Aufgrund
seines Standpunkts, des transzendentialen Supernaturalismus und rigorosen Idealismus bezüglich des Spiel und der Arbeit (Pflicht), verneint er auch die Füh-
rungsbefugnis des Lehrers im Spiel.

Wir erkennen in der Debatte der Erzieher über das spielende Lernen in der
ersten Klasse die Antinomie in der Erziehung, d.h. den Gegensatz zwischen dem
natürlichen und künstlichen Spiel. Diese Antinomie steht mit dem Grundprob-

lem der Erziehung, dem Widerspruch zwischen Führen und Wachsenlassen, in einem inneren Zusammenhang.

Aber wie Theodor Litt (1967) schon gegen die Lebenspädagogik in der Reformpädagogischen Bewegung argumentierte, müssen zwei Momente in der Didaktik zusammengehören. Einen Pol kann und soll man nicht mit einem zweiten Pol verneinen. Und sogar die Idee der Elementarbildung von Pestalozzi dürfte man als Methode der Didaktik verstehen, als Kunst des Menschen, notwendigerweise die Lehrart der Natur zu vermitteln. In diesem Punkt können wir die Natürlichkeit des Spiels durch die Kunst der Menschenführung vermitteln und verfeinern.

III. Die Didaktik des spielenden Lernens in der TAJIMA-Grundschule

(1) Der Pädagoge Sôju Irisawa - sein Lebenslauf und seine Pädagogik
Im Folgenden wollen wir die Erziehungsphilosophie der „Erlebnisschule TAJIMA", deren Theorie und Praxis von ihrem Leiter Prof. Dr. Sôju Irisawa entwickelt wurde, näher betrachten. Wir konzentrieren uns dabei auf das Verstehen des spielenden Lernens. Vorweg aber ein kurzer Lebenslauf Irisawas.

Geboren als der zweite Sohn eines Schuldirektors in der Provinz Tottori, trat er 1890 in die Mittelschule Yonago (altes System) ein, wo er sich vom „gut lernenden und gut spielenden" Jungen zum jungen Literaturfreund und Manuskriptschreiber wandelte. Später unterrichtete Irisawa etwa ein Jahr lang als privater Lehrer für Musik und Gymnastik an seiner Grundschule, bevor er 1908 das Erste Obergymnasium in Tokio abschloss und sogleich in die Humanitärwissenschaftliche Fakultät der Kaiserstaatlichen Universität Tokio, in den Studienzweig Philosophie, eintrat. Dort wählte er als Studienfach die Pädagogik, weil er in seiner Grundschulzeit Schulspiele geliebt hatte und sehr heitere Erfahrungen aus seinem Unterricht mitbrachte. Der Titel seiner Dissertation lautete: *„John Locke und Ekiken Kaibara als Erziehungsphilosophen"*. Nach seiner Promotion forschte er weiter und veröffentlichte 1914 die Ergebnisse seiner Arbeit als *„Die neueste Geistesströmung des Erziehungsgedanken"* und *„Die Geschichte des Erziehungsgedankens in der neueren Zeit"*. Im selben Jahr wurde Irisawa Ordentlicher Professor an einer privaten Hochschule und im November 1919 erhielt er eine Berufung an die Kaiserstaatliche Universität Tokio als Assistenzprofessor (Ord. Prof. 1932). Seine Forschungsaufgabe war das Studium von Erziehungsproblemen, die Geistesströmung des Erziehungsgedanken, das Lehrerbildungssystem und die Projektmethode.

1923 erläuterte Irisawa *„Zweck und die Methode der Erziehung auf der theoretischen und experimentellen Basis der Eucken-Schule und des Neukantianismus in der Schrift"*, und veröffentlichte *„Die philosophische Grundlage der Neuen Erziehung"*. Er begann sich verstärkt für die Kulturpädagogik der Dilthey-Schule zu interessieren. Im April 1925 veröffentlichte er „*Kulturpädagogik und Neue Erziehung*" und im November des drauf folgenden Jahres „*Kulturpädagogik und Erlebniserziehung*". 1929 promovierte er in der Kaiserstaatlichen Universität Tokio mit der Doktorarbeit: „*Das Studium des Philanthropischen Erziehungsgedanken*". Vom März desselben Jahres bis Juni des folgenden Jahres bereiste er Europa, wo er zwischendurch auch am Komitee der internationalen neuen Erziehung in Helsinki teilnahm.

Deutlich zeigt sich, dass Irisawas Erziehungsphilosophie eine Kulturpädagogik ist, die sich aus der deutschen Lebensphilosophie entwickelt hat. In den Zwanziger Jahren fanden die Konzepte der geisteswissenschaftlichen Psychologie wie „Leben" und „Erlebnis" neben der Reformpädagogik Eingang in die Erzieherwelt. Auch für uns gegenwärtige Erziehungswissenschaftler ist die Erinnerung daran noch nicht verblasst. Wenn wir die Erziehungslehre Irisawas von gegenwärtigen wissenschaftlichen Aspekten aus betrachten, sollten wir ihn nicht einseitig als politisch progressiven, nationalistischen Pädagogen der Zwischenkriegsjahre (1932-45) bewerten und aus Gewissensgründen heraus verurteilen, sondern auch seine kulturpädagogischen Ideen und Leistungen, insbesondere deren Ergebnis in den Zwanziger Jahren von verschiedenen Blickwinkeln aus objektiv beurteilen. Von Bedeutung ist auch, dass er als ein Didaktiker der philanthropischen Erziehungstheorie in seinen Erziehungsgedanken bemerkenswert stark von der philanthropischen Schuldidaktik des Spiels beeinflusst worden war. Es ist eine historische Tatsache, dass bei den Philanthropen „Lernen" möglichst in „Spiel" umgewandelt werden sollte.[7]

(2) Die Theorie der Erlebniserziehung von Direktor Hiroshi Yamazaki
Die Lebensphilosophie beeinflusste mit ihrem Erlebnisbegriff das Konzept der „Reinen Erfahrung" des japanischen Philosophen Kitarô Nisida. Dilthey versteht „Leben" als Grundtatsache des Menschen. Deshalb schlug er als geeignetste geisteswissenschaftliche Methodik die deskriptive und analytische Psychologie oder Strukturpsychologie vor, da sie den Menschen als wissendes, fühlendes, und wollendes Wesen innerhalb des Horizonts geschichtlich-gesellschaftlicher Wirklichkeit im Bedeutungszusammenhang mit ihrem Erleben, Ausdruck und Verstehen hermeneutisch untersucht. Nach Irisawa ist „Erlebnis" ein unmittelbarer Bewusstseinsinhalt, in dem es kein Gegeneinander zwischen Subjekt und Objekt, Ich und Gegenstand (Noema und Noesis), d.i. zwischen Wissenden und Gegenstand gibt. Das „Erlebnis" ist eine konkrete „Tatsächlichkeit des Bewusstseins". Die Gegensätze: Materie und Denken, Subjekt und Objekt, sind das Ergebnis der Entwicklung dieser Realität. Erkennen bedeutet für ihn nicht mehr reines Wissen, sondern Erleben als ganzheitliche Tätigkeit, die Wissen, Fühlen und Wollen einschließt. Erleben ist das Verinnerlichen der inneren Welt der Dinge. „Erleben" bedeutet sowohl Realität als Seinsbegriff als auch Erkennt-

---

[7] Vgl. Reble, A., 1975, S. 155.

nismethode der Realität als Erkenntnisbegriff und ist zugleich Leben an sich. In diesem Sinne ist Erlebnis Realität, Ideal und Leben.[8]

Um 1923 gründete Direktor Yamazaki an der Ordentlichen Grundschule TAJIMA die Erlebniserziehung unter der theoretischen Leitung Irisawas[9]. Was wurde hier als Aufgabe der Erlebniserziehung gesehen? Nach Irisawa und Yamazaki ist Erziehung eine Grundtatsache der Liebe und eine Handlung, die die Lebenswirklichkeit idealisiert. Sie ist eine kontinuierliche Tätigkeit auf Grund der Allgemeinheit und auch des erlebenden Lebens, in dem der Verstand und das Gefühl einheitlich zusammenwirken. Irisawa und Yamazaki erläutern:

„Von der Perspektive ideal-realistischer, speziell-allgemeiner, erlebenden Tätigkeit aus betrachtet, steht unsere Einstellung im Gegensatz zur ‚Lernenden Schulerziehung' und der Erziehung, die einseitig durch den Verstand oder das Gefühl gestaltet wird. Deshalb ist es unsere Bestimmung, eine Reform vorzuschlagen und eine Reformschule neu zu gründen und zu betreiben."[10]

Der Begriff des Erlebnisses hat darum seine eigenen Bestandteile. Er beinhaltet in sich formal ganzheitliche, selbständige, individuelle und total-entfaltende Tätigkeit. Er enthält substantiell speziell-allgemeine, geschichtlich-gesellschaftliche Tätigkeiten. Die Erlebniserziehung begreift die Tätigkeit nicht mehr als Spontaneität des Kindes, sondern vielmehr als Erleben unmittelbarer Kulturwerte, die sich durch das unmittelbare Bewusstwerden dieser Werte von innen her auffüllt.[11] Yamazaki erläutert diesen Gedanken folgendermaßen:

„Das erlebende Leben des Kindes ist das Erfahren der Materialien der Kultur. Das Ich des Kindes entwickelt sich durch das Erleben der in den Materialen innewohnenden Werte bis zur Trennung von anderen Ichs weiter. Innerhalb des Lebens des Kindes sollten die inneren Werte aus den Materialien geboren werden. Eben durch das Verinnerlichen der, den Texten innewohnenden Werte, konstituieren sich im Ich des Kindes die Werte selbst".[12]

Wie oben zitiert, ereignet sich in der Erlebniserziehung die Aufnahme von Werten vor allem durch Texte, wobei das Kind als Wesen innerhalb des Horizonts der geschichtlich-gesellschaftlichen Wirklichkeit begriffen wird. Nach E. Spranger können die den Kulturgütern innewohnenden Werte in 6 Typen von Lebensformen eingeteilt werden.[13] Irisawa konstruierte daraus folgende 6 Bildungswerte als Inhalt des Erlebnislebens.

[8] Yamazaki, H., 1931, S. 3.
[9] Irisawa, S. / Yamazaki, H., 1929, S. 23.
[10] Irisawa, S. / Yamazaki, H., 1925.
[11] Yamazaki, H., 1932, S. 13.
[12] Yamazaki, H., 1929, S. 72.
[13] Spranger, E., 1914, 2. Abschnitt: Die idealen Grundtypen der Individualität.

Tabelle 1: Bildungswerte in der Muttersprache

Bildungswert	1.	Der theoretische Wert (Theorie, Wirkung):
Lebensform		Logische Wissenschaft, Erfahrungswissenschaft
Auffassungsstil		Erklärung
Lehrfach		Arithmetik u. Naturwissenschaft
Bildungswert	2.	Der soziale Wert (Gesinnung, Ausübung)
Lebensform		Sittlichkeit
Auffassungsstil		Verstehen
Lehrfach		Moralerziehung
Bildungswert	3.	Der ästhetische Wert (Genuss, Schöpfung)
Lebensform		Kunst
Auffassungsstil		Verstehen
Lehrfach		Bibliothek, Handwerk, Musik
Bildungswert	4.	Der ökonomische Wert (Theorie, Ausübung)
Lebensform		Wirtschaft
Auffassungsstil		Erklärung, Verstehen
Lehrfach		Geographie, Arithmetik, Näherei, Haushalt
Bildungswert	5.	Der staatliche Wert (Gesinnung, Ausübung)
Lebensform		Volksmoral, Geschichte, Politik, Recht
Auffassungsstil		Verstehen
Lehrfach		Moralerziehung, Geschichte, Staatbürgerliche Texte
Bildungswert	6.	Der religiöse Wert (Gesinnung, Schulung)
Lebensform		Religion
Auffassungsstil		Verstehen
Lehrfach		Geschichte /Moralerziehung (Shushin)

[Aus Irisawa & Yamazaki, 1925, S. 110-111]

Außerdem unterscheidet Spranger zwischen Innenwelt und Außenwelt. Der Mensch erfährt die Welt der Natur, die Außenwelt durch die Sinne und begreift sie durch seine Denktätigkeit als einheitlich in ihrem gesetzlichen Zusammenhang. Dadurch entsteht auf der einen Seite die Naturwissenschaft als eine erklärende Wissenschaft. Auf der anderen Seite versteht sich die unmittelbar gegebene Welt, d.h. unsere innere Welt, von selbst. Dilthey formulierte diesen Gedanken folgendermaßen: „Die Natur erklären wir, das Seelenleben verstehen wir"[14]. Aus diesem Verstehen heraus entwickelt sich die Geisteswissenschaft.

Der gesamte Lerninhalt ist aufgrund dieser Theorie auf diese beiden Bereiche aufgeteilt, in des naturwissenschaftlichen und des geisteswissenschaftlichen Lehrstoff. Den ersten versteht man durch Erklären, und den zweiten durch unmittelbares Erleben oder durch ein Naturerlebnis. Wissenschaft hat auch vom Erleben her gesehen eine energetische Wirkung, weswegen vor allem die prakti-

---

[14] Dilthey, W., S. 144. - Hosoya, T., 1936, S. 24.

sche Betrachtung der Schüler gewürdigt werden muss, wobei aber die Lebenstätigkeit der Forschung oder Kreativität nicht übersehen werden darf. Dieses Lernen nennen wir *Erkennendes Lernen* im Gegensatz zum *Erlebenden Lernen* der Geisteswissenschaften. Dieses gilt im Allgemeinen für alle Lehrfächer und ist daher integrativ und kontextunabhängig von Bedeutung.

Je mehr man die eigene Ganzheitlichkeit der Persönlichkeit im Selbsterleben erfassen kann, desto höher entwickelt sich das Verständnis für das geistige Leben des Anderen. Solche Lehr- und Lernprozesse durchlaufen die drei Stufen „Anschauen-Studieren-Anschauen". Das Ziel der ersten Stufe ist das Erregen der Motivation, ein intuitives Analysieren des erlebten Gegenstands (objektive Kultur) und das Annehmen der Totalbedeutung durch Vereinfachen. Das Ziel der zweiten Stufe liegt im Erfassen der partiellen Bedeutungen durch Studium, Wesensverständnis und Würdigung des Deutens. Die Stufe des wiederholten Anschauens beinhaltet das Erleben der Werte, die vom Schüler zum „Ausdrücken" oder zum „Handeln" gesteigert werden. Das Ziel der Lehr- und Lernprozesse in der Erlebniserziehung liegt im Erfassen des Wesens der Lehrstoffe und der Verwirklichung der erworbenen Kulturwerte in der Lebenspraxis.

Die Lebenspraxis gestaltet sich bevorzugt in den ersten Klassen in der unteilbaren Form des Spiels, in den mittleren Klassen in der Form des spielenden Werks, während für die höheren Klassen die Form der Arbeit vorgeschlagen wird.

IV. Die didaktische Praxis des Spiels in der Erlebnisschule TAJIMA

(1) Lehrplan und Ablauf des Jahres
Die charakteristischen Merkmale der Schulorganisation der Grundschule TAJIMA bestehen aus 3 wesentlichen Punkten, die sich zu einem großen Ganzen zusammenfügen.[15]
Erstens: Das Zentrum der Erziehung ist die Klasse.
Zweitens: Das Zentrum der Organisation der Lehrstunde ist das Leben. Der Lehrplan der Unterrichtsstunden muss sich am Lehrstoff und am Kind orientieren. Deshalb muss er jede Woche neu organisiert werden, damit er mit der Lebenseinheit des Kindes in Übereinstimmung gebracht wird. Passend zum Charakter der Lehrinhalte können Stundeneinheiten flexibel zwischen 20 und 40 Minuten festgesetzt werden. Der Lebensplan, der einen Monat oder eine Woche umfasst, wird von Schülern und Lehrer zusammen abgesprochen. Einzelne Schüler setzen sich selbst einen eigenen Lebensplan fest. Dieser spiegelt den Wunsch nach einer positiven Bewältigung der eigenen Lebensprobleme wider

---

[15] Taniguchi, M., 1983, S. 78.

und fordert nach dem aktiven Selbstlernen von dem Kind eine Phase der Besinnung. Daher reflektieren die Schüler am Ende einer Woche den Lebensplan.

Ein drittes Merkmal ist das System der Lehrfacheinheit für eine Klasse. Für höhere Klassen und Abschlussklassen nimmt ein Fachlehrer am Unterricht teil.

Eine vierte Charakteristik ist die Einrichtung spezieller Lehrfächer, als entscheidendes spezielles Lehrfach gilt dabei das Lehrfach „Lebensführung" das die gesamte Schulbildung von der ersten bis zur Abschlussklasse begleitete. Das Verstehen der Natur und Kultur in der Heimat durch Betrachten und Handeln ist das Lernziel dieses Fachs. So wurden die Bedeutungen der Feste kennen gelernt wie die Jahresfeiern zum Nationalfeiertag, das Puppenfest oder es werden Tempel besucht. Ganz wichtig war aber auch die „Selbstführung". Im Fach „Lebensführung" sollte die geistige Kreativität anhand von Kulturwerten ausgebildet werden. Als weiteres spezielles Fach gab es für die erste und zweite Klasse die Stunde des „Freien Spiels", die jede Woche für 40 Minuten stattfand. Auch das Fach „Freie Arbeit" war eine spezielle Einrichtung, die kontinuierlich von der zweiten bis zur sechsten Klasse angeboten wurde und aus Dienstarbeit sowie Produktionsarbeit bestand. Die Grundschule TAJIMA förderte auf diese Weise die allseitige Organisation des Kinderlebens.

(2) Lehr- und Lernprozess
Auf welche konkrete Art und Weise wurde die Theorie der Erlebniserziehung im Unterricht der Lehrfächer eingebaut? Nach Yamazaki, entwickelt sich das naturwissenschaftliche Lernen aus der Logik. Darin darf es aber nicht einseitig gefangen sein. Neben dem Denkzusammenhang ist nämlich vor allem auch der Wirkungszusammenhang beim naturwissenschaftlichen Lehrstoff zu beachten,[16] weswegen man den Gegenstand nicht nur logisch-systematisch erlernen kann. Die Schüler sollen es auch lernen, die Notwendigkeit für das Verständnis der organischen Einheit der Natur oder der Betrachtung der Natur zu begreifen.

Im Lehrfach Naturwissenschaft soll dabei folgendermaßen vorgegangen werden:
(1) Anschauen des Problems - Aussprechen der alltäglichen Lebenstatsache, des Sammelns und Züchtens sowie Betrachtens, Konstruktion der Experimentdaten
(2) Studieren des Problems - Betrachten des Experiments und Aussprechen, Diskussion oder Gruppenexperiment und dessen erneute Betrachtung, das verbesserte Experiment
(3) Selbstbeweisen - Zusammenfassen, Lösen, Wahrheit, Bestätigen

---

[16] Yamazaki, H., 1931, S. 104.

Die Charakteristik des Lernens im geisteswissenschaftlichen Fach ist das lebendige Lernen, in dem man vom Leben, in dem Besonderheiten enthalten sind, also von der sich bewegenden Lebenstatsache aus startet und das Leben selbst erwirbt. Es ist das Lernen, in dem man das in der inneren Erfahrung gegebene Leben in Verbindung mit dem Wertbewusstsein begreift. Dieses Lernen gliedert sich einerseits in die Werte des unmittelbaren Verstehens und anderseits in jene des mittelbaren Verstehens (Nacherlebnis).

An einem Beispiel des Lehrfachs Nationalgeschichte können wir den Lehr- und Lernprozess der Erlebniserziehung von seiner Struktur her erfassen.[17]

(1) Anschauen des Problems - Erinnerung an das Erlebnis, Klären der Zeitidee, Vorstellen der Gestalt des Stoffs
(2) Suchen nach der geschichtlichen Tatsache - Allgemeine Orientierung, Festsetzen des Lernbereiches, Durchlesen des Lehrbuchs, Immanentes Auffassen des geschichtlichen Lebens, Konstruktion des Problems, Zusammenfassen der Frage und Antwort
(3) Sammeln der Materialien - Erforschung der geschichtlichen Tatsache (individuelle Forschung), Durchführen der Forschung, Organisation des Stoffs
(4) Gesamtes Verstehen der geschichtlichen Tatsache - Erzählung des Erziehers oder Diskussion der Schüler über die Forschungsergebnisse
(5) Anschauen - Prüfen des charakteristischen Merkmals, Durchführen des kritischen Verfahrens über geschichtliche Tatsachen.

Auf diesen Lehr- und Lernprozess wird die Unterrichtspraxis jedes Lehrfachs, sowie des Fachs Nationalgeschichte in den fünften Klassen aufgebaut, wie im Folgenden mit einem aufmerksamen Blick auf das Lehrprogramm (Lehrplan) dargestellt wird.

(1) Lehrstoff: Der heilige KÔBÔ
Lehrziel: Die Schüler sollen ein Verständnis für die in der Religion konzentrierte, wissenschaftliche und sittliche Eigentümlichkeit des heiligen Kôbôs entwickeln und dadurch den Zeitgeists seiner Epoche (die Ära Heian) erfassen.
(2) Lehrprozess (1 Stunde):
(A) Die Hinleitung zur Wertrichtung als Lernziel
    (Vortragen des Erlebnisses über den lieben Herrn der Heiligen):
    1. Seid Ihr schon in einem Tempel des Kôbô gewesen?
    2. Wie war Euch dabei zumute?
    3. Warum sind die Leute dort alle so dankerfüllt ?
    4. Wer hat den Tempel errichtet?
    Lasst uns über den heiligen Kôbô forschen (Darbieten des Portraits)
(B) Anschauen: Lesen des Lehrbuchs (Zweck des Lesens wird erklärt)
    Vermutungen über die Person Kôbô werden angestellt

---

[17] A.a.O., S. 171f.

(C) Studieren: (Über die Absätze) Fragen und Antworten, Diskussion der Vorbereitung jedes Schülers (Individuelles Lernen), der Lehrer als integrative Figur ist jederzeit da, um Ergänzungen vorzunehmen, und bestätigt das partiell untersuchte Bild im Großen.

1. Die Zeitepoche (Erforschung mit der chronologischen Tabelle, einer Beilage des Lehrbuchs)
2. Das Erscheinen des heiligen Kûkai[18] und das Gedeihen des Buddhismus durch die Verbreitung der Shingon-Sekte.
3. Ausbreiten der Wissenschaft
4. Förderung des Gemeinwohls
5. Freie Fragen der Schüler über den Stoff, auf die der Lehrer antwortet

(2) Lehrprozess (2 Stunde):

(D) Anschauen: (Systematisches Verstehen des heiligen Kôbôs als religiöse Persönlichkeit)

1. Vom Totalbild aus wird der Versuch unternommen, viele Meinungen der Kinder zu betrachten und einander richtig zu verstehen
2. Reflexionen über den Titel „Der Heilige Kôbô" der nach dem Tode Kûkais erteilt wurde
3. Ehrfurchtsvolles Glauben der Nachwelt und der Pilger des Tempels des heiligen Kôbôs in jeden Monat
4. Sorgfältiges Durchlesen des Lehrbuches

(E) Vorbereitung ......Das Bild des heiligen Kôbôs u.a. (usw. abgekürzt)

Die Unterrichtspraxis setzt sich im Anschauen-Studieren-Anschauen fort. Zum Beispiel können wir diesen Lernprozess im Lehrfach „Moralunterricht" (Shushin) der ersten Klassen, beim Thema „Vernachlässige die Sache nicht" betrachten. Dort erzeugt der Lehrer zuerst die Lernmotivation mittels der Erzählung über eine Lebenstatsache als Hauptthema und führt die Schüler dadurch zum Wunsch, ihre bemerkten Schwächen zu verbessern, so dass der Lehrer, der die Absicht der Schüler zur Kenntnis nimmt, die Schüler das Wandbild im Schulzimmer ausbessern lässt. Dadurch wird die Handlungsebene mit einbezogen: die Schüler verbessern ihre selbst verursachten Schäden. In diesem Handeln verwirklicht sich der moralische Wert. Hier zeigt sich der Einfluss der Lehrmethode der Arbeitserziehung Kerschensteiners auf Yamazaki .[19]

(3) Die Methode des „Spiel-Gewordenen-Lernens" im Spiegel des Gesamtunterrichts (Spezielle Einrichtung des Lehrfaches)

Die charakteristischen Merkmale der Erlebniserziehung sind nicht nur in jedem Lehrfach bemerkbar, sondern insbesondere auch in der praktizierten Didaktik, die gemäß den Entwicklungsstufen der Kinder jeder Klasse eine spezielle Umsetzung für jedes Lehrfach vorsieht. „Erlebnislernen" ist nämlich als eine Unterrichtsmethode anzusehen und man könnte fragen, wo und wie man das Erlebnis beim Lernen konstruieren sollte.

---

[18] Kûkai: Japanischer Name eines buddhistischen Heiligen und Urheber der Shingon-Sekte (774-835).

[19] Taniguchi, M., 1983, S. 78, S. 87f.

Nach Yamazaki stehen dabei sechs Methoden zur Auswahl: 1. die erfahrende, 2. die individuelle, 3. die spielende, 4. die arbeitende, 5. die soziale und 6. die heimatliche Unterrichtmethode.[20] Die *Erfahrende Methode* beruht auf der Würdigung der Lebenserfahrung, der Lehrstoff ist hierbei am Leben orientiert. Die *Individuelle Methode* erhält ihre Bezeichnung aufgrund der Individualisierung des Lernens. Die *Soziale Methode* führt zur Einbindung des Gesamtplans. Dabei wird die gesellschaftliche Sicht in die Klassen- und Schulverwaltung hinein genommen, und bei den Übungen der Selbstverwaltung, des gesellschaftlichen Verkehrs, und der Moral berücksichtigt.

In diesem Beitrag ist es uns vor allen Dingen wichtig, die Spielende Methode in den ersten Klassen und die Individuelle Methode vorzustellen und zu diskutieren. Für die Grundschule TAJIMA war die individuelle Methode eine Forschungsaufgabe, weil das Erlebnis vor allem eine Erfahrung des Individuums bedeutete. Das Problem beschränkt sich für die Verfechter dieser Methode aber nicht auf die psychologische Erklärung der Auffassungsweise der Individualität. Heute sind für uns allerdings nur die kritische Kommentare interessant, die sich mit der Lernform auseinandersetzen und zwar 1. die Reihenfolge von Einzellernen (eigenständiges Lernen) und Gruppenlernen (Miteinander - Lernen) 2. die Lernform des Gesamtlernens, das in der Grundschule am Hochschullehrerseminar Nara von Erzieher Takeji Kinoshita (1872-1946) entwickelt wurde.

Von aktueller Bedeutung ist vor allem das Einbinden des Spielenden Lernens in der ersten Klasse, das mit anderen Lehrmethoden verbunden wurde. In Hinsicht auf die Lehrplanreformbewegung im 20. Jahrhundert ist das Spielende Lernen der Grundschule TAJIMA von vielen Fachleuten als bedeutsam bewertet worden. Wie oben zitiert, war es Kinoshita, der unter dem großen Einfluss von Berthold Otto (1859-1933) eine originäre Form des Gesamtunterrichts vorgeschlagen hat. Otto baute den Unterricht auf dem Prinzip der organischen Ganzheit auf, wonach das Kind im Gesamtunterricht als Ganzheit angenommen wird und auch die Welt, mit der es sich auseinandersetzt, als Ganzheit gesehen wird.[21] Nach Kinoshita sind „Seele" und „Leben" aus psychologischen Gründen ein unteilbares, verschmolzenes Ganzes. Beim Lehren ist es deshalb notwendig, aus dem Lebenskontext des Kindes ein Thema auszuwählen und dieses Thema mit vielen Lehrfächern zu verbinden (das Lehrfach „Lebensführung" in der ersten Klasse der heutigen Grundschule in Japan lässt sich methodisch als „Gesamtlernen" interpretieren).

(4) Entstehung der „Spiel-Gewordenen-Erziehung"
Nun, wie kann man das Spiel oder die spielende Unterrichtsmethode erklären? Nach Yamazaki ist das Spiel in seiner Grundschule das freie Leben des Kindes,

---

[20] Yamazaki, H., 1932, S. 155.
[21] Reble, A., 1951, S. 288.

das aus dem instinktiven Lebensbedürfnis des Kindes erwächst. „Spiel" ist das ganzheitlich menschliche Leben mit ganzer Kraft und Seele im „unentwickelten" Lebensjahr. „Spiel" ist ein Prinzip der Natur und auch wenn es an sich selbst wenig Grundwert zu besitzen scheint, ist Spielen eine unmittelbare innere Erfahrung mit sich selbst, und birgt damit die Möglichkeit, innere Werte zu erfahren. Spielendes Leben, d.i. diese innere Erfahrung als Leben an sich zu verwirklichen, ist die Absicht der Spielenden Unterrichtsmethode.[22] Wir stellen zuerst das Verhältnis zwischen Lebensführung und der „Spiel-Gewordenen-Erziehung" vor.[23]

1. Klasse	Erziehen-Werden des Spiels	Spiel-Gewordene-Erziehung
2. Klasse	Spielen-Werden der Erziehung	
3. Klasse	Arbeit-Werden des Spiels	Arbeit-Gewordene-Erziehung
4. Klasse	Arbeit-Werden	
5. Klasse	Arbeit-Werden	Erziehung zur Arbeit
6. Klasse	Arbeit-Werden	
Höhere Klassen	Beruf-Werden	Beruf-Gewordene-Erziehung

Wie oben dargestellt, geht es bei den Schulkindern um das Spiel als Selbstzweck. Die Lehrer sollen den Schülern dabei helfen, das zu erfahren. Die Lehrer sollen dabei die Führung übernehmen, aber lediglich im Sinne von „entwickeln helfen". Für die Schulkinder in der ersten Klasse, die als unteilbares Ganzes zwischen Außen und Innen leben, ist das Spiel selbst das Leben. In der Spiel-Gewordenen-Erziehung gibt es die beiden Dimensionen der Objektivierung des Subjekts. Einerseits durch die Aufnahme der Kulturgüter, bei der das Spiel didaktisch so geführt werden, dass es die Erfahrungsaufnahme des Kindes erleichtert, und andererseits durch die Subjektivierung des Objekts, d.h. das Schaffen der Kultur, woraus das „Spiel-Werden" des Lehrplans entsteht.

---

[22] Yamazaki, H., 1932, S. 107-110.
[23] Kaneko, C., 2003, Abstract, p. 3.

165

LEHRPLAN

Klasse / Lehrfach	1	2	3	4	5	6	1 und 2 Klasse der höheren Schule	
Ethik	Erzählung 2	dieselb. 2	dieselbe 2	dieselbe, Ethik	Ethik, Selb. verwal	Ethik, Selbst- verwal.	dieselbe	dieselbe
Lesen				Nation. sprache	4	4	4	4
Stilüben				8	2	2	J:2,M:1	J:2, M:1
Schreiben					2	2	2	
Musik			1	1	1	1	1	1
Geo- graphie			Lebens- führung	Lebens füh- rung	2	2	2	2
National- Geschichte	Lehrfach		1	1	2	2	2	2
Natur- wissen Schaft	Spiel 19				2	2	2	2
Haushalt			/	/	/	/	M.2	M.2
Malen			Arbeit 2	Arbeit J:3 M:5	Arbeit J:4 M:6	Arbeit J:4 M:6	1	1
Handwerk							J:1	J:1
Nähen			/				M:4	M:4
Arithmetik			5	6	4	4	4	4
Gymnastik			3	3	3	3	3	3
Ausländi. Sprache	/	/	/	/	/	/	J:3 M:2	J:3 M:2
Summe	21	23	25	J:27 M:29	J:28 M:30	J:28 M:30	J:30 M:32	J:30 M:32

Vgl. Yamazaki (1926) Verteilung und Integration des Lehrplans.
LEHRPLAN (M=Mädchen, J=Jungen, die Zahl steht für die Anzahl von Jungen oder Mädchen, die sich am einzelnen Lehrfach beteiligten)

Auf den ersten Blick deutlich sichtbar ist das Lehrfach „Spiel" in der zweiten Schulstufe. Dort verteilen sich über ein Jahr hindurch, vom Jahresanfang (April) bis zum Jahresende (März des nächsten Jahres) viele Lehrstoffe auf dieses Lehrfach als „Leben des Spielenden Lernens", und es versteht sich von selbst, dass ein Lehrplan für das Gesamtlernen organisiert werden musste. In der ersten und zweiten Schulstufe sind alle Lehrfächer über die Typen des Spiels, nämlich „Erzählendes Spiel" (Nationalsprache, Musik, Drama, Naturbetrachtung, Malen und Handwerk), „Quantitatives Spiel" (Arithmetik) und „Bewegungsspiel" (Gymnastik, Sport) miteinander verknüpft und harmonisiert. Einige Spiele werden als Lernstoffe zwei oder drei Monate lang fortgesetzt, wodurch man die Qualität des Spiels steigern und mit der Erfindung der Form den Lernwert und den Fortschritt im Leben der Kinder bestimmen kann.

Wie funktioniert nun die Unterrichtspraxis in der ersten Klasse? Im Folgenden werfen wir nach der Betrachtung des Lehrplans zur „Spiel-Gewordenen-Erziehung", einen flüchtigen Blick auf das Gesamtlernspiel (zentriert auf das Lehrfach „Nationalsprache")[24]:

1. Titel des Spiels: Briefwechselspiel
2. Lernziel:
>   Nach dem Erlernen aller Katakana[25] dient dieses Spiel der Übung der behandelten Schriftzeichen und dem Bewusstmachen der Möglichkeit durch die Schriftzeichen seinen Willen gegenüber anderen Personen zum Ausdruck zu bringen.
3. Lehrmethode:
(1) Arbeit während des Juli
>   Einrichten der Post im Klassenzimmer (Leben des Handwerks), Entwurf und Vorbereitung des Postkarten- und Geldmodells. Diese lässt man dann die Kinder verkaufen (Quantitatives Leben). Erklärung der Schreibkonventionen bezüglich einer Postkarte, jedes Kind schreibt selbst und steckt sie in den Postkasten im Klassenzimmer. Die Zustellung erfolgt durch andere Schüler.
2) Arbeit während des Augusts (Sommerferien)
>   Die Schüler melden sich in den Sommerferien beim Klassenlehrer mit Postkarten, um ihn über ihr Wohlergehen Bericht zu erstatten. Briefe werden auch an Freunde verschickt.
(3) Werk im frühen September
>   Abhalten der Ausstellung BRIEFWECHSELSPIEL[26].

Das didaktische Anliegen des Lehrers ist es, durch die „Spiel-Gewordene-Erziehung" die innere Erfahrung der Kulturwerte zu ermöglichen. Um dies zu erreichen, muss man nicht unbedingt das natürliche Spiel der Kinder aufnehmen,

---

[24] Yamazaki, H., 1932, S. 135ff.
[25] "Katakana" nennt man die Zeichen einer der beiden japanische Silbenschriften.
[26] Dieses Spiel passt heute zum Typ "Group-pretend –Play" (Gruppen-Als-Ob-Tun). Auf japanisch heißt es: Gokkoasobi.

sondern man sollte ein eigenes, geordnetes und geleitetes Spiel konstruieren, das den Lebensstoff in den Lernprozess hereinholt. Das oben angeführte Beispiel des Lernens soll die Unterrichtsplanung an den Katakanas aus dem Lehrfach „Nationalsprache" verdeutlichen. Der Unterricht erhält durch das Schreiben der Postkarte die Struktur eines fusionierten Gesamtlernens im Spiel, wobei sich Lehrfächer wie Handwerk und Mathematik einbinden lassen.

IV. Die Lebenswirklichkeit der Schulkinder und die „Spiel-Gewordene-Erziehung" – Förderung des Lebens zur Veredlung der Menschlichkeit als notwendige Aufgabe

Das „Spielende Lernen" in der Erlebnisschule TAJIMA widersprach der regionalen Lebenswirklichkeit der Schulkinder, deren Eltern (Vormünder) zu einem großen Prozentsatz Fabrikarbeiter waren. Beispielsweise gab es unter den 61 Schülern 32 Kinder, deren Vater (Vormund), und sogar 45 Kinder, deren Mutter in Fabriken arbeiteten.[27] Der folgende Ausschnitt aus einem Aufsatz einer Schülerin, die aus der höheren Klasse entlassen wurde, bezeugt die harte Lebenswirklichkeit:

DER RAUCH DER FABRIK
Kiyo Onoya, ein Mädchen aus der 2. Klasse der weiterführenden Schule
Der „Rauch der Fabrik" klingt für das Ohr eines Arbeiters wie das Gefühl des Sünders, über den ein Urteil gefällt wurde. Wenn die Tage ohne Rauch über die bei Regen und Wind die Fabrik aufsuchenden Arbeiter in Dutzenden auf einander folgen würden, würden am Ende die Körper und Seelen der Arbeiter verrückt werden.[28]

Viele Kinder hatten die Wirklichkeit der abstumpfenden Arbeit schon durch ihre Eltern mitbekommen. Davon zeugt die Unterhaltung zwischen einem Schüler, einem Junge namens Kurakichi und dessen Lehrer, die in einem Klassenbriefwechsel dargestellt ist:

S: Lieber Herr Lehrer, ich war gestern abwesend.
L: Das habe ich wohl gemerkt. Was hattest Du? Hattest Du Kopfweh?
S: Nein, mein lieber Vater ist verwundet aus der Fabrik zurückgekehrt. Er hat sich in einen Finger geschnitten. Deshalb musste ich der Schule für einen Tag fernbleiben, weil meine liebe Mutter verlangt hatte, dass ich diesen Tag mit der Pflege meiner kleinen Geschwister verbringe.[29]

Die Realität, in der viele Arbeiter in diesem Industriebezirk lebten, war hart und im täglichen Leben verstümmelte ihre Menschlichkeit. Heute essen zu können, war wertvoller als morgen leben zu können. Die Arbeit an Maschinen und ihre

---

[27] Yoshino, Y., 1939, S. 168-171.
[28] Irisawa, S. / Yamazaki, H., 1925, S. 55.
[29] Yoshino, H., 1939, S. 186.

168

wirtschaftliche Armut gefährdete auch ihre menschliche Gemütsstimmung. Der Erzieher Hiroshi Yoshino musste die Aufgaben des „Spielenden (Gesamt)lernens" unter den schwierigen Bedingungen der (in keiner festen Ordnung aufwachsenden) Kinder des sich neu entwickelnden Industriebezirks neu konstruieren, fernab von der reformpädagogischen Bewegung oder liberalen Erziehungsbewegung für die Schüler aus wohlhabenden Familien. Die Erzieher der Grundschule TAJIMA sahen ihre Aufgabe darin, die „Veredlung der Menschlichkeit" durch die „Spielende Didaktik" zu fördern. Was aber bedeutete das unter jenen Bedingungen und wie wurde das Wesen der Menschlichkeit begriffen? Yuko Yoshino versteht unter „ganzheitlichem Menschentum" die Einheit von Kopf, Herz und Hand. Dabei sollte die Erziehung zum „tugendhaften Menschen" auf der Basis einer harmonischen Einheit aus Wissen, Fühlen und Wollen gründen. Wenig dagegen beachtete die Erlebniserziehung den „schlauen Menschen", den „intelligenten Streber". Die herausragende Stellung nahm nämlich für die Erlebnispädagogen die Persönlichkeit der Menschen ein, die infolge der ökonomischen Verwandlung ihr Leben unter starken äußeren Zwängen der Gesellschaft und unter unmenschlichen Arbeitsbedingungen führen mussten. Deshalb wurde die Regeneration der Menschlichkeit im Arbeitsleben die neue Aufgabe der „Spiel-Gewordenen-Erziehung".

Die Grundprinzipien der „Kinderführung" sind nach Yoshino, „das Hegen und Pflegen der Menschlichkeit und ihre Verfeinerung", die „schöne, heitere Katharsis der Kinderseele", und der „Übergang vom ungeläuterten Sake[30] zum raffinierten Sake." In bedingter Anerkennung der ernsten Arbeitsidee Minejis[31] erwartete man in der Erlebnisschule TAJIMA die Regeneration der Menschlichkeit aber nicht nur vom natürlichen Spiel, d.h." „vom Kinde aus" (Ellen Key), vielmehr wurde die „Spiel-Gewordene-Erziehung" ganz bewusst und geplant eingesetzt, damit das Kind im Spiel als „Erlebnis" im Umgang mit Kulturwerten lernt, diese kulturtechnisch zu rekonstruieren.

Daher können wir im Stundenplan jeder Woche das eigenständige Lehrfach „Freie Bewegung" (später: „Freies Spiel") finden. Die Erzieher förderten nicht nur das lehrplanmäßige Spiel, das alle Lehrfächer integriert, sondern auch das kulturelle Spiel des Kindes als Selbstzweck. Die ursprüngliche Absicht dieses Lehrplans liegt also gerade nicht darin, dem Schüler auf das „Bezwingen" der unausweichlichen Begegnung mit der harten Lebenswirklichkeit der Gesellschaft vorzubereiten, sondern in der Förderung seiner Menschlichkeit. Von unserem Standpunkt aus gesehen, lässt sich diese Unterrichtspraxis also als eine Aufklärung der ganzheitlichen Menschlichkeit zur Überwindung der Entfrem-

---

[30] „Sake" ist die japanische Bezeichnung für den Reiswein, der als das edelste Getränk gilt.
[31] Wie oben erläutert differenziert MINEJI zwischen dem freien Spiel als Selbstzweck und der Arbeit als Pflicht. Durch diese strikte Verbindung zwischen Arbeit und Pflicht unterscheidet sich MINEJI von E. Key oder der kulturpädagogischen Praxis der Erlebnisschule und von ihrem „Spiellernen".

dung des Menschen interpretieren. Diese Aufgabe sollte auch nach dem Selbstverständnis der Erlebnispädagogen durch die „Spiel-Gewordene-Erziehung" als
elementare Kulturtechnik verwirklicht werden.

VI. Schlussfolgerung: Der Ursprung des Spiellernens als elementare Kulturtechnik

Die in Japan entwickelte Erlebniserziehung beruht auf dem Gedanken des Ideal-
Realismus. Dieser hat der deutschen Lebensphilosophie und Kulturpädagogik
viel zu verdanken. Das originäre Wort „Erlebniserziehung" wurde in der Grundschule TAJIMA kreiert, wobei der Sinn des Wortes „Erlebnis" in der „inneren
Erfahrung" und aus der Sicht des Anschauungsunterrichts in der „konkreten An-
schauung" vor dem Denken liegt. Mit anderen Worten, „Erlebniserziehung" bedeutet eine Gesamttätigkeit und Wirkung des Lebens, die den Gegenstand konkret und ganzheitlich aufzufassen versucht. Das darf aber nicht als instinktive,
basale Tätigkeit missverstanden werden. „Erlebniserziehung" wirkt im Zusammenhang mit dem Bedeutungsbegriff und der Kategorie der Kultur. Der Erlebnisbegriff bezieht sich auf "Wert, Ideal und Kultur". In diesem Sinne steht der
Erlebnisbegriff innerhalb des Horizonts der geschichtlich-gesellschaftlichen
Wirklichkeit. Nach IRISAWA ist das Ziel der Erlebniserziehung die Entwicklung der Individualität des Kindes in einem geschichtlich-gesellschaftlichen
Kontext durch die Bereicherung des kindlichen Lebens und der Erweiterung seiner Fähigkeit zur Kulturschaffung. Das „Erlebende Lernen", „das Individuelle
Lernen" und das „Spielende Lernen" kann man als Merkmale ihrer didaktischen
Methode anführen.[32] Für das „Spielende Lernen" ist das Anschauen, Handeln
und Achten der Individualität des Kindes und die Entwicklung kindgemäßer Lebensformen sowie ganzheitlicher Tätigkeiten sicherzustellen. Obwohl idealistische Erzieher die „spielende Didaktik", die schon im 18. Jahrhundert von den
Philanthropen[33] und im 20. Jh. durch den Projektunterricht[34] in die Praxis eingeführt wurde, verlachten, sollten wir die „spielende Didaktik" vom pädagogischen Gesichtspunkt aus würdigen. Schuldrama oder Kinderdrama sind als Er-
ziehungsdrama sehr bedeutend, weil sie in sich selbst sämtliche didaktischen
Methoden beinhalten und ein gut nutzbares Lehrmittel für das Fühlen, Verstehen
und Erleben darstellen. Ein Element des Spiels ist es, die ganzheitliche Menschlichkeit des Kindes kreativ zur Tätigkeit zu bringen und sie weiter über das Ar-
beitshandeln „zur Wirklichkeit" zu fördern.

---

[32] Irisawa, S., 1926, S. 18.
[33] Vgl. Benner, D. und Kemper, H., 2001 S. 114, S. 122. Die Philanthropen betrieben die Pro-
jektpädagogik in Form von Feldforschung.
[34] Vgl. Peter Köck, P., 2002, S. 193-197. Heutzutage ist die Projektmethode im Ethikunterricht eine Stundenübergreifende Unterrichtsmethode mit regulärem Unterricht, Exkursio-
nen und Festen bzw. Feiern.

170

Literatur

DILTHEY, Wilhelm: *Die geistige Welt*, in: W. Dilthey Gesammelte Schriften, Berlin 1924 Bd. V.

DEWEY, John: *(1916) Democracy and Education*, New York 1966.

BENNER, Dietrich / KEMPER, Herwart: *Theorie und Geschichte der Reformpädagogik*, Teil 1: Die Pädagogische Bewegung von der Aufklärung bis zum Neuhumanismus, Weinheim und Basel 2001.

HASEGAWA, Junzô: *Der Ursprung der „Lebensführung"*, Dôjidaisha 1999.

HOSOYA, Tsuneo: *Wilhelm Dilthey und Paul Natorp, Grosses-Erzieher-Archiv 23*, Iwanami Shoten, Tôkyô 1936.

IRISAWA, Soju & YAMAZAKI, Hiroshi: *Die Theorie und Praxis der Erlebniserziehung*, Tôkyô 1925.

IRISAWA, Sôju: *Kulturpädagogik und neue Erziehung*, Tôkyô (1925).

DIES.: *Die Realität der Individualität und individueller Erziehung*, Naigaishobô 1925.

KAGEYAMA, Seishiro: *A Research on the Personal Experience Education of Tajima Primary School before World War II*, in: The Humanities (Journal of the Yokohama National University) Section I, Philosophy and Social Science, 1985. No. 31, S. 23-40.

KANEKO, Chie: *Die Unterrichtspraxis von der Didaktik des Spiels an der Ordentlichen Grundschule TAJIMA*, in: Die Gesellschaft für Erziehungsgeschichte in Japan, Abstrakt-Sammlung, Nr. 47, S. 72f. und ihre Zusammenfassung veröffentlichte Materialien, I-XIX, Kyôto 2003.

KÖCK, Peter: *Handbuch des Ethikunterrichts*, Donauwörth 2002.

LITT, Theodor: *Führen oder Wachsenlassen*, Stuttgart 1967, 13 Aufl.

MINEJI, Mitsushige: *Eine Kritik am Lernen-Gewordenen Spiel*, in: Jahrhundert der Erziehung, Bd. 4. Heft 4. Tôkyô 1926.

DERS.: *Zweifel am Lernen-Gewordenen Spiel*, in: Kyoikuronso, Tôkyô 1926, Bd. 16, Heft 2.

DERS.: *Über das Lernen-Gewordene-Spiel*, (3) in: Kyôikuronsô, Tôkyô 1926, Bd. 16, Heft 6.

DERS.: *Über das Problem von Lernen-Gewordenen-Spiels*, (4) in: Kyôikuronsô, Tôkyô 1927, Bd. 17, Heft 2.

MORIYA, Kanshu: *Das Lernen-Gewordene-Spiel und seine Tatsachen*, in Kyôikuronsô, 1926, Bd. 15, Heft 6.

DERS.: *Lernen des pädagogischen Spiels in der ersten Klasse*, Ikubunshoin 1930.

DERS.: *Zweifel über das Lernen-Gewordene Spiel*, in: Kyoikuronso, Tôkyô 1926, Bd.16, Heft 3.

DERS.: *Erwiderung auf die Kritik am Lernen-Gewordenen-Spiel*, in: Kyôikuronsô, Tôkyô 1926. Bd. 17, Heft 1.

REBLE, Albert: *Geschichte der Pädagogik*, Stuttgart, (1951) 12. Aufl. 1975.

SPRANGER, Eduard: *Lebensformen*, Tübingen, (1914) 9. Aufl. 1966.

SUGITA, Tokutarô: *Die Praxis der spielenden Erziehung für Mutter und Lehrer*, Kôbunsha 1928.

TANIGUCHI, Masako: *Die Erlebnisschulen des Taishozeitalters*, in: Bulletin of Fukuoka University of Education, 1983, Vol. 33, S.73-90.

TANUMA, Shigeki: *Die nochmalige Überlegung. Die Erlebnisschule TAJIMA, Institut für Kultur und Erziehung Kawasaki*, Kawasaki 2002.

YAMAJI, Hyôichi: *Die gute Führung des Spiels: Verwaltung der 1. Klasse*, Tôyôshobô 1926.

YAMAZAKI, Hiroshi: *Lernform aller Lehrfächer und Lebensführung*, Nittôshoin 1929.

DERS.: *Die Erlebniserziehung unserer Grundschule*, Kyôikujissaisha 1932.

YOSINO, Hiroshi: *Die Entwicklung der Klassenverwaltung in der 1. und 2. Klasse*, Meijitosho 1939.

Sylvia Meise

Spielend Lernen

„Wollen wir spielen?" – unter Kindern ist dies eine Einladung zum Wunderbaren. Ist der Handlungsrahmen erst gesteckt, verschmelzen die Mitspieler zu einer verschwörerischen Gruppe, die sich in fantastischen Welten bewegt, Sprachen erfindet und nach eigenen Regeln agiert. Geradezu komplementär zu diesem augenblicklichen Erfindungsreichtum und der Lust, in die selbst geschaffene Realität abzutauchen, steht die Aufforderung von Erwachsenen „Geh spielen!" Was eben noch Freude bereitete, schlägt plötzlich um in quälende Langeweile.

Im Bild vom Kinderspiel schwingt meist die idealisierte Vorstellung vom harmlosen und kurzweiligen aber doch unnützen Tun. Dieses Klischee birgt allerdings nur einen Aspekt des Spiels und verkennt dessen vielfältige Bedeutung und Möglichkeiten. Das Spiel in seinem ganzen Spektrum gesehen, ist eine merkwürdige Sache, für Außenstehende bleibt das Treiben oft unverständlich und ist zudem von der Definition her kaum wissenschaftlich fassbar. Eben diese Unwägbarkeit und Unfassbarkeit fordert Denker und Wissenschaftler schon seit Jahrhunderten heraus.[1] Eine Vielzahl widersprüchlicher Definitionen ist so entstanden. Doch immerhin – bei drei Merkmalen ist man sich einig. Spiel zeichnet sich demnach vor allem aus durch:
- die Freiheit des Handelns, das sich selbst genügt;
- den Wechsel der Realitätsebene,
  etwa bei den „Tun-als-ob"- oder Symbolspielen, zu denen „Vater-Mutter-Kind" ebenso gehört, wie „Autofahren" mit einem Stuhl oder Pappkarton;
- Wiederholungen oder Rituale.

Nach dem aktuellen Wissensstand der Spielforschung eignen sich Kinder im Spiel die Umwelt an und entwickeln dabei ihre Persönlichkeit. In diesem Zusammenhang bedeutet Spielen immer auch Lernen – für Kinder ist es dasselbe, versunken im Spiel sind sie hochkonzentriert. Schon Säuglinge profitieren vom Spiel etwa mit Holzklötzchen: indem sie damit auf andere Gegenstände einschlagen, sie in den Mund nehmen oder von sich werfen, machen sie sich mit dem Material vertraut. Wie solches Spiel beim Problemlösen hilft, zeigen Untersuchungen wie die von K. Sylva, J. Bruner und P. Genova, die Kristin Gisbert in ihrer Forschung zur Lernkompetenz zitiert: In dem Experiment mussten drei- bis fünfjährige Kinder aus Stöcken und Schraubzwingen ein verlängertes Werkzeug herstellen, um ein entfernt platziertes Stück Wachsmalkreide zu erreichen. Die Zeit, in denen sie sich frei mit diesen Gegenständen beschäftigen konnten, wur-

---

[1] Scheuerl, H., 1991.

de so variiert, dass die Forscher hinterher die Problemlösungsstrategien vergleichen konnten. Es zeigte sich, dass diejenigen, die sich im Spiel mit dem Material vertraut gemacht hatten, nicht nur zielstrebiger an den Bau des benötigten Werkzeugs herangingen, ihre Überlegungen erwiesen sich auch als praktikabler, weil sie schon Erfahrung damit gesammelt hatten. Darüber hinaus wirkte sich die spielerische Aneignung positiv auf Motivation und Frustrationstoleranz der Kinder aus. Die Kinder seien in Problemlösesituationen weniger schnell frustriert gewesen, „zum anderen haben sie mehr Distanz zur Problemstellung und ‚verbeißen' sich nicht so in die Aufgabe, dass sie unflexibel im Denken werden"[2], so Gisbert.

Mit dem ersten Schultag allerdings werden solche Lernstrategien als Kinderkram entwertet. Fortan ist Spielen nur noch zur Erholung oder als Belohnung vorgesehen, sonst aber heißt es in den Grundschulklassen ganz protestantisch „erst die Arbeit, dann das Spiel". Dass auf diese Weise die lustbetonte Form des Lernens verbannt wird, bestätigen Erkenntnisse, die bei Spielprojekten an Schulen gewonnen wurden. Etwa beim Modellversuch „Wiener Spielprojekt", den Waltraut Hartmann, Psychologin an der Universität Wien und Leiterin des Charlotte-Bühler-Instituts für praxisorientierte Kleinkindforschung, vor zwanzig Jahren durchführte. Damals wurde in Österreich eine Vielzahl ausländischer Kinder aus schwierigen sozio-ökonomischen Verhältnissen als „nicht schulreif" zurückgestellt oder musste die erste Klasse wiederholen. So viele, dass die Schulen gezwungen waren, Gegenmaßnahmen zu ergreifen. Hartmanns Konzept war eine davon. Mit dem freiem Spiel sollte dabei ein fließender Übergang vom Kindergarten zur Schule geschaffen werden. Im Gegensatz zu den Pädagogen interessierte sich die Psychologin und Leiterin des Projekts weniger für die Schulleistung der Kinder, als für deren Persönlichkeitsentwicklung.

„Ich bin davon ausgegangen, dass das Spiel innerlich motiviert ist, weil es handlungsnah ist und die Möglichkeit bietet, eigene Gefühle nach außen zu projizieren",[3]

erklärt sie ihren Ausgangspunkt. Außerdem dürfe man im Spiel Dinge tun, die üblicherweise verboten sind: schreien, schimpfen oder aggressiv sein. Eine entlastende Komponente, unterstreicht Hartmann, denn: „erholt und entspannt lernt man besonders gut"[4].

Kinder spielen lassen – was sich wie ein ganz einfaches Prinzip ausnimmt, war nicht leicht umzusetzen. Zwar ging es im Projekt um das „freie" im Gegensatz zum didaktischen Spiel, doch paradoxerweise setzt gerade das eine gute Organisation voraus. Nur wenige Pädagogen waren (und sind) indes mit der Methodik und Didaktik des Spiels vertraut. Wie viel Zeit soll das Spiel einnehmen? Wo

---

[2] Gisbert, K., 2004, S. 150.
[3] Meise, S., Interview vom 16. 12. 2003.
[4] Ebd.

lässt man spielen? Wann muss die Lehrerin helfend oder anregend eingreifen? Es gab viele Fragen, die in Fortbildungskursen vorab geklärt werden mussten. Entsprechend der Einweisung wurden die Spielzeiten über den ganzen Schulvormittag verteilt: in „freien Spielphasen" vor Unterrichtsbeginn, in den Pausen und während des Unterrichts, Spiele zur Differenzierung und Veranschaulichung von Themenkreisen sowie besondere Spielthemen für den Förderunterricht. In den Klassenräumen wurden drei bis vier Spielbereiche geschaffen, damit wurde diese Form der Beschäftigung aufgewertet und dem Lernbereich gleichgestellt. Fürs freie Spiel standen verschiedene Materialien vom Plüschtier über den Arztkoffer bis zu Holzklötzen zur Verfügung. Außerdem gab es didaktische Spiele zur Wahrnehmungsdifferenzierung sowie Strategie- und Würfelspiele.

In den Übungsseminaren lernten die Pädagoginnen, dass sie zwar beobachten, aber nicht immer eingreifen sollten. Später registrierten sie die positiven Auswirkungen des Konzepts in ihren Klassen.

„Die Lehrerinnen haben mir gesagt, dass ihnen diese Kinder viel mehr ans Herz gewachsen sind, weil sie mit ihnen am Boden gelegen sind und gespielt haben und so zu Partnern der Kinder geworden sind",[5]

erzählt Hartmann. Ursprünglich nur für die erste Klasse geplant, wollten Lehrkräfte, die einmal damit begonnen hatten, das neue Unterrichtssegment nicht wieder aufgeben. Schließlich wurde das Spielprojekt bis zum Ende der vierten Klasse weitergeführt.

Die Kinder profitierten währenddessen sowohl von der Vertrautheit der Spielaktionen als auch davon, dass sie ihre Fähigkeiten zeigen konnten. Am Beispiel eines türkischen Jungen, veranschaulicht die Forscherin, wie das Selbstbewusstsein der Kinder gefördert wurde. Der Junge habe zwar wenig Deutsch gesprochen und sei an den Schulanforderungen meist gescheitert, doch in den Spielphasen sei aufgefallen, wie schön er bauen konnte. Plötzlich wurde er – auch von der Lehrerin – anerkannt.

„Wenn man wenigstens in der Fantasie erlangen kann, was man vielleicht in der normalen Welt nicht hat – das ist ja auch das Geheimnis von Figuren wie „He-Man" oder „Barbie" – dann geht es einem besser und dann kann man auch besser lernen."[6]

Die Gefühle müssten zum Ausdruck kommen können, das jedoch bleibe in Schulen meist außen vor.

---

[5] Ebd.
[6] Ebd.

Während des Modellversuchs wurde die Forschergruppe immer wieder nach den schulischen Leistungen der Kinder gefragt. Skeptiker zogen in Zweifel, dass die Spielprojektkinder altersgemäß genügend lernten. Daraufhin entschloss sich Hartmann, in der dritten Schulstufe einen vergleichenden Leistungstest mit den Projektkindern und den Kontrollgruppen durchzuführen. Das Ergebnis: es gab keine Unterschiede, und das, obwohl die Projektkinder Hunderte von Stunden gespielt hatten. Aus der Evaluationsstudie:

> „Schüler, die in der Grundschulzeit spielen durften, zeigten im Vergleich zu Schülern der Kontrollgruppe eine größere Schulzufriedenheit, mehr Pflichteifer und hochsignifikant bessere Ergebnisse hinsichtlich des divergenten Denkens. Die enge Verflechtung von Spielen und Lernen wirkte sich günstig auf die kreativen Fähigkeiten der Kinder aus. Bei der Versuchsgruppe wird kein Leistungsabfall festgestellt, im Sozialverhalten konnten positive Effekte beobachtet werden."[7]

Eine Nachuntersuchung der Kinder in der neunten Klasse ergab, dass die Jugendlichen der ehemaligen Spielklassen sogar weiterhin „sprachlich kreativer" waren. Die positiven Resultate führten zur Aufnahme des Spiels an erster Stelle der Lehrmethoden in den österreichischen Grundschulplan. Ungeachtet solcher Forschungsergebnisse ist die deutsche staatliche Schule ein Bollwerk der „ernsthaften" Arbeit geblieben. Zwar gibt es seit Jahrzehnten Vorstöße, die Grundschule sinnlicher zu gestalten, doch spätestens seit dem – so falschen wie disqualifizierenden – Diktum Roman Herzogs, auch die „Kuschelpädagogik" sei Schuld an den schlechten Pisaergebnissen, hat das Sofa in der Schule seinen guten Ruf wieder eingebüßt. Das Pendel hat die Richtung geändert, die Gesellschaft ruft nicht mehr nach sanften Erziehungsmethoden sondern nach Law and Order. So scheuen Grundschullehrerinnen mehr denn je den Einsatz des Spiels, keine mag sich nachsagen lassen, sie betreibe Spaßpädagogik. Was aber so zwingend logisch als Steuerungsinstrument gegen Höflichkeitsschwund sowie wachsende Gewalt- und Aggressionspotenziale gehandelt wird, scheint vielmehr Ausdruck von Hilflosigkeit und ist womöglich kontraproduktiv.

Der Ruf nach Disziplin ist dabei nicht typisch deutsch. Dazu ein Beispiel aus England, wo Kinder schon mit fünf Jahren eingeschult werden. Auch dort zeigte sich immer wieder ein Bruch zwischen Schule und Vorschule, deswegen untersuchte die schottische Wissenschaftlerin Aline-Wendy Dunlop, wie Kinder den Übergang bewältigen. In der schottischen Vorschule herrscht wie in einer deutschen Kindertagesstätte zunächst das Prinzip Freiheit: Die über einen Zeitraum von anderthalb Jahren beobachteten Kinder konnten selbstbestimmt über ihre Zeit verfügen, spontan Gruppen bilden und frei unter vielfältigen Beschäftigungsmöglichkeiten aussuchen. Der Wechsel in die Schule geriet ihnen zum Kulturschock, denn dort galten die vertrauten Muster nicht mehr, nun teilte die Lehrerin Gruppen ein und Aufgaben zu. „Sie allein hat jetzt die Wahl", kom-

---

[7] Hanifl, L. / Hartmann, W. / Rollett, B.: in Olechowski, R., 1994, S. 104.

mentiert Dunlop. Die Expertin für frühe Kindheitsforschung an der Universität von Strathclyde spricht von einer „gapping culture", wenn sie die beiden Systeme beschreibt: Das Zitat eines Mädchens nach einem Jahr Schule belegt, wie tiefgreifend der Unterschied zwischen den Systemen empfunden wird: „Ich wünschte, ich wäre noch in der Vorschule, dort haben wir mehr geredet, es gab mehr Auswahl."[8]

Eine weitere Beobachtung der Dunlop-Studie: diejenigen Lehrerinnen, die den Schülern weiterhin Raum zum Spielen gewährten, konnten deren Aufmerksamkeit leichter gewinnen. In Klassen hingegen, wo Freiheit durch „Disziplin" ersetzt worden sei, tuschelten und alberten die Kinder – und bewahrten sich damit ein Quäntchen Autonomie. Was sie da auf ihre Weise einforderten, ist die Grundlage der Erziehung zu Teilhabe und Demokratie. Begriffe, die zum neuen Verständnis des Lebenslangen Lernens gehören. Mit Autonomie von Kindern jedoch können nur wenige Erwachsenen umgehen, wahrscheinlich fürchten sie den Kontrollverlust.

Eltern und Pädagogen werden umdenken müssen, denn nicht nur die Vorstellung davon, was Kinder lernen sollten, sondern auch die Kindheit selbst hat sich in den letzten 30 Jahren stark verändert. Für Hanns Petillon, Erziehungswissenschaftler der Universität Landau, Grund genug zu fragen, wie eine zeitgemäße Schule aussehen könnte. Daraus entwickelte er das Konzept „Lern- und Spielschule", das von 1992 bis 1996 an sechs Grundschulen in Rheinland-Pfalz getestet wurde. Ähnlich wie beim österreichischen Modell, wurde das Spiel in den Unterricht integriert. Petillon zielt überdies auf die Zusammenführung des aktuellen Wissenstands von Spielforschung, Psychologie und Pädagogik. Was die Leistung der Spielkinder, ihre Kreativität und Persönlichkeitsentwicklung betraf, decken sich Ergebnisse der Evaluation mit den Erkenntnissen des Wiener Projekts. Beim Thema „soziales Lernen" jedoch überraschten die rheinlandpfälzischen Projektkinder mit ganz besonderen Werten: Ausgrenzung und aggressives Verhalten nahmen stark ab. Womöglich spürten sie weniger Leistungsdruck als die Kontrollkinder, denn Noten wurden erst ab der vierten Klasse vergeben. Die Kinder der Lern- und Spielschule wiesen im Gegensatz zu Kindern an normalen Regelschulen ein deutlich geringeres Aggressionspotenzial auf, so die Evaluationsstudie. Gefragt, wie sie selbst ihre Leistung einschätzten, stellten sie außerdem weniger oft als die Kontrollkinder den Vergleich zu Mitschülern an, sondern maßen den Wert ihrer Leistung eher an den bewältigten Aufgaben.[9]

Im Modellversuch wurde „Spiel als zentrale Lebensform des Kindes" definiert, entsprechend dieser Leitidee versuchten die Teilnehmer „Schule konsequent vom Kind aus zur gestalten". In beiden Schulprojekten wurde zusammengeführt,

---

[8] Dunlop, A.-W., 2003.
[9] Flor, D., 1997.

was Kinder bis zum Grundschulalter ohnehin nicht trennen: Lernen und Spielen. Sowohl beim Spielen als auch beim Lernen geht es – jedenfalls aus der Perspektive der Spieler – darum, etwas Sinnvolles zu schaffen. Wenn sie beim Denken, Handeln und Reflektieren große Freiheit und interessierte Partner finden, wird beides als lustvoll empfunden. Und was Spaß macht, möchten die Kinder aller Kulturen gern immerzu wiederholen.

Natürlich nicht immer in derselben Weise. Mit der Vielfalt des Spiels beschäftigt sich Ingrid Pramling Samuelsson von der schwedischen Universität Göteborg. Ebensowenig wie man zweimal im selben Fluss baden könne, „erfahren Kinder mehrmals dieselbe Lern- oder Spielsituation" [10], meint die Inhaberin des Lehrstuhls für Frühkindliche Erziehung. Je abwechslungsreicher diese Variationen ausfielen, desto umfassender gestalte sich die Struktur des kindlichen Denkens. Ein Beispiel: Um Ballspielen zu lernen, reicht es keineswegs aus, den Ball im immer gleichen Winkel und aus der immer gleichen Entfernung auf einen Korb zu werfen. Einer schwedischen Studie zufolge lernten Kinder den Umgang mit einem Ball viel schneller, wenn sie mit der permanenten Veränderung der Rahmenbedingungen konfrontiert waren. Im Gegensatz einer Kontrollgruppe wurde bei ihnen Größe und Gewicht der Bälle variiert sowie die Winkel und Entfernungen beim Wurf. Ergebnisse, die diametral zu Grundsätzen wie „Übung macht den Meister" stehen.

Pramling bezeichnet Spiel als „zentralen Faktor in unserem Leben". An diesem Punkt treffen sich ihre Untersuchungen mit den Erkenntnissen der Hirnforschung und der Evolutionstheorie, für die Variation als Schlüssel der biologischen Entwicklung gilt. Die Möglichkeiten eines Kindes in der frühen Entwicklungsphase seien immens, betont Pramling, hierbei statte die endlose Variation des Spielens das Kind mit einem Reaktionsmuster aus, das seine künftige Erlebniswelt beeinflussen werde. Für die Forscherin ist die Kommunikation im Spiel ein wertvolles Training der Bewusstseins- oder Metaebene. Vom Verständigen über den Spielrahmen – Wie machen wir es? – über das zeitweise Auftauchen aus der Spielrealität, um den weiteren Verlauf festzulegen, bis hin zum Austausch nach dem Spiel – Wie war es? Wie machen wir es nächstes Mal?

Kinder lernen also spielend durch Variation aber auch durch den Austausch mit anderen. Pramling hat aus diesen Erkenntnissen heraus ihren „metakognitiven Ansatz" entwickelt - Metakognition meint hier Nachdenken über das eigene Denken. Wie der metakognitive Ansatz in der Praxis funktioniert, erläutert die Psychologin und Bildungsexpertin Kristin Gisbert anhand eines Beispiels aus einem schwedischen Kindergarten: Auf die Kinderfrage „Ist die Erde größer oder die Sonne?" gab die Erzieherin keine schnelle Antwort, sondern sammelte zunächst die Vorstellungen der Kinder. Manche überlegten auch, wie und bei

---

[10] Pramling-Samuelsson, I., 2003.

wem man nachfragen könnte – etwa bei den Eltern, bei den Leuten vom Radio, im Lexikon. Am nächsten Tag wurden die Ergebnisse vorgetragen. Für diesen fruchtbaren Lernprozess sei das Reflektieren der eigenen Ideen entscheidend gewesen sowie die Erkenntnis, dass mehrere Kinder über verschiedene Wege zum gleichen Ergebnis kamen.

Nach einer Meta-Analyse von Studien der Kindheitsforschung aus den letzten zwanzig Jahren schließt Gisbert: das Bild vom Kind und seinen Fähigkeiten müsse dringend revidiert werden, denn die intuitiven Theorien und Lernkonzepte der Kinder stimmten nicht mit der Sichtweise der Erwachsenen und deren Vorstellungen von kindlichen Lernkonzepten überein. Die Perspektive der Kleinkindpädagogik ist von Jean Piagets Modell der frühkindlichen Entwicklung geprägt, eine Theorie, die Denk- und Wahrnehmungsfähigkeiten von Vorschulkindern vor allem als defizitär beschreibt. Die Forschungsbefunde indes legen nahe, dass kindliche Fähigkeiten unterschätzt werden und weniger von ihrem Können abhängen, wie Piaget postulierte, sondern vielmehr davon, *wie* die Aufgaben von Erwachsenen formuliert werden. So ruft etwa die Frage „Welche Farbe ist das?" nur Wissen ab, ohne die Denktätigkeit anzuregen. [11] Echtes Verständnis aber und damit die so wichtige „Lernkompetenz" erfordert Nachdenken über das Geschehene. Etwa so: „Wie ging es dir, als du das Bild angesehen hast?" oder „Was passiert, wenn wir die Steine alle zusammenlegen?"

Wie sich solche unterschiedlichen Lernkonzepte auf Handlungsmuster von Kindern auswirken, veranschaulicht Gisbert anhand einer Vergleichsstudie zwischen dänischer und US-amerikanischer Kindergärten [12]. Darin wird der amerikanische Ansatz, Kindern Wissen zu vermitteln als „akademisch", der dänische als „spielzentriert" charakterisiert. Die Unterschiede in den Konzepten spiegelte sich in den Beobachtungsbefunden der Studie wider:

> „In den USA erfolgten 77 % aller Aktivitäten im Kindergarten auf Initiative der Erzieherin, in Dänemark demgegenüber nur 36 Prozent." [13]

Um das unterschiedliche Auftreten der Kinder zu verdeutlichen, bezeichnete Broström die Dänen als „kleine Philosophen und Künstler", die Kinder in den USA als „ehrgeizige Schüler". Das verblüffende Ergebnis der unterschiedlichen Ansätze: Zwar haben die kleinen US-Amerikaner viel eher als die Dänen die Vorstellung entwickelt, dass Lernen etwas mit Verstehen zu tun hat, nicht mit Basteln oder ähnlichem, doch sie konnten dieses Wissen nicht umsetzen. Das zeigte der Versuch, in dem die Kinder gemeinsam ein Bild zu dem Märchen „Die Zunderbüchse" von Hans Christian Andersen gestalten sollten. Nachdem

---

[11] Gisbert, K., 2004.
[12] Broström, S., 1998.
[13] Gisbert, K., 2004, S. 166.

sie das Märchen gehört hatten, gab es bei den US-amerikanischen Kindern wenig Interaktion, schildert Gisbert. Nur zwei Jungen taten sich zusammen und malten gemeinsam den Soldaten aus der Geschichte, der aber fast den gesamten Raum des Blattes einnahm. Ein Mädchen malte in eine Ecke winzig klein einen Hund, den sie in Erinnerung behalten hatte und sagte danach zur Erzieherin „Ich habe den Hund gemalt, was soll ich jetzt tun?" Das fertige Bild sah entsprechend unzusammenhängend aus. Ganz anders dagegen die Situation in der dänischen Kindergruppe: dort gab es zunächst eine Art Planungsphase, in der die Kinder überlegten, was jeder tun könnte und wie das Blatt aufzuteilen sei. Ihr gemeinsames Ergebnis war ein zusammenhängendes Bild. Das Beispiel zeigt sehr eindrücklich, wie das Spiel quasi als Motor des Lernens funktioniert.

Der „innere Anreiz" verleiht dem Spiel diese Kraft und unterscheidet es zugleich von allen anderen Handlungen. Nur aus dieser inneren Motivation heraus ist die tiefe Konzentration und Versunkenheit von kindlichen wie erwachsenen Spielern erklärbar. Auf die Frage, warum Kinder spielen, antwortet etwa der Spielforscher Rolf Oerter: „als Lebensbewältigung". Und beschreibt direkte Zusammenhänge zwischen den Entwicklungsschritten des Kindes und seinem Spiel. Auch Erwachsene nutzten übrigens das Spiel als Strategie, das Leben zu meistern. Wenn sie in ihre Hobbys abtauchten oder verspielten Schnickschnack an Autos schätzten, sei dies ebenso ein spielerisches Verhalten wie das gedankliche Durchspielen von „Was-wäre-wenn"-Situationen. Innerer Anreiz, Freiheit und Rituale bestimmten auch die Spielarten der Erwachsenen und seien ihrem seelischen Gleichgewicht ebenso zuträglich.

Aufschlussreich für diese These ist Oerters Vergleich des Spielverhaltens von Kindern und Erwachsenen in traditionellen Kulturen, wie etwa Afghanistan, und westlich-industriellen Kulturen wie der unsrigen. In Afghanistan spielten Kinder und Erwachsene überwiegend gemeinsam und die Spielgegenstände würden entweder selbst angefertigt oder stammten aus der Natur. Ein Stock sei dann ein Pferd oder eine Puppe, auch ein Gewehr oder etwas anderes. Die Variationsmöglichkeiten sind endlos und erfordern von Kindern die Umdeutung des Gegenstands in ihrer Vorstellung. Als Kind, erinnert Waltraut Hartmann, habe sie im Wiener Prater einen Stock hinter sich hergezogen, „das war mein Hund". Heute überwiegen im westlichen Kulturkreis die vorgefertigten realistischen Spielgegenstände vom Staubsauger im Miniformat über das batteriebetriebene Auto bis hin zur Monsterfigur, die als Merchandising-Artikel aus einer Filmserie stammt. Die beliebten Computerspiele saugen Kinder geradezu auf, gaukeln ihnen die Freiheit aber nur vor. Die Spieler glauben, sie könnten Welten erfinden und Aktionen selbst zusammenstellen, dabei spulen sie tatsächlich nur vorgegebene Möglichkeiten ab. Während sie dem Gedankengang der Programmierer folgen, ist das eigene Erfindungssystem lahm gelegt, neue Denkmuster können nicht entwickelt werden.

Zur Anregung der Fantasie, des Improvisierens sowie des divergenten Denkens seien nicht-realistische Spielgegenstände vorzuziehen. Wer mit einem Gegenstand spielt, der wie ein Hund aussieht und womöglich noch bellende Laute ausstoßen kann, käme nie auf die Idee, ihn als Pferd oder Auto umzudeuten, argumentiert Oerter. Je mehr ein Kind jedoch zu Symbolisierungen angeregt werde, desto mehr rücke der Gegenstand selbst in den Hinter- und die Bedeutung der Handlung in den Vordergrund. Der Spielforscher bezeichnet Entwicklungs- und Lernfortschritte als Nebeneffekte, die durch die Bedürfnisse des Kindes zu Stande kämen. Die Fähigkeit, solche Repräsentationsleistungen im Spiel zu üben, erwachse aus der Unfähigkeit Bedürfnisse aufzuschieben – da das Kind in der Realität nicht haben kann, was es will, steigt es um in die Fiktion. Somit diene das Spiel dazu, seelische Balance zu wahren. Oerter vermutet, dass

„in komplexen Gesellschaften wie der unseren, in denen es viel zu lernen gibt, Spielen für die Entwicklung noch wichtiger ist als in weniger komplexen Kulturen"[14].

Literatur

BEUTELSBACHER, Albrecht: *Mathematik zum Anfassen* –Ausstellungskatalog des mathematikums in Gießen (www.mathematikum.de), 2003.

BROSTRÖM, Stig: *Kindergarten in Denmark and the USA*, Scandinavian Journal of Educational Research, 1998.

DOVERBORG, Elisabeth / PRAMLING SAMUELSSON, Ingrid: *Apple Cutting and Creativity as a Mathematical Beginning*. In: Kindergarten Education: Theory, Research and Practice, Journal of the California Kindergarten Association, Vol. No. 4, Fall/Winter 1999, S. 87-103.

DUNLOP, Aline-Wendy: *Spielerisches Lernen als Brücke zwischen Kindergarten und Schule*, Vortrag im Staatsinstitut für Frühpädagogik München, 11. 9. 2003.

FLOR, Doris / PETILLON, Hans: *Abschlussbericht Spiel- und Lernschule*, Staatliches Institut für Lehrerfort- und Weiterbildung, Saarburg 1997.

GISBERT, Kristin: *Lernen lernen – Lernmethodische Kompetenzen von Kindern in Tagesstätten fördern*, Weinheim 2004.

HARTMANN, Waltraut / NEUGEBAUER, Reinhilde / RIEß, Andrea: *Spiel und elementares Lernen. Didaktik und Methodik des Spiels in der Grundschule*, Wien 1988.

HOENISCH, Nancy / NIGGEMEYER, Elisabeth: *Bildung mit Demokratie und Zärtlichkeit*, Weinheim 2003.

MEISE, Sylvia: *Spielend lernen – Spielprojekte an Schulen*, Psychologie Heute, Mai 2004.

OERTER, Rolf: *Psychologie des Spiels*, Weinheim 1997.

OLECHOWSKI, Richard / ROLLETT, Brigitte (Hg.): *Theorie und Praxis. Aspekte empirischpädagogischer Forschung – quantitative und qualitative Methoden*, Frankfurt am, Main 1994.

PRAMLING-SAMUELSSON, Ingrid: *Learning to learn. A study of Swedish preschool children*, New York 1990.

PRAMLING-SAMUELSSON, Ingrid: *Das spielende lernende Kind in der frühkindlichen Erziehung*, Vortrag im Staatsinstitut für Frühpädagogik München, 11. 9. 2003.

SCHEUERL, Hans: *Das Spiel*, 2 Bände, Weinheim 1991.

---

[14] Oerter, R., 1997, S. 65.

Karin Hunke

Spiele für den Ethikunterricht.
Erfahrungen und Beispiele aus einer mehrjährigen Unterrichtspraxis in der Realschule

Einführung

Seit undenklichen Zeiten nutzen Menschen das freie oder ritualisierte Spiel für die aktuelle und zukünftige Lebensgestaltung. Dabei werden nicht nur praktische, handwerkliche Fähigkeiten eingeübt, sondern auch ethische. Spiele fördern die Entwicklung von sozialen, emotionalen und geistigen Fähigkeiten. Ganz konkret können hier ethische Tugenden wie „Toleranz", „Mitgefühl" oder „Kompromissfähigkeit" geweckt, erprobt und weiterentwickelt werden. Auch ethische Kreativität wird durch das Spiel entfaltet. Eine Grundvariable des Ethikunterrichts ist „Vertrauen". Nur bei gegenseitigem Vertrauen sind die Schülerinnen und Schüler bereit, sich auf die Normenreflexion einzulassen und auch eventuell ihre im Alltag erworbene Wertvorstellung mit Hilfe von ethischen Kriterien zu überprüfen und gegebenenfalls zu verändern. Im Laufe meiner langjährigen Unterrichtserfahrung konnte ich beobachten, dass Spiele eine sehr vertrauensbildende Wirkung besitzen. Damit diese Wirkung aber auch greifen kann, sind einige Voraussetzungen zu beachten:

1. Die entwicklungspsychologische Ebene: Während Kinder für alle Spiel offen sind, muss man bei Jugendlichen mit Ich-fernen Spielen beginnen und sehr sensibel die Intimitätsgrenzen beachten. Mit der Pubertät beginnt eine große „Hemmschwelle", die Jugendlichen haben Angst vor „Zurschaustellung", vor Kritik und wollen sich schützen. Sie möchten nicht „lächerlich" oder „komisch" wirken und auch keine Unwissenheit zeigen. Ältere Jugendliche lassen sich eher auf rationale Spiele ein, in denen sie wenig von sich selbst preisgeben müssen. Das Vertrauen muss langsam über einen längeren Zeitraum hin aufgebaut werden.

2. Die Zeitvariable: Die epistemische, erkenntnisfördernde Funktion der Spiele kann sich nur in einem angemessenen Zeitrahmen entwickeln: „Spiele brauchen Zeit." Für die Durchführung der Spiele, die „Entrollung", d.h. die Rückkehr in die Alltagsrolle und die Auswertung sollte also ausreichend Zeit veranschlagt werden.

3. Die symmetrische Ebene: Die Schüler sollen nicht nur sich im Spiel authentisch erleben und dadurch ihre Selbst- und Fremdwahrnehmung schärfen, sondern auch den Lehrer. Der Lehrer sollte sich also auch als authentische Person präsentieren und auf Anfragen eigene Zweifel und Ängste eingestehen, sofern dieses von den Inhalten und der Beziehungsstruktur angemessen ist.

Spiele haben auch eine integrative Wirkung. Spiele können das gegenseitige Verständnis füreinander erhöhen und deshalb heterogene Gruppen, die durch „Zerrissenheit" der Kulturen und Wertvorstellungen gekennzeichnet sind, im Sinne einer persönlichen Akzeptanz homogenisieren. Randgruppen oder Außenseiter können aus ihren randständigen Positionen herauskommen und Selbstbewusstsein sowie Sozialprestige erwerben. Persönliche Probleme wie z.b. Schüchternheit können hinter den vorgegebenen Rollen der Rollenspiele verborgen werden. Durch Spiele können Konfliktsituationen auf einer verfremdeten Ebene verdeutlicht werden und verschiedene Lösungsansätze ausprobiert und bewertet werden. Da hierbei allerdings immer die Gefahr gegeben ist, dass sich die angesprochenen Probleme „verselbstständigen", muss der Lehrer darauf achten, dass die entstehende Emotionalität noch rational zu kontrollieren ist. Folgende

Ziele sollten durch den Einsatz von Spielen angestrebt werden:
- Konsensbildung
- Gedankenaustausch
- Kooperation und Kommunikationsfähigkeit fördern
- Weckung und Deckung sozial-emotionaler Bedürfnisse
- Zugehörigkeit zu einer Gruppe fördern
- Identitätsfindung
- Führungsrollen übernehmen lernen
- Förderung von systematischen Vorgehen und Strategien
- Erlebnisgünstige Atmosphäre fördern
- Kreativität und Spontaneität fördern
- Lernen, seine Meinung zu vertreten und andere Meinungen zu überdenken und
  zu tolerieren

Schüler sind der Meinung, dass Spiele ihnen dabei helfen, sich zu einer Gruppe dazugehörig zu empfinden. Schüler glauben, sie können durch Rollenspiele und Rollenwechsel mehr Toleranz und Verständnis für andere Menschen und Kulturen entwickeln. Außerdem haben sie auch den Eindruck, dass sie durch die Diskussionen und Argumentationen ihren eigenen Standpunkt finden, das Spiel ihnen also bei der Selbstfindung hilft.

Spiele für den Ethikunterricht[1]

1. Spiele zum Kennen lernen

Die erste Bedingung dafür, Vertrauen aufbauen zu können, besteht darin, den andern als Person kennen zu lernen. Das erste Kennenlernen im neuen Klassenverband wird durch eine Reihe von Spielen unterstützt.

<u>Das Reporterspiel</u>
Spielverlauf: Die Klasse wird mit Hilfe von Spielkarten in Paare aufgeteilt, die sich untereinander noch nicht gut kennen. Jeder nimmt einmal die Rolle des Reporters ein, der den Popstar, Sportler, Schauspieler, etc. nach seinen Namen, Herkunft, Lieblingsfächern, Hobbies und Lieblingsessen fragt, und den Partner bzw. die Partnerin auch zu persönlichen Fragen wie: „Was magst Du überhaupt nicht?", „Was sind deine drei wichtigsten Wünsche?" interviewt. Die Befragung dauert 10 Minuten. Danach stellen sich die Partner gegenseitig der Klasse vor.
Ziel: Dieses Spiel dient dem gegenseitigen Kennen lernen und soll die Vertrautheit in der Klasse erhöhen. Es kann besonders zu Beginn des Schuljahres, nach längeren Ferien oder bei Phasen der Entfremdung gespielt werden.

<u>Blitzlicht</u>
Spielverlauf: Schüler sitzen im Kreis, jeder sagt, wie es ihm gerade geht, was ihn bewegt, was er sich gerade wünscht usw. <u>Tipp:</u> Lehrer beginnt die Runde mit sich selbst. Kann in regelmäßigen Abständen wiederholt werden, besonders, wenn die Ethikstunde in der 1. Stunde liegt.
Ziel: Durch dieses Spiel wird die Aufmerksamkeit füreinander erhöht.

2. Vertrauensspiele

Ethik versteht sich als Anleitung zum richtigen Handeln und als Auseinandersetzung mit den Grundlagen menschlicher Werte und Normen, sowie sie sich mit dem Sittlichen und der allgemeinen Moral befassen. Deshalb erscheinen mir Spiele zum Thema „Vertrauen" und „Kommunikation" als Lernspiele für den Ethikunterricht geeignet. Hierbei geht es um den Themenkreis:
➢   Welches Vertrauen besteht innerhalb der Gruppe zueinander?
➢   Kann ich mich auf die anderen verlassen?

<u>Tragende Hände</u>
Spielverlauf: Die Gruppe bildet ein Spalier und jeder hält sich jeweils mit den Händen am gegenüberstehenden Gruppenmitglied fest. Ein Freiwilliger legt sich nun auf diese haltenden Hände. Die Gruppe versucht nun den Freiwilligen hochzuheben, abzusenken, zu schütteln, hin und her zu rollen, hin oder her zu schau-

---

[1] Die Spiele zum Kennen lernen, die Vertrauensspiele und Kommunikationsspiele sind nach folgenden Internetadressen zitiert: www.lernspiel.knowbe.de/lernspiel_17772.html, www.lernspiele.de, www.praxis-jugendarbeit.de/sitemap.html.

keln oder ähnlich einem Förderband auch mal vorwärts, mal rückwärts wandern zu lassen.
Ziel: Der Freiwillige soll spüren, dass er absolut gehalten wird und sicher ist.

<u>Seitenwechsel</u>
Spielverlauf: Die Gruppe steht in einem Kreis. Nun wechselt jeder seine Seite und geht zur gegenüberliegenden Seite ohne sich zu berühren (dasselbe auch mit geschlossenen Augen).
Ziel: Aufeinander Acht geben und Rücksichtnahme lernen.

<u>Verletztentransporte</u>
Spielverlauf: Zwei Personen halten sich mit beiden Händen fest. Darauf setzt sich eine dritte Person, die nun über einen Hindernisparcours oder eine Wegstrecke getragen werden muss.
Ziel: Einer für alle – alle für einen, auch wenn schwierige Wege zurückzulegen sind. Keiner wird im Stich gelassen.

<u>Auf einem Bein</u>
Spielverlauf: Es wird ein kleiner Kreis eingezeichnet. Alle stehen nun nur mit einem Fuß im Kreis und halten sich gegenseitig fest, während der Oberkörper nach hinten lehnt.
Ziel: Die Gruppe als ausgeglichene Einheit. Einer hält den anderen und nur durch das Gleichgewicht wird die Gruppe gehalten.

<u>Minenfelder</u>
Spielverlauf: Einem Partner werden die Augen verbunden. Dieser muss durch ein „Minenfeld" laufen. Als Minen dienen irgendwelche Gegenstände, die in einem Spielfeld verstreut liegen. Der andere Partner gibt Anweisungen wie zu laufen ist. Wird eine Mine berührt, ist man aus dem Spiel.
Ziel: Kommunikation untereinander ist wichtig!

<u>Katz und Maus</u>
Spielverlauf: Eine Person ist die Maus, die andere die Katze. Beide bekommen die Augen verbunden. Beide haben einen „Trainer". Aufgabe ist es nun, dass die Maus rechtzeitig ihr Mauseloch findet bevor die Katze sie schnappt. Als Spielfeld dient eine markierte Fläche. Die Trainer dürfen nicht reden, sondern geben ihre Anweisungen nur per Fingerschnippen oder in die Hände klatschen. Die Anweisungen können zuvor vereinbart werden (Gehen, Stopp, Rechts, Links → 1x, 2x, schnippen oder klatschen).
Ziel: Vertrauen in gefährlichen Situationen.

<u>Fallen lassen</u>
Spielverlauf: Ein Mitspieler lässt sich nach hinten fallen und wird von einem anderen Mitspieler aufgefangen. Alternativ: ein Mitspieler in die Mitte des Krei-

ses von ca. 150 cm lässt sich in eine Richtung fallen und wird von den anderen Gruppenmitgliedern aufgefangen und wie ein Kreisel oder Pendel in eine neue Richtung „geschubst" bzw. „weiterbewegt".
Ziel: Vertrauen, Rücksichtnahme, sanfte Behandlung der Gruppenmitglieder.

Blindenführung
Spielverlauf: Einem Freiwilligen werden die Augen verbunden und er bekommt vier lange Schnüre umgebunden, die jeweils von einem Mitspieler gehoben werden. Die Mitspieler versuchen nun durch entsprechendes Ziehen den Blinden durch einen Hindernisparcours zu führen, ohne dass dieser die Markierungen im Parcours verlässt. Bei dem Spiel darf nicht gesprochen werden.
Ziel: Vertrauen, Rücksichtnahme, sanfte Behandlung der Gruppenmitglieder.

3. Kommunikationsspiele
Vertrauen und Kommunikation hängen wechselseitig zusammen, deshalb soll die Kommunikation mit Spielen zu folgenden Fragen festgestellt und verändert werden.
  ➢ Welche Kommunikation findet in einer Gruppe statt?
  ➢ Wie koordinieren und kooperieren die Gruppenmitglieder untereinander?
  ➢ Wer koordiniert und wer lässt sich koordinieren?
  ➢ Wie kann eine gute Kommunikation schneller zum Ziel führen?

Immer im Viereck
Spielverlauf: Jeder der Gruppe hat die Augen verbunden. Alle halten sich an einem Seil fest und müssen nun versuchen, ein Quadrat zu bilden. Anschließend noch einen Kreis. Welcher Mannschaft gelingt dies am besten? Gegebenfalls kann das Quadrat oder der Kreis auf dem Boden vorgezeichnet werden und ein Eckpunkt/Startpunkt/Ausgangspunkt festgelegt werden.
Ziel: Gemeinsam eine Strategie entwickeln, gemeinsam das Problem angehen und lösen, keiner kann das Problem alleine bewältigen.

Aufstehen
Spielverlauf: Zwei Personen sitzen mit angewinkelten Beinen Rücken an Rücken und müssen versuchen gemeinsam aufzustehen, ohne die Arme zu Hilfe zu nehmen.
Ziel: Erkenntnis gewinnen: Aufeinander abgestimmtes Handeln führt zum Ziel.

Unser Karton
Spielverlauf: Die Gruppe erhält einen Karton (Bananenkarton, Umzugskarton). Auf diesem sollen alle Platz finden - egal wie es die Gruppe anstellt. Welche Möglichkeiten die Gruppe hat, wird der Gruppe nicht mitgeteilt.

Ziel: Die Gruppe muss gemeinsam eine Lösung für das Problem finden. Ein Spiel für Denker, für Leute mit Ideen.

Miteinander
Spielverlauf: Die Gruppe stellt sich in einer Reihe auf und bekommt immer einen Luftballon zwischen Bauch und Rücken zur vorderen Person geklemmt. Die Gruppe muss sich nun fortbewegen, ohne die Luftballons zu verlieren.
Ziel: Bewegungskoordination, Gruppengefühl.

Rettende Insel
Spielverlauf: 1 - 2 Tische stehen im Raum verteilt. Jedes Gruppenmitglied bekommt eine Teppichfliese (oder auch einen Stuhl) und alle setzen sich im Raum verteilt darauf. Die Teppichfliese/der Stuhl stellen jeweils eine Eisscholle dar, welche allerdings zu schmelzen beginnt. Die Gruppe muss nun versuchen auf die Tische zu gelangen (= rettende Insel) ohne mit den Füßen den Fußboden zu berühren.
Variante: Die Eisscholle darf nur von einer Person in Anspruch genommen werden. Die Eisscholle darf nur bewegt werden, wenn sich niemand darauf befindet.
Ziel: Koordination, gemeinsame Hilfe, Abstimmung der Problemlösung.

Blinder Griff
Spielverlauf: Bei 3 Mannschaften (Apfel, Zitronen, Apfelsinenmannschaft) läuft jeweils eine Person mit verbundenen Augen auf einen Tisch zu. Dort liegen mehrere Apfel, Zitronen und Apfelsinen. Es dürfen nur die eigenen Obstsorten mitgenommen werden. Die jeweilige Obstsorte muss in einen Korb gelegt werden. Die anderen Gruppenmitglieder können durch Zurufe dirigierend eingreifen.
Ziel: Gemeinsames, aufeinander abgestimmtes Handeln führt zum Ziel.

4. Gruppe und Außenseiter[2]:
Nie wieder wegsehen
Spielverlauf: Es wird ein Kind aus der Gruppe ausgewählt, das über ein ausgeprägtes Selbstvertrauen verfügt. Dieses Kind übernimmt die Rolle des „Außenseiters". Der Rest der Gruppe spielt: „Treffen, Begrüßen, Unterhalten". Alle Gruppenmitglieder laufen dabei durch den Raum, schütteln sich die Hände, begrüßen sich (auch Umarmen) und unterhalten sich. Das Außenseiterkind geht ebenfalls durch den Raum und versucht, mit den anderen in Kontakt zu kommen. Die Gruppenmitglieder wehren jeden Kontaktversuch ab und weichen dem Außenseiterkind aus.

---

[2] Posselt, R.-E., 1993, S.147.

Besondere Hinweise: In der Gruppe sollte ein hohes Maß an Vertrautheit vorhanden sein. Die Außenseiterrolle kann einige Male gewechselt werden. Auf keinen Fall sollte dabei ein Kind gewählt werden, das in der Gruppe eine Randstellung oder andersartig schwierige Stellung einnimmt.

Ziel: Was erlebt und was fühlt ein(e) Außenseiter(in)?

Deckenspiel

Spielverlauf: Die Gruppe nimmt auf einer Decke Platz. Die Decke kann gegebenenfalls soweit zusammengeschlagen werden, dass die Gruppe gerade noch so Platz hat (Schwierigkeitsgrad erhöht). Nun muss die Gruppe die Decke wenden, ohne die Decke zu verlassen.

Ziel: Gegenseitig helfen und halten, abstimmen und koordinieren.

5. Wer ist der Mensch
(Unterrichtseinheit: Natur – Mensch)

„Das Rätsel Mensch"[3]
Spielverlauf:
Impuls:

Ich bin ein ganz misslungenes Tier.
So viel von mir.
Doch wer seid Ihr?

1.) Der Lehrer rollt auf dem Fußboden Packpapier aus, bittet einen Schüler sich draufzulegen. Ein anderer fährt seine Umrisse nach.

2.) Der Lehrer schreibt in die Figur: „Ich bin voller Mängel, aber ......".

3.) In Partnerarbeit wird der Satz zu Ende geführt, dabei schreiben die Schülerinnen und Schüler auf Zettel: „aber ich kann" oder „aber ich bin". 10 Minuten lang sollen die Schüler und Schülerinnen so viele Fähigkeiten sammeln, wie ihnen möglich ist.

4.) Alle Zettel werden um die Figur sortiert.

5.) Um die Figur versammelt, diskutiert die Klasse die Fragen:
Wer/Was ist der Mensch?

Wodurch grenzt er sich vom Tier ab: Unterschiede + Gemeinsamkeiten?
Welche Fähigkeiten haben wir verloren, welche entwickelt?

6.) Diskussion der wissenschaftlichen Antworten:
Je nach Klassenniveau können folgende wissenschaftliche Aussagen die Diskussion bereichern:

---

[3] Graphik und wissenschaftliche Zuordnungen wurden entnommen aus: Layrinth 9/10, S. 91.

Anthropologie: Der Mensch ist organisch gesehen ein Mängelwesen, er wäre in jeder natürlichen Umwelt lebensunfähig, und so muss er sich eine zweite Natur, eine künstlich bearbeitete und passend gemachte Ersatzwelt, die seiner versagenden organischen Ausstattung entgegenkommt, erst schaffen. Man kann sagen, dass er biologisch zur Naturbeherrschung gezwungen ist.

Biologie: Der Mensch hat sich nach bestimmten Gesetzen aus niederen Formen des Lebens entwickelt. Wie und wann der Übergang vom Tier zum Mensch vor sich ging, ist noch nicht endgültig erforscht.

Psychologie: Der Mensch wird viel stärker von seinen Trieben und Träumen, von Wünschen und Gefühlen beherrscht als von seinem vernünftigen Denken.

Soziologie: Der Mensch ist Teil einer Gesellschaft und bleibt von ihr abhängig, auch wenn er meint, er sei unabhängig und frei. Die Mechanismen der Gesellschaft prägen ihn, ob er will oder nicht.

Theologie: Der Mensch ist als ein Gegenüber Gottes erschaffen. Erst in der Hinwendung zu Gott und indem er Gott als Gott anerkennt, ist er wirklicher Mensch.

Ziel: Erste Annäherung an das Thema „Mensch".

Das Schicksalsspiel

Mit diesem Spiel sollen die Schülerinnen und Schüler lernen, dass die gleichen Voraussetzungen zu ganz unterschiedlichen Ergebnissen führen, je nachdem, wie damit umgegangen wird. Die Voraussetzungen wie Körperbau, Hautfarbe, Intelligenz etc., die als Schicksalskarten gezogen werden, sind zwar oft nicht direkt zu ändern, aber einiges lässt sich kompensieren oder verbessern im Sinne „Machen Sie das Beste aus Ihrem Typ". Das Spiel führt zu der Diskussion, „wie kann ich mein Leben mit den Bedingungen, die ich habe, optimal gestalten".

188

Spielverlauf: Gruppenbildung: 2 – 3 Schüler bilden eine Gruppe. Diese Gruppe soll gemeinsam ein Schicksal entwerfen. Dazu darf sie von jeder Farbe eine Schicksalskarte ziehen. Aus diesen formt die Gruppe diskutierend ein sinnvolles Schicksal, versucht also aus den gezogenen Karten einen bestmöglichen Lebensverlauf zu gestalten.

Schicksalskarten:

Grüne Karten (Begabungskarten)

Ich bin vielseitig, lerne leicht und bin auch praktisch.	Ich bin praktisch veranlagt, Bücher lese ich nicht gerne.
Ich bin einseitig für Sprachen begabt. Mathematik liegt mir nicht.	Ich bin intelligent, aber nicht praktisch.
Ich bin naturwissenschaftlich begabt.	In der Schule war ich immer mittelmäßig.

Blaue Karten (Körperkarten)

Ich sehe gut aus und komme gut an.	Ich finde mich eigentlich nicht besonders hübsch.
Ich bin sehr sportlich. Viele beneiden mich darum.	Ich bin oft krank.

Ich wäre gerne hübsch, aber zumindest bin ich gesund.	Ich bin behindert.

Rote Karten (Freundschaftskarten)

Ich finde leicht und schnell Freunde.	Ich bin schüchtern und daher fällt es mir schwer, Freunde zu finden.
Ich bin sehr anspruchsvoll, was Freunde betrifft.	Ich bin leicht misstrauisch, besonders wenn jemand etwas von mir will.
Ich gerate meistens an Freunde, die mir das Leben nicht gerade leichter machen.	Ich bin ein Einzelgänger. Ich habe keine Freunde und das ist mir auch egal.

Weiße Karten (Berufskarten)

Ich arbeite gern in meinem Beruf und habe Erfolg.	Durch Beziehungen habe ich einen guten Job bekommen.
Im Beruf bin ich zwar erfolgreich, aber Spaß macht er mir nicht.	Mein Beruf gefällt mir an sich gut, ich würde mir aber ein besseres Arbeitsklima wünschen.

Mein Beruf macht mir Freude, auch wenn ich nicht viel Geld verdiene.	Ich bin arbeitslos geworden.

Gelbe Karten (Geldkarten)

Ich habe eine halbe Million geerbt.	Ich habe mir ein bisschen was zusammengespart.
Ich besitze ein Reihenhaus.	Bis zum Monatsende ist bei mir das Geld immer alle.
Im Notfall unterstützen mich meine Eltern.	Ich habe ständig Schulden.

Ziel: Das Schicksalsspiel wurde im 9. Schuljahr bei der Lehrplaneinheit „Lebensweg" und zwar bei dem Thema „Glück" eingesetzt, im Sinne von: „Jeder ist seines Glückes Schmied". Es geht um die Optimierung des Lebens durch Bildung, Reflexion, Berücksichtigung aller Ressourcen und durch die Gestaltung befriedigender Sozialkontakte. Vor allem sollen durch dieses Spiel Fixierungen aufgehoben werden und den Schülerinnen und Schülern schon sehr früh vermittelt werden, wie wichtig es ist, sich flexibel auf die „Lebensstürme" einzustellen und dabei nach eigenen Möglichkeiten zu suchen, mit diesen umzugehen. Die Karten sprechen die Schüler sehr an, der erwünschte Einigungsprozess führt dazu, die verschiedenen Vernetzungen der Karten gründlicher auszuschöpfen.

Schicksalswürfel[4]: Internationale Lebensläufe (Unterrichtseinheiten: Werte / Normen, Lebensweg - Lebenssinn, Glück) Jede Seite des Schicksalswürfels präsentiert eine Familie mit ihrem sehnlichsten Wunsch.

Usbekistan
Familie Kalnazarow:
Vater Serik Kalnazarow, 44; Mutter Saliha Kalnazarow, 40; Usen, 19; Bakhit, 18; Assiya, 17; Zulphiya, 14; Makhsud, 12; Akhmediar, 9.
Größe der Wohnung: 93 m² und 56 m² (Winterhaus). *Ausgaben:* Familie Kalnazarow gibt 70% ihres Einkommens für Nahrungsmittel aus. *Zahl der* Radios: 0, Telefone: 0, Fernsehgeräte: 1 (funktioniert nicht), Videorecorder: 0, Auto: 0. *Sehnlichster Wunsch:* Fernsehgerät mit Video, Radio, Auto.
Im beheizbaren Winterhaus gibt es für die 8 Personen nur zwei Zimmer, daher schlafen Männer und Frauen getrennt. Alle sind ständig beschäftigt: sie fällen Bäume, füttern das Vieh, holen Wasser vom Brunnen. Saliha putzt, kocht, macht Feuer an, bäckt Brot. Wenn sie nicht in der Schule sind, müssen die Kinder mithelfen. In der Schule tragen sie an kalten Tagen dicke Pullover, denn das Klassenzimmer kann nicht geheizt werden.

Brasilien
Familie de Goes:
Vater Sebastiao Alves des Goes, 35; Mutter Maria dos Anjos Ferreira, 29; Eric, 7; Ewerton, 7; Elaine, 6; Priscila, 6 Monate.
Größe der Wohnung: 102 m². *Ausgaben:* Familie de Goes gibt 55% ihres Einkommens für Essen aus und 15% für das Auto. *Zahl der* Radios: 1, Telefone: 0, Stereoanlagen: 1, Fernsehgeräte: 1, Videorecorder: 1, Autos: 1. *Sehnlichster Wunsch:* Besseres Auto, bessere Stereoanlage, bessere Wohnung.
Sebastiao ist Busfahrer und muss frühmorgens um halb vier im Depot sein. Maria versorgt die Familie. Sie geht nicht gern zu Fuß durch den Stadtteil – eine erschreckend hohe Zahl von Gewaltverbrechen und die verbreitete Korruption haben dazu geführt, dass im Stadtteil die Angst umgeht. Um kein Risiko einzugehen, begleitet Maria ihre Kinder jeden Morgen mit dem Bus zur Schule. Die Familie hat viel Besuch von Freunden.

Mali
Familie Natomo:
Vater Soumana Natomo, 39; erste Frau Pama Kondo, 28; die Kinder Tata, 13; Pai, 11; Kontie, 9; Mama, 6; Mamadou, 3; zweite Frau Fatouma Toure, 26; die Kinder Toure, 5; Fatoumata, 3; Mama, 1.
Größe der Wohnung: Erstes Haus 50 m², Zweites Haus 42 m². *Zahl der* Radios: 1, Telefone: 0, Fernsehgeräte: 0, Videorecorder: 0, Fahrräder: 1, Autos: 0. *Sehnlichster Wunsch:* Bewässerungsanlage, Motorrad, Zaun für den Garten.

---

[4] Vgl. Layrinth 9/10, S. 14f.

Beide Frauen Soumanas kommen gut miteinander aus und helfen einander. Seine zweite Frau wohnt in einer eigenen kleinen Wohnung in der Nähe. Den ganzen Tag arbeiten die Frauen: sie stampfen Hirse, sammeln Brennholz, holen Wasser, bauen Getreide an, kümmern sich um die Kinder. Soumana handelt mit Getreide und liebt es, in seinem kleinen Transistorradio Fußballübertragungen anzuhören.

Indien
Familie Yadev:
Vater Bachau Yadev, 32; Mutter Mashre Yadev, 25; Bhola, 8; Gurai, 6; Manoj, 5; Arti, 2.
Größe der Wohnung: 32 m². *Zahl der* Radios: 0, Telefone: 0, Fernsehgeräte: 0, Videorecorder: 0, Fahrräder: 1, Autos: 0. *Sehnlichster Wunsch:* eine oder zwei Milchkühe.
Mashre arbeitet den ganzen Tag im Haushalt. Einmal am Tag geht sie zum Markt. Der Vater, Bachau Yadev, verrichtet die Arbeit auf dem Feld. Die drei älteren Kinder gehen zu Schule. Der Unterricht findet im Freien statt und die Kinder besitzen weder Bücher noch Hefte. Sie schreiben auf der Schiefertafel. Am Wochenende besuchen Freunde und Nachbarn aus dem ganzen Dorf einander.

USA
Familie Skeen:
Vater Rick Skeen, 36; Mutter Pattie Skeen, 34; Julie, 10; Michael, 7.
Größe der Wohnung: 148,6 m². *Ausgaben:* Familie Skeen gibt 9 % ihres Einkommens für Lebensmittel aus. *Zahl der* Radios: 3, Telefone: 5, Stereoanlagen: 3, Fernsehgeräte: 2, Videorecorder: 1, Computer: 1, Autos: 3. *Sehnlichster Wunsch:* Werkzeug, Teppich, Wohnmobil.
Vater Rick Skeen arbeitet als Telefonkabelverleger. Pattie Skeen ist in einem Kindergarten beschäftigt. Sie verbringt viel Zeit damit, ihre Kinder zu deren Terminen zu chauffieren: zur Schule, zum Sport, zu Freunden. Die Religion hat in der Familie einen hohen Stellenwert. Rick besitzt mehrere Gewehre und geht auf Rotwildjagd. Michael soll schon früh den verantwortlichen Umgang mit Waffen erlernen.

Haiti
Familie Delfoart:
Vater Dentes Delfoart, 54; Mutter Madame Dentes Delfoart, 40; Jean, 18; Lucianne, 15; Fifi, 14; Soifette, 8
Größe der Wohnung: 30 m². *Ausgaben:* Familie Delfoart gibt 80% ihres Einkommens für Lebensmittel aus. *Zahl der* Radios: 0, Telefone: 0, Fernsehgeräte: 0, Videorecorder: 0, Autos: 0.
Die Familie wohnt am Rande einer Stadt. Madame Delfoart trägt Bananen und Hirse zum Verkauf in die Stadt. Dentes verdient ab und zu durch Gelegenheits-

arbeiten etwas Geld. Beide sind Analphabeten, ihre Kinder können zur Schule.
Sie besteht aus einem einzigen Raum. Siofettes Schulbücher sind schon durch
sehr viele Hände gegangen. Obwohl sie völlig abgegriffen sind, sind sie für ihn
ein kostbarer Schatz.

▶ Start: *Spielverlauf*
1. Stunde: Spieleröffnung
Kein Mensch weiß vor seiner Geburt, in welche Lebenslage er hineingeboren
wird. Davon geht dieses Kartenspiel aus. 6 kurze Familienporträts stehen stell-
vertretend für verschiedene Welten auf der Erde: reiche und arme Industrielän-
der, Schwellenländer, arme Länder.
Zur Vorbereitung sollte der Lehrer diese Familienporträts als Karten folieren.
Die Schüler werden in 6 Gruppen geteilt, jede Gruppe zieht 1 Familienporträt.
Zusätzlich bekommt jeder Schüler eine Kopie seines Landes und die Ländersta-
tistik. Als Hausaufgabe informieren sich die Schüler über ihr jeweiliges Land
(Internet, Lexika, Geographiebücher etc.)
2. Stunde: Spieldurchführung
   1. Jede Gruppe bespricht die folgenden Fragen:
     *Du bist gerade geboren.
     *Du bist 10 Jahre alt. Wie wahrscheinlich ist es, dass du zur Schule
     gehst?
     *Du bist 16 Jahr alt. Wie siehst du deine Zukunftsaussichten?
     (Ausbildung, Beruf, Arbeit, Familie?)
     *Du bist 53 Jahr alt. Wie lebst du jetzt?
   2. Jetzt werden die Ergebnisse der Gruppen zusammengetragen. Zu jeder der
     Fragen berichten die Gruppen aus der Sicht ihrer Person.

Wünsche und Träume[5]
Zum Nachdenken über sich selbst gehört auch das Schmieden von Zukunftsplä-
nen. Manche Jugendliche haben ganz konkrete Vorstellungen davon, wie sie
einmal leben möchten.

„Ich möchte gerne am Stadtrand
- kann auch im Ausland sein – in
einer Zwei-Zimmer-Wohnung
zusammen mit meiner Freundin
in einem Neubaublock wohnen,
der ca. 2 bis 3 Stockwerke hat."
Andreas, 16 Jahre

„Ich möchte allein in einem
Wohnmobil überall hinfahren."
Karsten, 17 Jahre

„Meine Traumwohnung liegt in Hawaii.
Es ist ein Baumhaus mit einer Leiter
aus Lianen – wie bei Tarzan. Das Haus
müsste für 4 Personen reichen – erst
für mich und meinen Freund und
dann noch für unsere beiden Kinder,
die dann als Nachwuchs noch kommen
sollen. Wir wollen einfach Möbel haben,
natürlich nicht zu schwer; und Tiere, wie
einen Elefanten, einen Affen."
Ester, 16 Jahre

---

[5] Vgl. Leben leben 9/10, 2001, S. 18f. (Ohne das Gedicht "Mein Welthäuschen" und das Bild)

„Ein total rundes Haus, ein Kugelhaus – ganz modern – mit mehreren Etagen, das wäre es, wie ich wohnen möchte. Viele Fenster müssen auch drin sein. Es soll aussehen wie ´ne Eiskugel. Die Möbel darin dürften allerdings nicht zu modern sein – mehr so wie die skandinavischen Möbel. Stehen sollte das Haus an der Cóte d ´Azur in Frankreich. Einziehen würd ich mit meinem Freund und mit meiner besten Freundin und deren Freund.
Claudia, 16 Jahre

„Ich will eine Altbauwohnung mit hohen Decken – weiß, mit dunkel abgesetztem Stuck dran, ein Hochbett von 4 m² auf 2 m hohen Pfählen. Das Bett und auch die anderen Möbel werden von mir selbst gebaut. Dazu kommen technische Raffinessen, z.B. in der Küche die Maschinen, die die Arbeit erleichtern. Ich will zu zweit wohnen – egal, ob der andere ´ne Frau oder ein Mann ist. Aber in ´ner Chaosgegend muss die Wohnung liegen."
Olaf, 19 Jahre

1. Welche Wunschvorstellungen hast du von deinem späteren Leben (Wohnen, Beruf, Familie, usw.)?
2. Welche Möglichkeiten zur Realisierung deiner Wünsche siehst du?
3. Welche deiner Wünsche hältst du für schwer erfüllbar? Was spricht dagegen, sie aufzugeben?

Mein Welthäuschen

Auf dem Sofa träumte ich
Ich sei nicht allein
Ich liefe mit dir
bis zum Ende der Welt

Am Ende der Welt
War eine weite Wiese
Am Ende der Wiese
Stand ein kleines Welthäuschen
Neben sprudelndem Wasser

Wir gingen hinein
und schlossen die Tür

Eva Marsal

1. Welcher Zusammenhang besteht in dem Gedicht zwischen Realität und Fantasie?
2. Inwiefern sind die Lernphasen bei der Verwirklichung von Vorstellungen (Träumen) bedeutsam?
3. Schreibe ein Gedicht über deine Träume oder male ein Bild davon.

6. Ich, Du und die Anderen   Unterrichtseinheit: *Freundschaft, Liebe, Familie*

Wie bin ich?[6]

tolerant	gleichgültig	goldig	ausgeglichen	fleißig	zugänglich	treu
geizig	starrköpfig	mutig	langweilig	gehässig	selbstbewusst	lieb
zärtlich	unsicher	kritisch	zurückhaltend	lustig	optimistisch	witzig
hilfsbereit	intolerant	sportlich	anpassungsfähig	ehrgeizig	verschwenderisch	stolz
freundlich	bescheiden	aggressiv	rücksichtsvoll	roh	zuvorkommend	brutal
streitlustig	friedliebend	höflich	pessimistisch	launisch	selbstkritisch	eitel
unhöflich	ideenreich	sparsam	verschlossen	ängstlich	diszipliniert	traurig

1. Wähle aus diesem Angebot von Eigenschaften, die Jugendliche zusammengetragen haben, zehn aus, die am ehesten auf dich zutreffen. Bemühe dich, dabei ehrlich zu dir selbst zu sein.
2. Versuche, sie in eine Reihenfolge zu bringen. (Welche hältst du für deine wichtigste, hervorstechendste Eigenschaft, welche für weniger ausgeprägt?) Du darfst auch selbst Adjektive ergänzen, falls das treffende hier fehlt!
3. Wertet anschließend in Gruppen aus: Sehen dich die anderen genauso? Belege deine Auswahl mit Beispielen.

Wer kann mit wem?[7] (Ein Spiel um Paare)
Spielanleitung: Die einzelnen Namen der ausgewählten Paare werden auf eine Karte geschrieben. Die Karten werden von einer Person gemischt und jedem Schüler wird eine Namenskarte auf den Rücken geheftet, so dass der Schüler selbst nicht weiß wer er ist, die anderen ihn jedoch erkennen können. Die Schüler bewegen sich nun frei im Raum und fragen sich gegenseitig nach ihrer „Identität". Dabei sind nur Fragen erlaubt, die mit Ja oder Nein beantwortet werden. Jeder kann jeden fragen, wobei nach drei Fragen stets die Person, die gefragt wird, gewechselt wird. Das Ausfragen dauert so lange, bis die Paare sich gefunden haben.

---

[6] Leben leben - Ethik 9/10, 2001, S. 19.
[7] Vgl. Layrinth 9/10, S. 33.

(Jugendliche mit Namenstafel auf dem Rücken)
In Partnerarbeit: Die jeweiligen Paare erhalten den Auftrag, eine kleine Szene zu erarbeiten, mit der sie sich als Paar vor der Klasse vorstellen. Dazu müssen sie sich zunächst etwas intensiver mit der Biographie des Paares beschäftigen (Informationen aus: Lexikon, Internet, Geschichtsbuch usw.) und in etwa folgende Fragen klären: Was verbindet beide? Wie sehen sie sich selbst? Wie werden sie in der Öffentlichkeit gesehen? Worüber können sie in Streit geraten? Warum sind sie berühmt geworden? Was würden sie sich wünschen, z.B. für die Zukunft? Was ist ihnen ein Anliegen? Anschließend wird eine Darstellungsform gewählt: z.B. ein kleiner Dialog oder eine Szene aus dem Leben. Der Phantasie sind keine Grenzen gesetzt. Die Szene wird anschließend in der Klasse vorgeführt. Die Mitschüler müssen erraten, um welches Paar es sich handelt.

Kreuzworträtsel: Ich, Du und die Anderen[8]
Alle Begriffe, die in Gruppenarbeit erraten werden sollen, sind aus dem Bereich menschlicher Beziehungen, um den es im folgenden Kapitel geht. Alle erratenen Begriffe werden herausgeschrieben und jeder aus der Klasse sucht drei Begriffe heraus, die ihm für das Gelingen menschlicher Beziehungen am wichtigsten erscheinen. Anschließend formuliert er dazu drei Fragen, die ihn im Zusammenhang mit diesen Begriffen interessieren. Aus der gemeinsamen Auswertung kann sich ein Arbeitsplan ergeben.

Senkrecht:
1. Planet, auf den du vielleicht demnächst auswandern kannst, wenn es dir auf der Erde zu bunt wird 2. Enge Form der Verbundenheit (meist auf längere Zeit angelegt) 3. Kurzform für Menschen, die sowohl Männer als auch Frauen lieben

---

[8] Vgl. Layrinth 9/10, S. 31.

4. Wichtiges Kommunikationsmittel (besonders ab ca. 12 J.) 5. Positiver Schritt
nach einem Streit 6. Fremdwort für Zusammenhalt (vorwiegend im sozialen und
politischen Sinn) 7. Substantiv für: Unerlaubtes 8. Manche glauben an ihn, manche haben versucht, seine Existenz zu beweisen 9. Heftige zornige Gemütsbe-
wegung 10. Täuschung 11. Menschen streben stets danach, verstehen aber sehr
unterschiedliches unter dem Begriff 12. Aufreizender Frauentyp, besonders in
Firmen 13. griechisch: Nächstenliebe 14. engl. Kosename für den, die Liebste/n
15. Die nächsten Blutsverwandten 16. Anderes Wort für Schluss 17. gegenseiti-
ges Versprechen vor dem Traualtar 18. umgangssprachlich: Streit

Waagrecht:
1. Oberstes Gebot für Christen 2. Symbol für die Liebe 3. Engl: Liebe 4. Das
Gegenüber in der Zweierbeziehung 5. Bewusst alleinlebender Mensch 6. Bund
für´s Leben 7. Haltung von Menschen, die nur an sich denken 8. Gegenteil von:
fern 9. worüber nicht gesprochen wird 10. Verhütungsmittel 11. Erwachsener
Junge 12. „Das ist das beste, was es gibt auf der Welt" 13. Argentinischer Paar-
tanz 14. Grundlage für Freundschaft und Liebe 15. Sinnesorgan 16. Gefühl von
Verärgerung/Enttäuschung 17. Engl: Gruppe 18. Gleichgültigkeit 19. Fete 20.
Gebräuchliches Fremdwort für Sinnlichkeit 21. Griechischer König, der seine
Mutter heiratete 22. Verwandter

Das Reißverschlussspiel[9]

Der andere ist anders

Er denkt anders, als ich denke.
Er handelt anders, als ich handle.

Er tut etwas anderes,
als ich von ihm erwartet hätte.

Er lacht und trauert anders,
als ich augenblicklich
gestimmt bin.

Er schlussfolgert anders,
als ich es für logisch halte.

Er äußert sich anders,
als ich es hören wollte.
Er lebt anders als ich.
(*Günter Höver*)

und doch ist er wie du

Er will akzeptiert werden,
genau wie du.

Er ist verletzlich,
genau wie du.

Er lacht und freut sich,

genau wie du.

Er hat seine eigene Logik,
genau wie du

Er will nicht betrogen werden,
genau wie du.

Er will leben, d.h. geliebt werden,
genau wie du.
(*Hiltrud Hainmüller*)

Monika und Klaus können beide Angeber nicht ausstehen

Klaus: steht auf Hip-Hop
Monika: auf Techno

Welche Wahrheit in dem obigen Gedicht steckt, lässt sich durch das Reißverschlussspiel am eigenen Leib erfahren. Zwei Stuhlreihen werden in zwei Reihen versetzt zueinander aufgestellt. Jeweils zwei Schüler erfüllen gemeinsam eine Aufgabe: Sie unterhalten sich darüber, inwiefern sie sich voneinander unterscheiden und was sie miteinander verbindet. Die Unterschiede und Gemeinsamkeiten können sich auf das Äußere, Charaktereigenschaften, Verhaltensweisen, Meinungen oder spezielle Vorlieben beziehen. Einen Unterschied und eine Gemeinsamkeit wählen sie aus und schreiben sie auf eine Karte. Danach werden die Partner gewechselt. Das Spiel dauert so lange, bis jeder mit jedem aus der Klasse einmal die Aufgabe erfüllt hat. Die Karten werden anschließend als Ergänzung zu dem Gedicht an der Pinnwand befestigt. Schüler erhalten so ein „Klassenprofil" über Besonderheiten und Gemeinsamkeiten.

---

[9] Vgl. Layrinth 9/10, S. 45.

Das Spiel kann in einer zweiten Runde fortgesetzt werden, in der gemeinsam gestellte Aufgaben zusammen gelöst werden. Die Klasse kann selbst das Aufgabenprogramm aufstellen: z.b. Knobeln, Arm drücken (wer ist stärker), sich gegenseitig einen Witz erzählen usw.

Textkarten zum Thema: Liebe–Freundschaft–Partnerschaft

Was andere dazu denken und dachten[10]

Tugend, Liebe, Freundschaft – ein göttlicher Streit
Heute vor fünftausend Jahren hatte Zeus die unsterblichen Götter auf dem Olympus bewirtet. Als man sich niedersetzte, entstand ein Rangstreit unter drei Töchtern Jupiters. Die *Tugend* wollte der *Liebe* vorangehen, die Liebe der Tugend nicht weichen und die *Freundschaft* behauptete ihren Rang vor beiden. Der ganze Himmel kam in Bewegung und die streitenden Göttinnen zogen sich vor den Thron des Saturnius. Es gilt nur *ein* Adel auf dem Olympus, rief Chronos' Sohn, und nur *ein* Gesetz, wonach man die Götter richtet. Der ist der Erste, der die glücklichsten Menschen macht. Ich habe gewonnen, rief triumphierend die *Liebe*. Selbst meine Schwester die Tugend kann ihren Lieblingen keine größere Belohnung bieten als *mich* – und ob ich Wonne verbreite, das beantworte Jupiter und alle anwesende unsterbliche Götter. Und wie lange bestehen deine Entzückungen? unterbrach sie ernsthaft die Tugend. Die Freundschaft stand von ferne, und schwieg. Und du, kein Wort, meine Tochter? rief Jupiter – Was wirst du deinen Lieblingen Großes bieten? Nichts von dem allen, antwortete die Göttin, und wischte verstohlen eine Träne von der erröteten Wange. Mich lassen sie stehen, wenn sie glücklich sind, aber sie suchen mich auf, wenn sie leiden. Versöhnet euch, meine Kinder, sprach jetzt der Göttervater. Euer Streit ist der schönste, den Zeus je geschlichtet hat, aber keine hat ihn verloren. Meine männliche Tochter, die *Tugend*, wird ihre Schwester, *Liebe* Standhaftigkeit lehren, und die Liebe keinen Günstling beglücken, den die Tugend ihr nicht zugeführt hat. Aber zwischen euch beide trete die *Freundschaft* und hafte mir für Ewigkeit dieses Bundes.

● Über welche besonderen Eigenschaften verfügen die Göttinnen jeweils?
● Womit begründet jeweils die Tugend, Liebe und Freundschaft ihren Vorrang vor den anderen? ● Inwiefern gelingt es Zeus, den Streit zu schlichten? ● Ist sein Richterspruch überzeugend? ● Ist die Vorstellung Schillers[11] von Liebe, Tugend und Freundschaft heute noch zeitgemäß?

Liebe ist ......

„Liebe deinen Mitmenschen wie dich selbst".
(Die Bibel, Lukas 10,27)

„Die Liebe gleicht einem

„Zu den schwierigsten Dingen zählt für mich, einen Menschen als das zu mögen, was er zum jeweiligen Zeitpunkt in der Beziehung ist".

„Die Liebe befreit das längst Bekannte aus jeglichem Bildnis. Wenn wir glauben, wir kennen den anderen, ist das das

---

[10] Vgl. Layrinth 9/10, S. 42.
[11] Wickert, U., 1995, S. 67.

Mond, wenn sie nicht zunimmt, nimmt sie ab".
(aus Frankreich)

„Die Liebe hat kein Alter – sie wird ständig geboren".
(Blaise Pascal, französischer Philosoph)

„Die Liebe allein versteht das Geheimnis, andere zu beschenken und dabei selbst reich zu werden".
(Clemens Brentano, deutscher Schriftsteller)

„Liebe ist, wenn man den Satz nicht beenden muss".
(Truman Capote, amerikanischer Schriftsteller)

„Liebe besteht nicht darin, dass man einander ansieht, sondern dass man gemeinsam in die gleiche Richtung blickt".
(Antoine de Saint-Exupery, französischer Schriftsteller)

(Carl Rogers, amerikanischer Psychologe)

„Einen Menschen lieben heißt – ihn so sehen, wie Gott ihn gemeint hat".
(Fjodor Dostojewskij, russischer Schriftsteller)

„Liebe ist erst dann Liebe, wenn keine Gegenliebe erwartet wird".
(Antoine de Saint-Exupery, französischer Schriftsteller)

„Liebe ist ein Glas, das zerbricht, wenn man es unsicher oder zu fest anfasst".
(aus Russland)

„Es ist bemerkenswert, dass wir gerade von dem Menschen, den wir lieben, am wenigsten aussagen können, wie er sei. Wir lieben ihn einfach".
(Max Frisch, Schweizer Schriftsteller)

Ende der Liebe".
(Max Frisch, Schweizer Schriftsteller)

Liebe – und dann tue, was du willst".
(Aurelius Augustinus, Kirchenlehrer)

„Einen Menschen lieben heißt einwilligen, mit ihm alt zu werden".
(Albert Camus, französischer Schriftsteller)

„Gleich wie die Liebe dich krönt, so wird sie dich kreuzigen; wie sie deinen Lebensbaum entfaltet, so wird sie ihn beschneiden."
(Kahlil Gibran, arabischer Schriftsteller

„Wenn Mann und Frau auch auf dem gleichen Kissen schlafen, so haben sie doch unterschiedliche Träume".
(aus der Mongolei)

• Die Sinnsprüche können zum Finden einer eigenen Definition herangezogen werden.

• Jeder sucht die Aussagen heraus, die ihn am meisten ansprechen. Es können weitere Sinnsprüche erfunden werden.

Schluss

In dieser Spielesammlung sind Körperspiele, Rollenspiele und Sprachspiele zu den Themen „Vertrauen", „Kommunikation", „der Mensch und die Natur", „Ich und die anderen" sowie „Liebe-Freundschaft-Partnerschaft" vereint. Alle Spiele sprechen genauso die kognitive Ebene des Menschen an, wie seine emotionale Ebene und bieten damit einen vielseitigen Zugang zu den Fragestellungen der Ethik die mit entsprechenden Texten intellektuell weiter verarbeitet werden können.

Literatur:

Gaede, Peter-Matthias: *So lebt der Mensch. Familien aus aller Welt zeigen, was sie haben,* GEO, Hamburg 1994.

FIEDERLE, XAVER / HAINMÜLLE, HILTRUD: *Layrinth 9/10 – Ich suche meinen Weg.* Stuttgart 2000

Leben leben 9/10. Leipzig, Stuttgart, Düsseldorf: Ernst Klett Schulbuchverlag Leipzig, 4. Aufl. 2001, S. 18f.

Posselt, Ralf-Erik: *Nie wieder wegsehen,* EV. Jugendbüro Bonn, zitiert in: Klaus Schumacher, *Projekthandbuch: Gewalt und Rassismus,* Mühlheim/Ruhr 1993

Schumacher, Klaus: *Projekthandbuch. Gewalt und Rassismus,* Mühlheim/Ruhr 1993.

Wickert, Ulrich (Hrsg.): *Das Buch der Tugend,* Hamburg 1995.

http://www.lernspiel.knowbe.de/lernspiel_17772.html

http://www.lernspiele.de

http://www.praxis-jugendarbeit.de/sitemap.html

Petra Korte

Aktives Zuhören. Von den „Wegen einer Nachricht" zum „Kontrollierten Dialog" oder „Wirklich zuhören können nur ganz wenige Menschen"

Was die kleine Momo konnte wie kein anderer, das war: Zuhören. Das ist doch nichts Besonderes, wird nun vielleicht mancher Leser sagen, zuhören kann doch jeder.
Aber das ist ein Irrtum. Wirklich zuhören können nur ganz wenige Menschen. Und so wie Momo sich aufs Zuhören verstand, war es ganz und gar einmalig.
Momo konnte so zuhören, dass dummen Leuten plötzlich sehr gescheite Gedanken kamen. Nicht etwa, weil sie etwas sagte oder fragte, was den anderen auf solche Gedanken brachte, nein, sie saß nur da und hörte einfach zu, mit aller Aufmerksamkeit und aller Anteilnahme. Dabei schaute sie den anderen mit ihren großen, dunklen Augen an, und der Betreffende fühlte, wie in ihm auf einmal Gedanken auftauchten, von denen er nie geahnt hatte, dass sie in ihm steckten. [1] *(Michal Ende)*

1. Überlegungen zum „aktiven Zuhören" als Unterrichtsgegenstand

„Mündliche Kommunikation" hat trotz ihrer Hochschätzung seit den 70er Jahren des 20. Jahrhunderts als Gegenstand des Unterrichts eine eher untergeordnete Rolle gespielt. Wenn überhaupt haben dort Themen der mündlichen Präsentation und Selbstpräsentation sowie des Gesprächs und der argumentativen Auseinandersetzung ihren Platz in curricularen und didaktischen Überlegungen gefunden. Auch Fragen des sozialen Umgangs spielen dabei eine große Rolle. Mündliche Kommunikation ist zunächst vor allem aus der Perspektive des Redenden bzw. Sprechenden zum Gegenstand geworden (reden, präsentieren, verhandeln, streiten, klären, diskutieren, fragen, antworten), da sie im Unterricht und in außerschulischen Handlungsfeldern von Schülern (Unterrichtsgespräche, mündliche Prüfungen, Bewerbungen) viel Zeit beansprucht. Zuhören als Lernbereich mündlicher Kommunikation wurde eher vernachlässigt, obwohl Schülerinnen und Schüler in der Schule die meiste Zeit mit Zuhören verbringen, was schon allein aus lerntheoretischen Gründen ein problematischer Befund ist. Dabei ist davon auszugehen, dass wer gut zuhören kann auch besser lernen kann, weil er schlicht ´mehr *mit*bekommt´, also mehr bekommt. Doch nicht nur aus lerntheo-

---

[1] Auszug aus: Michael Ende, Momo oder Die seltsame Geschichte von den Zeit-Dieben und von dem Kind, das den Menschen die gestohlene Zeit zurückbrachte, Stuttgart 1973.

retischen Gründen ist Zuhören ein viel zu sehr vernachlässigter Unterrichtgegenstand:
Gelingende Kommunikation zwischen Menschen generell – nicht nur im schulischen Kontext - setzt sowohl die Fähigkeit voraus, seine eigenen Interessen, Bedürfnisse, Fragen und Ideen artikulieren zu können, als auch die Fähigkeit des Zuhörens und des Hörverstehens. Ist die Zuhör-Fähigkeit nicht ausgebildet, können weder Unterrichtsinhalte noch Informationen zu Themen noch Sprechintentionen anderer wahrgenommen und verstanden werden. Nur wer beispielsweise ein soziales Bedürfnis benennen kann, darf auf die Erfüllung durch andere hoffen, was voraussetzt, dass ein Gegenüber den Wunsch überhaupt gehört hat. Doch nicht nur in der Erfüllung von lebenswichtigen Bedürfnissen ist Zuhören ein non plus ultra, sondern in der Kommunikation von Menschen überhaupt.

Ein erheblicher Teil von auftretenden Missverständnissen bis hin zu eskalierenden Konflikten und Gewaltprozessen zwischen Menschen ist auf eine mangelnde Kompetenz im Bereich des Zuhörens zurückzuführen: Menschen neigen dazu, häufig nur auf der inhaltlichen Ebene wahrzunehmen und vermeintliche Sachbotschaften zu empfangen, ohne die vielen kulturellen Implikationen und Differenzen im Gehörten zu hören. Alle großen Multikulturen (z.B. „die" Seidenstrasse) lebten von der Vielfalt des Erzählens und des Zuhörens.

Unter den Bedingungen sogenannter „Veränderter Kindheit" hat Zuhören aber auch noch eine weitere Dimension: Viele Kinder leben außerhalb der Schule ihre inselartigen „Medienkindheiten". Dabei sind sie zum Teil sehr allein. Zwar hören sie den medialen Stimmen, Protagonisten, Figuren und Geräuschen zu, aber Medien können ihnen nicht zuhören. Kommen Kinder dann auch noch aus Familien, in denen Zuhören keinen Platz hat, haben sie gleich zwei schwerwiegende Probleme: sie werden damit leben müssen, sich häufig nicht verstanden, vielleicht sogar sich nicht gehört zu fühlen und sie selbst haben kaum einen Raum das Zuhören zu lernen.

Zuhören ist in zwei Domänen zum Unterrichtsgegenstand geworden. Einmal in der Pädagogik durch Thomas Gordons erfolgreiche „Klassiker" Familienkonferenz und Schulkonferenz, wobei dort der Fokus auf der sozialen Situation des Zuhörens und der in ihm verborgenen Chance von Humanität und Wertschätzung liegt. Gordons Modell des Aktiven Zuhörens dient der Konfliktprävention und – bearbeitung und ist bis heute unabgelöst erfolgreich in Konzepten wie dem Harvard-Modell und in allen mediativen Modellen.

Außerdem in der Tradition der Rhetorik, die bereits seit zweieinhalbtausend Jahren der Ort für Theorie und Praxis des Sprechens und Hörens ist. Helmut Geissner hat zeitgleich *mit Gordon* in seiner „Sprecherziehung. Zur Didaktik der mündlichen Kommunikation" Zuhören als eines der Hauptziele sprachpädagogischer Bemühungen – sowohl in der Schule wie auch in der Erwachsenenbildung – bezeichnet und entsprechende (auch spielerische) Übungsformen entwickelt.

In der von mir vorgestellten Unterrichtsstunde geht es vor allem um das spielerische Einüben aktiven Zuhörens.

Ich habe die Stunde auf der einen Seite in einer baden-württembergischen Hauptschulklasse ausprobiert, in der Kinder unterschiedlichster Ethnien waren und auf der anderen als Teil von Kommunikationsseminaren in der Erwachsenenbildung und Universität. Die Spiele bzw. Übungen „Wege einer Nachricht" und „Kontrollierter Dialog" lassen sich sowohl mit ganz einfachen und stark vorstrukturierten, aber auch offenen und komplexen Gesprächsinhalten gestalten. So lasse ich, wenn ich mit einer Gruppe Erwachsener arbeite, immer eine selbst erlebte Geschichte eines Teilnehmers erzählen (Wege einer Nachricht). Wichtig ist die Grundidee, dass Zuhören eine Tätigkeit, eine Aktion des Zuhörenden ist. Die Tätigkeit besteht über Aufnahme und Verarbeitung hinaus im Wesentlichen aus einer „Übersetzungsleistung" seitens des Zuhörers. Menschen müssen - ohnehin wenn sie aus unterschiedlichen Sprach- und Denkkulturen kommen - immer „übersetzen", was die/der andere sagt, um es zu verstehen: Wir übersetzen von der einen (individuellen) Sprachwelt in die andere (individuelle) Sprachwelt, wobei es sich um einen höchst störungsanfälligen Prozess handelt. Je besser Menschen aktiv zuhören können, desto größer ist die Chance des gegenseitigen Verständnisses. Insofern ist Zuhören lernen „ethisches Lernen".

2. Unterrichtsstunde zum Zuhören und Aktiven Zuhören

Die Stunde möchte aus der Perspektive der Didaktik mündlicher Kommunikation daher das Thema „Zuhören" in den Mittelpunkt stellen und mithilfe eines Spiels sowie einer redepädagogischen Übung die Schülerinnen und Schüler für das Phänomen Zuhören sensibilisieren und elementare Erfahrungen mit einem bewussten – aktiven – Zuhören vermitteln.

2.1. Ziel der Stunde:
1) Zuhören ist schwierig
2) Zuhören ist eine Handlung
3) eine Technik aktiven Zuhörens kennen lernen

2.2. Ablauf der Stunde (Kurzform):
1) „Wege einer Nachricht" (Spiel) am Beispiel von „Linie 7"
2) „Kontrollierter Dialog" (Übung) Thema: „Sommerferien".
3) Arbeitsblatt zum Thema „Zuhören" und „Techniken aktiven Zuhörens" verteilen und vorlesen. Begriff „aktives Zuhören" einführen.

4) Hausaufgabe:
   a) Textstelle aus „Momo" (siehe Motto) verteilen.
      Frage: Warum ist Momo eine gute Zuhörerin? Unterstreicht alle wichtigen Stellen.
   b) Schreibt zuhause ein kleines Gespräch zwischen Mutter und Tochter oder Mutter und Sohn, in dem der Satz vorkommt: „Du hörst mir gar nicht zu"

2.3. Materialien zum Ablauf
1. Spiel: „Wege einer Nachricht" am Beispiel von „Linie 7"
Spielregeln erläutern:
6 Schülerinnen und Schüler verlassen den Raum.
Die übrigen Schülerinnen und Schüler bekommen den Auftrag sich ruhig zu verhalten und nur zu beobachten.
Zwei Stühle werden gegenüber aufgestellt. Auf einem nimmt die Lehrerin Platz.
Anschließend wird eine Schülerin/ein Schüler hereingeholt und nimmt auf dem zweiten Sessel Platz.

Spielauftrag:
„Deine Aufgabe ist es, aufmerksam zuzuhören und die Geschichte dem nächsten genauso weiterzuerzählen, wie Du die Geschichte gehört hast. Du darfst nicht nachfragen."

Geschichte:
„Du sitzt in einer Straßenbahn der Linie 7 in Karlsruhe.
In dieser Straßenbahn befinden sich noch eine elegante Dame im gelben Sommerkleid mit Hut und Hund, zwei Kinder, ein alter Professor mit weißem Bart, eine Frau mit Kinderwagen und ein paar Jugendliche mit Skatern. Plötzlich macht sich ein Skateboard selbständig, rast durch die Straßenbahn, es entsteht Tumult, von ferne hörst Du eine Polizeisirene. Jemand zieht die Notbremse."

Spielablauf:
Nach dem Erzählen der Geschichte steht die Lehrerin auf und holt die nächste Schülerin / den nächsten Schüler herein. Er bekommt die gleiche Anweisung (siehe oben). Dann erzählt die erste Teilnehmerin / der erste Teilnehmer die Geschichte TN 2, TN 2 erzählt sie TN 3 ....
Die / der letzte TN bekommt den Auftrag die Geschichte wiederzugeben.
Dann wird die Originalgeschichte noch einmal vorgelesen

Spielauswertung:
Vergleich zwischen Endversion und Ausgangsgeschichte: (Mögliche Fragen)
   1) Was ist mit der Geschichte passiert?
   2) Was ist geblieben und was ist weggefallen?
   3) Was hat sich verändert?
   4) Warum?

2) Kontrollierter Dialog. Eine Zuhör-Übung (Hellmut Geissner)
Aufgabe:
1) Bildet 3 er- Gruppen
2) Verteilt Rollen in A, B und C: jeder von euch soll
   einmal Kontrolleur (= C) sein.
   A und B unterhalten sich über die Sommerferien.
   A beginnt das Gespräch. B wiederholt dann genau, was A gesagt
   hat oder was A gefragt hat, dann antwortet B oder sagt / fragt etwas
   Neues ...
   Das macht ihr ungefähr drei Minuten.
   C kontrolliert und hilft, dass A und B ans Wiederholen denken und hilft,
   wenn A und B etwas vergessen.
   Nach drei Minuten wechselt ihr, dann ist ein anderer in der Gruppe Kon-
   trolleur.
   Viel Spaß!

Modell (an die Tafel zeichnen)

C Kontrolleur

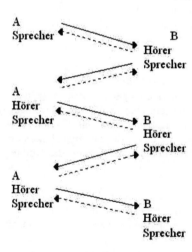

Christian Gefert

Das theatrale Spiel mit dem philosophischen Text
– das *theatrale Philosophieren*

Das Theaterspielen im Philosophie- oder Ethikunterricht ist noch immer ein unkonventionelles Verfahren, dominiert doch in den meisten Unterrichtssituationen das fragend-entwickelnde Unterrichtsgespräch – erst recht dann, wenn es um Methoden der Eröffnung philosophischer Texte geht. Das *theatrale Philosophieren*[1] ist ein solches unkonventionelles Verfahren zur Erarbeitung von Texten in philosophischen Bildungsprozessen. Beim *theatralen Philosophieren* wird der Prozess des Philosophierens nicht als eine rein „intellektualistische Verkopfung"[2] begriffen, sondern – gemäß eines symboltheoretischen Paradigmas[3] - als prinzipiell unabgeschlossener rationaler Deutungsprozess, bei dem auch die leiblich-theatrale Ausdrucksfähigkeiten des Menschen einbezogen werden. Unter der Tätigkeit des Philosophierens wird hierbei ein iterativer unabgeschlossener Prozess des Deutens von Deutungen verstanden, durch den Menschen immer bessere, weiter reichende Deutungen entwickeln.[4]

Das Philosophieren als Erweiterung der rationalen Deutungsfähigkeit mit Hilfe argumentativ-diskursiver *und* theatral-präsentativer Ausdrucksformen führt bei diesem Verfahren zu einer Form des *ästhetisch verkörpernden Denkens*, bei dem sinnlich wahrnehmbare Qualitäten des Philosophierens - zum Beispiel in Geste und Stimme - nicht als „Sekundär- oder Tertiärqualitäten"[5] philosophischer Tätigkeit ausgegrenzt, sondern als legitime Ausdrucksformen für Ideen und als methodische Bausteine für die Gestaltung philosophischer Bildungsprozesse betrachtet werden.

Beim *theatralen Philosophieren* geht es ferner darum, die leiblich-kreative Ausdruckskraft in das Philosophieren spielerisch einzubeziehen, um Schüler im Philosophieunterricht nicht nur zum „schale[n] Hinterherdenken", sondern mit ihrer ganzen rationalen Ausdruckskraft in das philosophische Denken als „Abenteuer der Erkenntnis" zu involvieren[6]. Dieses „Abenteuer" entsteht dadurch, dass sich Schüler (und Lehrer) im aktuellen Weiterdenken eines philosophischen Textes riskieren: Indem nämlich Schüler und Lehrer beim *theatralen Philosophieren* je

---

[1] Gefert, C., 2002 (zugl. Hamburg, Univ. Diss. 2001).
[2] Martens, E., 1995, S. 2.
[3] Vgl. Nordhofen, S., 1998, S. 127-132.
[4] Vgl. Dies., 1979, S. 289.
[5] Welsch, W., 1990, besonders S. 46ff.
[6] Sloterdijk, P., 1986, S. 10.

von Neuem nach einem angemessenen präsentativ-theatralen Ausdruck für die Bedeutung des Textes suchen, gestalten sie gemeinsam einen *ergebnisoffenen* Arbeitsprozess - ergebnisoffen, insofern, als dass nicht bereits vor der Lektüre des Textes klar ist, welcher konkrete (präsentativ-theatrale) Ausdruck für seine Bedeutung entwickelt wird.

Ist der Arbeits- und Denkprozess im Philosophieunterricht in der Textarbeit ergebnisoffen, so entgehen Lehrer und Schüler der Gefahr eines »hermeneutischen Kurzschlusses«, der sie in konventionellen philosophischen Bildungsprozessen ausgesetzt sind. Dieser »Kurzschluss« stellt sich dadurch ein, dass der Erfolg gemeinsamer Denkbemühungen im Philosophieunterricht daran festgemacht wird, dass Schüler am Ende einer Unterrichtseinheit genauso viel (oder wenig) über einen philosophischen Text wissen, wie der Lehrer bereits vorher über ihn gewusst hat. Der Philosophieunterricht bleibt in solchen konventionellen Texteröffnungsprozessen oftmals eine Unterweisung in jeweils dem Lehrer bekannte fachphilosophisch legitimierte Lesarten philosophischer Texte – kein Ort an dem Lernende und Lehrende *selbst* und *gemeinsam* philosophieren. So wichtig nämlich die fundierte Erarbeitung fachphilosophischer Argumentationsmuster gerade in Hinblick auf die Textarbeit auch sein mag, um ein „bloßes Herumphilosophieren"[7] im Philosophieunterricht zu verhindern - der philosophische Bildungsprozess in der Textarbeit darf sich nicht in der Unterweisung in akademisch legitimierte Lesarten erschöpfen, sollen Schüler das Philosophieren lernen und nicht bloß fachphilosophisch legitimierte Lesarten philosophischer Texte kennen lernen. Der Texteröffnungsprozess in philosophischen Bildungsprozessen muss demnach so gestaltet sein, dass sich Schüler und Lehrende immer wieder auf das Wagnis der je besonderen Konkretisierung von Bedeutungen philosophischer Texte einlassen. Durch dieses Wagnis gelingt es, *am Text* zu philosophieren, d.h. den Prozess des Philosophierens durch die Anregung eines Textes zu gestalten.

In der Suche nach einer angemessenen präsentativ-theatralen Ausdrucksform im Spiel mit theatralen Formen entstehen beim *theatralen Philosophieren* plastische *Körperbilder*[8] für die Bedeutung eines philosophischen Textes. Hier riskieren sich Lehrer und Schüler zwangsläufig in einer doppelten Bewegung:

- Sie riskieren sich in der *Verdichtung* diskursiv aufgereihter Bedeutungselemente des Textes - denn wie lässt sich etwa mit einer theatralen Bedeutungssequenz (d.h. in einer Szene mit Bewegung und/oder Sprache) genau das treffend zum Ausdruck bringen, was der Text an einer bestimmten Stelle bedeutet?
- Sie riskieren sich darüber hinaus auch in der *Konkretion* abstrakter Bedeutungselemente - denn wie lässt sich etwa mit einer theatralen Be-

---

[7] Martens, E., 1998, S. 301.
[8] Vgl. Lehmann, H.-T., 1999, S. 371ff.

deutungssequenz eine bestimmte abstrakte Argumentation besonders anschaulich machen, d.h. konkret begreifbar machen, was der Text an dieser Stelle bedeutet?

Die spielerische Entwicklung präsentativ-theatraler Symbole beim *theatralen Philosophieren* ist kein willkürlicher Prozess - er verlangt die Verdichtung und Konkretion dessen, was Lehrer *und* Schüler in einer Bildungssituation von einem philosophischen Text verstanden haben. Für den Lehrenden ergibt sich dadurch die Möglichkeit trotz seines Informationsvorsprungs in Hinblick auf die argumentative Konsistenz des Textes mit den Schülern »auf einer Augenhöhe« zu philosophieren und Bedeutungsnuancen ihm vermeintlich vertraut erscheinender Argumentationsmuster des Textes neu zu entdecken: Denn auch wenn er etwa die Argumente des Philosophen X als fachphilosophisch sozialisierter Mensch kennt, so weiß er doch nie, welche Bedeutungs*gestalt* sie in der jeweiligen Bildungssituation annehmen können. Dadurch, dass ein philosophischer Text um ein philosophisch relevantes Problem kreist, behält die Suche nach der Bedeutung eines solchen Textes auch beim *theatralen Philosophieren* immer eine markante Problemorientierung, die die Grundlage für einen zeitgemäßen Philosophie- oder Ethikunterricht darstellt[9]:

Das *theatrale Philosophieren* wird im Rahmen eines Projekts gestaltet, das bis zur Gestaltung einer Performance führt. Der konkrete Arbeitsprozess innerhalb jeder einzelnen Arbeitseinheit besteht aus vier Phasen, die sowohl das diskursiv-argumentative als auch das präsentativ-leibliche Ausdrucksvermögen der Schüler ansprechen. Produktiv ist eine Arbeitseinheit – so zeigt die Praxis – bereits bei einer Dauer von 90 Minuten. Zusammenfassend lassen sich diese Phasen für die Organisation des Bildungsprozesses im Philosophieunterricht folgendermaßen charakterisieren:

Die Argumentationsphase:
- Lehrer und Schüler führen ein Gespräch über einen philosophischen Text. Sie erörtern dabei die Bedeutung verschiedener Begriffe oder Argumente aus dem Text. Sie entscheiden sich für besonders relevante Begriffe oder Argumente, deren Bedeutung im Folgenden theatral artikuliert und möglichst weit reichend gedeutet werden sollen.

Die Vorbereitungsphase:
- Der Lehrer wählt geeignete Übungen zur Vorbereitung und Durchführung des Arbeitsprozesses mit theatralen Formen zu diesen Begriffen oder Argumenten aus. Er sensibilisiert die Schüler durch diese Übungen für den Arbeitsprozess mit theatralen Formen.

---

[9] Martens, E., 2003.

Die Erprobungsphase:
- Die Schüler erproben unter Anleitung des Lehrers je eigene theatrale Ausdrucksformen, um ihre Deutungen relevanter Begriffe oder Argumente des Textes zu artikulieren und so *Kernmaterial* für den theatralen Ausdruck zu formulieren.

Oder:
- Die Schüler erproben unter Anleitung des Lehrers immer klarere eigene Formulierungen für das *Kernmaterial* und erarbeiten so möglichst weit reichende theatrale Deutungsformen für ausgewählte Begriffe oder Argumente des Textes.

Die Reflexionsphase:
- Schüler und Lehrer sprechen über die erprobten theatralen Ausdrucksformen und isolieren diejenigen Ausdrucksformen, die ihnen angemessen erscheinen, um die Bedeutung besonders relevanter Begriffe oder Argumente des philosophischen Textes zu artikulieren. Diese isolierten Ausdrucksformen bilden das Kernmaterial für die Entwicklung möglichst weit reichender präsentativ-theatraler Darstellungsformen, das weiterentwickelt werden soll.

Oder:
- Schüler und Lehrer erörtern Ideen für eine Weiterentwicklung des Kernmaterials und eine abschließende Gesamtpräsentation des innerhalb eines Projekts erarbeiteten theatralen Materials, mit dem die Bedeutung des philosophischen Textes möglichst weit reichend gedeutet wird.

Schüler und Lehrer interpretieren beim *theatralen Philosophieren* einen philosophischen Text, indem sie zum einen - wie in konventionellen Formen der Textarbeit - seine Argumentationsmuster diskursiv rekonstruieren. Schüler (in der Perspektive des Darstellers) *und* Lehrer (in der Perspektive des Spielleiters bzw. Regisseurs) gestalten zum anderen aber auch spielerisch treffende präsentative Formen seiner Bedeutung durch die Arbeit mit theatralen Improvisationen: Indem sie sich also beispielsweise in Improvisationen gemeinsam um die Ausarbeitung möglichst angemessener Standbilder für die Bedeutung eines Kant-Textes bemühen, suchen sie nach einer aktuellen Formulierungen seiner Bedeutung. Diese treffenden Standbilder entstehen jedoch nur durch eine gemeinsame Aktualisierung der Bedeutung des Textes. Schüler *und* Lehrer wissen beim *theatralen Philosophieren* vor dem Beginn des Bildungsprozesses nicht, was der Text als präsentativ-theatrales Symbol am Ende des Bildungsprozesses bedeuten wird - denn wie lässt sich beispielsweise ein angemessenes Standbild für die Bedeutung des *kategorischen Imperativs* eindeutig antizipieren? Schüler *und* Lehrer sind also in Hinblick auf die Rekonstruktion der *theatralen*

Text(be)deutung gleichermaßen Unwissende, deren Wissen um die Bedeutung des Textes sich erst in der aktuellen Arbeit am präsentativen Symbol konstituiert.

Unterrichtspraktisch lässt sich der Arbeitsprozess beim *theatralen Philosophieren* am Beispiel der Arbeit an einem Textausschnitt aus Aristoteles' „Nikomachischer Ethik"[10] illustrieren, in dem Aristoteles das „gerechte Gesetz" thematisiert:

- Impulse zur Gestaltung der Argumentationsphase:
  - o Suche dir bitte einen Partner und lies den Text bitte laut, während dein Partner gleichzeitig darauf achtet, welche Textstellen er durch dein Vorlesen besonders gut verstanden hat - diese Stellen unterstreicht er bitte im Text! Wechselt anschließend bitte die Rollen und wiederholt das Vorlesen und Unterstreichen!
  - o Vergleicht bitte die Ergebnisse in der Klasse und sucht die Textstelle, die die meisten auf Anhieb am besten verstanden haben!
  - o Diskutiert bitte, um welches Probleme bzw. welchen Problemlösungsvorschlag es in dieser Textstelle geht!
  - o Erörtert bitte, in welchem Zusammenhang die Textstelle mit der Bedeutung des ganzen Textes steht!
  - o Sucht bitte konkrete Beispiele, an denen sich die Probleme (und Problemlösungsvorschläge) bzw. Argumente des Textes veranschaulichen lassen?
  - o Haltet bitte am Ende der Diskussion fest, welche Textstellen euch nach dem Gespräch über den Text besonders wichtig erscheinen?

- Impulse zur Gestaltung der Vorbereitungsphase:
  Der Impulskreis: Die Gruppe stellt sich im Kreis auf: Reicht bitte einen Impuls im Kreis »herum«, indem einer mit einem Gruppenmitglied Blickkontakt aufnimmt und den Impuls »weiterreicht«! - Derjenige, der den Impuls jeweils »bekommt«, gibt ihn nun selbst weiter usw. Das Tempo, mit dem der Impuls »weitergereicht« wird, soll dabei laufend erhöht werden. Beim »Weiterreichen« müssen jedoch immer drei Regeln beachtet werden:
  - Steht der »Impulsnehmer« direkt neben dem »Impulsgeber«, muss der »Impulsgeber« mit dem Zeigefinger auf den »Impulsnehmer« deuten und »Zap« sagen.
  - Steht der »Impulsnehmer« nicht direkt neben dem »Impulsgeber«, sondern im Kreis gegenüber, muss der »Impulsgeber« mit dem Zeigefinger auf den »Impulsnehmer« deuten und »Zip« sagen.

---

[10] Aristoteles, N. E., V, 1132a.

- »Gibt« ein Gruppenmitglied den Impuls *direkt* an denjenigen zurück, von dem es ihn gerade erhalten hat, muss es ihm den Bauch entgegenstrecken und »Boing« sagen.

Wer sich jeweils nicht an die Regeln hält, muss ausscheiden oder bekommt einen Strafpunkt. Das Spiel beginnt nach einem Regelverstoß jeweils von neuem. Gewonnen hat am Ende entweder derjenige, der nach einer bestimmten Zeit die wenigsten Strafpunkte hat oder die letzten drei bzw. beiden im Kreis verbliebenen Mitspieler.

- Impulse zur Gestaltung der Erprobungsphase:

Impuls 1
o Es werden Dreiergruppen gebildet: Einer ist - auf einem Stuhl sitzend - das »Opfer«, während die beiden anderen - um ihn herum gehend - die »Verhörenden« spielen.
o Es wird ein »Kreuzverhör« zur Bedeutung des Textes gespielt - dabei sollen die »Verhörenden« das »Opfer« mit Fragen über die Bedeutung des Textes unter Druck setzen.
o Das »Opfer« darf auf die Fragen nur mit einzelnen Begriffen, Thesen und Argumenten antworten, die aus dem Text stammen oder ihm aus dem Unterrichtsgespräch in der Argumentationsphase im Gedächtnis geblieben sind.
o Die »Verhörenden« haben den Spielauftrag, immer mehr über die Bedeutung des Textes wissen zu wollen und sich durch das Gesagte nicht befriedigen zu lassen. Sie »bohren« deshalb mit ihren Fragen immer weiter nach und verschärfen so den Druck auf das »Opfer«.
o Die Improvisation wird vom Lehrer nach einiger Zeit unterbrochen. Es gibt einen Rollenwechsel und die Improvisation wird so lange wiederholt, bis alle drei Mitglieder der Gruppe einmal als »Opfer« auf dem Stuhl Platz genommen haben.

Impuls 2
o Bildet bitte kleine Gruppen mit drei Personen und legt fest, wer den Richter, Kläger und Angeklagten spielt!
o Spielt bitte jetzt improvisiert – d.h. ohne euch vorher über den Verlauf zu einigen - eine Gerichtsverhandlung, in der die Gerechtigkeitsvorstellung, des Aristoteles deutlich wird!
o Spielt euch bitte anschließend in der großen Gruppe gegenseitig die Szenen vor!

- Impulse zur Gestaltung der Reflexionsphase:

→ *zu Impuls 1:*
o Welche Begriffe bzw. Thesen hast du als (a) Verhörter bzw. (b) Verhörender besonders intensiv genutzt?
o Welche Fragen bzw. Antworten waren beim Verhör besonders wichtig?
o Wie ließen sich diese wichtigen Fragen und Antworten für einen ausgedachten Dialog zwischen zwei Figuren nutzen?
o Vielleicht habt ihr ja in der Kleingruppe Lust, bis zum nächsten Mal einen solchen erfundenen Dialog zu schreiben? - Wenn ihr keine Lust habt, denkt euch bitte jeder bis zum nächsten Mal eine Situation aus, in der die heute verwendeten Fragen und Antworten fallen könnten und improvisiert dazu beim nächsten Mal eine kleine Szene, in der ihr sie nutzt!

→ *zu Impuls 2:*
o Diskutiert bitte begründet, welche Verhandlung besonders angemessen, welche eher nicht angemessen den aristotelischen Gerechtigkeitsbegriff darstellt!
o Wie ließen sich die Verhandlungen jeweils so verbessern, dass sie den Gerechtigkeitsbegriff des Aristoteles noch besser beschreiben?
o Vielleicht habt ihr ja in der Kleingruppe Lust, auf der Basis eurer Szene bis zum nächsten Mal eine erweiterte „Gerichtsszene" zu schreiben, in der noch weitere Personen (z.B. Zeugen zum Fall) auftreten! - Wenn ihr keine Lust habt, denkt euch bitte jeder bis zum nächsten Mal mindestens eine weitere Figur aus, die in eurer „Gerichtsszene" auftreten soll und improvisiert mit einer anderen Kleingruppe zusammen je eine neue Szene!

Beim *theatralen Philosophierens* endet ein Projekt mit einer Gesamtpräsentation (*Performance*) vor nicht am jeweiligen Arbeitsprozess beteiligten Zuschauern. Eine Performance ist integraler Bestandteil des Bildungsprozesses. Art und Umfang ihrer Realisierung sind jedoch in hohem Maße abhängig von den spezifischen zeitlichen, räumlichen und materiellen Bedingungen bzw. Kapazitäten innerhalb eines Projekts: Die Performance kann demnach in einem größeren oder kleineren Kreis von Zuschauern einmalig oder in einer Folge von Aufführungen gezeigt werden

Die hier skizzierte philosophiedidaktische Konzeption versteht sich als ein regelgeleitetes Verfahren, das den Prozess der Erarbeitung theatral-präsentativer Ausdrucksformen und nicht das Ergebnis eines konkreten Projekts beschreibt. Innerhalb dieses Erarbeitungsprozesses muss eine spezifische Performance auch sehr unterschiedliche Formen annehmen können, um den mit dem *theatralen*

Philosophieren verbundenen Anspruch zu realisieren, die Bedeutung eines philosophischen Textes in der je konkreten Bildungssituation immer wieder neu zu aktualisieren.

Doch auch wenn die Form der Performance keine planbare Größe im Bildungsprozess darstellt, ist sie dennoch ein unverzichtbarer Bestandteil eines Projekts, weil sie die Kräfte der theatral Philosophierenden auf ein gemeinsames Ziel hin bündelt. Dieses *gemeinsame* Ziel ermöglicht den theatral Philosophierenden einen intensiven Austausch über den Text, weil sie dadurch motiviert sind, sich über seine Bedeutung zu verständigen und die Texteröffnung als gemeinsam gestalteten Prozess zu tragen.

Literaturverzeichnis
ARISTOTELES: *Nikomachische Ethik*, Buch V.
GEFERT, Christian: *Didaktik theatralen Philosophierens. Untersuchungen zum Zusammenspiel argumentativ-diskursiver und theatral-präsentativer Verfahren bei der Texteröffnung in philosophischen Bildungsprozessen*, Dresden 2002 (zugl. Hamburg, Univ. Diss. 2001).
LEHMANN, Hans-Thies: *Postdramatisches Theater*, Frankfurt/M. 1999.
MARTENS, Ekkehard: *Philosophie als vierte Kulturtechnik humaner Lebensgestaltung*, in: ZDPE (= *Zeitschrift für Didaktik der Philosophie und Ethik*) 1/95, S. 2-4.
DERS.: *Philosophiedidaktik*, in: Annemarie Pieper (Hrsg.): *Fachdisziplinen der Philosophie*, Leipzig 1998, S. 281-303.
DERS.: *Methodik des Ethik- und Philosophieunterrichts. Philosophieren als elementare Kulturtechnik*, Hannover 2003.
NORDHOFEN, Susanne: *Didaktik der symbolischen Formen. Über den Versuch, das Philosophieren mit Kindern philosophisch zu begründen*, in: ZDPE 2/1998, S. 127-132.
DIES.: *Philosophie auf neuem Wege. Das Symbol im Denken im Ritus und in der Kunst*, Mittenwald 1979[2].
SLOTERDIJK, Peter: *Der Denker auf der Bühne. Nietzsches Materialismus*, Frankfurt/M. 1986[1].
WELSCH, Wolfgang: *Ästhetisch Denken*, Stuttgart 1990.

Harald Schaub

Spiel und Wissenschaft
Der Nutzen computersimulierter Szenarien in der Psychologie und anderen Wissenschaften

1. Einführung

Stellen Sie sich vor, Sie erhalten die Aufgabe, als Entwicklungshelfer, ausgestattet mit weitreichenden Vollmachten und einem ansehnlichen Grundkapital, für das Wohl und die Entwicklung eines Nomadenstammes in der Sahelzone in Westafrika zu sorgen.

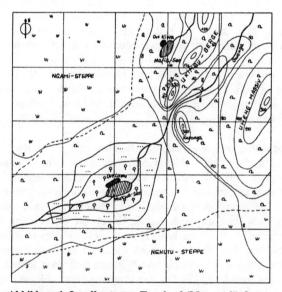

Abbildung 1: Landkarte von Tanaland (Morovorläufer)

Die Moros, so heißt der Stamm, leben dort unter ärmlichen Bedingungen. Die Ernährung, getragen von den beiden Säulen, Rinderzucht und Hirseanbau, reicht kaum aus, um die Bevölkerung zu ernähren. Der Gesundheitszustand und der Ausbildungsstand sind beklagenswert. Zwanzig Jahre haben Sie Zeit, um die Lebensbedingungen der Moros zu verbessern[1].

Eine andere Situation: Ihr Onkel in Kuala Lumpur hat Ihnen eine kleine Textilfabrik vererbt. Dreißig Arbeiter und Angestellte produzieren dort zur Zeit Hemden, Hosen und Blusen. Ihr Onkel wünscht, dass Sie diese Fabrik mindestens für zwei Jahre leiten, bevor Sie sie verkaufen können. Eine Million malaysische Dollars stehen Ihnen zur Verfügung, um die Firma, die durch den Tod Ihres Onkels in einen problematischen Zustand geraten ist, weiterzuführen.[2] Eine dritte Szene: Sie bekommen die Aufgabe übertragen, als Operateur eine komplizierte Produktionsmaschinerie zu steuern. Sie sollen, ausgehend von verschiedenen Rohstoffen, eine Reihe von Fertigprodukten herstellen. Dazu müssen Sie die Maschine in Gang setzen und ihren Lauf optimieren. Verschiedenste Ventile, Pumpen und Motoren sind dabei zu bedienen und aufeinander abzustimmen.[3] In der psychologischen Teildisziplin des ‚Komplexen Problemlösens' werden Menschen beim Umgang mit Situationen die, wie die genannten Beispiele, durch Merkmale wie Unbestimmtheit, Komplexität, Intransparenz, Eigendynamik und Vernetztheit charakterisiert sind, untersucht. Das Ziel ist die Analyse der Organisation des Handelns und Denkens. Analysiert wird, wie Menschen Informationen sammeln, wie sie Entscheidungen treffen, es wird dabei erschlossen, was sie dabei denken und fühlen. Ein Ziel dieser Studien ist es, eine Theorie der menschlichen Psyche zu entwerfen, die es zum einen erlaubt, menschliches Handeln und Denken zu verstehen, die es aber auch erlaubt, menschliches Handeln und Denken zu trainieren und zu verbessern.[4]

Fast jede auch nur mäßig komplexe reale Situation weist die genannten Merkmale auf, und jede Person, die in einer solchen Situation agiert, sieht sich mit diesen Eigenarten konfrontiert. Für den Firmenchef, der seine Firma sanieren möchte, ist seine Fabrik und ihre Beziehungen zu anderen Bereichen ein komplexes Handlungsfeld. Für den Ingenieur, der eine komplizierte Maschine in Gang setzen will, ist dies sein komplexes Handlungsfeld. Für die Erzieherin, die bestimmte Inhalte ihren Kindern vermitteln will, ist der Kindergarten ein komplexes Handlungsfeld. Für den Bürgermeister, der mit den maroden Finanzen seiner Gemeinde leben muss, ist die Gemeinde, die Verwaltung und Wirtschaft, die dort lebenden Menschen ein komplexes Handlungsfeld. Für den Programmierer, der ein Computerprogramm zum Laufen bringen will, ist der Computer komplexes Handlungsfeld.

---

[1] Kühle H. J. / Badke, P., 1986; Schaub, H. / Strohschneider, S., 1992; Strohschneider S. / Guess, D., 1999.
[2] Badke-Schaub P. / Strohschneider, S., 1998 Strohschneider S., / Schaub, H., 1991; Tisdale, T. 1998.
[3] Schaub, H., 1990.
[4] Dörner, D., 1989; Schaub, H., 1996; Schaub, H., 2001b.

Der *normale* Mensch lebt sein Leben lang in komplexen Situationen, agiert darin in bestimmter Art und Weise, verändert die Situation usw. Die Komplexität der Situationen zieht allerdings nicht notwendigerweise eine vergleichbare Komplexität auf der Handlungs- und Erlebensebene des Einzelnen nach! Dessen Handeln und Erleben mag gegebenenfalls relativ einfach sein. Man beobachte dazu nur z.b. einen Programmierer, der der Meinung ist, durch laute Schreie, massives Hämmern auf der Tastatur und Wackeln am Monitor, Fehler in seinem Programm finden und verbessern zu können.[5]

Leider ergeben sich für Untersuchungen in realen komplexen Situationen eine Fülle von Schwierigkeiten, z.b. gibt es kaum Möglichkeiten zur Wiederholung und zur Kontrolle des Ablaufs. Es gibt Schwierigkeiten bei einer genauen Protokollierung des Geschehens, u.v.a. Der Ausweg, der sich anbietet, ist die Nachbildung der Wirklichkeit im Labor. Dazu implementiert man Ausschnitte der Realität auf einem Computer und konfrontiert Personen mit dieser computersimulierten Realität in der Art eines Computerspiels. Es werden dabei ganz unterschiedliche Aspekte der Realität nachgebildet, inhaltliche und strukturelle. So gibt es Simulationen, die für einen bestimmten Realitätsausschnitt die wesentlichen Variablen und deren Verbindungen möglichst genau abbilden und es gibt Simulationen, die von den Inhalten der Realität abstrahieren und der Versuchsperson (Vp) stark vereinfachte oder gar abstrakte Variablenkonstellationen mit realitätsfernen Inhalten anbieten.[6]

Die experimentell-psychologische Arbeit in realen komplexen Situationen stößt auf eine Fülle von Schwierigkeiten, z.B. gibt es kaum Möglichkeiten zur Wiederholung und zur Kontrolle des Ablaufs, Protokollierungsprobleme und anderes mehr. Der Ausweg, der sich anbietet, ist die Nachbildung von Ausschnitten der Realität auf einem Computer und die Konfrontation von Personen mit dieser computersimulierten Realität. Moderne Computersysteme und Programmiersprachen ermöglichen es, auch lebensnahe, komplexe und dynamische Probleme zu simulieren und so für kontrollierte, wiederholbare Studien zu nutzen. Berühmt geworden ist die Computersimulation "Lohhausen", die die wesentlichen Variablen und Zusammenhänge einer kleinen Stadt nachbildet.[7]

---

5 Schaub, H., 2001a!
6 Dörner, D., 1989; Dörner, D., 1983; Frensch, P. A. / Funke, J., 1995; Schaub, H., 1993a, 1993b.
7 Dörner, D., 1983.

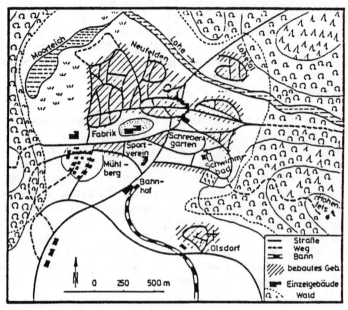

Abbildung 2: Stadtplan von Lohhausen

Die Vp wird gebeten, die Rolle des Bürgermeisters dieser Stadt zu übernehmen und ihre Geschicke zu lenken. Die Simulation erzeugt sehr viele Informationen und Daten, die abgefragt werden können und sie erlaubt dem Probanden, Entscheidungen zu treffen und Maßnahmen festzulegen. Diese Maßnahmen haben dann natürlich bestimmte Effekte, die wiederum simuliert und rückgemeldet werden, so dass sich über die Zeit ein dynamischer Ablauf ergibt. So kann man beispielsweise die Lebensbedingungen der Einwohner Lohhausens durch die Beeinflussung der Mietpreise oder die Anlage von Kindergärten und Spielplätzen verändern, man kann die ortsansässige Industrie fördern oder in ihrer Expansion behindern, man kann zusätzliche Arbeitsplätze schaffen, Straßen bauen, usw. Dementsprechend wird sich die Zufriedenheit der Bewohner Lohhausens verändern, werden Menschen zu- oder wegziehen, steigt oder sinkt das Steueraufkommen usw.

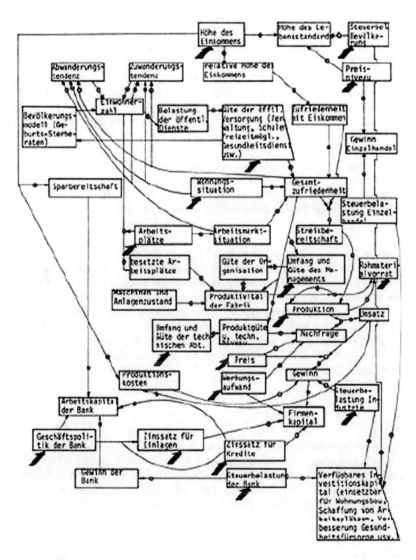

Abbildung 3:
Ausschnitt aus dem Variablennetz der Lohhausensimulation

Lohhausen" war Auslöser für eine überaus fruchtbare Entwicklung.[8] Mittlerweile gibt es Simulationen von sehr vielen unterschiedlichen Problemstellungen. Dies reicht von umfangreichen, betriebswirtschaftlich orientierten Simulationen, über technische Probleme, Probleme aus dem Bereich der Entwicklungshilfe und allgemein ökologischen Simulationen bis hin zu speziellen Problemstellungen für konkrete Untersuchungszwecke.

Derartige Computersimulationen unterscheiden sich in ihrer Realitätstreue ganz erheblich. So gibt es Simulationen, die die wesentlichen Variablen eines bestimmten Realitätsausschnittes und deren Verbindungen möglichst genau abbilden, es gibt Simulationen, die von den Details der Realität abstrahieren und den Versuchspersonen (Vpn) stark vereinfachte Problemstellungen anbieten und es gibt Simulationen, die nur noch strukturelle Aspekte eines Realitätsausschnittes in sehr abstrakter Form nachbilden.

DVpn werden bei der Bearbeitung dieser Szenarien über den Ablauf und die zu erreichenden Ziele instruiert, sie sollen z.B. bei bestimmten Variablen bestimmte Sollwerte erreichen, sie sollen das System in einen 'besseren' Zustand bringen, oder sie sollen das System kennenlernen. Dabei wird zumeist implizit unterstellt, dass die Vpn so agieren, wie sie dies in einer realen Situation auch täten.

Aber die Vp weiß natürlich, dass sie in einer artifiziellen, computersimulierten Situation agiert. Es ist nun sowohl von der Plausibilität des Computerszenarios als auch vom Versuchssetting abhängig, in wieweit Irritationen bei der Vp auftreten und in wieweit das Experiment davon tangiert wird. Dies ist, nebenbei bemerkt, ein Problem aller psychologischen Laborexperimente, dass die Übertragbarkeit des Vp-Verhaltens im Labor auf das Verhalten in der Realität schwer prüfbar ist. Es zeigte sich jedoch in vielen Untersuchungen, dass die Vpn von der Aufgabe so motiviert wurden, dass sie fast vergaßen, dass sie nur in einer computersimulierten Spielwelt agierten.

2.   Computersimulation

Computersimulierte Szenarios stellen eine Weiterentwicklung von Planspielen mit den Möglichkeiten der modernen Technik dar.[9] Planspiele gibt es seit altersher. Man kennt das Schachspiel seit mehreren tausend Jahren und das Schachspiel war ursprünglich sicherlich nichts anderes als ein in festen Regeln geronnenes, militärisches Planspiel. Tatsächlich hat man ja auch noch in histori-

---

[8] Dörner, D. / Schaub, H. / Strohschneider, S., 1999; Frensch, P .A. / Funke, J., 1995.
[9] Dörner, D. / Schaub, H., 1994, 1995; Schaub, H., 1993a.

cher Zeit das Schachspiel für Ausbildung in Strategie und Taktik empfohlen, man hat es mitunter z.B. in der Offiziersausbildung eingesetzt.

Eine wirklich große Verbreitung konnte aber das Planspiel erst finden, seit es Computer gibt. Computer sind Instrumente, die man u.a. leicht zur Simulation von allen möglichen Arten von Realitäten gebrauchen kann. Insbesondere kann man sie gebrauchen für die Simulation dynamischer und sehr komplexer Realitäten. Dies war vorher kaum möglich. Man kann Entwicklungsländer, politische Situationen, marktwirtschaftliche Zusammenhänge, psychologische Zusammen-hänge, soziologische Strukturen - oder was sonst auch immer - mit Hilfe eines Computers mehr oder minder realitätsgetreu simulieren. Und dies bedeutet, dass man Personen oder Personengruppen mit Replikaten oder Modellen konfrontieren kann, in denen man die Situation weitgehend frei gestalten kann.

Man braucht nicht darauf zu warten, dass eine bestimmte Situation in der Realität auftritt, man kann diese Situation schaffen. Man kann z.B. Manager, Einsatzleiter der Polizei oder der Feuerwehr, Produktplaner, Marketingstrategen, Regionalplaner, Epidemiologen, die sich über die Bekämpfung von Seuchen Gedanken machen mit Modellen der Realität konfrontieren und kann dabei ihre Findigkeit, ihre Entschlusskraft, ihre Fähigkeit zur strategischen Flexibilität, ihre Planungsfähigkeit in verschiedenartigen Situationen in viel breiterem Ausmaß als bislang analysieren. Die Möglichkeiten der Computersimulation komplizierter Realitäten ist wohl ein Grund für die Verbreitung von Planspielen. Der andere ist, dass wir uns heutzutage in einer Situation befinden, in der wir alle das Gefühl haben, dass feste Regeln nur noch in Teilbereichen etwas taugen. In vielen Bereichen wandeln sich die Regeln ständig; wir haben es immer wieder mit neuartigen Situationen zu tun. Die Konfrontation mit immer neuartigen, dynamischen und intransparenten Realitäten sehr komplexer Art war früher eine Domäne bestimmter Berufe; sie war typisch für den Beruf des Kaufmannes oder für den Berufspolitiker oder den militärischen Führer. Heutzutage sind mehr Personen mit Unbestimmtheit und Komplexität konfrontiert und darauf angewiesen, sich ihren Weg immer neu zu suchen, ihre Lebensplanung nach neuen Umständen auszurichten. Das vielleicht dramatischste Beispiel ist der Realitätswandel, den die Bewohner der neuen Bundesländer in den letzten Jahren erleben mussten.

In Zeiten, in denen auf feste Regeln kein Verlass ist, kommt es auf die Fähigkeit zum strategischen Denken an, auf die Fähigkeit, seinen Standort immer wieder neu zu überdenken und seine Handlungs- und Planungsstrategien immer wieder neu zu überlegen. In solchen gesellschaftlichen Situationen kommt Strategiespielen eine große Bedeutung zu.

3.   Einsatzgebiete und Anwendungsmöglichkeiten

Nachdem dargestellt wurde, wie Personen in computersimulierten Szenarien agieren, wird im folgenden auf drei bedeutsame Einsatzbereiche computer-simulierter Planspiele eingegangen: Auf den Bereich Ausbildung und Training, auf den Bereich Forschung und den Bereich Diagnostik.

3.1 Ausbildung und Training

Bei der Verwendung von Planspielen zum Zwecke der Ausbildung und des Trainings kann man verschiedene Bereiche unterscheiden.[10] Der eine Bereich ist

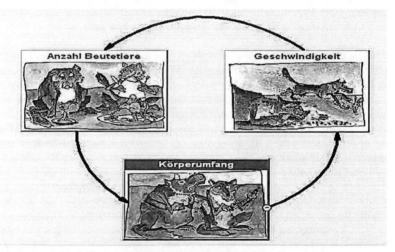

Abbildung 4: Modelle als Basis des Verständnisses komplexer Situationen

der Bereich der Vermittlung von *taktischen* Fähigkeiten. Dabei kommt es darauf an, dass man mit einem Modell der Realität das richtige Handeln in den Bereichen trainiert, in dem die Person später handeln soll. Ein klassischer Bereich dieser Art ist etwa das Pilotentraining in simulierten Cockpits, welches fast bis zur vollkommenen Realitätstreue gediehen ist. Hier kommt es darauf an, das Fliegen unter extremen Bedingungen und in bestimmten Notfallsituationen einzutrainieren, also den angehenden Piloten dazu zu bringen, dass er mit unvorhergesehenen Situationen besser umgehen kann, was man beim realen Fliegen niemals vermitteln kann. Der tragische Absturz der Maschine der Lauda-Fluggesellschaft in Thailand im vergangenen Jahr scheint zu zeigen, dass hier aber erheblich mehr zu tun wäre.

---

[10] Brunner, E. / Stäudel, T., 1992; Strohschneider, S., 2003b.

An dieser Stelle muss man auch das Stichwort Tschernobyl erwähnen.

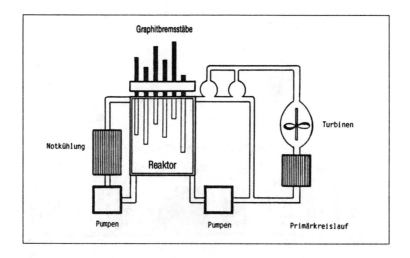

Abbildung 5: Schemazeichnung des Tschernobyl-Reaktors

Bekanntlich geschah das Unglück von Tschernobyl aufgrund einer Reihe von einfachen Bedienungsfehlern. Vielleicht wäre die Situation anders ausgegangen,
wenn man die Operateure von Tschernobyl statt mit verbalen Si-
cherheitsbelehrungen mit der Möglichkeit versehen hätte, an einem Replikat des
Reaktors all die Fehler einmal auszuprobieren, die sie in der realen Situation ge-
macht haben. Warum soll man nicht im Training einmal ruhig aufzeigen, welche
Folgen ein Fehler haben kann. Bei dem Tschernobyl-Reaktor war zB bekannt,
dass er bei einer Belastung von unter 20% instabil reagierte. Deshalb war ein
Betreiben des Reaktors unter 20% der Maximalbelastung auch streng verboten.
Die Besatzung des Reaktors fuhr den Reaktor aber vor dem Unglück mit einer
Belastung von nur 7%. Dies war einer der Gründe für das Tschernobyl-Unglück.
Zweifellos waren die Tschernobyl-Operateure belehrt worden über die möglichen
Folgen, sie hatten aber diese möglichen Folgen keineswegs internalisiert. Wie
hätten sie sich verhalten, wenn ihnen ein simulierter Reaktor einige Male um die
Ohren geflogen wäre?

Der zweite Bereich der Verwendung von Planspielen für die Ausbildung und für
das Training ist der Bereich der Vermittlung von Wissen und Verständnis. Von

dem ersten Bereich unterscheidet er sich darin, dass es hier nicht darauf ankommt Handlungswissen zu vermitteln. Es soll Verständnis vermittelt werden für bestimmte Vorgänge. Man denke in diesem Zusammenhang beispielsweise

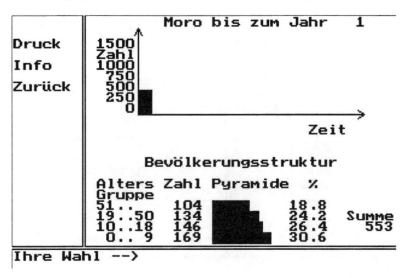

Abbildung 6: Bildschirmansicht des Morospiels

an die Schulausbildung. Man denke an Bereiche wie den Geschichtsunterricht oder den Unterricht in Politik oder Gesellschaftskunde oder in Erdkunde. Man denke weiterhin beispielsweise an das heute so bedeutsame Thema des Umweltschutzes. In all diesen Bereichen herrscht die Lektüre und die Rezeption der Lehrerausführungen vor. Die rezeptive Aneignung von Wissen aber ist, das ist eine pädagogische Binsenweisheit, viel schlechter als die Aneignung von Wissen durch das Tun.

Planspiele bieten die Möglichkeit, dass nicht nur über Entwicklungshilfe geredet wird, sondern dass z.B. Schüler Entwicklungshilfe an einem simulierten Entwicklungsland tatsächlich leisten, und sehen, welche Folgen dieses oder jenes Verhalten haben kann. Es zeigt sich immer wieder, dass bei vielen Planspiele, z.B. dem Entwicklungshilfe Computerszenario MORO, immer wieder außerordentliche Betroffenheit eintritt, wenn es z.B. vorkommt, dass Vpn durch allzu starke Nutzung des Grundwassers durch das Bohren von Tiefwasserbrunnen die Grundwasservorräte erschöpfen, und damit eine Katastrophe erzeugen.[11]

---

[11] Schaub, H., 2001; Schaub H. / Strohschneider, S., 1992.

Es wurde untersuchte, wie sich Teams verschiedener Arten bei der Simulation einer Waldbrandbekämpfung verhielten.[12] Es handelte sich dabei einmal um autokratisch geführte Teams von 4 Personen, bei denen eine Person "das Sagen" hatte und die anderen gehorchen mussten. Zum anderen handelte es sich dabei um demokratisch organisierte Teams, die gleichberechtigt miteinander agierten. Es zeigte sich, dass die demokratischen Teams in dieser Aufgabe bei weitem besser abschnitten als die autokratisch geführten Teams. Kann es eine bessere Demonstration des Nutzens von Demokratie in einer Situation geben? Es ist naheliegend, dass eine solche Erfahrung Schülern viel mehr hilft die Vorteile einer bestimmten Organisationsform einer Gruppe zu verstehen, als noch so langwierige Belehrungen über Gleichberechtigung, Mitbestimmung und Bürgerfreiheit.[13]

In einem anderen Planspiele wurde die Situation von Ludwig dem XVI. im Jahre 1789 simuliert, also vor der französischen Revolution.[14] Die Vpn wurden konfrontiert mit den wirtschaftlichen Schwierigkeiten des französischen Staates der damaligen Zeit und mit den Forderungen von Bürgertum, Adel und Klerus. Es wurde eine - zwar holzschnittartige - aber doch ansonsten realitätsgetreue Darstellung der Situation geschaffen und die Simulation, damit keine Reminiszenzen an den Geschichtsunterricht auftauchten, in das alte China verlegt. Eine Vp, konfrontiert mit der Situation und versuchend, Lösungen für die konfliktreichen Probleme zu finden, äußerte schließlich: "Ich glaube, in dieser Situation lande ich auf dem Schafott!". Diese Person hat bei weitem mehr von den Zwängen und den Möglichkeiten und Unmöglichkeiten der Situation von 1789 in Frankreich verstanden, als sie bei einem normalen Geschichtsunterricht verstanden hätte, der nur die Situation *geschildert* hätte. Aus Handeln lernt man mehr und eine ganze Reihe von Schulfächern könnte aus dem Bereich des rezeptiven Aufbereitens von Wissen durch die Verwendung von Planspielen in den Bereich des Tuns gebracht werden. Die Einbeziehung des Tuns bedeutet, dass neben dem menschlichen "kognitiven System" auch Motivation und Emotion ins Spiel kommen, dass es um Werte geht und um die ethische Verankerung von bestimmten Problemlagen.

Der letzte Bereich, der im Hinblick auf die Möglichkeiten der Ausbildung besprochen werden soll, ist der Bereich des *strategischen Handelns*.[15] Was ist damit gemeint? In der Strategie - so sagt der ältere Moltke - gibt es keine Regeln. In der Strategie[16] gibt es keine Rezepte, die immer und überall anwendbar sind. Moltke meinte natürlich nicht, dass es nicht jeweils richtige und fatale Verhaltensweisen

---

[12] Dörner, D. / Pfeifer, E., 1999.

[13] Man sollte diese Ausführungen nicht missverstehen: Es ist keineswegs ausgemacht, dass demokratische Teams immer besser sind als autokratisch geführte Teams. Das kommt jeweils darauf an.

[14] Kühle, H. J. / Badke, P., 1986.

[15] Dörner, D. / Pfeifer, E., 1992; Frankenberger, E. / Badke-Schaub, P., / Birkhofer, H., 1998; Strohschneider, S., 2001.

[16] Moltke meinte natürlich die militärische Strategie.

gibt. Natürlich gibt es auch in der Strategie bestimmte, gültige Regeln. Es handelt sich aber um hochgradig "lokale" Regeln; das, was in der einen Situation richtig ist, kann in der anderen Situation grundfalsch sein, weil sich die beiden Situationen im Hinblick auf ein winziges Merkmal voneinander unterscheiden.

Dies bedeutet, dass in Bereichen, in denen strategisches Handeln wichtig ist, eine Ausbildung im Handeln nach wenigen, allgemeinen Regeln nicht erfolgen kann. In vielen anderen Bereichen geht das. Man kann einem Mediziner beibringen, wie man einen Knochen einrichtet, man kann ihn vertraut machen mit den Handlungsmöglichkeiten, die bei bestimmten Komplikationen während einer Geburt eintreten usw. Dafür gibt es feste Regeln und der angehende Mediziner sollte diese Regeln gut beherrschen. Andere Bereiche - dazu gehört beispielsweise der Bereich der Wirtschaft, natürlich der Bereich der Politik und - klassisch - der Bereich der militärischen Entscheidungen - sind dadurch gekennzeichnet, dass es allgemeine Regeln nicht gibt. Man muss sich vielmehr immer wieder neu überlegen, was angemessen ist. Die Geschichte der Politik und insbesondere (weil gut dokumentiert) die Militärgeschichte sind voll von Beispielen, die zeigen, dass Regeln in diesen Bereichen nur von lokaler Bedeutsamkeit sind und sich durch die Änderung winziger Umstände vollkommen ins Gegenteil verkehren.

Das eigentliche Handeln in strategischen Situationen ist oft sehr einfach. Die Schwierigkeit liegt darin, die richtige Form des Handelns auszuwählen. Soll man in einer bestimmten Situation nach der Maxime verfahren "Wer wagt gewinnt"? Oder vielleicht doch besser nach der Maxime "Erst wägen, dann wagen!". Solche Handlungsvorschriften gibt es im Sprichwörterschatz in großen Mengen. Und für jede Maxime gibt es die Gegenmaxime. Daraus sollte man nicht schließen, dass solche Maximen falsch wären. Es kommt nur jeweils darauf an, was in dieser Lage richtig ist.

Computersimulierte Planspiele sind hervorragende Mittel, um die in solchen strategischen Situationen wichtige Fähigkeit der richtigen Wahl zu trainieren. Denn Planspiele bieten die Möglichkeit zum Beispiel Einsatzleiter bei der Polizei oder Politiker beim Krisenmanagement mit allen möglichen Situationen zu konfrontieren, die sie in der Realität zum Glück alle gar nicht erleben werden.[17] Aber gerade deshalb, weil strategische Handlungssituationen selten sind, weil gewöhnlich die Routine vorherrscht, ist die Vorbereitung auf Situationen, die nur selten auftreten, wichtig. Da aber solche Situationen eben selten auftreten, gibt es für viele Personen, die in solchen Situationen handeln müssen, eigentlich keine rechte Ausbildung. Sie haben nicht die Chance aus Erfahrungen zu lernen. Besser gesagt: Sie *hatten* bislang nicht die Chance aus Erfahrungen zu lernen. Heutzutage aber existiert diese Möglichkeit durch die Verwendung von computersimulierten Planspielen. Man kann z.B. Personen in Planspielen in Situationen bringen, in denen lan-

---

[17] Schaub, H.,1996; Schaub, H., 2003.

ges und sorgfältiges Planen notwendig und richtig ist. Und dann kann man sie in andere Situationen bringen, in denen eben dieses grundfalsch ist und in denen es vielmehr darauf ankommt, "aus dem Fluge heraus" richtig zu handeln. Man kann Personen in Situationen bringen, in denen es wichtig ist, sich auf bestimmte Schwerpunkte zu konzentrieren. Und man kann sie wieder in Situationen bringen, in denen eben diese Konzentration auf einen Schwerpunkt grundfalsch ist und eine Verteilung gefordert ist.

3. 2 Der Einsatz in der Forschung

Bestimmte Bereiche der Forschung leiden unter der notorischen Absenz von Wirklichkeit.[18] Die Geschichtswissenschaften z.b. können ihren Gegenstand immer nur im Nachhinein studieren. Deshalb sind es ja eben Geschichtswissenschaften. Für andere Bereiche der Wissenschaft gilt das in ähnlicher Weise, z.B. in hohem Maße für die Soziologie und auch für die Psychologie. Dieser Realitätsverlust kann zumindest teilweise durch die Verwendung von Planspielen ausgeglichen werden. Dies wurde bereits eingangs angedeutet. In vielen Wissenschaften, in denen es darauf ankommt, zu ermitteln, ob es *allgemeine* menschliche Reaktionsweisen und Strategien gibt, die für eine Entwicklung verantwortlich gemacht werden können, kann man Planspiele gut einsetzen. Warum also keine experimentelle Geschichtswissenschaft?

3.3 Die Verwendung in der Diagnostik

Planspiele werden gewöhnlich sehr ernst genommen. Besonders wenn sie gut gemacht sind, wenn sie also bei den jeweiligen Versuchspersonen den Eindruck hervorrufen, dass sie wirklich *Modelle* der Realität sind, fühlen sich Personen durch die Probleme solcher Planspielsituationen in großem Maße herausgefordert.[19] Diese Tatsache lässt den Schluss berechtigt erscheinen, dass Versuchspersonen in Planspielen sehr viel von sich selbst zeigen, so dass man also von dem Verhalten in einem Planspiel auf die allgemeinen Verhaltenstendenzen eines Individuums (oder auch einer Gruppe!) schließen kann. Wenn jemand in einer Planspielsituation mit viel Umsicht und Vorsicht reagiert, wenn er genau plant, wenn er keine vorschnellen Entscheidungen trifft, wenn er sich auf bestimmte Aufgaben konzentrieren kann, wenn er die richtigen Schwerpunkte entdeckt, tut er dies vielleicht auch in der Realität?

Planspiele können ganz hervorragende diagnostische Mittel sein. Aber man muss sie richtig gebrauchen. Und das ist nicht unbedingt einfach.

---

[18] Schaub, 1993a.
[19] Reichert, U., / Stäudel, T., 1991.

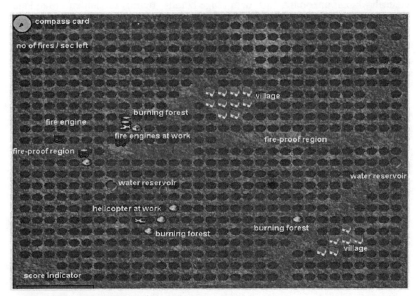

Abbildung 7: Bildschirmansicht des Feuerspiels

Beispielsweise ist es meist ein Fehler, allein vom Erfolg oder vom Misserfolg einer Person auf bestimmte Fähigkeiten zu schließen. In komplizierten Planspielen sind Erfolg bzw. Misserfolg keineswegs eindeutig determiniert. Es kann z.B. der Erfolg durch ganz verschiedenartige Strategien erzeugt werden. In einem häufig eingesetzten Planspiel, der Simulation einer Waldbrandbekämpfung, mussten z.B. Vpn einmal unter einer Stressbedingung, die durch starke Geräuschentwicklung erzeugt wurde und einmal ohne Stress arbeiten.[20] Erwartungswidrig zeigte es sich, dass die Vpn beider Gruppen bei der Bewältigung der Probleme der Waldbrandbekämpfung gleich gut waren. Beide verwendeten aber gänzlich unterschiedliche *Strategien*. Die Stressgruppe verwendete eine "Übersichtsstrategie". Sie betrachtete die gesamte Situation gewissermaßen holzschnittartig und grob. Sie machte aus diesem Grunde viele Fehler im taktischen Bereich, nämlich bei der Feinsteuerung der einzelnen Feuerlöscheinheiten. Aber sie verwendete die richtige Strategie und setzte z.B. die richtigen Schwerpunkte, bekämpfte die gefährlichen Feuer am meisten und die ungefährlicheren weniger.

Die nichtgestresste Gruppe hingegen verwendete eine Detailstrategie. Sie steuerte die einzelnen Einheiten sehr genau, und die Versuchspersonen dieser Gruppe waren aus diesem Grunde, durch ihre gute Taktik, bei der konkreten Feuerbe-

---

[20] Dörner, D. / Pfeifer, E., 1992; Dörner D. / Pfeifer, E., 1993.

kämpfung sehr erfolgreich. Sie hatten aber nicht den Überblick. Sie verzettelten sich im Detail.

Bei dem Feuerspiel glichen sich die Vorteile und die Nachteile dieser beiden ganz verschiedenartigen Strategien aus, so dass beide Gruppen gleich erfolgreich waren. Würde man nun von dem Erfolg rückschließen auf die Neigung und die Fähigkeit zu einer bestimmten Strategie, würde man grobe Fehler machen. Aus der guten Leistung ergibt es sich nicht, dass die Vpn "den Überblick" hatten oder dass sie "taktisch" gut waren. Es hilft nichts, in einer solchen Situation muss man sich das Verhalten der Vpn sehr genau anschauen. Anders wird man kein richtiges Bild der Verhaltenstendenzen einer Person gewinnen.

Ein anderes Thema, die Punktdiagnostik, ist ebenfalls bedenkenswert bei der Verwendung von Planspielen als diagnostisches Mittel. Bei Intelligenztests, klassischen Mitteln der Psychologie zur kognitiven Diagnostik, werden bekanntlich die einzelnen Lösungen der Probanden aufsummiert, normiert und zu einem IQ oder zu einem aus einzelnen Punkten bestehenden Profil zusammengefasst. Dies kann schon bei Intelligenztests grob falsch sein. Dass beispielsweise ein Test, der vorgibt, die "räumliche Vorstellungsfähigkeit" zu messen, dies tatsächlich tut, ist keineswegs ausgemacht. Planspiele sind nun viel komplexere Situationen als Intelligenztest-Items. Es ist gerade ihr Vorteil, dass sie eine ganze Reihe von verschiedenartigen Anforderungen stellen, nämlich Anforderungen an die Konzentrationsfähigkeit, an die Planungsfähigkeit, an die Flexibilität, an die Fähigkeit zur richtigen Schwerpunktbildung, an die Fähigkeit zur Hypothesenbildung und zum Hypothesenwechsel, an die Entschlusskraft usw. Viele dieser Fähigkeiten sind komplementär zueinander, sie können sich gegenseitig vertreten. Wenn die Fähigkeit zur Konzentration und zur richtigen Schwerpunktbildung nicht gut ist, so mag ein Individuum sich dadurch helfen, dass es stattdessen auf seine Fähigkeit zur schnellen Gewinnung eines Überblicks vertraut. Man muss also das, was eine Versuchsperson jeweils tut, immer im Zusammenhang mit der jeweiligen Anforderung sehen, vor der das Individuum in der jeweiligen Situation steht. Die Interpretation eines bestimmten Verhaltens muss in hohem Maße kontextabhängig sein. Die schnelle Entscheidung in einer Situation A kann etwas ganz anderes bedeuten als die schnelle Entscheidung in Situation B. Eine Frage, die eine Versuchsperson während eines Planspiels an den Versuchsleiter richtet, mag tatsächlich im Informationsbedürfnis ihren Ursprung haben. Sie kann aber auch bedeuten, dass die Versuchsperson sich sehr unsicher fühlt und durch eine Frage einfach dokumentieren möchte, dass sie etwas tun kann, nämlich Fragen stellen. Und es kann schließlich ein Mittel der Kontaktaufnahme mit dem Versuchsleiter sein, also ein Versuch, eine soziale Integrität herzustellen. Drei verschiedene Gründe für Fragen! Wenn man allein nur die Häufigkeit des Fragens in einer bestimmten Planspielsituation auszählt und daraus so etwas wie einen "Informationsbedürfnisquotienten" errechnet, und dem dann auch noch diagnostische Validität zuspricht, macht man grobe Fehler.

Die kontextspezifische Auswertung des Verhaltens von Vpn in Planspielen ist mühselig. Sie ist meistens nicht "automatisch" durch ein Auswertungsverfahren möglich, welches man einfach über die gespeicherten Daten laufen lässt, sondern es bedarf des erfahrenen menschlichen Interpreten, der die Daten im Hinblick auf ihre jeweiligen Kontexte richtig einzuschätzen weiß.

3.4 Eigenheiten computersimulierter Situationen

Viele Planspiele sind ihrer Natur nach "unstetige" Gebilde.[21] Sie enthalten unstetige Funktionen, also nicht lineare Funktionen und sind damit zwar vollkommen deterministische, aber chaotische Systeme. Dies bedeutet, dass minimale Einwirkungen dazu führen können, dass der weitere Gang der Ereignisse in eine vollkommen andere Richtung gelenkt wird als ohne den entsprechenden Einfluss. Dies aber wiederum bedeutet, dass jemand, der den Zeitpunkt, an dem der entsprechende Eingriff zu setzen ist, u.U. ein ganz klein wenig verpasst, in einem totalen Desaster landet, wohingegen ein anderer, der den Zeitpunkt nicht verpasst, großen Erfolg hat. Ein ansonsten sehr gutes Verhalten, welches der Situation im großen und ganzen angepasst und sehr vernünftig ist, kann so zu einem Misserfolg führen, wohingegen ein überhaupt nicht vernünftiges Verhalten nur deshalb zu einem Erfolg führen kann, weil an einer Stelle zufällig das Richtige gemacht worden ist.

Zwar mag es sein, dass "Glück auf Dauer nur der Tüchtige" hat, aber eben *auf Dauer*.

Es mag schon sein, dass das richtige Erkennen von Bifurkationen, Gabelungen im Gang der Ereignisse wie es die Chaostheoretiker nennen, im Großen und Ganzen von den fähigen Leuten besser erkannt werden als von unfähigen Leuten. Aber: Wenn man sein Urteil auf einen einzigen Fall stützt, so kann eben der Fähige gerade mal Pech und der Unfähige gerade mal Glück gehabt haben. Dies ist ein weiterer Grund dafür, Erfolg oder Misserfolg bei einem Planspiel als Kriterien nicht unbesehen zu gebrauchen.

Ein weiterer Aspekt muss erwähnt werden. Auch das realistischste Planspiel ist nicht die Realität. Auch das muss man beachten, wenn man die Daten eines Planspiels interpretiert. Ein Pilot, der in einer noch so realistischen Simulation eines Cockpits sitzt, weiß doch immer, dass er nicht wirklich abstürzen wird, wenn er einen Fehler macht. Und dies mag sein Verhalten beeinflussen. Jemand der an einem wirtschaftspolitischen Planspiel teilnimmt, weiß immer, dass seine Handlungen nicht zur tatsächlichen Pleite einer echten Firma führen wird. Dies Wissen um den Spielcharakter mag sich manchmal stärker, manchmal weniger stark aus-

---

[21] Schaub, H., 1993a.

prägen. Meist nehmen Menschen Spiele außerordentlich ernst. Aber besonders dann, wenn sie sich überfordert fühlen, mag die Tendenz entstehen, zu sagen: Es ist ja nur ein Spiel und u.U. sogar die Tendenz, den Realitäts- und Modellcharakter des jeweiligen Planspiels abzuwerten. Daraus mögen dann Verhaltensweisen resultieren, die mit dem realen Verhalten der jeweiligen Person kaum mehr etwas zu tun haben. Es mag daraus beispielsweise ein überriskantes Verhalten resultieren oder einfach die Tendenz: "Jetzt wollen wir den Spielleiter mal ordentlich ärgern!" Solche Tendenzen werden natürlich durch schlechte Planspiele unterstützt, bei denen der Spieler merkt, dass es sich in gar keiner Weise um ein Modell der Realität handelt, sondern um eine Fiktion des jeweiligen Spielleiters oder des Konstrukteurs des Planspieles.

3.5 Planspiele und Planen

Eine weitere Verwendung für Planspiele ist der Planungsprozess selbst.[22] ZB ist dabei an die Regionalplanung zu denken, die Planung neuer Straßen, neuer Wohngebiete, neuer Industrieanlagen oder im wirtschaftlichen Bereich die Planung von Investitionen. Planspielen werden in diesen Bereichen relativ selten eingesetzt. Der Grund dafür könnte sein, dass die "richtigen" Spiele nicht existieren. In all diesen Bereichen gibt es keine klaren theoretischen Modelle. Es gibt kein umfassendes Bild davon, wie eine Regionalplanung durchgeführt werden muss, auf welche Faktoren man achten muss und welche Faktoren keine große Rolle spielen. Es gibt in all diesen Bereichen Unsicherheiten und Unwägbarkeiten. Da dies der Fall ist, kann man nicht ein Planspiel erstellen, mit dessen Hilfe man so etwas wie Regionalplanung oder die Bekämpfung von Epidemien, wie beispielsweise die richtige Strategie zur AIDS-Bekämpfung, ermitteln kann. Was hier notwendig ist, sind flexible Systeme, also solche Systeme, die es gestatten, Annahmen über die Realität zu modifizieren, neu einzufügen oder wegzulassen. Ein Planspiel in diesem Bereich muss also *Möglichkeitsräume* eröffnen. Es muss gestatten, verschiedene Systeme, von Annahmen durchzuexerzieren. Wenn wir hier eine Schnellstraße bauen, wie viele Leute werden sich ein neues Auto kaufen, weil sie nun endlich mit dem Auto in die City fahren können, was ihnen früher nicht möglich war? Wie hängt der Autokauf von dem Parkplatzangebot in der City ab - so oder so? Wie hängt er von der Wirtschaftslage ab? Wie wirken sich Staus auf das Verkehrsverhalten aus? Werden die allabendlichen und allmorgendlichen Staus der Berufspendler in eine City dazu führen, dass mehr Personen auf das städtische Schnellbahnnetz umsteigen? Solche Überlegungen sind immer mit sehr vielen "Wenn und Aber" behaftet. Ein Modell, welches nur eine Menge von Annahmen z.B. über das Verkehrsverhalten von Vorstadtpopulationen enthält, ist für die Planung nicht brauchbar. Richtig wäre es hier, ein System zu haben, mit

---

22 Schaub, H., 1996; Strohschneider, S., 2003a; Strohschneider, S. / Guess, D., 1998; Strohschneider, S. / von der Weth, R., 2002.

232

dessen Hilfe alle möglichen Annahmengefüge ausprobiert werden können, also ein plastisches System. Es gibt solche Systeme in Ansätzen, aber es scheint, dass solche Systeme in großem Umfang und ausreichender Verwendungsfähigkeit nicht existieren.

4. Diskussion

Es wurde verschiedene Aspekte der Verwendung computersimulierter Planspiele geschildert. Computerszenarios erlauben es, ein Reihe von Aspekten der Realität unter kontrollierten Bedingungen so zu gestalten, dass Menschen "in" diesen Szenarios agieren können. Die Beobachtungen die man dabei anstellt, können dazu dienen, dass menschliche Verhalten zu analysieren, oder das Handeln der Akteure zu trainieren oder ihre Fähigkeit und Fehler zu diagnostizieren. Computersimulierte Planspiele können auch eingesetzt werden um die Wirklichkeit besser zu verstehen. Die Simulation der AIDS-Ausbreitung oder der Expansion des Weltalls oder das Verhalten von Autofahrern erlauben, diese Prozesse besser zu verstehen und gegebenenfalls zu beeinflussen. Der Einsatz von Simulationen hat alle Teile der Wissenschaft betroffen und diese verändert, und es ist zu hoffen, dass sich der Einsatz in der praktischen Anwendung von computersimulierten Planspielen in Planung und Politik verstärkt, um Planungen und Entscheidungen, die sehr oft unter Informationsdefizit leiden, eine Diskussionsgrundlage in Form von *Möglichkeitsräumen* zu geben.

Literatur

Badke-Schaub, Petra, & Strohschneider, Stefan: *Complex problem solving in the cultural context,* Le Travail Humain, *61* P., 1998, (1), 1-28.

Brunner, Eva, & Stäudel, Thea (1992), *Modellbildung - Ein Trainingsansatz zum Umgang mit komplexen und vernetzten Problemen und dessen Relevanz für die Systemische Diagnostik in der Klinischen Psychologie,* Systeme, 6(2), 23-32.

Dörner, Dietrich: *Die Logik des Misslingens. Strategisches Denken in komplexen Situationen,* Reinbek bei Hamburg 1989.

Dörner, Dietrich, Kreuzig, Heinz, Reither, Franz & Stäudel, Thea (Hrsg.): *Lohhausen. Vom Umgang mit Unbestimmtheit und Komplexität,* Bern: Huber, 1983.

Dörner, Dietrich., & Pfeifer, Erdmud: *Strategisches Denken, Strategische Fehler, Stress und Intelligenz.* Sprache & Kognition, *11*(2), 1992, 75-90.

Dörner, Dietrich, & Pfeifer, Erdmud: *Strategic Thinking and Stress.* Ergonomics, *36*(11), 1993, 1345-1360.

Dörner, Dietrich, & Schaub, Harald: *Errors in planning and decision-making and the nature of human information processing,* Applied Psychology: An International Review, *43*(4), 1994, 433-453.

Dörner, Dietrich, & Schaub, Harald: *Handeln in Unbestimmtheit und Komplexität.* Organisationsentwicklung, *14*(3), 1995, 34-47.

233

Dörner, Dietrich, Schaub, Harald, & Strohschneider, Stefan: *Komplexes Problemlösen - Königsweg der Theoretischen Psychologie?* Psychologische Rundschau, *50*(4), 1999, 198-205.

Frankenberger, Ekart, Badke-Schaub, Petra, & Birkhofer, Hans: *Designers. The key to successful product development.* London1998.

Frensch, Peter & Funke, Joachim: *Complex Problem Solving: The European Perspective.* Hillsdale, NJ 1995.

Kühle, Hans-Jürgen, & Badke, Petra: *Die Entwicklung von Lösungsvorstellungen in komplexen Problemsituationen und die Gedächtnisstruktur.* Sprache und Kognition (2), 1986, 95-105.

Reichert, Ute, & Stäudel, Thea: *Computergestützte Diagnostik der Fähigkeiten für den Umgang mit komplexen und vernetzten Systemen,* in Heinz Schuler & Uwe Funke (Eds.), Eignungsdiagnostik in Forschung und Praxis (pp. 102 - 105). Stuttgart 1991.

Schaub, Harald: *Die Situationsspezifität des Problemlöseverhaltens.* Zeitschrift für Psychologie, 1990, 198, 83- 96.

Schaub, Harald: *Computersimulation als Forschungsinstrument in der Psychologie,* in Felix Tretter & Felix Goldhorn (Eds.), *Computer in der Psychiatrie. Diagnostik - Therapie – Rehabilitation,* Heidelberg 1993a.

Schaub, Harald: *Modellierung der Handlungsorganisation* (1. Aufl. ed.). Bern << u.a. >>: 1993b.

Schaub, Harald: *Exception Error. Über Fehler und deren Ursachen beim Handeln in Unbestimmtheit und Komplexität,* gdi impuls, *14*(4), 1996, 3-16.

Schaub, Harald: *Fehler sind menschlich ... ... und doch oft vermeidbar,* Psychologie heute, *28*(1), 2001a, 62-67.

Schaub, Harald: *Menschliches Versagen,* Psychologie Heute, *1,* 2001b, 62-67.

Schaub, Harald: *Persönlichkeit und Problemlösen: Persönlichkeitsfaktoren als Parameter eines informationsverarbeitenden Systems,* Weinheim 2001.

Schaub, Harald: *Simulation als Entscheidungshilfe: Systemisches Denken als Werkzeug zur Beherrschung von Komplexität,* in: Stefan Strohschneider & P. M. i. k. A. e.V (Eds.), Entscheiden in kritischen Situationen (pp. 55-79). Frankfurt 2003.

Schaub, Harald, & Strohschneider, Stefan: *Die Auswirkungen unterschiedlicher Problemlöseerfahrung auf den Umgang mit einem unbekannten komplexen Problem,* Zeitschrift für Arbeits- und Organisationspsychologie, *36*(3), 1992, 117- 126.

Strohschneider, Stefan: *Kultur – Denken – Strategie: Eine indische Suite.* Bern 2001.

Strohschneider, Stefan: *Ja, mach nur einen Plan,* in: B. Boothe & W. Marx (Eds.), Panne - Irrtum - Missgeschick. Die Psychopathologie des Alltagslebens in interdisziplinäerer Perspektive (pp. 127-144). Bern 2003a.

Strohschneider, Stefan (Ed.): *Entscheiden in kritischen Situationen.* Frankfurt a.M (2003b).

Strohschneider, Stefan & Guess, Dominik: *Planning and problem solving, Journal of Cross Cultural Psychology, 29*(6), 1998, 695-716.

Strohschneider, Stefan & Guess, Dominik: *The fate of the Moros: A cross-cultural exploration of strategies in complex and dynamic decision making.* International Journal of Psychology, *34*(4), 1999, 235-252.

Strohschneider, Stefan & Schaub, Harald: *Können Manager wirklich so gut managen?* Zeitschrift für Psychologie, *11,* 1991, 325-340.

Strohschneider, Stefan & von der Weth, Rüdiger (Eds.): *Ja, mach nur einen Plan: Pannen und Fehlschläge - Ursachen, Beispiele, Lösungen* (2 ed.). Bern 2002.

Tisdale, Tim: *Selbstreflexion, Bewußtsein und Handlungsregulation.* Weinheim 1998.

Sandra Reinhardt

COMPUTERSPIELE
EIN ERFAHRUNGSBERICHT

Einleitung

Computerspiele sind für viele Eltern, Erzieher, Lehrer zum „Thema" und vor allem für Kinder und Jugendliche zu einer bedeutenden Freizeitbeschäftigung geworden. Kinder und Jugendliche werden in ihrem Alltag oft mit dem Medium Computer konfrontiert. Viele Eltern und Pädagogen, Psychologen, Soziologen beschäftigen sich vor allem mit der Frage: „Was für Auswirkungen könnte der Computer auf die weitere Entwicklung der Kinder und Jugendlichen haben?". Sobald die ersten Computerspiele oder besser Video-Spiele auf dem Markt waren, machten sich Experten über die Handhabung und die möglichen Auswirkungen bei Kindern und Jugendlichen Gedanken. Es lassen sich viele Fachbücher zu diesem Thema finden. Ich möchte im Folgenden nicht aus Fachbüchern zitieren oder von Erfahrungen verschiedener Autoren berichten, sondern von meinen eigenen Erfahrungen mit Computerspielen berichten.

In meinem Bekanntenkreis finden sich verschiedene Leute im Alter von 22 bis 29 Jahren, die leidenschaftliche *Zocker*[1] sind. Da sich ihr Zocken auch auf gesellige Abende auswirkt und ich mir oft Gedanken darüber gemacht habe, kam ich auf die Idee im Rahmen einer Hausarbeit im Grundlagenwahlfach Philosophie (ich studiere Grundschullehramt mit den Fächern Deutsch, Religion und Biologie) eine Umfrage in meinem Bekanntenkreis zu machen. Zusätzlich habe ich eine Umfrage mittels Fragebögen bei Jugendlichen im Alter von 12 bis 17 Jahren durchgeführt. Da die Bereitschaft einen Fragebogen auszufüllen sehr gering war, kamen nur 23 von 60 Fragebögen zurück. Die Kinder und Jugendlichen füllten den Fragebogen unabhängig voneinander aus. Trotz der geringen Anzahl der Befragungen lässt sich eine Tendenz in den Antworten erkennen. Eine Auswertung zu den Fragebögen findet sich unter: 4. Motive des Computerspielens – Auswertung des Fragebogens

1. Computerspiele gestern und heute

1.1 Fazit einer veränderten Kindheit
Meine Kindheit verbrachte ich in einer Umgebung, in der es nur teilweise möglich war, in der Natur zu spielen. So gab es zwar Wiesen, die sich zum Ballspie-

---

[1] Unter *Zocker* versteht man einen Glücksspieler, in diesem Fall den Computerspieler.

len geeignet hätten, aber leider durften diese nicht betreten werden. Auch durch lärmende Kinder fühlten sich die Anwohner meist gestört. Die Umgebung war, wie auch heute in vielen Städten, nicht gerade kinderfreundlich. Wegen der unterschiedlichen Muttersprachen war es meist schwierig sich anderen Kindern anzuschließen. Es bildeten sich einzelne, kleine Gruppen mit Kindern aus demselben Herkunftsland. Selbstverständlich gab es in meinem Wohngebiet auch kleine Spielplätze. Diese waren sehr schön angelegt mit vielen Büschen, abgeteiltem Sandbereich und vorgefertigten Klettergeräten. Diese Spielplätze, von Erwachsenen gestaltet, gaben mir jedoch nicht die Möglichkeit meine eigene Welt zu schaffen und meiner Phantasie freien Lauf zu lassen. Dieses Problem hat sich heute noch verstärkt. Vielen Kindern fehlt die Möglichkeit ihre Spielwelt in der Natur selbst zu gestalten wie z.B. ein Baumhaus bauen oder eine Höhle usw.

Alle diese Erfahrungen musste ich trotzdem nicht missen, da ich die Wochenenden oft in unserem Garten auf dem Land verbrachte. Hier grub ich meinen eigenen „See" für meine Spielfiguren, baute mit Freunden eine Art Baumhaus, ein Rinnsal im Wald wurde für uns zum „reißenden Fluss". Wir konnten unsere eigene Welt erschaffen und erleben. Leider haben heute viele Kinder diese Möglichkeit in der Natur nicht mehr und bewegen sich in der visuellen Welt der Computerspiele. Auch hier ist man an der Gestaltung beteiligt, z.B. bei Autorennen kann man sich sein eigenes Auto zusammenstellen. Es sieht dann allerdings perfekter aus, ist moderner und stylischer, als eine selbstgebaute Seifenkiste, die mit Sperrmüll zusammengebaut wurde.

Es gibt auch Spiele, die die Möglichkeit bieten eine eigene Stadt aus vielen Einzelelementen zusammen zu stellen. Das bedeutet aber auch weniger Anstrengungen und ist attraktiver, als sich aus Dosen, Schachteln oder Ähnlichem eine Spielstadt in der realen Welt aufzubauen und sich die fehlenden Teile mit Phantasie vorzustellen.

Der Unterschied des Spiels von Kindern an Computern und dem Spiel in der Realität ist nicht sehr groß, da auch in der Realität Rollen verteilt werden. Man taucht beim realen Spielen wie beim Computerspiel in eine andere Welt ein. Man ist mit Leib und Seele Räuber, Prinzessin, Ritter oder Indianer usw. In der Realität kann man allerdings Konflikte mit Spielkameraden nicht wie beim Computerspiel aus dem Weg gehen, in dem man ein Spiel verlässt oder einfach das Spiel neu lädt. In der Realität muss man die Folgen seines Handelns tragen und sich Konflikten stellen. Misslingt dagegen in der visuellen Welt etwas, so beginnt man einfach ein neues Spiel und das alte ist vergessen und hat keine Auswirkungen mehr.

Der „Trieb" zum Spiel ist angeboren. Man verliert ihn selbst im Erwachsenenalter nicht. Er verändert sich nur. Gibt man einem Kleinkind im Krabbelalter einen

Ball, so rollt es ihn „instinktiv" oder wirft ihn weg. Manche Arten von Spiel muss man nicht erst lernen. Beim Versteckspiel zum Beispiel muss man einem Kind nicht viel erklären. Computerspielen dagegen muss man erst lernen. Man muss die Bedienung von Tastatur und Maus und deren Auswirkung auf eine Figur im Spiel erst beherrschen.

Viele Leute beschweren sich, dass Kinder und Jugendliche zu häufig vor dem Rechner sitzen. Traditionelle Spiele, die früher selbstverständlich waren, wie zum Beispiel Brettspiele, Federballspielen oder auch Baumhausbauen, haben sich reduziert. Dies liegt aber nicht nur an den fehlenden Spielvorbildern, wie älteren Kindern oder vor allem Eltern, die sich Zeit nehmen, um mit ihren Kindern zu spielen, sondern auch an der veränderten Umwelt der Kinder. Dies hat auch Auswirkungen auf die Kompetenzen und Fähigkeiten, die Kinder mitbringen. Sozialkompetenzen sind aufgrund fehlender Geschwister und Spielkameraden geringer. Viele Kinder werden erst im Kindergarten damit konfrontiert, dass es außer ihnen noch andere Gleichaltrige gibt, deren Wünsche und Bedürfnisse zu respektieren, zu beachten und zu akzeptieren sind. Dadurch, dass Kinder weniger draußen spielen, bewegen sie sich auch weniger und sind dadurch unausgeglichener. Was würde passieren, wenn man Kinder wieder mehr Möglichkeiten geben würde ihre eigene Spielwelt zu gestalten und sie schrittweise hierzu anleiten würde? Wenn man beispielsweise Kindern zeigen würde, wie viel Freude es macht, zusammen ein Baumhaus zu bauen oder Brettspiele zu spielen. Würde dann der Computer immer noch genauso attraktiv sein oder wäre er vielleicht sogar ganz aus den Kinderzimmern verschwunden?

1.2 Die Veränderung oder Entwicklung von Computerspielen - Eintauchen in eine andere Welt

Über die Entwicklung von den ersten Computerspielen bis zu den heutigen lassen sich viele Bücher finden. Im Folgenden will ich aber anhand einiger Beispiele zeigen, wie ich diese Entwicklung erlebt habe.

Die Grafik der heutigen Computerspiele und vor allem die Handlungsmöglichkeiten im Spiel sind nicht vergleichbar mit den Spielen von vor über zehn Jahren. Die Grafik ist detaillierter, bunter, genauer, einfach lebendiger geworden. Figuren lassen sich nicht nur von links/rechts, oben/unten bewegen, sondern zusätzlich nach von/ hinten, so dass sie dreidimensional erscheinen. Verschiedenste Rahmenhandlungen und Spiele im Spiel erhöhen die Attraktivität. Das Verhalten von anderen Figuren im Spiel ist nicht mehr vorhersehbar, was die Spiele spannender macht. Viele Spiele werden über das Internet gespielt. Man spielt mit vielen Gleichgesinnten. Per Chat oder Internettelefon kann man sich unterhalten und absprechen. Man trifft die verschiedensten Leute aus aller Welt. Jedes Alter von ca. 12 bis 55 Jahren ist vertreten. Erfahrungen werden ausgetauscht. „LAN-Partys" (Lokal Area Network) werden veranstaltet. Computer werden miteinander vernetzt, um miteinander zu zocken. Den Themen der Computerspiele sind keine Grenzen gesetzt: Phantasiespiele, 3D-Shooter, Autorennen, Sportturniere, Zauberwelten, Märchenwelten etc. Für jeden ist was dabei, ob groß oder klein. Man kann mit einem einzigen Held spielen, diesen im Spiel wechseln oder Gruppen steuern.

Diese Veränderungen und Entwicklungen erleichtern die Identifikation mit den Charakteren und das Eintauchen in visuelle Welten. Man wird eins mit dem Spiel und vergisst alles um sich herum. Stunden werden zu Minuten. Man vergisst sogar das Trinken zwischendurch. Wird man dann von außerhalb gestört, kann es zu wahnsinnigen Wutausbrüchen kommen. Man produziert seine Gefühle in den Held und die visuelle Welt. Muss man dann sein Spielen beenden, merkt man einen komischen Schwindel, eine Art leeres Gefühl.

Das erste Spiel, das ich spielen durfte (es war das erste Computer- bzw. Videospiel überhaupt) nannte sich „Pong". Eine Kassette (etwa so groß wie eine Videokassette) wurde in den kleinen Computer „Atari" gesteckt, als Bildschirm diente der Fernseher und man hatte eine Bedienung, die an den „Atari" angeschlossen war. Man konnte bei „Pong" nur zwei Balken nach oben bzw. unten bewegen und musste immer eine Lichtkugel treffen, die im Lauf des Spiels schneller wurde. Ein anderes „Atari"-Spiel war ein Autorennen. Siehe Abb.3. Es war sehr schnell (so kam es mir zumindest vor). Man musste immer auf der Strasse bleiben, die durch Balken begrenzt war. So weit ich mich erinnern kann, konnte man das Auto nur nach rechts oder links bewegen. Das war ungefähr gegen 1987 und 1988. Damals verlor das Spiel schnell an Attraktivität (für mich), aber die Entwicklung begann erst.

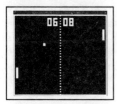

Abb.1
Ausschnitt aus
„Pong"

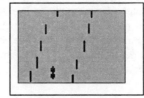

Abb.2
Rekon-
struktion
„Atari"-
Autorennen

Mein nächstes Computerspiel war „Tetris": Herunterfallende, verschiedenförmige Bausteine müssen so gedreht werden, dass sie ineinander fallen und eine Reihe ergeben. Gelingt dies, verschwindet die Reihe. Dieses Spiel gibt es mittlerweile in sämtlichen Ausführungen. Hier einige Beispielausschnitte:

238

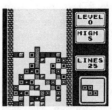

Abb.3 („Gameboy" Version)　　　　Abb.4　　　　　　　Abb.5

Der große Renner in meiner Kindheit war der „Gameboy". Ein kleiner tragbarer
Spielcomputer. Man konnte die verschiedensten Spiele dazu kaufen und wie
Kassetten einschieben. Damals ein teurer Spaß. Der „Gameboy" wurde zum
ständigen Begleiter. In die Schule durfte er nicht mitgenommen werden. (Was
allerdings kein Hindernis darstellte. In langweiligen Schulstunden beschäftigte
man sich mit dem „Gameboy".)

Der „Gameboy" hat sich in letzter Zeit sehr verändert. Es gibt
ihn in Farbe, die Grafik ist besser, andere Modelle etc.
Aber viel interessanter sind mittlerweile Handyspiele.

Abb.6 Ausschnitt aus „Marioland",
eines der beliebtesten „Gameboyspiele"

Zwischendurch spielte ich auch einige Lernspiele. Eine tolle Beschäftigung in
der Schule stellte auch unser Taschenrechner „Ti92" dar. Man konnte verschiedene Spiele programmieren. Diese wurden schnell mit einem Kabel in der Ober-
stufe verbreitet (das war 2003). Die Auswahl der Computerspiele in meiner
Kindheit war nicht sehr groß. Das Spielen verlor schnell an Attraktivität, da die
Spiele sehr eintönig waren. Der Spielablauf war vorsehbar. Heute hat sich die
Attraktivität der Computerspiele um ein Vielfaches erhöht. Schnell gerät man in
den Bann der anderen Welt. Man kann sich abreagieren.

2. Bezüge zur Realität in Computerspielen

Die neueren Computerspiele wenden sich tendenziell wieder der Realität zu. Einige Beispiele hierzu:

Sozialkompetenzen
Beinahe jedes Computerspiel, das derzeit auf dem Markt erscheint, ist dafür
ausgelegt gemeinsam zu spielen, vor allem im Internet. Alleine vor dem Computer zu sitzen ist „out". LAN-Partys und Onlinegames sind „in". Manche Level

oder Situationen sind alleine gar nicht „machbar". Hier hilft auch mal ein Stärkerer einem schwächeren Mitspieler ohne, dass es für ihn von großem Nutzen wäre. Man muss aufeinander achten und Rücksicht nehmen, da sonst die Mission scheitert. Dies lässt sich besonders am derzeitig beliebtesten Onlinegame „World of Warcraft" demonstrieren. Aber dazu später.

Wechsel der Charaktere
Im Computerspiel wechselt man den Charakter, wenn dieser einem nicht mehr zusagt. Zum Beispiel merkt man in einem Rollenspiel, dass man nicht der Typ für Nahkampf ist und wechselt zu Fernkampf. So auch in der Realität. Kommt man aufgrund einer bestimmten Charaktereigenschaft mit einem Freund nicht mehr aus, und erkennt dies, findet das auch schwerwiegend und kann es weder akzeptieren noch ändern, so wechselt man diesen Freund. Man sucht sich jemand, mit dem man besser auskommt. Man merkt schnell, ob jemand zu einem passt oder nicht. Man ändert auch selber oft Charaktereigenschaften. Merkt man, dass eine bestimmte Angewohnheit oder ein bestimmtes Verhalten in der Umwelt negativ aufstößt, ändert man dieses bewusst, wenn man es selbst als negativ wahrnimmt.

Computerwelten
Die Figuren in Computerwelten und die Themen werden immer realer. Figuren nehmen menschliche Züge an. Details aus der Realität sind in Computerspielen eingeflochten. Alle möglichen Themen, die Menschen beschäftigen, lassen sich in Computerspielen erkennen: Mythen, Magie, Krieg, Wirtschaft etc.

Unvorhersehbarkeit
Wie auch in der Realität ist das Leben in der visuellen Welt nicht vorhersehbar oder kalkulierbar. In den Computerspielen meiner Kindheit war dies nicht der Fall. Heute muss man in unterschiedlichen Situationen unterschiedlich handeln. Man eignet sich, wie auch in der Realität, ein Handlungsrepertoire an und muss schnell reagieren. Bei vielen Computerspielen war es früher möglich das Spiel in einer „brenzligen" Situation zu stoppen um darüber nachzudenken, wie man jetzt wohl am besten aus dieser Situation heraus kommen könnte. Dies ist aber heutzutage nicht mehr möglich. Man muss schnell reagieren und kann das Spiel nicht einfach abbrechen, wenn es mal eng wird. Bei „World of Warcraft" zum Beispiel loggt sich der Charakter erst 10 Sekunden, nachdem man den Befehl zum Beenden gegeben hat, aus dem Spiel.

Rollenverhalten
In Computerspielen schlüpft man, wie auch in der Realität, in eine andere Rolle. Ein Kind oder Jugendlicher ist nicht nur Freund oder Freundin, sondern auch Bruder/Schwester, Sohn/Tochter, Cousin/Cousine, Schüler/Schülerin unter Umständen sogar schon Tante/Onkel etc. Man verhält sich in den verschieden Rollen immer anders. Man könnte dies auch mit einem Theaterstück vergleichen, in

welchem man Regisseur, Drehbuchautor und verschiedene Darsteller in einem ist. Computerspiele nähern sich immer mehr in ihren einzelnen Elementen der Realität an. Wie sieht wohl das Spiel der Zukunft aus?

3. Spielen mit Leib und Seele

Beim Computerspielen bewegt man sich nicht sehr. Man sitzt oft in einer falschen Haltung und angespannt vor dem Computer und gönnt seinem Körper kaum Entspannungspausen. Falsche Haltung kann zu Rückenproblemen und Sehnenscheidenentzündungen führen. Zuwenig Bewegung verursacht Unausgeglichenheit. Doch bewegt man sich wirklich gar nicht? Hämmert man nur stur auf den Tasten herum?

Man bewegt natürlich nicht seinen realen Körper, aber man muss eine Figur in der visuellen Welt koordinieren. Computerspielen ist eine Mischung zwischen Gehirnakrobatik und Feinmotorik. Wer sich daran erinnern kann, wie schwer es anfangs ist eine Figur auf dem Bildschirm dahin zu bewegen, wo man will, wenn dauernd die Perspektiven der Figur im Spiel wechseln, weiß, wovon ich rede. Als ich das erste Mal auf einem "Nintendo 64" „Marioland" versuchte zu spielen, klappte das mit der Steuerung der Figur überhaupt nicht. Man muss anfangs immer den Blick von Bildschirm zu Tastatur oder Fernbedienung wechseln, was ziemlich anstrengend ist.

So wie auch im realen Leben, muss man erst einmal die Erfahrungen oder Tageserlebnisse mit einem Computerspiel verarbeiten. Manchmal träumt man sogar nachts davon. Wenn sogar ein Zweiundzwanzigjähriger nachts von den Monstern seines Computerspiels verfolgt wird und im Schlaf zu strampeln und schreien beginnt, wie ist das dann erst bei einem Kind? Der Körper gibt Warnsignale, wenn es ihm zuviel wird. Man weiß instinktiv, was gut für den eigenen Körper ist und was nicht. In meiner Befragung kam dies auch zum Vorschein. Viele Zocker wissen, dass sie zu viel spielen und spüren, wann sie aufhören sollten, aber das Fesselnde am Spiel besiegt oftmals die Vernunft. Eine längere Zeit vor einem Bildschirm zu sitzen und mit einer Tastatur etwas zu bedienen, erfordert eine Menge an Konzentrationsfähigkeit. Ich denke, dass es auch anstrengender ist, mit einem Lernspiel Vokabeln zu wiederholen, da dies mehr Konzentration erfordert. Nach meinen Beobachtungen kann man sich nicht länger als fünf bis zehn Minuten auf ein derartiges Lernspiel konzentrieren.

4. Motive des Computerspielens - Auswertung des Fragebogens

Aufgrund des spärlichen Rücklaufs der Fragebögen habe ich nur 23 Befragungen von Kindern und Jugendlichen im Alter von 12 bis 13 Jahren (6) und von 14 bis 17 Jahren (17), aus gemischten Schularten durchgeführt. In den Zitaten aus den Fragebögen wurde der Wortlaut, jedoch nicht die Rechtschreibfehler der Kinder und Jugendlichen übernommen. Die Frage was ihnen an Computerspielen gefällt war offen gestellt. Einige gaben mehrere Motive an.

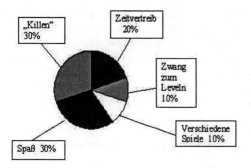

Abb. 7

Verteilung der Motive der 12 bis 13 Jährigen

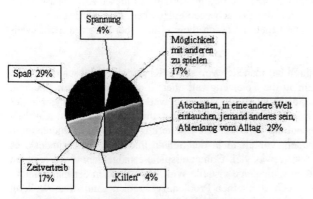

Abb. 8

Verteilung der Motive der 14 bis 17 Jährigen

Die Motive „killen", Zeitvertreib und „Spaß" finden sich bei beiden Altersgruppen. Auffällig ist, dass die Gruppe der Zwölf- bis Dreizehnjährigen nicht den gemeinschaftlichen Aspekt und die Möglichkeit des Abschaltens/ Eintauchens in eine andere Welt nannten. Im Folgenden werden die Motive und ihre möglichen Ursachen erläutert:

4.1 Motiv „miteinander spielen"

Im Alter ab 13/14 ist man stark auf andere Gleichaltrige angewiesen. Man unternimmt lieber etwas mit anderen, als alleine. Man spiegelt sich in der Gruppe.

Die Anderen geben ein Feedback über das Selbstbild. Man befindet sich in der Pubertät und versucht herauszufinden, wer man eigentlich ist. Jüngere sind eher mal Einzelgänger. Sie finden es zwar schön mit anderen am Computer zu spielen, doch geht es auch gern mal alleine.

Man muss dazu sagen, dass das Spielen mit anderen auch an verschiedene Voraussetzungen gebunden ist. Entweder man spielt über das Internet - was sehr teuer werden kann und sich ein Kind auf Dauer (normalerweise) nicht finanzieren kann - oder man muss die Rechner miteinander vernetzen, was bedeuten würde, dass die Kinder zuerst einmal ihre Rechner an einen geeigneten Ort transportieren müssten - ich kann mir nicht vorstellen, dass viele Eltern öfters den Rechner ihrer Kinder spazieren fahren, allerdings sind mir schon Kinder mit Rechnern im Bus begegnet.

4.2 Motiv „abschalten/ in eine andere Welt eintauchen/ jemand anderes sein/ Ablenkung vom Alltag"

Ein Kind von 12-13 Jahren befindet sich noch zum Teil in seiner eigenen Welt. Man ist mitten in einem Prozess, in dem man sich von dieser Welt löst. Spielsachen werden immer seltener zum Vorschein geholt und liebevoll in Kisten gepackt, zur Aufbewahrung oder werden aussortiert. In dieser Altersphase fängt man an, sich in der Welt der Erwachsenen einzuleben. Man wird langsam mit Stress konfrontiert. Deswegen lässt sich dieses Motiv bei jüngeren nicht (vielleicht nicht häufig) finden.

Ungefähr mit 14 Jahren hat man sich von seiner Kinderwelt verabschiedet. Man kann sich nicht mehr in die Spielzeugwelt oder in die Phantasiewelt flüchten. Nicht nur, weil es kindisch wäre, sondern auch, weil man dazu nicht mehr in der Lage ist. Die Phantasie hat abgenommen und ist teilweise abgestumpft. Kuscheltiere haben ihre Bedeutung verloren. Als Erinnerung liegen sie in irgendeinem Regal. Stresssituationen, vor allem in der Schule und auch im Freundeskreis häufen sich. Alles wird etwas viel. Computerspiele ermöglichen einen leichten Eingang in eine andere Welt - eine visuelle Welt. Eine Welt, in der man Gleichgesinnte trifft, ihnen auch von seinen Problemen erzählen kann. Eine Welt, in der nicht die letzte Schulnote zählt und in der man den Streit mit dem ersten Freund/in oder Liebeskummer vergessen kann. Hier wird einem nicht ständig gesagt, was man zu tun und zu lassen hat. Man kann diese Welt selber gestalten. Läuft etwas schief, wechselt man einfach den Charakter oder lädt das Spiel neu. So etwas funktioniert in der Realität nicht. Hat man im wirklichen Leben einen Fehler gemacht, muss man dazu stehen und die Folgen tragen.

4.3 Motiv „killen"

Vielen gefällt es andere im Spiel „abzuknallen", ob das nun Monster oder Menschen sind, spielt keine Rolle. Ein Zwölfjähriger meinte, ihm gefällt, dass „ man Leute abballern kann und wenn man stirbt, kann man neu anfangen oder neu

laden", ein anderer antwortete: „man kann Leute tot machen. Man hat Spaß dabei." Diese Antworten fand ich erschreckend. In diesen Beispielen wurde das
Motiv „killen" als einziges genannt.

Wie baut man seine Aggressionen ab oder wohin fließen die überschüssigen
Kräfte eines Kindes oder Jugendlichen? In einzelnen Schulklassen werden schon
Boxsäcke aufgehängt, damit Aggressionen abgebaut werden können und nicht
an andere Kinder weitergegeben werden. Beim Fahrradfahren u. ä. werden auch
oft Aggressionen abgebaut. Computerspielen bietet Gelegenheit, Aggressionen
und andere Gefühle abzubauen ohne dass jemand Außenstehendes zu Schaden
kommen kann. In einer mündlichen Befragung über die Gefühle eines zwölfjährigen beim Computerspielen kam zum Vorschein, dass alle Arten von Gefühlen
während eines Spieles auftreten können: Hass, Wut, Befriedigung, Glück, Spannung etc. Allerdings kann diese Art der Gefühlsbewältigung zur Abstumpfung
führen. Man „ballert" wie wild drauf los, auf alles was sich bewegt. Dies ist das
Prinzip von vielen „Shootern".

4.4 Motiv „Spaß"
Dieses Motiv wurde am häufigsten genannt. Computerspiele machen Freude.
Man spielt gern und ist beschäftigt.

4.5 Motiv „verschiedene Spiele"
Dies wurde nicht nur bei den Zwölfjährigen genannt, sondern auch von älteren
Zockern (22 bis 29 Jahre). Durch das vielfältige Angebot der Computerspiele ist
für jeden etwas dabei. Wird ein Spiel langweilig und verliert seinen Reiz, so
wird es durch ein aktuelleres ersetzt. Da sich die Spiele dauernd weiterentwi-
ckeln und immer wieder in Grafik, Ton etc. verbessert werden, entsteht eine
Vielzahl von Auswahlmöglichkeiten. Diesen Vorteil haben wenig Spiele und
Freizeitaktivitäten. Brettspiele zum Beispiel werden zwar auch ab und zu aktualisiert, aber nicht in diesem Ausmaß und nicht so komplex, wie Computerspiele.

4.6 Motiv „Spannung"
Spannend an Computerspielen ist unter anderem, dass man nie weiß, was
kommt. Die Unvorhersehbarkeit und die Abwechslung, aber auch, dass man bei
manchen Spielen seinen Charakter verlieren kann oder von neuem anfangen
muss, erzeugt dieses Motiv.

4.7 Motiv „Zeitvertreib"
Kinder und Jugendliche wissen oft nicht, was sie mit ihrer Zeit anfangen sollen.
Computerspiele bieten hier eine gute Lösungsmöglichkeit. Man versinkt im
Spiel und vergisst die Zeit um sich herum völlig. Daran ist nichts auszusetzen.
Doch sobald das Motiv Zeitvertreib in Sucht umschlägt und man nur noch vor
dem Rechner sitzt und nichts anderes mehr machen will, wird es kritisch.

4.8 Motiv „Zwang zum Leveln"

Aussage eines Zwölfjährigen: "Mir gefällt das Unterhaltende am Computerspielen und der kleine Zwang von Level zu Level weiter zu kommen." Der Zwang, von dem er schreibt, erzeugt auf der einen Seite Freude und Spannung, aber er erschwert es auch von dem Spiel wieder loszukommen. Man will immer besser sein als andere. Dies ist nicht nur beim Computerspielen so. Das Wissen, dass es andere gibt, die besser sind, als man selbst, erzeugt sehr viel Ehrgeiz. Man will nicht eher das Spiel aufgeben, bis man an der Spitze ist. Gibt es keine Steigerungsmöglichkeit im Computerspiel mehr, hat es seinen Reiz verloren.

5. Das Suchtpotential von Computerspielen

Durch das Hineinversetzen in eine visuelle Welt verschwindet das Zeitgefühl und man vergisst alles um sich herum. Hat ein Computerspiel erst einmal seinen Benutzer gefesselt, wird es schwer wieder davon loszukommen. Das reale Leben gerät in den Hintergrund. Reale Freunde und die Schule werden vernachlässigt. Es wird oft bis spät abends oder sogar bis morgens gespielt, sofern man nicht von außen gebremst wird. Ein Fünfzehnjähriger hierzu: „Manchmal spiele ich bis spät abends. Dann denke ich nicht an die Zeit. Ich spiele mit andern aus aller Welt übers Internet." Von den 23 Befragten gaben 7 der Vierzehn- bis Siebzehnjährigen und 2 der Zwölf- bis Dreizehnjährigen an, dass sie manchmal bis spät nachts beziehungsweise morgens spielen. Drei der Vierzehn- bis Siebzehnjährigen gaben an, dass sie aufgrund des Computerspielens oft zu spät oder überhaupt nicht in die Schule kommen. Ein Fünfzehnjähriger schreibt: Computerspielen „macht einfach Spaß. Man wird zu jemand anderem und schlüpft in eine Welt der Phantasie oder man geht in die brutale Welt des 3D Shooter. Dort erlebt man die Brutalität und den Spaß am Spielen. Man kommt sehr schwer vom PC weg, wenn man sich ins Spiel hineinversetzt hat." Ein Fünfzehnjähriger gab außerdem an, dass er, seit er „World of Warcraft" spielt, weniger lernt. Er sagt über „World of Warcraft": „Es macht sehr viel Spaß, man kann sich dort Legenden schaffen und von einen zum andern Ort fliegen. Das einzige Problem an World of Warcraft ist: Es macht viel zu schnell süchtig".

6. Das derzeit beliebteste und aktuellste Computerspiel: „World of Warcraft"

„World of Warcraft" („WoW") ist ein Rollenspiel, das nur Online gespielt wird („MMROPG- MASSIVE- MULTIPLAYER- ONLINE-ROLE- PLAYING GAME"). Es kostet außerdem eine monatliche Grundgebühr.

Mit einem Held durchquert man die Warcraft-Welt und trifft immer wieder auf Spielfiguren, die eine Aufgabe („Quest") für den Held haben. Zum Beispiel:

„Hole eine gewisse Anzahl Pilze und bringe sie zu X." Ist man bei X mit den Pilzen angekommen, wartet schon ein neues „Quest", zum Beispiel: „Wir werden von Stachelebern bedroht, töte 10 und komm dann wieder zurück." Dies durchzieht das ganze Spiel und ist in eine Handlung eingebunden. Umso mehr „Quests" man erfüllt hat und umso mehr Wesen man auf seinem Weg getötet hat, umso mehr Erfahrung erlangt man und umso höher steigt der Charakter. Dieses Schema ist nichts Besonderes. Es gibt viele Spiele, die einen ähnlichen Ablauf haben.

Einige Beispiele, um einen Eindruck von der Besonderheit dieses Spiel zu bekommen:
In „WoW" kann man sich seinen eigenen Charakter zusammenstellen. Man wählt zwischen acht verschieden Rassen (Troll, Mensch, Ork etc.), sieben verschiedenen Klassen (Jäger, Schurke, Krieger etc.), kann das Erscheinungsbild variieren und im Laufe des Spiels aus verschiedenen Berufen auswählen (Schmied, Koch, Kürschner, Kräuterkunde, Erste-Hilfe etc.). Perspektivenwechsel (Verfolgerperspektive, Vogelperspektive, Perspektive des Helds) verstärkt das Erlebnis des dreidimensionalen Spielens.
- „WoW" ist nicht darauf ausgelegt, dass man alleine seinen Charakter hochlevelt. Nur in Gruppen kann man die „Quests" schneller und einfacher erledigen. Einige sind alleine gar nicht machbar. Per Mouseklick kann man jeden Mitspieler in eine Gruppe einladen, dies kann angenommen werden oder auch nicht. Man kann sich auch in einer „Gilde" zusammenschließen. So wird immer angezeigt, ob ein „Gildenmitglied" online ist.
- „WoW" hat aber noch andere soziale Aspekte. Zum Beispiel Aktionen, wie die Waisenkinderwoche. Hierbei konnte man sich in einem Waisenhaus ein Waisenkind ausleihen und diesem verschiedene Plätze zeigen oder ihm Dinge besorgen, wie zum Beispiel ein Eis.
- In „WoW" kann man oft Gegenstände (z.B. verschiedene Waffen, Rüstungen, Edelsteine etc.) finden und, falls man diese nicht benötigt, wie bei „ebay" in einem „Auktionshaus" versteigern oder einfach verkaufen.

Hier ein paar „Sceenshots aus „WoW":

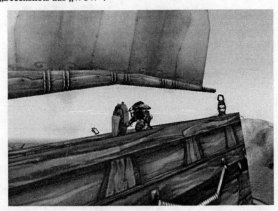

Abb. 9: Sceenshot aus „WoW": auf dem Schiff; alle 5-10 min fahren Schiffe von Ufer zu Ufer. Man muss nur rechtzeitig aussteigen und aufpassen, dass man nicht von Bord fällt.

246

Abb. 10: Sceenshot aus „WoW": Beim Fliegen übers Gebirge. Wegen der gewaltigen Größe der „WoW-Welt" ist dies sehr zeitsparend. Man kann allerdings das Fliegen nicht steuern und nur von „Wegpunkt" zu „Wegpunkt" fliegen. Natürlich ist das Fliegen nicht umsonst.

Abb. 11: Sceenshot von „WoW", im Wirthaus, links sieht man den Charakter („Taure") in voller Ausstattung,

Abb. 12: Sceenshot aus „WoW": Beim Schwimmen; diese Kreatur ist ursprünglich ein „Taure" (siehe oben), welche sich durch eine „Fertigkeit" verwandelt hat. Rechts oben befindet sich die Landkarte (sie ist mehrfach vergrößerbar auf Vollbildschirm). Der Pfeil gibt die Laufrichtung an. Die Symbole links daneben zeigen aktive Fertigkeiten an.

Im Ganzen ist „WoW" ein sehr komplexes Spiel. In meinem Bekanntenkreis spielen im Augenblick fast alle dieses Spiel. Sie verbringen sehr viel Zeit damit. An Wochenenden wird oft von mittags bis zum nächsten Morgen durchgezockt. Auch unter der Woche werden durchschnittlich täglich vier Stunden gespielt.

Hier das Ergebnis einer Umfrage aus der „PC-Games"

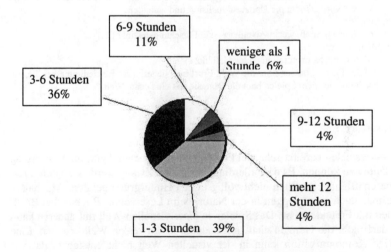

Wie lange spielen Sie „WoW" am Tag?

Abb. 13

Doch nicht nur der Tagesablauf hat sich durch dieses Spiel verändert. Man isst und trinkt auch unregelmäßiger. Außerdem reden alle nur noch von „WoW":

Was sie erlebt haben, wo sie als letztes waren, geben sich Tips, berichten von besonderen Gegenständen etc. Sie erzählen dies, als ob sie es real erlebt hätten (in der ersten Person Singular) und reden sich stellenweise beim Telefonieren mit ihrem Spielnamen an. Bei dem schönsten Wetter wird „WoW" gespielt. Das Begeisterungspotential in „WoW" ist sehr hoch.

„WoW" hat etwas Fesselndes. Man taucht komplett in eine andere Welt ein und erlebt Abenteuer. Man flieht aus dem Alltag, schaltet ab. Dem Spieler bereitet es Freude. Aber in seiner Umwelt kann es stören: Genervte Reaktionen, bei Störungen von außen, einseitige Gesprächsthemen über „WoW". Während des Spiels sind die Spieler nicht auf andere Themen ansprechbar. Oft verspäten sie sich zu Verabredungen oder erscheinen auch manchmal gar nicht, da sie alles um sich herum vergessen haben und das Spielen wichtiger ist.

Ich fragte in meinem Bekanntenkreis, welche Gefühle sie bei „WoW" hatten:

A (29, arbeitslos):
  „Spaß, Bestätigung, Forscher-/Entdeckungsdrang, Ehrgeiz, Hilfe geben tut gut"
B (22, Student):
  „Wut, Freude, Hass, Neid, Jähzorn, Genugtuung, sehr viel Spaß"
C (28, Softwareentwickler):
  „Begeisterung, sehr viel Respekt vor den Entwicklern (liebevolle & detaillierte Welt, Funktionalitäten, Erweiterbarkeit (offenes System für Entwicklungen), Menü)"
  „WoW" wird ständig per Update aktualisiert und verändert.
D (28, Lehrerin):
  „macht eben Spaß, weckt Abenteuer- und Forschungsinstinkt […]"
E (28, Medieningenieur):
  „Im Kampf: Konzentration, keine Gefühle;
  auf der Reise: Staunen über die Welt; Frust bei Niederlagen, Befriedigung bei Siegen. Nach und vor dem Spielen baut die Fantasie erst eine echte Welt."

Schlusswort

Computerspielen bereitet sehr viel Freude und ist manchmal gut, um vom Alltag abschalten zu können. Es darf allerdings nicht zum Zwang werden. Andere Freizeitbeschäftigungen sollten nicht völlig in den Hintergrund geraten. Abschalten kann man auch beim Joggen in der Natur, beim Lesen eines Buches, bei Brettspielen mit Freunden usw. Das Spielen in einer visuellen Welt mit anderen kann und darf nicht die Gemeinschaft mit anderen in der realen Welt ersetzen. Eine richtige Kommunikation kann in der visuellen Welt nicht entstehen, da dort Mimik und Gestik des Gesprächspartners fehlen. Diese sind ein wichtiger Bestandteil der Kommunikation.

Der Spieltrieb bei Kindern und Jugendlichen soll nicht nur durch Computerspiele befriedigt werden. Sie sollen immer wieder ermuntert werden spielerisch die reale Welt zu entdecken.

Eltern und Erzieher sollten versuchen das Interesse der Kinder und Jugendlichen für traditionelle Spiele und Freizeitbeschäftigungen zu wecken, damit die Kinder von morgen auch noch erleben können wie viel Freude es machen kann ein Baumhaus zu bauen, Stockbrot am Lagerfeuer zu grillen, auf einer Wiese zu toben usw. Wir sollten diese Chance nutzen! Im Rahmen meiner Tätigkeit als Gruppenleiterin habe ich schon oft beobachten können, dass die Kinder gerade bei einfachen Spielen sehr viel Begeisterung zeigen. Es hat mich sehr nachdenklich gestimmt, dass manche Kinder das „Grillen" am Lagerfeuer nicht gekannt haben. Wie gemütlich kann es sein an einem kalten Winterabend in fröhlicher Runde zu sitzen und ein Brettspiel zu spielen. Solche Spiele dürfen nicht in Vergessenheit geraten.

Abbildungsverzeichnis:
Abb. 1: http://clay.ll.pl/screenshots/pong.png Zugriff am 19.5.2005
Abb. 2: Rekonstruktion des Autorennspiels von „Atari" mit „Paint Brush"
Abb. 3: http://attaboy.ca/images/misc/tetris-gameboy.gif . Zugriff am 19.5.2005
Abb.4: http://www.spilsbury.com/wcsstore/Spilsbury/images/products/large/1782.jpg
    Zugriff am 19.5.2005
Abb. 5: http://kpnemo.ru/media/images/agmf.jpg Zugriff am 19.5.2005
Abb.6: http://wirelessmedia.ign.com/wireless/image/marioland_1079397702.jpeg
Zugriff am 19.5.2005

Literatur
AULEHA, Walter: *Computerspiele: Markt und Pädagogik*, München 1996.
BÜNGER, Traudl: *Narrative Computerspiele*, München 2005.
DERS.: *Killerspiele im Kinderzimmer*, Düsseldorf 2004.
DITTLER, Ullrich: *Computerspiele und Jugendschutz*, Baden-Baden 1997.
FEIBEL, Thomas: *Der Kinder-Software-Ratgeber*, Düsseldorf 2004.
FREY, Gerd: *Spiele mit dem Computer*, Kilchberg 2004.
FROMME, Johannes: *Bildung und Computerspiele*, Wiesbaden 2001.
FROMME, Johannes / MEDER, Norbert / VOLLMER, Nikolaus: *Computerspiele in der Kinder-Kultur*, Opladen 2000.
GIESELMANN, Hartmut: *Der virtuelle Krieg. Zwischen Schein und Wirklichkeit im Computer Spiel*, Hannover 2002.
PIAS, Claus: *Computer Spiel Welten*, Zürich 2002.
RÖSSLER, Patrick: *Nutzung von Medienspielen – Spiele der Mediennutzer*, München 2004.
SCHMIDT, Lucia: *Psychische Krankheit als soziales Problem*, Opladen 1999.
TREPTE, Sabine: *Computerspiele und Aggression*, Göttingen 2003.
WESENER, Stefan: *Spielen in virtuellen Welten*, Wiesbaden 2004.
WINK, Stefan: *Kids & Computerspiele. Eine pädagogische Herausforderung*, Mainz 2002.
WIRSIG, Christian: *Das große Lexikon der Computerspiele*, Berlin 2003.

Eva Marsal & Monika Wilke

Selbstaussagen von Kindern zur Bedeutung des Spiels

Einleitung

In den 70ger Jahren erkannte man, dass der Alltagsmensch in seinem Handeln ähnlich vorgeht wie der Wissenschaftler, er bildet Hypothesen, überprüft diese und verändert sie gegebenenfalls[1]. Das heißt, der Alltagsmensch bildet Theorien und kann auch über seine Theorien Auskunft geben. Diese Einsicht war der Ausgangspunkt für eine breit angelegte qualitative Forschung, die sich im Gegensatz zu den behavioristischen Paradigmen auch für die *black box* interessiert, also für das Bewusstsein, zu dem jeder nur einen privaten Zugang hat.[2] Der private Zugang zu den eigenen Gedanken, Gefühlen und Befindlichkeiten ist aber nicht nur auf Erwachsene beschränkt. Die Präsentationen und Auswertungen der Gesprächsprotokolle der philosophischen Schule des „Philosophierens mit Kindern", die in Deutschland durch Ekkehard Martens[3] eine stetig wachsende Akzeptanz erfährt, legen nahe, dass es ebenso berechtigt scheint, die Idee, Selbstauskunft als heuristische Basis für die Forschung zu nutzen, auch auf Kinder auszuweiten, vor allem bei einem Gebiet, das ihr ureigenes ist: das Spiel.

Die meisten der bisher vorgelegten Theorien zum „Spiel" sind hermeneutisch fundiert. Bislang wurde dabei die monologisch-hermeneutische Methode präferiert, bei der die Beobachtungen an den Kindern im Konsens der Forscher interpretiert werden. Die eruierte Theorie gilt dann als zuverlässig, wenn sie aufgrund von Evidenz- und Plausibilitätserwägungen von den Angehörigen einer Kultur geteilt und verstanden wird. So lässt sich nach Rolf Oerter die Zuverlässigkeit von Deutungen unmittelbar über die Rater-Übereinstimmung prüfen:

> „Kommen zwei Beurteiler unanhängig voneinander zur gleichen Interpretation, so gilt die Deutung als zuverlässig und brauchbar"[4].

Nach Andreas Witzel ist es aber auch erlaubt, einen Konsens durch Diskussion herzustellen.[5] Allen diesen Verfahren ist allerdings gemeinsam, dass sie die Sprachfähigkeit der Kinder und damit die Möglichkeit zur Selbstauskunft nicht berücksichtigen. In dieser Pilotstudie soll aber, wie bereits in anderen For-

---

[1] Groeben, N., 1986.
[2] Brüntrup, G., 2001, S. 14.
[3] Martens, E., 1999.
[4] Oerter, R., 1999, S. 274.
[5] Vgl. Witzel, A., 1982.

schungsgebieten üblich, z.B. in der Schul- oder Genderforschung[6], der private Zugang der Kinder zu ihrem eigenen Erleben anhand von Selbstauskünften genutzt werden. Deshalb sind wir in einer empirischen Untersuchung der Frage nachgegangen, welches Selbstverhältnis die Kinder zum „Spielen" haben und welche Bedeutung sie dem Spielen zumessen. Die vorliegende Population ist eine 4. Grundschulklasse mit 18 Schülerinnen und Schülern. Das Durchschnittsalter beträgt 10 Jahre. Die Erhebungen fanden im Klassenverband statt, zusätzlich führten die Kinder Protokolle über ihr Spielverhalten. Die Untersuchung fand im Februar 2005 in Karlsruhe an der Peter-Hebel-Schule statt und verlief in vier Forschungsphasen.

1. Lehrerexploration zur Spieldefinition (Tonbandprotokoll).
2. Selbstauskünfte zur Bedeutung des Spiels mit Hilfe eines offenen Fragebogens und eines Zwei-Wochen-Protokolls zum Spielverhalten.
3. Die Erstellung eines Textes zum Thema: „Ein Zauberer verzaubert die Welt. Es gibt kein Spiel mehr."
4. Philosophisches Fragespiel als Klassengespräch über die Bedeutung des Spiels für die Kinder. Das Klassengespräch wird gefilmt und transkribiert.

Methodisch wurde hierbei ein gemischtes Design gewählt. Die Häufigkeiten und Beobachtungsdaten wurden mit quantitativen Methoden erhoben und ausgewertet, in der Regel inhaltsanalytisch mit theoretisch fundierten Kategoriensystemen. Die Eindeutigkeit der Verteilungshäufigkeiten legte es nahe, auf Signifikanztests zu verzichten. Die Rohdaten wurden lediglich in Prozentwerte überführt. Die internen Daten: Gedanken, Gefühle, Wahrnehmungen, zu denen nur ein privater Zugang möglich ist, wurden dagegen mit qualitativen Methoden erhoben. Der Entwicklungsstand der Versuchspersonen erlaubte es, dabei auf Sprechhandlungen zurückzugreifen, die hermeneutisch interpretiert wurden. Für die Auswertung der Filmtranskription wurden alle Kinderbeiträge nummeriert.

I. Wie definieren Kinder „Spiel"?

Kinder, die 10 Jahre lang von einer bestimmten Kultur geprägt worden sind, erfahren ihr eigenes Erleben im Raster dieser Kultur. Ihr Spielverhalten ist weitgehend „gelenkt". Zum einen durch die Spiele selbst, die ihnen von den Sozialisationspartnern wie Eltern, Erzieher, Geschwister, Freunde etc. überliefert worden sind oder durch die Spielindustrie angeboten werden, zum anderen durch die Orte, an denen gespielt wird, wie z.B. dem Schulhof, dem eigenen Zimmer etc. Trotz dieser vorgegebenen Rahmenbedingungen ist der Begriff „Spiel" ganz eng mit dem Begriff „Freiheit" verbunden. So betonen alle Spieltheorien das Moment der „Zweckfreiheit", die mit der Freiwilligkeit hinsichtlich der Gestaltung,

---

[6] Vgl. Michalek, R., 2004.

Auswahl und Dauer des Spiels zusammenhängt. Welche Merkmale nennen die Kinder bei ihren Definitionsbemühungen? Bei der Präsentation der operationalen Definition folge ich dem Diskussionsverlauf der Lehrerexploration zur Spieldefinition. Die Lehrerin versuchte dabei durch Nachfragen die Präzisionsversuche der Kinder zu unterstützen. Zur Gesprächsanregung gab die Lehrerin folgende Aufgabenstellung: *Ein Marsmensch kommt auf die Erde. Erklärt ihm, was „Spiel" ist. Das könnt ihr so machen wie es im Duden steht, also als Definition.*

Für die Auswertung der Tonbandtranskription wurden alle Kinderbeiträge nummeriert und bei eindeutiger Geschlechtszuordnung mit M = Mädchen oder J = Junge versehen, ansonsten mit K = Kind gekennzeichnet.

Der erste Punkt, den die Kinder im Gespräch hervorheben, ist der soziale Aspekt. Obwohl die Kinder in ihren Spielprotokollen angeben, dass sie beim Computerspiel alleine sind, steht für sie der soziale Aspekt im Vordergrund, „Spielen" heißt mit „anderen" zu spielen.

(1) M: „Spielen ist, wenn man mit anderen Kindern etwas macht."
(3) M bezieht auch die Erwachsenen ein: „Man kann doch auch mit Erwachsenen spielen".

Der vorgestellte Spielpartner regt die Kinder an, über den Zusammenhang zwischen Person, technisches Hilfsmittel (Spielzeug) und Spielinhalt nachzudenken. Während sehr schnell ein Konsens darüber hergestellt wurde, welche Spiele die Kinder mit Erwachsenen spielen, nämlich Brettspiele oder Kartenspiele ((3) M / (9) J), wurde die Frage eingehend diskutiert, ob es geschlechtsspezifisches Spielzeug bzw. geschlechtsspezifische Spiele gibt. So wurde (4) M, die das Spielzeug traditionell auf Jungen- und Mädchenrollen verteilen wollte:

„Es gibt auch verschiedene Spielzeuge, z.B. Jungs spielen gerne Fußball und Mädchen spielen gerne mit Puppen"

von verschiedenen Seiten widersprochen. Die anderen Mädchen verwiesen auf den Mädchenfußball und ein Junge ((7) J) konstatierte

„Jungs können auch mit Puppen spielen, weil es ja auch solche Action-Man-Puppen gibt oder so."

Mit dieser Aufhebung der Verbindung zwischen *Spiel* und *Gender* transzendieren die Kinder zumindest in diesem Punkt die Zweckgebundenheit des Spiels als Vorbereitung auf Geschlechtsrollen.

Auch die Fantasiespiele im Sinne der Als-Ob-Handlungen dienen keinem Zweck, wie der Vorbereitung auf spätere Aufgaben, sondern lediglich dem Vergnügen und dem Sich-Wohlfühlen:

(11) M: „Ich stell mir auch manchmal mit Freundinnen vor, dass wir irgendwelche Tiere wären in der Wildnis und springen auf den Betten rum und das wäre dann irgendein Baum."

Auch Fantasiespiele die die Realitätsebene betreffen, haben für die Kinder offensichtlich keinen Übungscharakter, sondern geben ihnen die Möglichkeit, sich empathisch in eine andere Welt einzufühlen, die ihnen sonst verborgen bliebe. Dazu möchte ich zwei Beispiele anführen.

(23) M: „Ich spiel' auch manchmal mit meiner Freundin oder so, also es klingt ein bisschen doof, aber dass wir so Erwachsene wären, ich hätte im Büro gearbeitet und so, und da fühlt man sich eigentlich auch so, als wenn man ´ne Erwachsene wäre."
(24) M: „Also, da fühlt man sich halt, weil es gibt ja Kinder, die möchten unbedingt erwachsen werden, also ich nicht. Aber [...] und dann kann man sich auch vorstellen, wie es auch wirklich bei den Erwachsenen so ist."

Spiele sind nicht notwendigerweise als körperliche Handlungen definiert. Der Handlungsakt kann auch auf Sprechhandlungen reduziert werden. So erwähnen Mädchen in verschiedenen Zusammenhängen, dass für Sie auch genussvolle Sprechhandlungen *Spiele* sind:

(16) M: „Spielen ist auch, wenn man mit seinen besten Freundinnen oder Freunden lacht und redet, also über schöne Sachen redet."

Nachdem der Spielinhalt diskutiert ist, wenden sich die Kinder dem affektiven Gehalt des Spiels zu. *Spiel* steht in enger Verbindung mit Vergnügen und Spaß. So kann eine wertneutrale Handlung oder sogar eine Handlung, die eigentlich als Arbeit definiert ist, weil sie Teil des Schulunterrichts ist, wie z.B. „Schwimmen" als Spiel definiert werden, sobald sie richtig beherrscht wird:

(18) M:" [...] wenn man dann mal erst richtig schwimmen kann, dann macht es auch langsam richtig Spaß und dann wird es auch irgendwann mal zum Spiel."

Das Moment „Spaß" ist so zentral für das Spiel, dass dafür sogar das „Verlieren" zunächst einmal in den Hintergrund tritt.

(48) Serafine: „Also, das wichtige bei mir beim Spielen ist, dass man Spaß hat und nicht traurig ist, also wenn man dann verloren hat z.B., man sollte sich eigentlich freuen, dass der Freund gewonnen hat."
(50) M: „Wenn man jetzt mit anderen spielt, sollte man nicht sagen: ,Oh Mist, jetzt hat sie gewonnen', man sollte sich wirklich freuen, weil wenn ich jetzt z.B. gewinnen würde, dann würde meine Freundin ja auch nicht sagen: ,Oh, Mist, jetzt hat sie gewonnen', sondern sollte sich freuen, dass der andere gewonnen hat und nicht sagen: ,Oh. Jetzt hab ich verloren, du bist doof.'"

Auch (51) M fordert, dass mit dem Verlieren kein Spielabbruch einhergehen darf:

(51) M: „Dass sie nicht sagt: ‚Oh, du hast jetzt gewonnen, ich mag dich nicht mehr'. Das ist eigentlich gemein."

(52) J: „Man sollte sich für einen freuen, dass er gewonnen hat."

(65) Melanie: „Also wenn ich mit meinen Freunden Karten spiele, dann ist es mir egal, ob ich oder meine Freundinnen gewinne, denn Hauptsache es macht Spaß."

(56) J: „Ja, weil, ich sag bei jedem Spiel immer zu jedem, es war ja eigentlich nur ein Spiel."

(58) J: „Dabei sein ist alles."

Dieses affektive Grundgefühl und der Wert des Spiels an sich führt zu einem innern Freiheitsgefühl.

(21) Niklas: Beim Spielen fühle ich mich auch freier und dann muss ich nicht, also, dann habe ich keine Pflichten mehr zu erledigen.

Aufgrund des Freiheitsgefühls ist es auch möglich, das Spiel bei Verletzungen entweder zu beenden oder die Verletzungen nicht zu beachten und trotzdem weiterzuspielen.

(45) Jona: „Ja, da sage ich immer ‚egal', und wenn mir mein Knie weh tut, weil ich hingefallen bin, dann vergesse ich es einfach und dann tut es einfach nicht mehr weh, deshalb, bei mir macht das gar nichts eigentlich aus."

(47) J: „und wenn man jetzt beim Fußballspielen ist und sich dann wehgetan hat, dann kann man ja eigentlich auch aus Ehrgeiz weiterspielen, also wenn man unbedingt gewinnen will und jetzt nicht so stark verletzt ist, dann kann man auch aus Ehrgeiz weiterspielen und das dann auch vergessen."

Während die Kinder beim Spiel die freie Wahl haben, es fortzusetzen oder nicht, entfällt diese Handlungsmöglichkeit, wenn das Spiel zur Arbeit wird. Dieser Aspekt der freien Wahl des Spiel-Endes wurde von den Jungen im Zusammenhang mit bezahltem Fußballspiel diskutiert.

(34) Till: „Also, es ist eigentlich Pflicht, weil wenn dir jetzt einer gegen das Schienbein getreten hat und das Schienbein ist blutig, musst du weiterspielen, sonst verdienst du dir kein Geld oder so was. Das „echte" Spiel dagegen kann verschoben werden.

(35) J.: „Ich kann reingehen und mir 'nen Eisbeutel drauflegen und dann am nächsten Tag weiter spielen."

Diese Freiheit im Umgang mit den Spielen betrifft für die Kinder aber nur die Rahmenbedingungen, nicht die internen Spielvereinbarungen. Hier ist es Ihnen sehr wichtig, Regeln einzuhalten, damit sie sich im selbst vereinbarten oder selbst akzeptierten Rahmen bewähren können, und zwar sowohl in sozialer Hinsicht (fair sein) als auch in Bezug auf ihre Leistungsfähigkeit.

(37) M: „Ja, aber wenn es Regeln gibt, dann soll man die auch nicht - äh, dann soll man die auch beachten."

(38) M: „Sonst kann man ja einfach irgendetwas machen und dann gewinnt man eigentlich ganz klar, wenn man z.B. beim Mensch-ärgere-dich-nicht einfach ein Männchen reinstellt, das ist ja auch nicht erlaubt."

(39) M: „Nee, sonst ist es unfair für den Mitspieler."
(40) M: „Und dann ist man auch nicht so stolz, dass man gewonnen hat, weil man hat ja eigentlich geschummelt."

Zusammenfassend lässt sich also festhalten, dass die Kinder folgende Merkmale in ihre operationale Definition subsumieren:
Das *Spiel* ist definiert durch:
- Spielpartner (sozialer Aspekt)
- Spielzeug (technischer Aspekt)
- Spielregeln (innere Gestaltung)
- Spielhaltung (Erkenntnis auf der Metaebene: Es ist ein „freies" Spiel)
- Spielfreude (affektive Gestimmtheit)

II. Welche Spiele spielen die Kinder und welche Gefühle verbinden sie mit den Spielen?

Die Selbstauskünfte zur Bedeutung des Spiels wurden mit Hilfe eines offenen Fragebogens und eines 2-Wochen-Protokolls zum Spielverhalten erhoben. Dabei wurde folgendes Instrument eingesetzt:

Arbeitsblatt: Protokollbogen / Fragebogen

Bitte schreibe in den Stundenplan, welche Spiele Du in der letzten Woche gespielt hast.
Denke bitte gut nach, denn **Deine Antworten sind wichtig!**
1. Notiere zuerst den Namen des **Spiels,**
2. schreibe hinter das Spiel, mit welchen **Partnern** Du es gespielt hast,
3. und notiere zum Schluss den **Ort,** an dem Du gespielt hast.
Beispiel: Verstecken, 2 Freunde und 2 Freundinnen, im Schulhof

1. Vor der Schule

	Dienstag 15.2.2005	Mittwoch 16.2.2005	Donnerstag 17.2.2005	Freitag 18.2.2005	Samstag 19.2.2005	Sonntag 20.2.2005	Montag 21.2.2005
Spiel + Partner + Ort							

3. Außerdem spiele ich noch gerne folgende Spiele:
4. Bewerte bitte Deine Spiele:
   Welche gefallen Dir am besten? Warum?
   Welche gefallen Dir nicht so gut? Warum?
5. Spielen Erstklässler andere Spiele als Viertklässler? Welche?
6. Welche Gefühle hast Du, wenn Du spielst?

Das gleiche Protokoll wurde für die Zeit nach der Schule eingesetzt und ebenso als Hausaufgabe für die kommende Woche aufgegeben, hier sollte das Spielverhalten täglich mit den *Uhrzeiten* eingetragen werden:

„schreibe die **Uhrzeiten** auf, an dem Du mit dem Spiel beginnst und es beendest."
Beispiel: Verstecken, Bruder und 2 Freundinnen, im Schulhof, von 11.10 Uhr – 11.30 Uhr.

Die Spiele wurden nach Roger Caillois Klassifikation entsprechend ihrer Funktionen in vier Hauptrubriken aufgeteilt:
1: Wettkampfspiele, bei denen das Moment des Wettstreits bzw. der Leistung vorherrscht (Agôn: z.B. Baseball oder Schach).
2. Verwandlungsspiele bzw. Spiele, bei denen das Moment vorherrscht, in einer anderen Welt zu sein (Mimikry: Auf dem Bett als wilde Tiere hopsen).
3. Spiele, bei denen das Moment des Zufalls vorherrscht (Alea: z.B. Auszähl spiele, Roulett oder Lotterie),
4. Rauschspiele, bei denen das Moment der „organischen Ekstase" vorherrscht (Ilinix: Drehspiele)

Die Protokolle zeigen, dass die Kinder in diesem Alter Agônspiele bevorzugen: Wettkampfspiele und Spiele, in denen Kompetenzen entwickelt werden, die mit Leistung zusammenhängen (Agon) sind mit 66,3 % etwa doppelt so oft vertreten wie Verwandlungsspiele (31,2 %), bzw. Spiele, bei denen die Kinder sich so fühlen, als seien sie in einer anderen Welt (Mimikri). Zu dieser Kategorie gehören auch die Computerspiele, die also einen weit geringeren Stellenwert einnehmen, als vermutet worden war. Zufallsspiele sind in diesem Alter mit 2,5 % zu vernachlässigen. Erschwerend kommt noch hinzu, dass die angegebenen Brettspiele keine reinen Aleaspiele sind, sondern eine Mischung aus Agon und Alea. Ilinxspiele sind gar nicht aufgeführt.

Agon	Mimikri	Alea	Ilinx
66,3 %	31,2 %	2,5 %	0 %

AGON (Wettkampfspiele) %					
	Bewegungsspiele	Brettspiele	Kartenspiele	Sprachspiele	Sonstiges
Mädchen	54,5 %	1,4 %	2,1 %	11,7 %	30,3 %
Jungen	78,4 %	4,2 %	3,5 %	2,1 %	11,8 %
Summe	66,4 %	2,8 %	2,8 %	6,9 %	21,1 %

Den höchsten Anteil der Wettkampfspiele nehmen die körperlichen Spiele ein, bei den Jungen ist diese Tendenz ausgeprägter als bei den Mädchen. Dagegen nehmen Sprachspiele bei den Mädchen einen breiteren Raum ein als bei den Jungen.

MIMIKRI (Verwandlung – andere Welt) %

	Rollenspiele	Medien-spiele	(Technisches) Spielzeug	Sprachspiele	Sonstiges
Mädchen	29,2 %	41,6 %	14,6 %	3,4 %	11,2 %
Jungen	31,9 %	66,0 %	2,1 %	0,0 %	0,0 %
Summe	30,1 %	50,0 %	10,3 %	2,2 %	7,4 %

Die wenigen Spiele, bei denen der Zufall eine gewisse Rolle spielt, wie bei *Mensch ärgere dich nicht* oder reine „Glückspiele", wie *Kniffel* oder *Schere, Stein, Papier* werden von den Mädchen gespielt. Die Jungen protokollieren in dieser Kategorie überhaupt keine Spiele.

ALEA (Glück / Zufall) %

	Würfelspiele	Brettspiele	Kartenspiele	Fingerspiele	Sonstiges
Mädchen	9,1 %	81,8 %	0,0 %	9,1 %	0,0 %

Konkret verbergen sich hinter diesen aufgeführten Prozentzahlen folgende Spiele:

Selbstprotokolliertes Spielverhalten der 4. Klasse (Durchschnittsalter 10 Jahre) 2005

ALEA (Glück / Zufall)
Rohdaten: Mädchen = 11 / Jungen = 0 / Σ = 11

	Würfelspiele	Brettspiele	Kartenspiele	Fingerspiele	Sonstiges
M	Kniffel 1	Mensch ärge-re dich nicht 9		Schere, Stein, Papier 1	
Σ	1	9	0	1	0
J	0	0	0	0	0
Σ	0	0	0	0	0
Σ	M + J = 1	M + J = 9	M + J = 0	M + J = 1	M + J = 0

Mädchen spielen fast doppelt so viele Mimikryspiele wie Jungen, vor allem mehr Rollenspiele. Die Medienspiele nehmen bei beiden Geschlechtern den weitaus höchsten Raum in dieser Kategorie ein.

MIMIKRI (Verwandlung – andere Welt)
Rohdaten: Mädchen = 89 / Jungen = 47 / Σ =136

	Rollenspiele	Medienspiele	Technisches Spielzeug	Sprach-spiele	Sonstiges
M	Dschungel 1 Erwachsensein 1 Mama, Papa, Kind 1 Pinocchio 1 Schule 2 Singstar 5 Tiere /Hund 6 Zirkus spielen 3 Geburtstagsspiel 2 Du und ich Eisenbahn 1 Fantasie 1 Fliegerspiel / Flugspiel 2	Computer 2 Computer-spiele 30 Kino 2 TV sehen 3	Playmobil 4 Puppen 3 Lego 6	Tabu 1 Galgen-männchen 2	Auge an Auge 2 Hasenspiel mit Hase 1 Katze-Spielmaus 1 Kuh und Co. 2 Lesen 1 Malen 2 Mausefangen: UNO 1
Σ	26	37	13	3	10
J	Ausspionieren der M. 1 Louise beobachten (Ge-heimagent) 12 Zoo 2	Computer-spiele 19 Kino 3 Playstation 9	Ferngesteu-ertes Auto 1		
Σ	15	31	1	0	0
Σ	M + J = 41	M + J = 68	M + J = 14	M + J = 3	M + J = 10

AGON (Wettkampfspiele)
Rohdaten: Mädchen = 145 / Jungen = 144 / Σ =289

	Bewegungsspiele	Brett spiele	Karten spiele	Sprachspiele	Sonstiges
M Σ	79	2	5	18	44
J. Σ	113	6	5	3	17
Σ	M + J = 192	M + J = 8	M + J = 8	M + J = 20	M + J = 61

Bewegungsspiele:
Mädchen: Badminton 1, Brennball 1, Tennis 1, Federball 7, Fußball 2, Völkerball 6, Rugby 3, Gummitwist 1, Seilhüpfen / Seilspringen 2, Rammen 1, Rennen , Fangen 3, Verstecken 16, Schwimmen 2, Stationenspiel 5, Tanzen 3, Tanzen, alleine 2, Treppengeländer rutschen 1, Im Schnee spielen 5, Rutschen im Schnee 7, Schneeballschlacht 7, Ziehen lassen im Schnee 1, Schneekicken 1
Jungen: Badminton 1, Fußball 20, Federball 5, Handball 2, Völkerball 2, Hockey 7, Tennis 5, Fangen 7, Kissenschlacht 1, Klettern 1, Geräteturnen 2, Luftballon 2, Rammen 9, Räuber und Gendarm 4, Saltos schlagen 1, Schüler suchen 5, Schwimmen 3, Sport 1, Verstecken 7, Weg-

rennen vor M 3, Schlittenfahren 5, Schneeballschlacht 11 , Eisschlittern 2, Iglo bauen 1,
Schneemann bauen 2, Schneerammen 2. Snow Crash 2

Brettspiele
Mädchen: Monopoly 1, Schach 1 / **Jungen:** Alle Brettspiele 2, Schach 4
Kartenspiele
Mädchen: Karten 3, Elfer Raus 2 / **Jungen:** Karten 3, Mau Mau 1, Skat 1

Sprachspiele
Mädchen: Galgenmännchen 1, Reden 11, Singen 5, Schiffe versenken 1
Jungen: Geschnackelt mit Mädchen 1, Quatschen 2

Sonstiges
Mädchen: Dracco Beans 1, Eins, Zwei, Drei, Flipp 16, Halli galli 1, Keybord 1, Klavier 9,
Kosmokado 2, Kupferkessel 1, Länderspiel 1, Lesen 1, Malwettbewerb 2, Quatsch machen 3,
Vier gewinnt 2
Jungen: Geomag 1, Nichts 6, Keyboard 2, Jungs ärgern 1, Schlagzeug 1

Sehr beliebt sind alle sportlichen Spiele, die mit schnellen Bewegungen, mit
Bällen oder Schnee zu tun haben. „Rauschspiele" wie Drehspiele etc. werden in
dieser Altersklasse weder von Jungen noch von Mädchen angeführt.

Die Emotionen, die das „Spiel" evoziert, wurden mit dem Item „Welche Gefühle
le hast Du, wenn Du spielst?" abgefragt. Die Antworten wurden in folgenden
Kategorien eingeordnet:

Neues an sich kennen lernen	Autonomie	Lust	Spannung	Unlust
Wenn ich Erwachsen spiele, dann fühle ich mich auch wie eine Erwachsene (1) Größer (1)	ich fühle mich frei / Freiheit (10)	ich fühle mich einfach gut / (4) schöne (4) es macht Spaß / spaßiges Gefühl (5) Fröhlichkeit (3) Freude (4) lustig (1) glücklich (2) zufrieden (1)	Mut (2) aufgeregt, wer gewinnt (4) spannend (1) manchmal witzig (1)	Mir macht es Spaß, aber wenn ich immer verliere, finde ich es blöd (1)
Summe: 2 (4,7%)	Summe: 10 (23,8%)	Summe: 23 (50%)	Summe: 8 (19%)	Summe: 1 (2,3%)

Die höchste Varianz deckt der Faktor „Lust" mit 23 Nennungen ab. Dieser Faktor
tor hat nach den Ergebnissen der Flow-Forschung einen hohen Motivationswert.
„Spannung" und „Autonomie" halten sich in dieser kleinen Stichprobe von 18
Schülerinnen und Schülern das Gleichgewicht. Beide Faktoren sind ebenfalls
bedeutsam für Lernprozesse. „Neues an sich kennen lernen" erweitert den Lernradius.
radius.

Da der Spielort einen großen Einfluss auf das Spielgeschehen besitzt, wurde er auch erfragt. Es zeigte sich, dass der Schulhof der Ort ist, an dem prozentual am häufigsten gespielt wird.

	Spielort %				
	Im schulischen Bereich	Im häuslichen Bereich	Bei anderen	Im Freien	Sonstiges
Mädchen	52,7 %	30,5 %	8,4 %	7,1 %	1,3 %
Jungen	51,9 %	30,1 %	3,2 %	13,5 %	1,3 %
Summe	52,2 %	30,3 %	5,8 %	10,3 %	1,4 %

	Spielort				
	Rohdaten: Mädchen = 154 / Jungen =156 / Σ = 310				
	Im schulischen Bereich	Im häuslichen Bereich	Bei anderen Personen	Im Freien	Sonstiges
M	Schulhof (55) Sporthalle (2) Klassenzimmer 3 Schulhaus 3 Schülerhort 8	Zu Hause 37 Vor dem Haus 9 Garten 1	Haus der Freundin 9 Großeltern 1 Klavier- Orgelschule 3	Straße 1 Berg 1 Spielplatz 1 Draußen 6 Schwimmbad 2	Kino 1 ZKM 1
Σ	81	47	13	11	2
J	Schulhof 53 Sporthalle 13 Klassenzimmer 3 Schulweg 1 Schülerhort 11	Zu Hause 43 Balkon 1 Garten 3	Bei Freunden 3 Ergotherapie 1 Zahnarzt 1	Spielplatz 6 Fußballplatz 1 Straße / Weg 4 Zoo 1, Berg 3 Park / Hang 2 Boltzplatz 4	Kino 2
Σ	81	47	5	21	2
Σ	**162**	**94**	**18**	**32**	**4**

Kinder spielen an allen Orten, an denen sie sich aufhalten, auch an furchterregenden, wie z.B. beim Zahnarzt. Am häufigsten spielen sie natürlich an den Orten, an denen sie sich in der Regel aufhalten, wie in der Schule oder zu Hause.

Betrachtet man allerdings die Zeitangaben, so ändert sich das Bild. Im schulischen Bereich werden in der Regel 5-15 Minuten gespielt, im häuslichen Bereich dagegen 30 Minuten bis 2 Stunden.

Spieldauer (Rohdaten / absolute Zahlen)

	Im schulischen Bereich	Im häuslichen Bereich	Bei anderen	Im Freien	Sonstiges	gesamt
kurze Zeitperiode (5 bis 15 Min.)	26	3	0	2	0	31
mittlere Zeitperiode (20 bis 55 Min.)	10	17	0	5	1	33
lange Zeitperiode (ab 60 Min.)	4	16	0	9	2	31
Gesamt:	40	36	0	16	3	95

Spieldauer (in Prozentzahlen)

jede Zeitperiode = 100 %	Im schulischen Bereich	Im häuslichen Bereich	Bei anderen	Im Freien	Sonstiges
kurze Zeitperiode (5 bis 15 Min.)	**84 %**	10 %	0 %	6 %	0 %
mittlere Zeitperiode (20 bis 55 Min.)	30 %	**52 %**	0 %	15 %	3 %
lange Zeitperiode (ab 60 Min.)	13 %	**52 %**	0 %	29 %	6 %

III. Die Erschließung der Spielbedeutung „ex negativo": Die Erstellung eines Textes zum Thema: *„Ein Zauberer verzaubert die Welt. Es gibt kein Spiel mehr."*

Kinder können sich eine Welt ohne „Spiel" nicht vorstellen. Solch eine Welt wird als „lähmend" „grau" und vor allem „langweilig" empfunden. Die Kinder wüssten nicht, wie sie sich beschäftigen sollten, die Zeit würde „stehen bleiben". Zur Illustration zitieren wir ein Textbeispiel:

Peer
Ich gewinne im Schach gegen Gundel Gaukel. Sie wird sehr wütend und sagt: „Ab jetzt gibt es keine Spiele mehr." Und „Plopp" verschwinden alle Spiele auf der Welt. Ich erschrecke sehr.
Am nächsten Tag langweile ich mich so sehr, dass ich wünschte, nicht gegen die Gundel Gaukel gewonnen zu haben. Ich baue mir ein Auto aus Plastik und setze es auf den Boden. Gerade als es den Boden berührt, macht es „Plopp" und das Auto ist weg. Ich probiere es noch drei Mal: Ich baue eine Schlange, einen Vogel und ein Huhn. Und weil schon wieder alle Sachen verschwinden, bin ich sehr traurig. Ich frage meine Mama, ob ich „Fernseh" gucken darf, aber ich darf nicht. Mir ist so langweilig. Ich überlege: „Was kann ich tun?" Schlafen kann ich auch nicht gut, weil alle meine Kuscheltiere weg sind.
Nach einer Woche Qual kommt Gundel Gaukel zurück und sagt: „Das war Strafe genug!" Sie verschwindet und alle Spielsachen kommen wieder. Seither habe ich nie mehr eine Schachpartie gegen Gundel Gaukel gespielt.

„Spiel" ist so tief in das Leben von Kindern involviert, dass sie ein Leben ohne Spiel nicht beschreiben können. So fällt es ihnen auch schwer, die Gefühle differenziert darzustellen, die solch ein Leben kennzeichnet. Rosalinde bemüht sich darum, diesen Zustand in Worte zu fassen:

Rosalinde
Sonja lag in ihrem Bett und überlegte, was sie an diesem wunderschönen Tag machen sollte: „Soll ich mit Sandra ins Kino gehen? Ach nein, lieber nicht. Besser gehe ich mit ihr ins Schwimmbad. Nein, wir gehen nach draußen auf den Spielplatz oder gehen Rollschuhe laufen." Sie grübelte noch ein bisschen, stand auf und zog sich an. Dann ging sie in die Küche. Dort saß Sonjas Mutter im Morgenmantel: „Guten Morgen Sonja, hast du gut geschlafen?", sagte sie, als sie ihr Milch und Cornflakes in eine Schüssel schüttete. „Hallo Mama, ja sehr gut." Sonja aß ihre Cornflakes. Dann sagte sie: „Mama, kann Sandra heute zu uns kommen? Ich würde gerne mit ihr spielen." „Sonja", sagte Mama mit einer ernsten Stimme, „du weißt doch ganz genau, dass man nicht spielen darf!" Verwirrt sah Sonja ihre Mutter an. Dann rannte sie in ihr Kinderzimmer, schmiss sich auf den Teppich und tat, was ihre Mutter gesagt hatte: „nicht spielen". Sonja plagte langsam die Langeweile, aber was konnte sie tun? Sie fühlte sich seltsam. Sie konnte dieses Gefühl nicht beschreiben, aber es war grässlich! Einfach daliegen kann man nicht! Es wurde Sonja klar: Sie musste etwas unternehmen. Aber was nur? Sonja wusste es selbst nicht genau. Sie sagte zu sich selbst: „Vielleicht kommt mir die Idee im Schlaf."

Aber auch sie kann nur konstatieren, dass es ein „seltsames", schwer beschreibbares „grässliches" Gefühl ist.

Annalisa
Am nächsten Tag, es ist Morgen, wir zwei gehen zu meiner Mutter und sagen: " wir gehen spielen, in Ordnung?" "Nein Kinder, ihr wisst doch, dass spielen verboten ist!" "Spielen verboten? Oh Gott!" Wir gehen in mein Kinderzimmer. Dort verbringen wir den ganzen Tag außer, wir müssen ins Bad oder in die Küche, um etwas zu essen oder trinken. So geht das

eine ganze Woche. Den ganzen Tag nur herumsitzen. Nach einer Woche haben wir kaum noch Energie.

Als Folge des Spielverbots sinkt die Lebensenergie bis hin zu einer vollkommenen Energielosigkeit. Als Anlass für das Spielverbot werden zwei Begründungen genannt:
1. Der Verlierer verbietet das Spiel aus Wut über seine Niederlage.
2. Eine höhere Macht ist der Meinung, dass es den Kindern „zu gut" geht.

Zu 1: Der „Verlierer" wird keinesfalls als eindeutig unterlegen erlebt, denn durch seine erkennbare Wut wird er für den Gewinner zu einer „Schreckensgestalt", die ihr bedrohliches Wesen durch die Macht zeigt, das Spiel jederzeit beenden zu können. Der eigene Sieg im Spiel wird deshalb nicht nur positiv gesehen, langfristig kann er sich nämlich als Verlust herausstellen. Diese Machtverteilung wird von den Kindern sehr bewusst wahrgenommen und auf den Verlierer attribuiert. Das zeigt sich darin, dass die Kinder den Verlierer in ihrer Phantasie in machtvolle Gestalten verwandeln, wie in einen Zauberer, in eine Hexe oder in den Kanzler. Zur Wiederherstellung der eigenen Macht kann der *Sieger* an der „Siegen-Verlieren-Spirale" drehen und durch das Vortäuschen von *Verlieren* den Spielpartner zum Weiterspielen motivieren.

Julian
Spieler-Tricks
Es ist Sommeranfang und wir spielen gegen den Kanzler Handball. Wir gewinnen, da wird der Kanzler böse und sagt: „Ich stelle ein neues Gesetz auf, ab sofort gibt es keine Spiele mehr, und wer sich nicht daran hält kommt hinter Gitter."
Es ist einfach schrecklich, dass es keine Spiele mehr gibt. Nie wieder Spaß. Außerdem, was soll ich mit meinen ganzen Spielsachen machen? Nach ein paar Wochen reicht es mir. Plötzlich fällt mir was ein.
Ich fordere den Kanzler zu einem weiteren Handballspiel heraus. Ich sage ihm direkt ins Gesicht: „Wenn wir schon wieder gewinnen, bleibt alles so wie es ist, aber wenn Sie gewinnen, dürfen wir wieder spielen, einverstanden?" Er ist einverstanden.
Natürlich lassen wir den Kanzler gewinnen. Ihr könnt euch bestimmt denken, was passiert ist.

Im Agonspiel erleben die Kinder die höchste Glücksbalance, wenn eine ausgeglichene Balance zwischen *Siegen* und *Verlieren* gegeben ist.

Zu 2: Das Misstrauen gegen lang anhaltende Glücksphasen scheint eine anthropologische Grundkonstante zu sein. Dafür sprechen die mythologischen Erzählungen wie z.B. die Vertreibung aus dem Paradies mit den Worten" Im Schweiße deines Angesichts sollst Du Dein Brot essen"[7] oder die Erklärung des Eros, die Platon im Gastmahl bietet. Auch hier wurden die Menschen dafür gestraft, dass sie sich zu wohl fühlten und dadurch zu eigenständig wurden. Eine ähnli-

---

[7] Altes Testament, Genesis 3, V. 19.

che Angst taucht in der 2. Begründung für das Spielverbot auf: *Eine höhere Macht ist der Meinung, dass es den Kindern „zu gut" geht.*

Mona
Ich spiele gerade mit meiner Schwester in der Schule, da taucht ein Sturm aus dem Nichts auf. Plötzlich steht vor uns ein Zauberer. Er sagt: „Ihr lacht mir zuviel. Deshalb ist ab heute Spielverbot." Als er das gesagt hat, verschwindet er.

Annalisa
Ich heiße Alia und spiele mit meiner Freundin Star als plötzlich eine Hexe erscheint. Sie sagt: " Alia und Star ihr seid so nett gewesen, dass es zur Strafe keine Spiele mehr gibt."

Die Strafe besteht in der Minderung der Lebensqualität, die durch das Spielverbot herbeigeführt wird.

IV. Philosophisches Fragespiel als Klassengespräch über die Bedeutung des Spiels für die Kinder

Damit die Sprachfähigkeit der Kinder für die Forschungssaussage genutzt werden kann, wurde die Methode des *Philosophischen Fragespiels* als Rätselspiel eingesetzt. Diese Methode geht auf die ersten philosophischen Bildungs- und Klärungsversuche der vorsokratischen Zeit zurück. Durch diese Rätselspiele in Form von agonalen Wettkämpfen wurde die Kultur nach Huinziga am stärksten weiterentwickelt.[8] Philosophisch gesehen bereiten die Rätselspiele den Prozess der Begriffsbildung vor. Die Griechen waren sich noch im aufgeklärten 5. Jahrhundert vor Christi des Zusammenhangs zwischen dem Rätselspiel und den Ursprüngen der Philosophie bewusst. So bezeugt Aristoteles' Schüler Klaerchos, dass das Rätsel einmal Gegenstand der Philosophie gewesen ist. Er schreibt: "Die Alten pflegten damit eine Probe der Bildung zu geben." Damit bezieht sich Klaerchos auf die Fragegespräche religiösen oder philosophischen Inhalts.

Den „Übergang vom kosmologischen heiligen Rätsel zum Verstandesspiel"[9] stellen die archaischen heiligen Rätselwettstreite dar, die in Frage-Antwortketten verlaufen. So wird zum Beispiel beinahe die ganze indische Sittenlehre als Frage-Antwort-Spiel entfaltet.[10] Alle Weisheitssucher von den ältesten Zeiten bis hin zu den späteren Sophisten und Rhetoren bei den Griechen treten als typische agonale Wettkämpfer und Krieger auf. Die Form ihrer Inhalte „verrät noch ausdrücklich die Sphäre der Rätselaufgabe"[11].

---

[8] Vgl. Huizinga, J., 2001, S. 9.
[9] Ebd. S., 127.
[10] Vgl. Ebd. S., 127.
[11] Vgl. Ebd. S., 130f.

Die Rätselwettstreite und Rätselfragen, die als Vorläufer des „philosophischen Fragespiels" gelten können, hatten also, wie sich mit einigem Recht interpretieren lässt, in den frühen Stadien der Menschheitsentwicklung die Funktion, den „Geist aus der Dunkelheit zu reißen" und Erkenntnis zu transportieren. Diese Funktion kann dem „philosophischen Fragespiel" auch in der individuellen Entwicklung zubilligt werden. Methodisch soll das dadurch geschehen, dass die Kinder durch gezielte Impulse dazu veranlasst werden, eine wichtige philosophische Fragestellung, die zur Erhellung ihres Selbst- und Weltbildes beiträgt, im gemeinsamen dialogischen Denkprozess zu klären. *Spiel* ist für Kinder ein zentraler Akt der Weltaneignung und deshalb besitzt die Frage nach der *Bedeutung des Spiels* einen relevanten Stellenwert.

Genau wie bei den archaischen heiligen Rätselwettkämpfen, die in Frage-Antwortketten verlaufen, haben auch wir bei unserem philosophischen Fragespiel zur Initiierung eines philosophischen Denkprozesses „lebensnotwendige" Rätselfragen als Kettenfragen aneinander gehängt. Durch diese Fragen wird der lebenswichtige Gegenstand umkreist und in Form einer operationalen Definition erfasst. Diese Fragen haben die Funktion, den Kindern die Bereichsweite eines Konzepts zu vermitteln, damit die Kinder das gesamte interne Feld des Konzepts erfassen. In unserem Fall ging es um die „lebensnotwendige" Rätselfrage: „Was bedeutet das Spiel für mich?" Diese Frage wurde mit folgenden Kettenfragen umkreist: „Wie gehe ich mit Erfolg – Misserfolg um?" („Worin unterscheidet sich Deinem *Gefühl* nach der Erfolg – Misserfolg im Spiel von dem in der Schule." „Tust du etwas dafür, dass du im Spiel Erfolg hast?" „Was bewirkt Misserfolg bei Dir: stärkere Anstrengung oder Spielabbruch?") „Freust du Dich über einen Sieg, für den Du Dich angestrengt hast mehr, als über einen bei dem Du *Glück* hattest?" „Gibt es Spiele, in denen Du Deinen Körper besonders stark fühlst? " „Darf man im Spiel Dinge machen, die an sich verboten sind?" „Verändern Spiele das Verhältnis zum *Spielpartner?*" „Kann man durch Spiele *wachsen?*"

Diese Fragen fassen relevante Schwerpunkte des Alltagswissens zusammen, das jedem Menschen aufgrund des vernunftbegabten Verstandes zugänglich ist. Diese deduktiven Fragen sollen den induktiven Denk- und Fühlprozess der Kinder anregen und ihnen die Möglichkeit geben, sich ihrer eigenen Erfahrungen und Wünsche bewusst zu werden. Der Begriff „Frage" soll hier in einem sehr weiten Sinne verstanden werden, in Sinne einer Anfrage oder Anregung zum Denken, also als Impuls. Dieser Impuls soll erst dann gegeben werden, wenn die Diskussion der Kinder verebbt. Zur Unterstützung der Gesprächsatmosphäre sitzt die Klasse im Halbkreis.

Wie sich bereits in den Kindertexten zum „Spielverbot" gezeigt hatte, nimmt das Thema *Gewinnen - Verlieren* einen zentralen Stellenwert für die Kinder ein. Zunächst diskutieren die Kinder über das *Verlieren*. Als Ursache vermuten sie mangelnde Anstrengung, als Folge den Verlust von Spaß und damit den Verlust des Spielsinns. Durch die Diskussion neutralisiert sich die persönliche Bedeutung des Siegs, wichtig ist das *Spiel* als solches. Da Sieg und Niederlage aber soziale Folgen haben, wird das Thema nicht aufgegeben, sondern wieder sehr emotional aufgegriffen und kreist um die moralische Forderung, dass *Verlieren* nicht zum Spielabbruch führen darf. Der Unterlegene sollte sich vielmehr mit dem Sieger mitfreuen.

(67) M: Und warum hat er verloren beim Spielen?

(68) M: Es kann ja nicht jeder gewinnen

(69) M: Es kann ja auch sein, dass er verloren hat, weil er nicht nachgedacht hat und einfach gedacht hat, ach, ich gewinne, mache ich einfach so, so.

(70) M: Es ist ja eigentlich nicht ganz so wichtig, aber wenn man halt immer verliert, dann ist es irgendwann auch, dann macht es auch nicht mehr so viel Spaß.

(71) J: Eigentlich also, wenn man das Spiel spielt, ist es eigentlich egal, ob man gewinnt oder verliert, weil, also ob man spielt, darauf kommt es ja an. Und es macht trotzdem Spaß

(72) K: Es muss ja Spaß machen,

(73) K: Hauptsache es macht Spaß, denn immer zu gewinnen, so wie die Luise gesagt hat, macht also nicht so Spaß und also, das wichtigste an einem Spiel ist, dass man immer Spaß hat.

(74) K: Eigentlich ist es auch bei Wettrennen oder so, dabei sein ist alles.

(75) M: Man sollte sich auch für die anderen freuen, wenn z. B. die Freundin gewinnt.

(76) K: Man darf nicht sagen, oh, jetzt hast du gewonnen, jetzt mag ich dich nicht mehr, das ist ja gemein.

(77) M: Dann macht das Spielen auch gar keinen Spaß mehr, wenn die Freundin dann sagt: Oh, jetzt hast du gewonnen, jetzt bin ich trotzig, also, das macht auch keinen Spaß mehr zu gewinnen.

Auf die Impulsfrage: „Was macht das Spiel mit der Freundschaft? Ihr habt da schon Andeutungen gemacht, könnt ihr darauf noch mal eingehen?" reflektieren die Kinder vor allem die Gefährdungen, die vom Spiel ausgehen können:

- wenn der andere sich betrogen fühlt,
- durch falsche Spielversprechen hingehalten wird,
- ein schlechter Verlierer ist,
- den anderen durch Beleidigungen kränken will,
- oder „positiv" betrügt, indem bewusst auf einen potentiellen Sieg verzichtet wird.

(78) M: Also, wenn einer dauernd mogelt und man merkt es und man sagt, warum mogelst du und er sagt, ich habe doch gar nicht gemogelt, das kann die Freundschaft dann zerstören.

(79) K: Oder wenn man andauernd sagt, ja, ja ich spiele mit dir und die spielen dann einfach nie mit dem, das macht dann auch eine Freundschaft kaputt.

(80) K: Aber, wenn man zusammen spielt, wenn man […] ,irgendwie sich dann streitet, dann ist es dann irgendwie blöd, wenn einer dann gewonnen hat und der andere nicht, da sollte man sich auch für den Gewinner freuen.

(81) K: Und wenn man was zusammen spielt, dann sollte man nicht den anderen so beleidigen, wie ähm, mit „du bist so schlecht und ich bin besser"

(82) K: Und nur wenn man andauernd gewinnt, wenn man andauernd nur gewinnt, dann ist es ja auch doof, man könnte mal sagen, jetzt versuch ich mal zu verlieren um dem anderen zu zeigen, dass man es nicht böse meint, wenn man gewinnt, das mache ich mit meiner Mutter manchmal.

(83) K: Ja, aber dann hat man ja eigentlich auch nicht richtig gewonnen, also, nee der andere hat dann auch nicht richtig gewonnen und wenn er das dann weiß, dass man extra verloren hat, dann fühlt er sich dann auch nicht so gut, weil dann hat er ja nicht richtig gewonnen.

Glücksspiele und Spiele, deren Ausgang von den Kindern selbst beeinflusst werden, wie z.b. Schach, liegen im Bewusstsein der Kinder auf ganz verschiedenen Ebenen. *Schach* ist für die Kinder eine lustvolle Herausforderung. Das Spiel erfordert eine konzentrierte Absorption und eine genaue Kenntnis von komplizierten Bedingungen, die in *Regeln* festgehalten sind und schon im Vorausdenken berücksichtigt werden müssen. Der Spielausgang hängt von der Fähigkeit ab, die potentiellen Kombinationen der Spielzüge zu antizipieren und Pläne zu entwickeln, die den eigenen Sieg vorbereiten. Die Kinder gehen davon aus, dass die hier benötigten intellektuellen Fähigkeiten denen entsprechen, die für das Unterrichtsfach Mathematik erforderlich sind.

(84) M: Es gibt ja noch Schach, da muss man mehr nachdenken oder Kniffel, das ist eigentlich ein Glücksspiel und deswegen - also es gibt verschiedene Spiele, einmal gibt es Glücksspiele, da hat man entweder Glück oder halt Pech oder es kommt aufs Nachdenken an.

(85) K: Also beim Schach, manche sagen halt, jetzt mach doch endlich, beim Schach darf man eigentlich überlegen, wann man will, weil, das ist ein richtiges Konzentrationsspiel. Und das spiele ich auch sehr gerne.

(86) J: Schach ist ein sehr kompliziertes Spiel, man muss es eigentlich richtig lernen, weil manche sagen, dass man den König schmeißen darf und das stimmt nicht, man muss den König in die Enge ziehen und dann Schach matt machen.

(87) J: Und wenn man Schach spielt also meistens, kann man dann auch gut Mathe, man muss dann ja auch nachdenken und kombinieren, vielleicht noch einen Plan machen.

(88) K: Also beim Glücksspiel, da kommt es eigentlich nur darauf an, ob man Glück oder Pech hat. Bei Konzentrationsspielen dagegen muss man eben auch nachdenken und eine Taktik entwickeln, in solchen Konzentrationsspielen kann man auch besser oder schlechter sein, bei Glücksspielen nicht.

Da der Spielausgang auf die eigenen intellektuellen Fähigkeiten attribuiert wird, ist eine Niederlage für das eigene Selbst bedrohlich, mindert das Selbstwertgefühl und erzeugt die Zukunftsangst auch im Arbeitsleben zu versagen.

(89) K: Beim Konzentrationsspiel, da denkt man vielleicht, wenn man verliert, man ist dumm und nicht so schlau wie der andere.

(91) K: Also für mich wär´ das eigentlich ein bisschen, halt, ernst, weil es ja eigentlich nicht witzig ist, wenn ein anderer sagt, ich bin klüger als du und du bist jetzt irgendso ein Doofer.

(92) K: Aber das ist dann auch blöd, dann kriegt man irgendwie Angst für die Zukunft, d.h. dann halt, dass man ein Arbeitsloser wird, ein Obdachloser.

(94) J: Es ist auch ein bisschen peinlich, wenn man dann verliert, weil dann kann man einen auslachen und das ist schon peinlich.

(95) M: Ich wollte das gleiche sagen wie er.

Die aufkommende Angst vor Peinlichkeit oder einer gefährdeten Zukunft wird dadurch aufgelöst, dass der Handlungsakt relativiert wird, es ist ja *nur* ein Spiel. Im Gegensatz dazu haben schlechte Leistungen in der Schule nicht nur negative Folgen für das Selbstwertgefühl, sondern auch auf das gesellschaftliche Ranking. Außerdem kann das Spiel wiederholt werden, eine Leistung in der Schule dagegen nicht.

(96) M: Aber eigentlich ist es nur ein Spiel.

(97) K: Also, wenn man so im Diktat so ne schlechte Note hat, ist es viel schlimmer als wenn man im Spiel verliert. Das Spiel ist ja eigentlich nur ein Spiel.

(98) K: Also, im Diktat - , Schule und Freizeit ist ein ganz großer Unterschied. Weil in der Schule, da muss man, da kann man ja nicht einfach im Unterricht rausgehen und spielen und in der Freizeit, da muss man ja auch nicht unbedingt Schule machen, man kann aber, man muss nicht.

(99) Niklas: Bei der Freizeit, da kann man spielen, aber, wenn man da verliert, das macht eigentlich nichts, das hat auch nichts mit der Zukunft zu tun. Wenn man jetzt ´ne fünf im Zeugnis hat, dann hat das schon etwas mit der Zukunft zu tun.

(100) K: Also, im Spiel kann man ja noch mal spielen, aber im Diktat kann man nicht noch mal schreiben.

(101) J: Und Schule ist ja eigentlich so Zukunft und Freizeit ist eigentlich nichts mehr, Zukunft oder so etwas. Schule ist Ernst, wenn jemand z.B. schon auf einer höheren Schule ist, dann kann es passieren, dass man nicht versetzt wird und es kann auch schlimm werden fürs Zeugnis, wenn man jetzt z.B. Realschule hat und dann braucht man einen guten Realschulabschluss, um wenigstens noch einen guten Job zu kriegen, für später braucht man einen guten Job, um sich wenigstens noch etwas zu leisten können.

In den Fällen, in denen das Spiel zum Beruf wird, wie bei Sportlern oder Musikern, wird ein ganz direkter Zusammenhang zwischen Spiel und Leben gesehen:

(102) J: Das Spiel hatte eigentlich auch was mit der Zukunft zu tun. Wenn man Fußballer z.B. werden will oder Schachweltmeister, da muss man als kleines Kind auch schon üben. Denn wenn man erst mit 17 oder 18 anfängt, und dann mit 20 aufs Schachturnier geht und dann nicht gewinnt, dann ist es auch ein bisschen peinlich.

(103) J: Bei einer Schachweltmeisterschaft, da kommt es auch dann auf den Beruf an, weil beim Fußball z.B. die deutsche Nationalmannschaft, als die bei der Weltmeisterschaft verloren hat, da hat der Rudi Völler danach auch keinen Beruf mehr gehabt.

(105) K: Sport, da muss man sich auch anstrengen, man kann dann auch einen Beruf erlernen, als Sportler oder so.

(106) K: Oder wie bei Domino, wenn man da auch was aufstellen muss später mal, da muss man ja auch welche schlagen mit den Steinrekorden.

(109) K: Wenn man aber jetzt z.B. Tänzerin werden will, dann muss man gut tanzen können. Und das Tanzen macht ja eigentlich auch Spaß.

Die Reflexion über den Zusammenhang zwischen Spiel und Leben wird durch die Frage erweitert: „Gibt es auch noch Spiele, die nicht so direkt zum Berufsleben führen, die aber trotzdem für das spätere Leben wichtig sind?"

(107) K: Dieses Glücksspiel, wo man z.B. ich setze 50 auf rot, ich weiß jetzt nicht wie es heißt, wo man dann so dreht...

Forscherin: Roulette. Ja, was übt man da fürs Leben?

(108) K: Da kann man ja halt Geld gewinnen.

Forscherin: Also sonst meint ihr, die anderen Spiele haben gar nichts mit dem Leben zu tun? Erinnert euch doch mal an das letzte Mal, als wir die Definition hatten, da hatten einige an die Tafel geschrieben oder einige hatten gesagt, ja, man kann so Fantasiespiele spielen. Haben die Fantasiespiele etwas mit dem Leben zu tun? Was meint ihr?

(110) K: Ja, vielleicht, wenn man z.B. jetzt draußen irgendwie Tarzan spielt oder so was und dann übt man vielleicht grad an irgendeinem Seil hangeln und dann verläuft man sich irgendwie vielleicht mal im Wald und dann könnt einem das vielleicht ein bisschen helfen.

(111) K: Oder wenn man Erwachsen spielt, und vielleicht wird es dann auch echt so.

(112) J: Das man echt so spielt, wie es sein kann. Z.B. Kochen, kochen spielen. Z.B. Spiegelei machen oder so.

(113) J: Und bei Familienspielen, wer Schauspieler ist und man will gerade einen Film drehen. Da kann auch die Familie ein bisschen helfen.

(114) M: Oder wenn ich mit meiner Freundin spiele und sie sagt immer: Aber so ist es gar nicht in echt, dann sage ich auch nicht, oh, wir müssen ja immer nicht das echte spielen, man kann doch auch fantasievoll spielen. Ein bisschen Fantasie hat noch niemand geschadet. Wenn man z.B. Schauspielerin ist, dann kann man sich das richtig vorstellen.

Fantasiespiele helfen Kindern dabei, Empathie zu entwickeln und sich in andere Rollen und andere Welten einzufühlen.

(115) K: Also, ich fühle mich da anderster als im echten Leben.

(122) K: Also, man fühlt sich als wäre man 'ne Wildkatze, als wäre man der Vater.

(123) K: Als Gorilla irgendwie manchmal affig.

(124) K: Man fühlt sich richtig eingezogen in die Person.

(125) K: Man fühlt sich in einer anderen Welt.

Neben angenehmen Emotionen, die mit harmlosen Szenarien wie dem Rollenspiel „Familienhund" werden aber auch angsterzeugende produziert. Diese erweitern das Erlebensspektrum und befriedigen die Abenteuerlust der Kinder auf „ungefährliche" Weise. Durch diese Fantasiespiele fühlen sich die Kinder größer und bedeutender.

(135) K: Also z.B. wenn ich und meine Schwester Hund spielen, oder ein Freund von mir und ich, das macht dann auch Spaß und dann fühlt man sich auch, als wenn man echt einen Hund hätte. Ich fühle mich dann fröhlich.

(137) K: Ich hab mal auch mit meiner Schwester Hund gespielt und dann hab ich immer gesagt, mach sitz und dann hat sie sich auch wirklich hingesetzt, hab ich gesagt, gib Pfötchen, dann hat sie auch wirklich die Hand gegeben und alles und es hat Spaß gemacht.

(126) K: Manchmal ist es lustig, aber manchmal kann man auch gefährliche Sachen spielen und dann kann man auch Angst haben.

(128) M: Also, wo ich mit meiner Freundin gespielt hab, da hat sie mir eine Plastikspinne nachts, wo wir ins Bett gegangen sind, auf meinen Bauch gelegt, da hab ich geschrieen und hab mich voll erschreckt, das war so eine riesig große Plastikspinne. Ich dachte, es wäre eine echte, dann ist meine Mama reingekommen und hat gefragt, was ist denn hier los, dann hab ich gesagt: Nichts.

(129) K: Oder vielleicht abends, wenn's dann dunkel ist und man spielt Geheimagent und dann stößt man vielleicht irgendwie mit einem größeren zusammen, so 16/17 oder so etwas und die sind ja nicht grad gut drauf, wenn man die irgendwie stößt.

(130) K: Nee, dann fühlt man sich irgendwie so unheimlich und spannend.

(131) K: Man fühlt sich auch größer.

(132) K: Ängstlich

(133) K: Geheimnisvoll, weil man Geheimnisse hat.

(142) K: Ich spiele mit Freunden aus meiner Gruppe im Hort gerne Fantasiespiele im Hof, so mit Geheimagenten und großen Dinosauriern und alles.

(143) K: Ich spiele mit meiner Freundin oft, dass wir Leoparden oder so was wären und dann hüpfen wir halt auf dem Sofa rum oder springen auf den Tisch.

(144) K: Manchmal spiele ich auch Urzeitmensch und dann mache ich mit Stöcken Löcher und dann hole ich so verschiedene Sachen und mach sie in ein Loch und dann mix ich das irgendwie mit einem Stock.

(145) K: Und manchmal spiele ich in meinem Zimmer auch Forscher, da baue ich mir mit Decken und mit so Plastikrohren so ein Zelt auf und dann hol ich mir aus der Küche immer so Nahrungsmittel, Ketchup, da hab ich mal Nashornblut nachgemacht, da hab ich ein bisschen mit Wasser reingemixt und dann hab ich das untersucht.

Ein Impuls sollte die Kinder dazu anregen noch intensiver auf ihre Gefühle und körperlichen Wahrnehmungen einzugehen: „Bei den Fantasiespielen oder auch bei den Sportspielen, wie fühlt sich denn da euer Körper an? Fühlt der sich anders an, als wenn ihr bei einer Mathearbeit sitzt?"

Der *Stressfaktor* wird von den Kindern als Hauptunterschied zwischen „Spiel" und „Arbeit" genannt.

(146) K: Man fühlt sich freier, weil bei der Mathearbeit, da sitzt man unter Stress. Weil wenn man da nichts weiß, dann schwitzt man so und dann denkt man halt, oh, was ist das noch mal.

(147) K: Und man steht auch unter Zeitdruck, weil bei normalen Spielen da kann man sich ja Zeit lassen, aber beim Mathetest jetzt z.B. da hat man jetzt, glaube ich, nicht so viel Zeit.

(148) K: Beim Spielen ist man mutiger als beim Rechnen eigentlich, weil man denkt ja immer das weiß ich jetzt nicht, dann lass ich es aus und beim Spiel dann denkt man manchmal, ich weiß nicht, ob ich da jetzt runterspringen soll, aber dann meint man doch, ich mach es jetzt mal.

(149) K: Oder es gibt ja auch so Zeitspiele „Stadt, Land, Fluss" und wenn man dann als letztes fertig ist und dann ist man auch ein bisschen unter Zeitstress und dann bekommt man ja ganz wenig Punkte.

(150) K: Beim Spielen, wenn man da mal einen falschen Zug gemacht hat, dann ist das ja auch nicht schlimm, man kann ja dann noch mal spielen, beim Mathetest wenn man da eine falsche Zahl hingeschrieben hat, dann ist das schon nicht so gut.

(151) K: Es ist dann sozusagen gelaufen.

Zur Vertiefung der Selbstwahrnehmung wurde nach der Erweiterung der Selbsterkenntnis gefragt, die das Spiel bieten kann: „Lernt ihr euch beim Spiel also nochmals anders kennen? Ihr habt jetzt einiges erwähnt. Welche Seiten an euch lernt ihr denn da beim Spielen kennen, die ihr sonst nicht so kennen lernt?"

(152) K: Z.B. die konzentrierte Seite

(153) K: Die kindlichere Seite, also manchmal mach ich so, als wäre ich noch ein kleines Baby.

(154) K: Größer.

(155) K: Also, vielleicht wie man, so wie man dann sein will, wenn man groß ist.

(156) K: Vielleicht die vernünftige Seite.

Sehr ausführlich gingen die Kinder auf die Frage ein, ob man durch das Spielen wachsen kann. Sie waren der Meinung, dass Spiele ihren kognitiven, sozialen und emotionalen Rahmen erweitert und sogar teilweise sprengt, weil sie dadurch in andere bzw. spätere Welten hineinkommen. Außerdem glauben die Kinder auch, dass „Spielen" körperliche Veränderungen bei ihnen hervorrufen. Zum einen gehen sie davon aus, dass sich ihr Gehirn durch „Spielen" vergrößert und zum andern ihre Körperlänge.

(157) K: Ja, eigentlich schon. Da lernt man manchmal mehr kennen.

(158) K: Man kann auch gedanklich wachsen

(159) K: Also, wenn man Erwachsen spielt, dann fühlt man sich auch so und wenn man in die Arbeit geht, wenn man spielt „in die Arbeit gehen", dann denkt man, man hat ein größeres Gehirn.

(160) K: Man wird ja nicht nur größer mit dem Körper, sondern auch die Nervenzellen und das Gehirn wird immer größer mit der Erfahrung.

(161) K: Wenn ich auch so Arbeit spiele, z.B. jetzt spiele ich manchmal Schauspielerin oder so, dann lerne ich einfach so aus Spaß einen Text auswendig aus dem Lesebuch oder aus dem Buch von meinem Zimmer oder so, aber dann vergesse ich das immer wieder und dann muss ich lachen, wenn ich z.B. vor meiner Mama oder meinem Papa auftrete.

(162) K: Und wenn man z.B. beim Schachturnier gewonnen hat, dann fühlt man sich auch größer, weil man dann denkt, ah, ich hab gegen die alle gewonnen.

(164) K: Auch wenn beim Ballspielen, z.B. Völkerballspielen, und wenn man dann immer die Bälle fängt und die anderen können das dann nicht, dann fühlt man sich auch immer so toll und man ist der einzige gute, dann kann man gerade noch so eine Mannschaft retten oder so was.

(166) K: Und da fühlt man sich auch stolz und man ist froh, dass man das gemacht hat. Und dann wird man vielleicht auch -, dann sagen vielleicht die anderen, ja, das war super und so.

Durch das Gefühl, bei einem Sieg innerlich zu wachsen, wurde auch das Problem zu verlieren noch einmal zum Schluss diskutiert. In ihrer Definition unterscheiden die Kinder zwischen schlechten und guten Verlierer. Die „schlechten Verlierer" können den Misserfolg nicht akzeptieren, sie verhalten sich dem Sieger gegenüber aggressiv und führen den Misserfolg entweder auf unlautere Manipulationen des Siegers zurück oder auf ihre angeblich mangelnde Leistungsbereitschaft. Siegen „schlechte Verlierer" so verspotten sie die Spielpartner. „Gute Verlierer" dagegen freuen sich über das Spiel als solches, freuen sich mit dem Sieger und hoffen beim nächsten Spiel auf einen Erfolg.

(167) K: Also, es gibt schlechte Verlierer und gute Verlierer. Die schlechten Verlierer, die regen sich voll auf und die guten Verlierer, die sagen: War ja nur ein Spiel, ist ja auch schön, wenn du gewonnnen hast.

(168) K: Wir haben einmal im Völkerball gegen unsere Parallelklasse verloren und da haben sie über uns gespottet und dann haben wir gewonnen und dann haben sie sich total aufgeregt, geärgert. Die konnten überhaupt nicht verlieren und wir, wir haben sie einfach ignoriert.

(169) K: Die schlechten Verlierer, die sagen dann auch: Ja, ich hab mich auch gar nicht angestrengt und ich hab dich auch gewinnen lassen, dabei stimmt es gar nicht.

(170) K: Und die Parallelklasse, die haben auch ganz oft gesagt, die Frau Wilke und die Frau Brandel haben schlecht gezählt, die haben ganz anders gezählt und so und haben gesagt, nur weil ein Kind gefehlt hat, das gut war im Völkerball, haben sie gesagt, dass sie verloren haben und so.

(171) K: Wir haben mal gegen eine andere Parallelklasse in der MTV-Halle gespielt, und da haben wir gewonnen und die haben sich eigentlich nicht aufgeregt, die haben eigentlich gar nichts gemacht.

(172) K: Man muss sich auch nicht wegen jedem aufregen, man kann sagen, es ist nur ein Spiel, gut, dass du gewonnen hast, jetzt können wir noch mal spielen.

Der letzte Impuls betraf die Frage, ob es ein Unterschied ist, bei einem Glücksspiel zu verlieren oder bei einem Spiel, das mit Anstrengung verbunden war.

(173) K: Für mich ist es schon ein Unterschied. Wenn man beim Glücksspiel gewinnt, dann denkt man ja ich hab gutes Glück gehabt und so und dann, dann kann man auch den anderen trösten und dann kann man auch sagen, ja, komm wir spielen noch mal, vielleicht hast du ja diese Runde Glück. Bei den Spielen, bei denen ich mich angestrengt habe, denke ich wenn ich verliere, ich hab mich wahrscheinlich nicht so doll angestrengt.

(175) K: In der Kernzeit habe ich auch mal gegen so jemand gewonnen. Der hat immer gesagt, ich bin noch in der 1. Stufe, ich bin noch in der 1. Stufe und wo er dann verloren hatte, ich hab extra schlecht gegen Mädchen gespielt und so was, weil er nur nicht zugeben wollte, dass er verloren hatte.

Ein guter Verlierer zu sein gilt als hohe Spielkompetenz. Die Schülerinnen und Schüler zeigten insgesamt ein großes Interesse an dem Thema und sprechen sehr konzentriert und themenzentriert über ihre Erfahrungen und Gedanken, die sie mit dem „Spiel" verbanden.

Schluss

Die empirische Pilotstudie an den zehnjährigen Kindern zum *selbstprotokollierten und selbstinterpretiertem Spielverhalten* bestätigt auch aus der Sicht der Kinder die Bedeutsamkeit des Spiels; ein Leben ohne Spiel ist für die Kinder nicht vorstellbar. Kinder spielen an allen Orten, und sei es auch nur für ganz kleine Zeitabschnitte. *Agon*, das Spiel, in dem das eigene Können erprobt und mit dem der anderen gemessen wird, ist in diesem Alter für beide Geschlechter die wichtigste Spielkategorie. Etwa halb so häufig wird *Mimikri* genannt, das Spiel, in denen die Verwandlung bzw. das „In-einer-anderen-Welt-Sein" das relevante Thema ist. Kulturell besonders bemerkenswert ist die sehr differenzierte Haltung gegenüber dem Phänomen „Siegen-Verlieren". Durch den Antagonismus *Siegen-Verlieren*, der auf beiden Seiten einen hohen Machtfaktor impliziert, verliert der persönliche Spielausgang seinen klaren und eindeutigen Charakter. *Siegen* kann nicht nur als schlichte Überlegenheit und reines Glückserlebnis genossen werden. Der *Sieg* enthält einen ambivalenten Aspekt, da er zu Verlust und Einsamkeitsgefühlen führen kann. Bei einer häufig auftretenden einseitigen Sieg-Niederlage-Verteilung verlässt nämlich der Spielpartner, der verloren hat, das Feld. Damit erhöht sich seine Machtstruktur: Er als Verlierer entscheidet letztendlich über den Fortgang des Spiels. Die Kinder konstruieren also keinen Schwarz-Weiß-Gegensatz mit einer eindeutigen Glückzuweisung, sondern präferieren als langfristiges Modell eine ausgeglichene Balance zwischen Siegen und Verlieren. Diese Einstellung könnte sich als eine bedeutsame Zukunftsvariabel erweisen, da es die Haltung ist, die sie als Erwachsene gegenüber dem internationalen Weltgeschehen benötigen. Eine Fixierung auf Sieger und Verlierer lässt aus allen "Weltspielern" Verlierer werden.

Literatur

ALTES TESTAMENT

BRÜNTRUP, Godehard: *Das Leib-Seele-Problem: Eine Einführung*, Stuttgart 2001 (2. Auflage von 1996).

GROEBEN, Norbert: *Handeln, Tun, Verhalten als Einheiten einer verstehend-erklärenden Psychologie. Wissenschaftstheoretischer Überblick und Programmentwurf zur Integration von Hermeneutik und Empirismus*, Tübingen 1986.

HUIZINGA, Johan: *Homo ludens. Vom Ursprung der Kultur im Spiel* (1938), hrsg. v. Burghardt König, Hamburg, 18. Auflage 2001.

LAMNEK, Siegfried: *Gruppendiskussion. Theorie und Praxis*. Weinheim 1998.

LOOS, Peter / SCHÄFFER, Burkhard: *Das Gruppendiskussionsverfahren. Theoretische Grundlagen und empirische Anwendung*, Opladen 2001.

MARTENS, Ekkehard: *Philosophieren mit Kindern. Eine Einführung in die Philosophie*, Stuttgart 1999.

MICHALEK, Ruth: *Jungen sprechen über Schule. Analyse von Interaktionsstrukturen und doing-gender-Prozessen in Gruppendiskussionen mit Grundschülern*, in: Arbeitskreis Interpretationswerkstatt der PH Freiburg (Hrsg.), Studieren und Forschen. Qualitative Methoden in der LehrerInnenbildung, Herbolzheim 2004.

MICHALEK, Ruth / SCHÖNKNECHT, Gudrun: *Gruppendiskussionen mit Grundschülern – methodische Aspekte*, in: Esslinger-Hinz, I. & Hahn, H. (Hrsg.), Kompetenzen entwickeln – Unterrichtsqualität in der Schule steigern. Entwicklungslinien und Forschungsbefunde, Baltmannsweiler 2004.

OERTER, Rolf: *Psychologie des Spiels. Ein handlungstheoretischer Ansatz*, Weinheim und Basel 1999

WITZEL, Andreas: Verfahren der qualitativen Sozialforschung. Überblick und Alternativen, Frankfurt /M. 1982.

Die Autoren

Prof. Dr. paed. Takara Dobashi
Studium der Pädagogik und Philosophie am Pädagogischen Forschungskurs, Universität Tohoku in Sendai, Japan. 1979 Assistent für Erziehungsphilosophie an der Universität Tohoku. 1983 Dozent an der Staatlichen Universität Tottori. 1994 Ord. Professor an der Pädagogischen Fakultät Tottori. Seit 2003 Ord. Professor am Pädagogischen Forschungskurs, Universität Hiroshima. Mitglied der Goethe – Gesellschaft in Japan. Mitglied der Gesellschaft „The Japan Society for the Study of Education". Wissenschaftliche Schwerpunkte / Veröffentlichungen: Humanitätsidee. Philosophie und Bildungsdenken im deutschen Klassizismus (Herder, Schiller, Goethe) Hermeneutik vom Lernen, Pädagogische Theorie und Praxis über Lebenslange Entwicklung. Monographien: - *Studien zur Goethes Pädagogik*, Minervashobô, Kyôto, Japan 1996. - *Studien zur Goethes Weltanschauung*, Minervashobô, Kyôto, Japan 1999. Mitherausgeberschaft: Zeitschrift: *PROTEUS, - Natur und Bildung-* , Heft I.- VII. Sendai, Japan 1993-2004.

Dr. Christian Gefert
*1967, Studium der Philosophie, Geschichte und Erziehungswissenschaft; Promotionsstipendiat des Graduiertenkollegs *Ästhetische Bildung* der Universität Hamburg; Regie- und Lehrtätigkeit in unterschiedlichen Theater- und Bildungsprojekten zur Philosophie; Promotion mit einer *Didaktik theatralen Philosophierens* an der Universität Hamburg; Lehrer und Fachreferent für Philosophie und Ethik der Bildungsbehörde in Hamburg.

Professor Dr. Satoshi Higuchi
Professor for Philosophy and Aesthetics of Body, Mind and Culture, and Department Chair of Learning Science at the Graduate School of Education, Hiroshima University in Japan. Studied Philosophy and Aesthetics of Sport and Body, and received Ph.D. from the University of Tsukuba in Japan in 1983. Visiting Professor at the University of Tennessee, Knoxville, U.S.A. in 1988-1989. Coordinator for the Joint Research Project between Hiroshima University and the University of Graz, Austria since 2003. Publication in English (selected): *"Liveliness and Personality: The Content of the Aesthetic Object in Sport" Rethinking College Athletics*, Philadelphia: Temple University Press, 1991, pp.113-122; *"From Art Toward Sport – An Extension of the Aesthetics" Aesthetics*, 1994, pp.113-122; *"Violence and Education from the Viewpoint of Mimesis" Report of the Research Project*, 2002, pp.183-

193; *"Memories of Hiroshima and Soccer"* Karpeter Elis (Hg.) *Bildungsreise – Reisebildung*, Wien: Lit Verlag, 2004, pp.67-71.

Dr. Ulrike Hoge
geboren am 18.5.1966 in Heidelberg. Magisterstudium in Pädagogik, Psychologie und Kinder- und Jugendpsychiatrie. Veröffentlichung von Lernspielen und 1998 Promotion zum diesem Thema. Dokumentarfilm zum Thema "Gewaltfreie Klasse als Konfliktschlichter" im Rahmen wissenschaftlicher Begleitung der Polizeidirektion Heidelberg. Dozententätigkeit an der PH Karlsruhe.
Wissenschaftliche Schwerpunkte / Veröffentlichungen: - Wissenschaftliche Begleitung der Gemeinde Neulußheim nach der Tötung des Obdachlosen Johann Babies durch Kinder und Jugendliche. - Evaluation von Lehr- und Lernmitteln für den Verlag Interdidakt. *„Gewaltfreie Klasse als Konfliktschlichter.* In: Forum Kriminalprävention, Nr. 2, 2002. S. 12-14".- *„Analyse und Entwicklung von Lernspielen nach Erkenntnissen der Verhaltensbiologie und deren Einsatz in der Schule"*, Inauguraldissertation am Erziehungswissenschaftlichen Seminar der Universität Heidelberg 1998.

Karin Hunke
Geb. 1939. Abitur und Studium in Freiburg. 1. Anstellung als Grund- und Hauptschullehrerin 1962. Realschullehrerprüfung in Biologie / Geschichte / Gemeinschaftskunde 1966. Seit 1980 Teilnahme am Unterrichtsversuch Ethik. Unterrichtsbegleitende Ausbildung zur Ethiklehrerin. Multiplikatorin auf regionaler Ebene und an den Akademien in Calw, Coburg und Donaueschingen. Veröffentlichung von Unterrichtseinheiten in Zusammenarbeit mit der Leu. Ab 1988 Fachberaterin und Ausbilderin für Ethik. Seit 2003 in Ruhestand. Zusammenarbeit mit der Pädagogischen Hochschule Karlsruhe, Beurteilung von einzuführenden Ethik-Lehrbüchern.

Dr. Peter Köck
promovierte in Pädagogik über das Thema *"Das Problem der Unterrichtsmethode bei J.H. Pestalozzi"*. Nach 6 Jahren Schulpraxis baute er den Fachbereich Erziehungswissenschaften an der Akademie für Lehrerfortbildung in Dillingen (Bayern) auf, hier u.a. zuständig für die Aus- und Fortbildung der Ethiklehrer. In der Folge war er als Dozent für Schulpädagogik am Staatsinstitut für die Ausbildung der Realschullehrer in München tätig und als Hochschullehrer für Schulpädagogik und Fachdidaktik an der Universität Augsburg.
Er veröffentlichte u.a.: - *„Wörterbuch für Erziehung und Unterricht"*. Donauwörth 2002/7 (erneut in Überarbeitung) – *„Praxis der Beobachtung und Beratung"*. Donauwörth 2004/6 (überarbeitet und wesentlich erweitert) – *„Handbuch*

des Ethikunterrichts". Donauwörth 2002 – *„Handbuch der Schulpädagogik für Studium - Praxis – Prüfung"*. Donauwörth 2005/2 (überarbeitet und erweitert)

Prof. Dr. Petra Korte
(Jg. 1963) ist seit 2001 an der Technischen Universität Braunschweig tätig. Im Dezember 2004 wurde sie dort zur außerordentlichen Professorin ernannt. Nach dem Studium in Germanistik, Erziehungswissenschaft, Philosophie, Kunstgeschichte und Sprecherziehung an der Westfälischen Wilhelms-Universität (Staatsexamen 1988, Promotion 1992 zu Friedrich Schlegels Bildungstheorie), arbeitete sie von 1992-1997 an den Universitäten Münster und Osnabrück als Wissenschaftliche Mitarbeiterin und übte gleichzeitig die Regietätigkeit an der Studiobühne Münster von 1993 bis 2000 aus. Von 1997 bis 2000 war sie Habilitationsstipendiatin der Deutschen Forschungsgemeinschaft (Habilitation 2000, „Pädagogisches Schreiben um 1800. Der Status von Schriftlichkeit, Rhetorik und Poetik bei Johann Heinrich Pestalozzi"). Im Sommersemester 2000 verwaltete sie an der Universität Vechta eine Professur für Schulpädagogik, im Wintersemester 2000/2001 hatte sie eine Lehrstuhlvertretung an der Universität zu Köln inne.
Ihre Forschungsschwerpunkte liegen im Bereich Allgemeiner Erziehungswissenschaft, Theoriegeschichte zwischen 1770 und 1830, ästhetischer Bildung, Rhetorik, Kommunikation, Beratung sowie Management und Evaluation. Petra Korte ist ausgebildete Sprecherzieherin (DGSS-Examen 1990) und arbeitet seit 1988 kontinuierlich in der außeruniversitären Erwachsenenbildung und Weiterbildung als Rhetorik- und Kommunikationstrainerin.

PD Dr. Dipl. psych. Eva Marsal
Studium (Evangelische Theologie, Philosophie und Psychologie) in Heidelberg. Pfarramt in Karlsruhe, 9 Jahre Schuldienst in den Gymnasien Bretten und Philippsburg. Seit 1995 Akademische Rätin für Philosophie an der Pädagogischen Hochschule Karlsruhe. Habilitation 2005. Mitglied der Nietzsche-Gesellschaft und des Forums für „Didaktik des Philosophie- und Ethikunterrichts".
Wissenschaftliche Schwerpunkte / Veröffentlichungen: Das Spiel als Kulturtechnik, Philosophie der Person, Nietzsche, praktische Philosophie / Ethik. Monographien: - *„Das Selbstkonzept. Subjektive Theorien Jugendlicher zur Genese, Binnenstruktur und Handlungskonsequenzen"*. Opladen 1995. – *„Unverletzende Selbstbehauptung. Das Karlsruher Jugendtraining"*. Opladen 1997.- *Person: Vom alltagssprachlichen Begriff zum wissenschaftlichen Konstrukt*: 2005. Herausgeberschaft: *Ethik und Religionsunterricht im Fächerkanon der öffentlichen Schulen*. Frankfurt, Bern. 2002.

Prof. Dr. Ekkehard Martens
geb. 1943, Studium der Philosophie, Alten Sprachen und Pädagogik; Promotion
über Platons Philosophie, Habilitation im Fach Philosophiedidaktik; Gymnasial-
lehrer und Wissenschaftlicher Assistent für Philosophie an der PH Münster; seit
1978 Professor für Didaktik der Philosophie und Alten Sprachen an der Universität Hamburg; Gastprofessuren an den Universitäten Essen und Bochum; Wissenschaftliche Begleitung des Schulversuchs „Praktische Philosophie" in NRW.
Veröffentlichungen: *„Das selbstbezügliche Wissen in Platons Charmides".*
München 1973. - *„Platon: Charmides".* Griechisch / Deutsch. Stuttgart 1977. -
„Dialogisch-pragmatische Philosophiedidaktik". Hannover 1979.- *„Platon:*
Theätet". Griechisch / Deutsch. Stuttgart 1981.- (Hrsg.) *„Das Wahrheitsgebot*
oder: Muss man immer die Wahrheit sagen? Für die Sekundarstufe I". Stuttgart
1982. – *„Platon: Parmenides."* Griechisch / Deutsch. Stuttgart 1987. - (Hrsg.)
mit Herbert Schnädelbach) *„Philosophie – ein Grundkurs".* Reinbek bei Hamburg 1991. [Zuerst 1985]. - (Hrsg.) *„Pragmatismus. Ausgewählte Texte".* Stuttgart 1992. [Zuerst 1975]. - *„Die Sache des Sokrates".* Stuttgart 1992. - (Hrsg.)
mit Heiner Hastedt) *„Ethik – ein Grundkurs".* Reinbek bei Hamburg 1994. -
„Zwischen Gut und Böse. Elementare Fragen angewandter Philosophie". Stuttgart 1997 - *„Philosophieren mit Kindern. Eine Einführung in die Philosophie".*
Stuttgart 1999. - (Hrsg.) *„Ich denke, also bin ich. Grundtexte der Philosophie".*
Eingeleitet und kommentiert von Ekkehard Martens. München 2003 (3. Auflage) [Zuerst 2000]. - *„Der Faden der Ariadne oder: Warum alle Philosophen*
spinnen". Leipzig 2000. - (Hrsg.) Gut leben. (Textsammlung für die Schule).
München 2001. - *„Vom Staunen. Die Rückkehr der Neugier."* Leipzig 2001. -
„Methodik des Ethik- und Philosophieunterrichts. Philosophieren als Kultur-
technik". Hannover 2003.

Sylvia Meise
Jahrgang 1961. Sinologie- und Philosophie-Studium. Lebt mit ihrer Familie in
Frankfurt am Main und arbeitet als Journalistin und Autorin zu den Schwer-
punktthemen Bildung und Erziehung (Frühpädagogik, Spielen und Lernen, in-
novative Schulprojekte), Alltagsbewältigung (Warten, Zuhören, Synästhesie)
und Gesellschaftlicher Wandel (Asylpolitik, Gender, Ernährung). Publikationen
dazu: "Spielend Lernen", Psychologie Heute, Mai 2004, S. 28-31 - *"Jagd auf*
Gewalt - Das Deeskalationstraining an einer Ludwigshafener Schule", - *"Hilflo-*
se Härte - Druck als Antwort auf aggressives Verhalten erzeugt nur mehr Ge-
walt", zum Themenschwerpunkt *"Gewalt macht Schule"* der Frankfurter Rundschau / Wissen und Bildung, 24.02.2004, S.23-25. *"Warten - nur vertane Zeit?",*
Psychologie Heute März 2003, S. 60-64. Weitere Veröffentlichungen u.a. in Eltern, Publik Forum, klein & groß, die tageszeitung.

Sandra Reinhardt
geb. 21.12.1984 in Pforzheim. 2004 Abitur am Kepler-Gymnasium, Pforzheim. Studium Grundschullehramt PH Karlsruhe seit Wintersemester 2004 (Fächer: Deutsch, kath. Theologie, Biologie). Ministrantin von 1993 bis 2004. Mitarbeit in der kirchlichen Kinder- und Jugendarbeit in der Kath. Pfarrgemeinde St. Antonius, Pforzheim (Mitglied im Leiterteam zur Planung und Durchführung von wöchentlichen Gruppenstunden, verschiedenen Aktionen und Lagerfreizeiten). Seit März 2005 Firmkatechistin und Gruppenbegleiterin von 12 Jugendlichen im Alter von 15 bis 16 Jahren.

PD Dr. Ursula Reitemeyer
(geb. 1955) arbeitet am Institut für Allgemeine Erziehungswissenschaft der Westfälischen Wilhelms-Universität Münster und ist Präsidentin der internationalen Gesellschaft der Feuerbach Forscher (Societas Ad Studia De Hominis Condicione Colenda). Ihre Schwerpunkte in Forschung und Lehre sind Bildungsphilosophie und -soziologie. Wichtigste Veröffentlichungen: *„Philosophie der Leiblichkeit"* (Frankfurt 1988), *„Perfektibilität gegen Perfektion"* (Münster 1996), *„Bildung und Arbeit zwischen Aufklärung und nachmetaphysischer Moderne"* (Würzburg 2001), *„Ist Bildung lehrbar?"* (Münster 2003) und *„Apologie der Moderne"* (voraussichtlich 2005).

Prof. Dr. Harald Schaub
(Jahrgang 1960); lehrt als Professor für Psychologie an der Otto-Friedrich Universität Bamberg und ist als Senior Scientist bei der IABG mbh, Ottobrunn für den Bereich Human Factors in komplexen sozio-technischen Systemen zuständig. Er ist darüber hinaus seit über 15 Jahren freiberuflicher Trainer für die Arbeitsschwerpunkte Szenariomanagement, Modellbildung und Simulation, Systemisches Denken, Komplexes Problemlösen, Krisenmanagement, Ursachen und Folgen menschlichen Versagen.
Er hat eine Vielzahl von Veröffentlichungen und Studien durchgeführt zum Human-Faktor in komplexen technischen und organisatorischen Systemen, zu Fehleranalysen, zu Trainings- und Ausbildungskonzeptionen und zur Modellierung und Simulation psychischer und sozialer Prozesse.

Prof. Dr. Wilhelm Schmid
geb. 1953, lebt in Berlin und lehrt Philosophie als außerplanmäßiger Professor an der Universität Erfurt und als Gastdozent an der Staatlichen Universität Tiflis (Georgien). Arbeitsschwerpunkt: Philosophie der Lebenskunst.
Homepage: www.lebenskunstphilosophie.de. Wichtigste Buchpublikationen: *„Die Kunst der Balance. 100 Facetten der Lebenskunst"*, Insel Taschenbuch, Frankfurt a. M. 2005. *„Mit sich selbst befreundet sein. Von der Lebenskunst im*

279

Umgang mit sich selbst", Suhrkamp Verlag, Reihe Bibliothek der Lebenskunst, Frankfurt a. M. 2004, 3. Auflage 2004. *"Schönes Leben? Einführung in die Lebenskunst"*, Suhrkamp Verlag, Reihe Bibliothek der Lebenskunst, Frankfurt a. M. 2000, 6. Auflage 2004, Taschenbuchausgabe 2005. *"Philosophie der Lebenskunst - Eine Grundlegung"*, Suhrkamp Taschenbuch Wissenschaft, Frankfurt a. M. 1998, 9. Auflage 2003.

Kiichi Shimoyamada
Schriftsteller, geb. 1949 in Japan. An der Uni. in Sendai studierte er in seiner Jugend Philosophie und Pädagogik. Forschungsschwerpunkte: Europäische Geistesgeschichte, Morphologie und Hermeneutik der Kultur, Entwicklungstheorie des Spiels

Monika Wilke M. A.
* 1955; Studium der Ethnologie, Afrikanischen Philologie und Publizistik; mehrjährige Tätigkeit als Redakteurin in verschiedenen Verlagen; 1993 Lehramts-Studium; seit 1998 Grundschullehrerin; daneben Dozentin an der PH Karlsruhe im Fach Deutsch.

Das Buch wurde gefördert mit den leistungsbezogenen Mitteln aus dem Etat der Frauenkommisson der Pädagogischen Hochschule Karlsruhe, den Geldern der Vereinigung der Freunde und Förderer der Pädagogischen Hochschule Karlsruhe e.V. und den Forschungsmitteln der Pädagogischen Hochschule Karlsruhe. Wir danken allen ganz herzlich, die uns bei unserem Projekt unterstützt haben.

Unser persönlicher Dank gilt Gisela Beilstein, Katharina Bitar, Hope Hague, Jeanne Hellwig und Ulrike Klössig.